KB108451

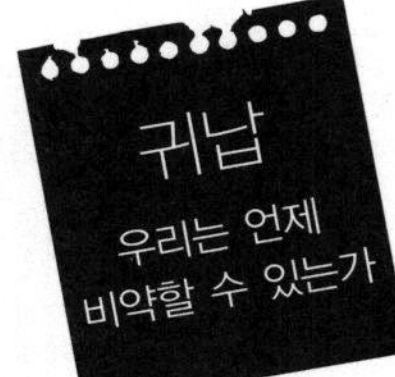
귀납
우리는 언제
비약할 수 있는가

이 저서는 2009년 정부(교육과학기술부)의 재원으로 한국연구재단의 지원을 받아 수행한 연구물입니다(KRF-2009-812-A00047).

This work was supported by the National Research Foundation of Korea Grant funded by the Korean Government(KRF-2009-812-A00047).

귀납

우리는 언제 비약할 수 있는가

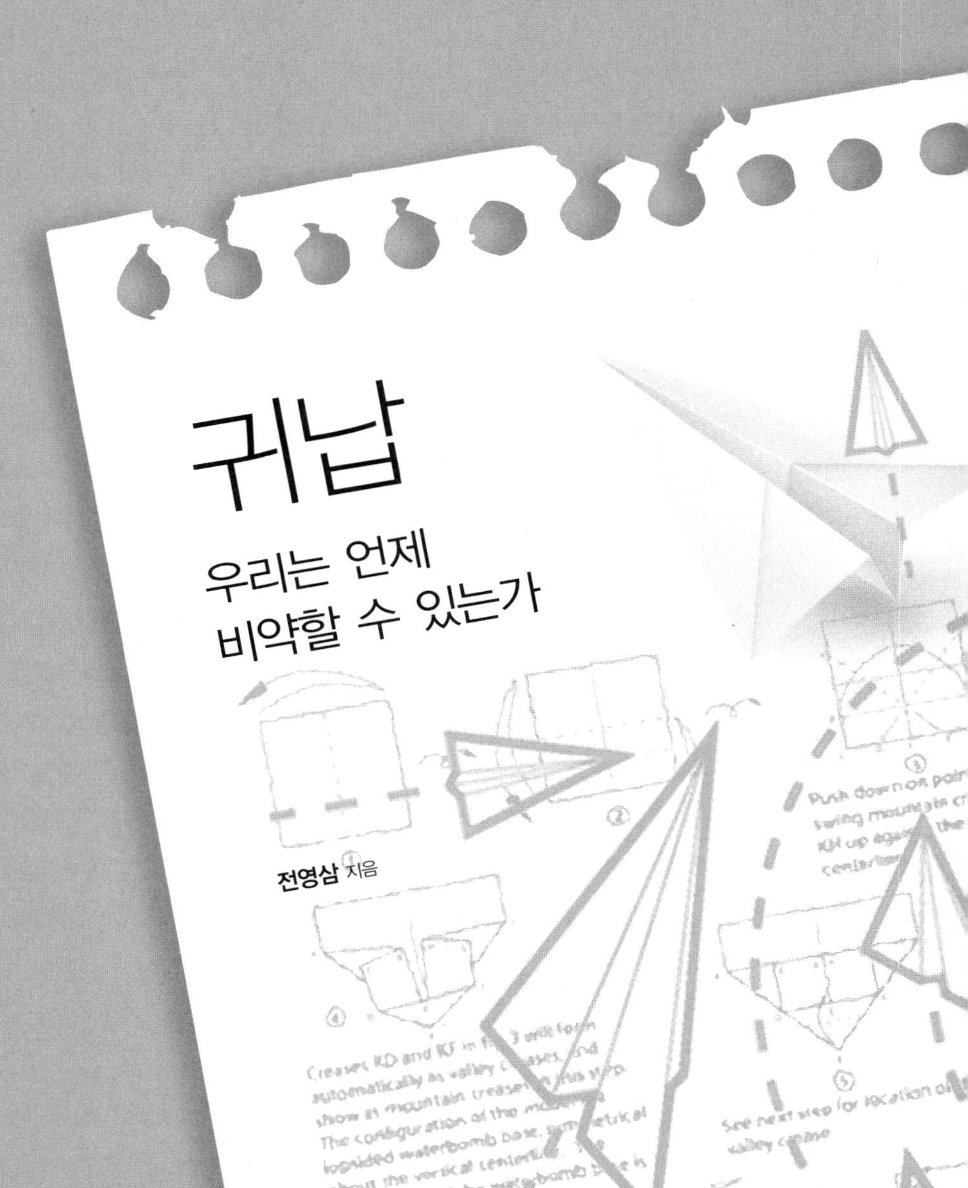

전영삼 지음

아카넷

차례

제2부 귀납적 지지의 정도 측정

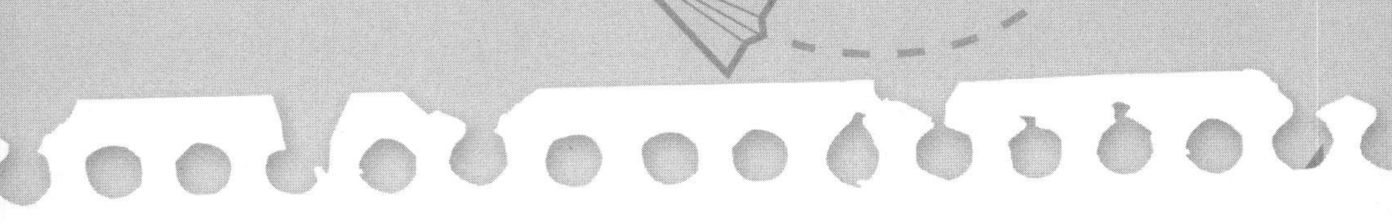

제4부 귀납적 비약의 순간

머리말

우리는 미래에 대해 자유롭게 상상할 수 있다. 하지만 그 모든 것을 실행에 옮길 수는 없다. 그 상상한 내용이 모두 '참'이 되리라고는 믿을 수 없기 때문이다. 그러므로 우리는 이러한 때에 흔히 과거를 되돌아본다. 과거는 어쨌든 참인 것으로 알려진 사실들로 가득 차 있기 때문이다. 따라서 그 참인 것으로 알려진 것을 바탕으로 아직 그렇게 알려지지 않은 것에 좀 더 신뢰성 있는 기대를 갖고자 한다. 인생의 쓴맛과 단맛을 다 짙게 맛보아 과거에 발목이 묶여 있는 사람일수록 이러한 조심성에 더욱더 조바심을 치리라!

이 책은 기본적으로 학술서이지만, '대체 이게 나와 무슨 상관이랴?'라는 의문은 지닌 모든 사람들에게 이 책을 통해 함께 공유했으면 하는 일반적인 인생의 문제 상황을 다룬 것이다. 여기서의 진짜 문제는, 대체 어느 때 그러한 기대를 가져도 좋고, 또 대체 어느 때는 그러해서는 안 되느냐 하는 것이다. 과거가 곧 미래가 아닌 탓에 여기에 용기를 요하는 '비약'이 요구되지만, 아무런 기대의 근거 없이 만용을 부릴 수는 없기 때문이다. 철학자 러셀은 칠면조 사례를 통해 아예 그와 같은 기대를 갖는 일이 얼마나 비극적인지를 통렬하게 보여주었으나, 이 책은 끝내 그러한 기대를 저버리지 못한 나와 같은 사람의 오랜 몸부림의 한 결과다.

물론 그렇게 희망하지만, 그 답이 얼마나 잘 되었는지는 모르겠다. 다만 그 답에 대한 시비(是非)의 틀이나마 제공할 수 있다면 큰 다행이라 생각한다. 만일 이 책에서 나의 테제 이외에 또 달리 남아 있을 법한 부분이 있다면, 바로 이와 같은 논의의 틀이기를 바라며, 이것이 귀납, 귀납적 비약, 귀납 논리에 입문하는 모든 이들에게 하나의 길잡이가 될 수 있기를 희망한다.

학문의 세계, 특히 철학에서 위와 같은 문제는 이른바 '귀납'이라는 주제 아래 논의되어왔다. 좀 더 좁게는 '귀납적 비약의 문제'에 귀속될 것이다. 내가 학문의 세계에서 처음 이 영역에 발을 들여놓게 된 것은, 기억이 정확하지는 않지만, 고려대 학부에서 막 대학원생으로 넘어가던 시절인 것 같다. 당시 과학 철학을 가르쳐 주시던 이초식 교수님에게서 카르납의 귀납 논리에 관해 가르침을 받고, 그 문제의 실제성과 그 방법의 엄밀성에 끌린 것이 심리적 동기였을 것이다.

이렇게 시작되어 공부와 연구를 계속했으나 '귀납'의 세계는 넓고 머리 아픈 분야였다. 어느 순간 아는 듯했으나 막상 글로 써보려 하면 얼마나 모르는지 좌절하고 막막했다. 몇 번의 시도와 접기 끝에 마침내 2009년 한국연구재단의 저술 출판 지원 사업의 지원을 받게 되어(KRF-2009-812-A00047), 3년의 집필 기간을 거쳐 결실을 거두게 되었다.

재단의 최종 심사에서 익명의 한 심사자는 이 책의 거의 마지막 부분에서 내가 흄과 포퍼에 대해 응답한 부분을 아예 하나의 독립된 장(章)으로 확대하는 것이 좋겠다는 의견을 제시했으나, 심사숙고 끝에 결국 그에 응하지 않기로 했다. 물론 그 자체 독립된 내용으로는 매우 중요하고 이런 면에서 심사자의 권고는 매우 정당하다고 본다. 하지만 이 책 전체를 통해 내가 의도한 문제의 초점을 고려한다면 그러한 확대는 (심사자의 생각과는 달리) 오히려 책 전체의 균형을 손상할 수 있다고 보았다. 게다가 어느 면 그러한 문제는 나의 또 다른 역량을 요하는 것인지라 이번 기회에 제대로 다 충족하지 못할 것 같다는 불안감도 있었다. 이 점에 대해 죄송하게 생각하며, 이후의 또 다른 자리를 기약할 수밖에 없을 듯하다. 물론 그 이전에 다른 분이 이를 대신할 수 있다면 나의 또 다른 짐이 덜어지는 기쁨으로 여길 수 있을 것이다.

이 책에서 보여주고자 하는 새로운 점, 또는 그로써 얻게 되는 나 나름의 결과, 그리고 이를 위한 책 전체의 짜임새 등에 관해서는 이어지는 '들어가며'에서 개괄적으로 소개했다. 따라서 여기서는 재론이 필요 없을 듯하다.

이 책을 써가는 동안 나는 여기에 담긴 내용을 바탕으로 관련 논문들을 발표한 바 있다. 전영삼(2010)과 (2011)이 그것이다. 물론 이것들은 이 책의 전체 가운데 특정한 일면만을 반영하고 있으므로 나머지 부분들에 관해서는 새로운 논란이 야기될 수도 있다. 특히 이 책의 결말에서 제시하는 나름의 답에 관해서는 도전이 있기를 기대한다. 그를 계기로 앞으로 더욱더 그 결론을 가다듬어나갈 수 있으리라 본다.

그 논문들을 위해 교신을 허락해준 성균관대 이병덕, 동덕여대 여영서, 서울대의 천현득 교수님께 감사드린다. 또한 나의 저술에 대해 자세한 관심을 가져준 강원대의 이영의, 카이스트의 박우석 교수님께도 감사드린다. 좀 더 간접적이기는 하지만 함께 논의하며 지평을 넓혀준 충남대의 박준용, 한양대의 최원배 교수님도 잊을 수 없다. 결국 얻을 수는 없었으나, 칠면조 사진을 위해 애써준 사진 작가 김동진 군에게도 감사의 말을 전하고 싶다. 논리 관련 강의 때마다 학기 말의 촉박한 시간 때문에, 귀납 논리와 관련해 진행한 나의 짤막한 강의에도 불구하고, 많은 영감을 불러일으켜 준 고려대의 학생들에게도 따뜻한 감사의 정을 느낀다.

내 인생의 또 다른 필드에서 어린이 철학 교육의 보람을 느끼도록 기회를 준 어린이철학교육연구소의 박민규 소장님과 여러 선생님들께도 이 자리를 빌려 감사의 말씀을 전하고자 한다. 만일 적절하다면 이 책의 출간이 연구소의 학생들에게도 귀납적 사고를 좀 더 깊이 있게 전할 수 있는 새로운 계기가 되기를 희망한다.

이 책의 출간을 위해 처음으로 연락을 취한 출판사 아카넷으로부터 선뜻 승낙의 응답을 받았을 때의 기쁨을 아직도 잊을 수 없다. 또 그곳에서 직간접으로 만난 여러 분들의 따뜻함도 피부로 느낄 수 있었다. 특히 나의 원고를 직접 편집해준 이정화 씨와 임정우 과장님께도 고마움을 전한다.

나의 책이 나올 때마다 딸은 늘 성큼 성장해 있었다. 그 모습이 뭉클하다. 언제나 지치지 않는 애정으로 감싸주는 아내에게는 이상하게도 할 말이 잘 나오지 않는다.

2013년 1월

전영삼

들어가며

“세상에는 추사를 모르는 사람도 없지만 아는 사람도 없다.” 유홍준이 그의 『완당 평전』 첫머리에서 한 말이다.[1] 같은 말을 이제 귀납에 대해서도 할 수 있으리라 생각한다. ‘세상에는 귀납을 모르는 사람도 없지만 아는 사람도 없다.’ 과연 무슨 까닭일까?

추사 김정희(秋史 金正喜, 1786~1856)는 오늘날 한눈에 보아도 놀랄 만한 뚜렷한 서법을 남겼고, 당대 금석학과 고증학에서 세계적으로 이미 최고의 석학으로 인정받은 인물이다. 따라서 그러한 역사적 인물로서 적어도 한국인에게는 칭송의 대상이 되지 않을 수 없을 듯하다. 그런데도 ‘세상에 추사를 아는 사람도 없다’고 유홍준이 탄식한 이유는 무엇일까?

그림 1 『완당 평전』 표지.

매우 아이러니컬하게도 추사체 자체가 상당히 이해하기 어렵다는 것이다. 추사체는 대단히 개성적인 서체라 언뜻 보면 그 자체에서 괴이함과 당혹감은 느끼게 되나, 사실상 무엇을 '추사체'라 해야 할지 그 정체를 규명하기가 쉽지 않다. 그가 남긴 글씨라는 것이 서체상 어떤 공통점을 찾아내기가 쉽지 않을 정도로 매우 다양하기 때문이다.

또 다른 이유로는, 글씨 못지않게 시와 문장, 경학(經學), 금석학과 고증학, 불교 지식 등에서 그의 경지가 매우 높고 깊어 그 경지를 함부로 논하기가 쉽지 않다는 점을 들 수 있다. 그 이름만으로도 널리 알려진 「세한도(歲寒圖)」가 시사하듯, 김정희는 문인화의 대가(大家)이기도 했다.

문제를 더 악화시킨 현실적인 이유가 존재하기도 하는데, 그의 대가다운 위상에서 나올 법한 글과 작품들이 있다손 치더라도 그는 살아생전 자신의 글을 책으로 펴낸 적이 없다. 게다가 그의 사후에 편찬된 얼마 안 되는 책들에서도 누락된 것과 잘못 끼어들어간 것이 혼재해, 그와 같은 것들이 신뢰할 만한 연구에 걸림돌이 되고 있는 것이다.

그런데 '귀납'에서의 사정 역시 김정희의 경우와 매우 비슷하다. 흔히 근대 과학의 개조로 알려진 베이컨(F. Bacon, 1561~1626) 이 연역에 바탕을 둔 기존의 학문 연구 방법에 반대해 귀납의 중요성을 강조한 사실은 역사적으로 널리 알려져 있다. 또한 '모든 사람은 죽는다'거나 '내일도 태양이 뜨리라'는 믿음처럼 일상적으로 확고해진 많은 신념이 귀납에 의해 얻은 것이라는 말도 흔히 접할 수 있다. 그러므로 '귀납을 모르는 사람이 없다'라는 말 역시 쉽게 수긍이 간다. 그럼에도 '귀납을 아는 사람도 없다'라고 말할 수밖에 없는 몇 가지 이유가 있다.

무엇보다도 '귀납'이라는 말 속에 숨어 있는 다양한 의미 때문이다. 귀납은 가장 흔하게는 어떤 특칭적인(particular) 전제에서 내용적으로 그것을

1 유홍준(2002), 제1권, 11쪽.

넘어서는 보편적인(universal) 결론을 제시하는 일로 지칭된다. 또 다른 경우에는 이미 제시되어 있는 어떤 보편 가설을 특칭적인 경험적 관찰(또는 그러한 관찰 진술)로써 입증하는 일을 말하기도 한다. 때로는 그와 같은 입증의 결과, 일정한 기준에 의해 해당 가설을 채택하거나 기각하는 일을 가리키기도 한다. 어떤 경우에는 아예 연역 논증과 대비되는 어떤 논증을 뜻하기도 한다. 그러므로 이와 같은 온갖 종류의 **귀납들**에 대해 명시적 기준을 제시해 명확한 분류를 하지 않는 한, '귀납'이라는 말을 쓴다 할지라도 그 말로써 대체 무엇을 말하려고 하는지 '안다'고 말하기가 쉽지 않은 것이다.

게다가 이와 같은 상황과 연계되어, 일반인들이나 비전공자들에게 지극히 단순화되어 제시되기도 하는 귀납 논증의 사례들이 귀납에 관한 큰 오해를 야기한다. 예컨대 가장 널리 알려진 예로, 몇 마리 구체적인 까마귀들이 검다는 사실에 관한 특칭적인 전제에서 '모든 까마귀는 검다'라는 보편적인 결론으로 나아가는 예를 들 수 있다. 이와 같은 예는 귀납 논증이 연역 논증과는 달리 그 전제가 모두 참이라 할지라도 해당 결론이 반드시 참일 수는 없다는 점을 보여주는 예로는 적합할지 모르나, 그와는 달리 귀납 논증의 구성이 연역 논증의 그것과는 달리 매우 쉬울 수 있다는 인상을 주기 쉽다. 그러하기에 많은 사람들에게 '귀납이란 그 결론을 우리가 확실히 믿을 수 없게 구성된 논증일 뿐만 아니라, 알아도 그만 몰라도 그만일 만큼 그저 쉬운 논증에 불과하다'는 인상을 주기 십상이다. 그러나 과연 귀납 논증을 구성하기가 연역 논증에 비해 턱없이 쉬운 일일까? 아래에서 나는 결코 그렇지 않다는 것을 보여주겠지만, 바로 그와 같은 오해 때문에 역시 '세상에 귀납을 모르는 사람도 없지만 아는 사람도 없다'고 말할 수밖에 없는 이유가 성립하는 것이다.

이제 좀 더 좁게 다소 전문적인 사람들에 대해서도 '귀납을 아는 사람이 없다'라고 말할 수밖에 없는 또 다른 이유가 있다.

첫째, 귀납에 관해 본격적으로 이론적 탐구를 전개하는 경우, 그것에 필요한 테크닉이 연역에 관한 이론을 탐구할 때 필요한 것 이상인 경우가 흔하기 때문이다. 많은 경우 귀납의 이론을 전개하는 데는 연역의 이론을 전개하는 데 필요한 전문 기술적인 바탕이 필요하며, 그 외에 추가적인 테크닉(예컨대 확률이나 통계와 관련된 것)도 필요하다.

둘째, 귀납에 관해 탐구하는 경우, 연역의 경우보다 때로 철학적으로 훨씬 더 많은 논란에 휩싸이기 때문이다. 귀납의 경우에는 그 결론의 내용이 해당 전제의 내용에 완전히 포함되지는 않는 논증의 특성상, 연역의 경우라면 필요하지 않을 별도의 추가적인 가정을 도입하고, 이로 인해 연역의 경우보다 훨씬 더 심각하고 많은 철학적 문제에 부딪히는 것이다.

그러므로 만일 우리가 귀납에 관한 책을 쓰고자 한다면 무엇보다 '귀납'이라는 용어에 대한 체계적인 분류와 해명이 필요하고, 귀납을 제대로 다루는 데 필요한 예비적 지식에 대한 친절하고 상세한 안내가 필요하다.

그러나 이 책의 의도는 그러한 작업을 행하는 데 있는 것은 아니다. 앞서 언급한 이유 때문에 그와 같은 작업 역시 의미가 매우 클 수 있으나, 이 책의 목적은 그보다 좀 더 좁게 이른바 **'귀납적 비약이 언제 가능한가?'**라는 물음에 답하는 데 있다. 귀납에 관한 체계적 분류와 해명, 귀납을 제대로 다루기 위한 좀 더 일반적인 지식에 대한 충분하고 완벽한 논의는 일단 다른 기회로 미루기로 한다. 나의 초점은 귀납적 비약에 관해 나름의 새로운 시각과 그것을 뒷받침하는 논증을 펴는 데 맞추어져 있고, 당연히 이 책의 가장 중요한 가치도 바로 여기에 있다.

다만 이러한 작업을 위해서라도 앞서 말한 예비적인 작업이 전혀 없을 수 없다. 따라서 그러한 두 작업을 조화시키기 위해, 흔히 그러하듯, 나 역시 이 책의 핵심 문제에 답해나가는 과정에 중점을 두되, 다만 그것을 위해 꼭 필요한 만큼만 귀납에 관한 예비적 분류, 해명, 안내의 작업을 수행해나가도록 할 예정이다.

이 책에서 답하고자 하는 핵심 문제는 좀 더 느슨하게 비형식적으로는 다음과 같은 러셀의 예[2]를 이용해 제시해볼 수 있다.

어떤 칠면조 한 마리가 새로운 농장으로 가게 되었다. 그곳에서 매일 아침 9시에 규칙적으로 먹이를 받아먹게 되면서부터 수요일과 목요일, 따뜻한 날과 추운 날, 비오는 날과 맑은 날 등 여러 경험을 거쳐, 그 새는 마침내 '난 항상 아침 9시에 먹이를 먹는다'라는 결론을 내리게 되었다. 하지만 '내일 아침 9시에도 먹이를 먹게 되겠지'라고 기대하며 행복한 밤을 보낸 그 칠면조는 슬프게도 다음 날인 크리스마스이브 아침에 목이 비틀려 죽고 만다.

관심 있는 사람들이라면 어쩌면 접했을 수도 있을, 비교적 널리 알려진 이 사례는 물론 칠면조가 갖게 된 결론과 기대, 곧 그 새가 행한 귀납적 비약의 허무함이나 무용성(無用性)을 보여주려는 비판적 예로 제시된 것이다. 그러나 그와 같은 비약이 허무하고 무용하여 아무런 쓸모도 없는 것이라면, 과연 우리의 칠면조는 결국 아무런 기대도 하지 말고 아무렇게나 처신해도 좋다는 말인가?

이러한 상황에서 실상 우리에게 필요한 것은 '그럼에도 그 칠면조는 언제 그러한 기대를 가져도 좋고, 또 어느 때는 그러할 수 없을까' 하는 것이

---

2 이 예는 본래 다음 책에서 비롯되었다. Russell(1912/1977), 6장. 하지만 여기서는 이에 좀 더 살이 붙어 세간에 떠도는 한층 더 실감 나는 장면을 이용했다〔예컨대 http://creation.com/the-lawgiver-is-the-biblical-creator-god(2009년 9월 현재) 참조〕.

다. 곧 어느 때는 '내일 아침 9시에도 역시 먹이를 먹게 되겠지'라는 기대를 가져도 좋고, 또 어느 때는 더 이상 그러한 기대를 가져서는 안 되는가 하는 것이다. 만일 그러한 기대를 가져도 좋다면 그 칠면조는 일단 안심하고 오늘 밤 잠을 청하는 쪽으로 처신해도 좋을 것이다. 하지만 만일 그러한 기대를 가져서는 안 되는 것이라면 오늘 밤에라도 탈출을 감행하는 편이 더 나을지도 모른다. 결국 어느 때인가 목 졸려 죽임을 당할지 아무도 모른다고 할지라도, 그렇기 때문에 그저 아무런 판단 없이 가만히 있기보다는 경험적 증거들을 적극적으로 평가해 문제의 기대를 과연 가져도 좋을지 어떨지 판단하고, 그에 따라 적극적으로 행위를 하는 것이 낫지 않겠느냐는 것이다. 그와 같은 판단과 그에 따른 행위가 필경 잘못된 결과에 이른다 할지라도 지금 처한 상황에서 나름대로 마땅한 이유가 있어 행한 판단이고 행위라면 그것이 주체적인 칠면조가 취할 당장의 최선 아니겠는가.

이러한 문제는 어쩌면 연역 논증에서라면 그다지 심각할 필요가 없는 것인지 모른다. 왜냐하면 연역 논증에서라면 이른바 '논리적 함축(logical implication/entailment)' 관계에 의해 해당 전제에서 그 결론이 올바르게(또는 타당하게) 나올 수 있는지를 검토하는 것으로 충분하기 때문이다. 그러나 귀납 논증에서라면 사실 해당 전제에서 **언제** 문제의 결론을 올바르게 이끌어낼 수 있는지를 분명히 규정하기가 쉽지 않다. 그러므로 이것은 논리적으로 어려운 문제이나, 바로 그 때문에 역설적이게도 논리적 탐구의 과제로 도전해볼 만한 것이며, 동시에 실제 귀납 논증을 활용하는 데서도 그 실용적 지침을 위해 꼭 해결이 필요한 것이다.

나는 이 책을 구상하면서 바로 이런 점에 초점을 맞추어 귀납에 관한 문제를 다루어보고자 했다. 이 책의 제목을 **'귀납, 우리는 언제 비약할 수 있는가?**(When can we make an inductive leap?)'로 잡은 까닭이 바로 여기에 있다. 이 책 전체의 내용은 바로 이러한 질문에 답하는 긴 여정이 될 것이다. 이 여정에서 위의 물음에 답하기 위해 풀어야 할 가장 큰 과제는 다음의 두 가지라 생각한다.

1) 하나의 귀납 논증에서 그 전제(증거)와 결론(가설) 사이의 귀납적 지지의 정도를 측정하는 방법 제시.

2) (그 정도를 측정할 수 있다는 가정 아래) 과연 어느 정도에서 (또는 어떤 기준으로) 문제의 귀납적 가설을 받아들일 것인지의 문제 해결.

물론 이 각각은 그동안 귀납과 관련한 연구와 논의에서 적어도 독립된 상태로는 나름대로 적잖이 다룬 문제다. 하지만 이 책에서 새로운 점은 무엇보다 다음의 네 가지라 생각한다.

- 위의 두 가지 문제에 대한 답을, 예컨대 농장의 칠면조와 같이, 어쩌면 우리도 처할 수 있는 유사한 상황에서 구체적이며 실제적으로 제시한다는 점.
- 위의 두 문제가 일정한 맥락 안에서는 서로 독립적으로 다룰 수 있을지 몰라도 '귀납, 우리는 언제 비약할 수 있는가?'라는 물음에 실제적으로 답하기 위해서나, 그 각각의 문제를 해결하는 방식을 제대로 이해하기 위해서라도 그것들이 결국 분리될 수 없는 불가분의 관계라는 것을 보여준다는 점.
- 이러한 관계 분석을 통해 귀납적 지지의 정도뿐만 아니라 가설 테스트의 엄격성 정도가 서로 배타적이지 않고 양립 가능하며, 귀납적 비약을 위해 서로 보완적임을 보여준다는 점(그리하여 그 양자를 '귀납적 학습의 정도'라는 개념으로 통합할 수 있을 뿐만 아니라, 결과적으로 귀납과 관련해 서로 논쟁적이던 이른바 '베이즈주의'와 '빈도주의'를 귀납적 비약을 위해 적절히 자리매

김할 수 있게 된다는 점).

● 이 과정에서 동시에 그동안 귀납과 관련해 철학적으로 중요하게 거론되었으나 흔히 분리되어 논의되어온 문제들, 예컨대 가설의 단순성, 투사 가능성, 다양한 증거, 오래된 증거의 문제 등이 나의 물음과 중요하게 연관되어 있음을 밝혀 그러한 문제들을 위에서 설정한 나의 틀 속으로 도입해 통합적으로 논의할 수 있게 된다는 점.

이를 위해 이 책은 크게 다음의 네 부(部)로 구성했다.

제1부에서는 일상생활이나 학문의 영역에서 발생하는 귀납의 문제와 관련해 이 책에서 초점을 맞추고자 하는 '귀납, 우리는 언제 비약할 수 있는가?'라는 문제를 과연 어떻게 제시할 수 있으며, 또 그 질문이 왜 중요한지를 보여준다. 여기서는 동시에 우리의 근본 문제에 대해 본격적으로 답을 하기 위해 필요한 예비적이고 기초적인 개념적 틀을 마련하게 될 것이다.

제2부에서는 제1부의 내용을 바탕으로 귀납 논증에서 우선 그 증거와 가설 사이의 귀납적 지지의 정도를 어떻게 측정할 수 있는지를 논의하게 될 것이다.

제3부에서는 제2부의 내용과 관련해 귀납 논증 내에서 그 귀납적 지지의 정도를 측정할 수 있다고 가정할 때, 과연 어느 정도에서(또는 어떤 기준에서) 문제의 귀납적 가설을 받아들일 수 있는지를 논의하게 될 것이다. 이 과정에서 결과적으로 가설 테스트의 엄격성 정도를 측정하는 방법도 논의하게 될 것이다.

제4부에서는 위의 제2부와 3부에서 다룬 내용을 종합해 '귀납, 우리는 언제 비약할 수 있는가?'라는 문제에 대한 최선의 답이 무엇인지를 정리해 제시하고자 한다. 나아가 역사상 귀납의 문제에 관해 가장 회의적

이었던 대표적인 두 사람, 즉 흄(D. Hume, 1711~1776)과 포퍼(K. Popper, 1902~1994)의 이론이 우리의 이 같은 결론이 갖는 함의와 어떤 관계가 있는지를 논의함으로써, 제기될 수 있는 회의를 지적하고 우리의 결론을 옹호하면서 이 책을 마무리하고자 한다.

이런 식으로 내용을 전개하면서 나는 이 책이 하나의 단행본임을 감안해 가능한 한 관련된 논의를 가장 기초적인 데서부터 위로 차근차근 쌓아 올라가는 방식을 취하고자 한다. 즉 이 책을 읽는 독자가 어느 정도 보편적인 학식과 지력이 있음을 전제로, 가능한 한 이 책 이외의 또 다른 것에 대한 지식을 전제하지 않고서라도 독자적으로 읽어나아갈 수 있도록 배려하고자 한다. 물론 그 명확한 기준을 설정하는 일은 어느 누구에게도 쉽지 않을 것이다. 다만 책의 전체로 보아, 뒤에서 전개되는 내용을 이해하기 위해 별도의 배경 지식을 전제하는 대신 그 앞의 내용을 미리 이해하고 있으면 되도록 주의하고자 한다.

또한 이 책은 그 목적상 기본적으로 학술 서적일 수밖에 없으나, 좀 더 폭넓은 독자의 관심과 활용을 위해 한층 일상적이고 흥미로운 사례들을 도입하려고 한다.

1

귀납적 비약을 위한 도약대

귀납적 비약이 하나의 '도약(leap)'이라 한다면 그것을 위한 적절한 발판이 필요할 듯하다. 이른바 하나의 '도약대(跳躍臺)'를 말한다. 제1부에서는 앞으로 '귀납적 비약이 언제 가능한가?'에 답하기 위해 필요한 예비적인 무대를 마련하고자 한다. 이 무대에서는 우선 귀납에 관한 논의를 이끌기 위한 구체적인 사례에서 시작해, 그것으로부터 주요한 개념을 도출해낼 것이다. 그리고 이를 이용해 우리의 근본 문제가 무엇인지를 정확히 드러내고, 그 문제가 왜 중요한지를 보여주며, 그로써 우리가 풀어야 할 큰 과제가 무엇인지를 제시하게 될 것이다. 도약대 자체가 곧 도약의 성공 여부를 가리는 모든 것은 아니나, 일단 그것을 잘 마련한다면 성공적 도약을 위해 큰 기여를 할 것임은 분명하다.

1장
귀납의 상황과 귀납의 세 가지 개념

먼저 이른바 '귀납(induction)'과 관련되어 있다고 판단할 수 있는 몇 가지 사례를 생각해보기로 하자. 일상적일 수도 있고 전문적일 수도 있다. 또한 사소한 것이라 생각할 수도 있고 심각한 것이라 생각할 수도 있다. 그만큼 우리 주변에 광범위하게 유포되어 있으며, 그만큼 중요하다고도 할 수 있다.

이러한 사례는 우리가 귀납에 대해 논의하는 데 가장 자연스러운 실마리와 자료가 될 것이다. 하지만 더욱 중요한 점은 이러한 사례를 통해 '귀납'이라는 말 속에 숨어 있는 다양한 의미를 드러낼 수 있다는 점이다. 그러므로 무엇보다 그러한 의미를 주의 깊게 가려 규정할 필요가 있다. 아래에서는 전형적인 사례라 여겨지는 것을 차례로 제시하고, 그것에 따라 귀납의 서로 다른 세 가지 개념을 구별하기로 한다.

1) 사례 1: 전문가들

한 일간지에 연재되던 『식객(食客)』이란 만화가 있다. 우리나라의 여러 음식과 조리에 관해 비교적 사실에 바탕을 두고 극화(劇化)한 만화다. 그 가운데 하나로 「잔치국수」라는 제목의 시리즈 중 한 장면에 관심을 끄는 대목이 있다. 잔치국수에 대해 궁금해하는 사람들을 두고 한 국수 제조 전문가가 자신의 노하우를 거침없이 설하는 대목이다. 그 가운데 만화 주인공인 '성찬'과 나눈 대화를 보기로 하자.[1]

제면가: 하루에 밀가루를 50포에서 100포 정도 사용하는 대규모 제면 공장은 6, 7단계를 거치면서 면을 원하는 두께로 만들지만 우리처럼 옛날 방식의 공장은 반죽 덩어리를 합쳐가면서 원하는 두께를 얻죠. 건면은 3번, 생면은 6번. 이렇게 하면 면이 더욱 쫄깃하게 됩니다.

성찬: 다른 곳은 6, 7번이라는데 3번은 부족하지 않을까요?

제면가: 3번 정도가 가장 끈기가 좋더라고, 그 이상은 오히려 끈기가 없어져버려.

성찬: 이유는요?

제면가: 쯧쯧. 꼭 이유가 필요한가? **60년 전통에서 나온 경험의 산물이지!** 핫핫핫!

끈기가 좋은 건면(乾麵)을 얻으려면 반죽 덩어리를 세 번 합쳐야 한다는 것인데, 왜 그렇게 해야 끈기가 최상인 건면을 얻을 수 있는지는 알 수 없

1 허영만(2007), A25면에서 있는 그대로 발췌. 강조는 필자.

그림 2 허영만의 『식객』에서 「잔치국수」 중 일부.

다. 하지만 어쨌든 60년에 걸친 경험을 바탕으로 보자면 그것이 확실한 결론이라는 것이다.

확실히 국수 만드는 한 가지 일에 바친 60년이란 세월은 결코 짧은 것이 아니며, 우리는 그것으로부터 얻은 결론에 권위를 부여하고는 한다. 하지만 과연 그러한 권위는 어디에서 나온 것인가? 물론 그 한 가지 이유는, 그렇게 해서 얻은 결론이 결과적으로 좋았다는 것이다. 즉 그 결론대로 만든 건면이 가장 쫄깃해서 맛이 좋았다는 이야기일 것이다. 그러나 어떻게 그는 그러한 결론에 도달한 것인가? 제면가의 말에 따르면, 그것은 전적으로 60년 경험의 산물일 뿐이다. 바로 이 대목에서 보통의 많은 사람들은 그가 문제의 결론을 얻어낸 과정이 바로 귀납의 과정이라고 말할 수 있을지 모른다. 왜냐하면 그들이 일반적으로 귀납의 예로 알고 있는 다음과 같은 까마귀 색깔의 예야말로 그 형태상 위의 것과 동일하기 때문이다.

우리는 흔히 특정 까마귀들이 검다는 사실을 직접 관찰을 통해 알게 된다(물론 실제로는 직접 관찰에서 전해진 간접 경험에 의할 수도 있다. 중요한 점은 어쨌든 그 연원은 직접 관찰에 있다는 점이다). 그리고 그러한 관찰의 결과가 다수 모이게 됨에 따라 마침내 우리는 '모든 까마귀는 검다'라는 결론을 내린다. 물론 여기서 그 결론으로 반드시 보편적인 형태만을 취할 필요는 없다. 대신 어쩌면 그와 같은 결론에서 나올 수 있는 것으로서 아직 경험하지 않은 또 다른 경험 사례에 대한 것을 결론으로 삼을 수도 있다. 예컨대 '내일 보게 될 까마귀 *a*도 검다'와 같은 특칭적인 결론도 가능하다.

어쨌든 까마귀의 예는 앞서 제면가의 예와는 그 내용이 다를지 모른다. 하지만 양자 모두 경험을 통해 얻은 개별적 사실에 대한 지식을 전제로, 그것들을 포함하는 보편적 결론이나 기존의 개별 사실을 넘어서는 또 다른 개별 사실에 대한 특칭적 결론으로 나아가는 형태(예컨대 제면의 경우라면 '이번 잔치에 쓸 건면에서도 반죽 덩어리를 세 번 합친 것이 가장 쫄깃할 것이다'와 같은 식의 특칭적 결론으로 나아갈 수 있을 것이다)를 보여준다. 그러므로 우리에게 좀 더 친숙한 위의 까마귀 사례를 이른바 귀납의 사례로 익히 알고 있는 한, 앞서의 제면가 사례 역시 그것이라고 하지 못할 이유가 전혀 없어 보인다.

그렇다면 일단 위와 같은 두 사례를 두고 우리는 그 모두가 공통적으로 귀납의 어떤 한 가지 의미를 보여준다고 쉽사리 결론을 내릴 수 있을지 모른다. 다만 이 정도의 예와 논의만으로는 귀납에 대해 많은 사람들이 그것은 쉬우며 사소하다는 오해를 불러일으키기 쉽다. 따라서 지금의 의미에 관해 다음과 같은 또 다른 실제적인 예로써 이를 보완해보기로 하자.

위에서 든 귀납의 사례 형태에 익숙한 사람들이라면 이제 '귀납'이란 말로 포괄할 수 있는 유사한 형태의 다른 많은 사례를 쉽사리 찾아낼 수 있으리라 생각한다. 제면이나 까마귀뿐만 아니라 예컨대 사람, 꽃, 돌, 물 등 무수한 것에서 비슷한 사례를 찾아낼 수 있는 것이다. 하지만 바로 그러한 예로 인해 많은 사람들이 동시에 귀납이란 매우 간단하며 사소한 것이라는 인상을 갖기 쉽다. 물론 그 결론 자체가 우리에게 중요하지 않다거나 심각한 의미가 없다는 뜻이 아니다. 다만 그러한 결론에 이르는 과정 자체가 별로 복잡하거나 어려워 보이지 않는다는 뜻이다.

그러나 가만히 되돌아보면 제면가가 왜 그토록 간단한 과정을 거치는데 60년이란 긴 세월을 보내야만 했는지 궁금해진다. 까마귀의 예처럼 그저 몇 번의 경험만으로는 족하지 못한 것인가? (물론 인류는 아주 오랫동안 까마귀를 관찰하여 그런 결론을 냈겠지만, 한 개인으로 볼 때 그러하다는 것이다.) 하지만 여기에는 그렇게 간단하지 않은 문제가 숨어 있다.

까마귀의 예에서는 개별적 경험을 통해 **이미** '까마귀는 검다'는 사실이 알려져 있다. 다시 말해 어떤 개별 대상이 '까마귀'라고 부를 만한 특성[2]을 지니고 있고(예컨대 '까옥까옥' 소리를 내며, 부리가 굵고 날카로우며, 그 특유의 외형을 지니고 있는 것 등), 동시에 그 색깔이 검은색임이(즉 관찰된 각각의 까마귀가 또한 '검은색'이라는 특성을 지니고 있음이) 이미 개별 관찰에서 드러나

---

2 어떤 개체나 대상에 딸린 성질, 즉 그 속성(屬性, attribute)에는 크게 특성(property)과 관계(relation)가 있을 수 있다. 여기서 '특성'은 해당 개체의 존재만으로도 그것에 부속하여 존재할 수 있으나, 관계는 해당 개체와 또 다른 개체 사이에서 발생할 뿐이다. 흔히 '속성'과 '특성'이란 말을 혼용해서 사용하기도 하나, 이 책에서는 필요에 따라 양자를 구별해 사용하고자 한다.

있는 것이다.

하지만 제면가의 경우에는 사정이 전혀 다르다. 그의 경우 처음에는 밀가루 반죽을 하면서 그 덩어리를 몇 번 합쳐야 과연 가장 쫄깃한 건면을 얻게 되는지 알지 못하는 상태였다. 다시 말해 개별적인 반죽 덩어리를 관찰하면서 그것이 갖고 있는 다른 특성은 알고 있었다 할지라도(예컨대 그것이 밀가루 성분으로 되어 있고, 물기를 머금고 있다는 것 등), **동시에** 이 경우 정작 가장 중요한 '그것이 가장 쫄깃하다'는 특성은 **아직 관찰되지 않았다**는 것이다. 또 비록 그것이 실제 (맛보기를 통해) 관찰되었다 할지라도 과연 그것이 진실로 다른 모든 경우에 비해 **가장** 쫄깃한 것인지는 알 수 없는 상태다. 그러므로 그에게는 이와 같은 상황을 타개하기 위해 실제 밀가루 반죽을 몇 번 합치는지와, 그 결과 나타날 쫄깃한 정도를 대응해보는 실험이 필수적이다. 그리고 사실 이러한 실험은 있을 수 있는 수많은 변수와의 기나긴 싸움이었을 것이다.

물론 제면가는 어쩌면 불가능해 보이는 그런 모든 일을 다 행해보지는 않았을 것이다. 또 사실적으로 실용적인 맥락에서라면 그러한 일은 불필요해 보이기도 한다. 하지만 상상 가능한 변수들을 고려해본다면 '건면의 경우 세 번'이라는 결론을 내리기가 처음보다는 결코 쉽지 않다는 점만은 분명해 보인다. 짐작하건대 그 제면가는 60년의 세월 동안 나름대로 약간씩의 변화를 주며 여러 시행에서 '건면의 경우 세 번'이라는 결론에 도달했을 것이다.

제면의 사례에서 보이는 이와 같은 점은, 다음과 같이 한층 고급스런 기술이나 학문의 영역에서 발견할 수 있다. 컴퓨터 과학의 한 분야인 이른바 '인공 지능(AI; artificial intelligence)'에서 주목받고 있는 대상 중 하나가 '전문가 시스템(expert system)'이다. 말 그대로 의학이나 법률 같은 분야에서 해당 전문가들이 하는 일을 유사하게 할 수 있도록 설계한 컴퓨터 프로그램을 말한다. 앞서 소개한 제면가 역시 일면 해당 분야의 전문가라 할 수 있으며, 그의 일에 대해서도 어쩌면 이러한 전문가 시스템 구축이 가능할지 모른다.

어느 면에서 인간 전문가는 전문가 시스템의 이러한 행태(?)에 불만을 가질지도 모르나, 불가피하게 인간 전문가가 더는 그러한 일을 할 수 없는 상황이라면 그를 대신할 전문가 시스템 구축에 대한 요청이 절실할 수밖에 없다.[3] 다음은 바로 그와 같은 상황을 보여주는 실제적인 예다.[4]

슬로베니아의 제세니스 제철소(The Jesenice Steel Mill in Slovenia)에서 있었던 일화로서, 그 제철소에서 사용하는 압연기(壓延機)와 관련한 일이다. 문제의 기기에는 이른바 압연 유제(壓延乳劑, rolling emulsion)란 것이 들어가야 하는데, 그 질(質)을 조절하는 것이야말로 큰 문제 중의 하나였다. 압연 유제란 압연을 원활하게 해주는 우유 형태의 윤활제로서, 압연의 질은 결정적으로 그러한 유제의 특성에 달려 있었다. 따라서 압연기를 다루는 전문가는 매일 그 유제와 관련한 다양한 변수〔예컨대 쇳물의 농도, 회분(灰分, ashes)의 존재, 박테리아의 유무 등〕를 측정하고, 그에 따른 적절한

---

3 인간 전문가가 그러한 일을 할 수 없는 경우뿐만 아니라, 어쩌면 그러한 전문가가 있다 할지라도 만일 그보다 더 뛰어난 전문가 시스템을 구축할 수만 있다면 그와 같은 시스템에 대한 요구가 한층 더 커질 수 있다. 예컨대 1992년 브라트코(I. Bratko)의 보고에 따르면, 실제 전문 의사와 '어시스턴트(ASSISTANT)'라는 기계 학습(machine learning) 도구를 이용한 전문가 시스템 사이에서 환자의 질병을 분류하는 테스트를 행한 결과, 전문가 시스템이 훨씬 더 나은 것으로 드러난 바 있다〔여기서는 Gillies(1996), pp. 45~47 참조〕. 물론 이것만으로 곧 해당 전문가 시스템이 인간 전문가보다 모든 면에서 더 우월하다고 할 수는 없을지 모르나, 적어도 부분적으로는 위와 같은 사실에 의거해 전문가 시스템에 대한 요구가 점점 더 커질 수도 있다.

4 지금의 예 역시 원래 브라트코의 1992년 보고에 제시된 것이나, 여기서도 앞의 책 p. 45 참조.

조치(예컨대 유제를 바꾼다거나, 박테리아 방지 오일을 첨가한다거나, 아니면 아예 아무런 조치를 취하지 않는 등의 조치)를 취한다. 하지만 어떤 사정으로 인해 그 전문가가 제철소를 떠날 수밖에 없는 상황에 이르자 제철소에서는 그를 대신할 사람이 필요했다.

물론 이 경우 그를 대신할 다른 사람을 쉽사리 구할 수만 있다면 문제될 것이 없을 것이다. 하지만 그러한 전문가 자체가 희귀할뿐더러, 향후 그러한 전문가를 영입하는 데 따른 비용이 과다하다고 판단될 경우 차라리 그를 대신할 인공적인 전문가 시스템을 구축하는 일을 심각하게 고려하지 않을 수 없을 것이다.

아닌 게 아니라 브라트코 등의 전문가 시스템 연구자들은 압연기를 대체할 시스템을 구축하기로 결정하고, 처음에는 그 제철소를 아직 떠나지 않은 문제의 전문가를 대상으로 그가 어떻게 압연 유제를 조절하는지 그 판정의 지식을 대화를 통해 추출해내고자 했다. 만일 그렇게 할 수 있다면 그것을 일반 규칙으로 삼은 시스템을 좀 더 쉽게 구성해낼 수 있으리라 생각했기 때문이다. 하지만 그러한 방식으로는 근 반년의 시간을 보내고서도 별 소득 없이 끝나고 말았다. 사실상 대부분의 인간 전문가들은 나름대로 훌륭한 전문적 결정을 내리고 그에 따른 조치를 취한다고 할지라도 정작 어떻게 그러할 수 있는지에 관해서는 제대로 의식조차 하지 못한다. 압연기 전문가도 예외가 아니었다. 그러므로 연구자들은 방법을 바꾸어 문제의 전문가가 실제 행하는 판정의 사례를 모아 거기에서 어떤 일반적인 규칙을 얻어내는 방법을 쓰기로 했다. 이것은 곧 특칭적 사례에서 보편적 규칙을 얻어내는 과정으로서, 그 형식 면에서 보면 우리가 앞서 제면과 관련해 '귀납'이라 칭한 과정과 다르지 않다. 브라트코 등은 이때 그들 스스로 그와 같은 과정을 밟는 대신, 기계 학습 도구인 '어시스턴트

(ASSISTANT)'를 이용해 문제의 규칙을 얻어내고, 이로써 성공적인 전문가 시스템을 구축해낼 수 있었다.

이 경우 물론 인간 전문가가 자신의 전문적 지식을 명확한 규칙으로 의식하고 있지 못한 탓에 기계 학습의 도구를 이용하기는 했으나, 우리가 여기서 주목해야 하는 바는 그 기계가 직면했을 법한 수많은 특칭 사례다. 압연기와 관련해 앞서 언급한 대로 인간 전문가가 고려해야 할 변수는 보통의 사람들이 처리하기에는 지나치게 많으며, 여기에서 도출되는 특칭 사례의 종류와 수 역시 무수히 많을 수밖에 없다. 그러므로 이와 같은 사례에 관한 진술을 전제로 보편적인 결론을 찾아내는 일은 결코 간단할 수 없다. 사실 이 때문에라도 그러한 일을 해낼 수 있는 '어시스턴트'와 같은 기계 학습 도구를 이용할 수밖에 없었던 셈이다.[5]

그러므로 이상의 논의가 보여주듯, 경험을 통해 얻은 개별적 사실에 대한 지식을 전제로 그것들을 포함하는 좀 더 보편적인 결론이나 또 다른 특칭적인 결론을 제시하는 일은 결코 쉬운 일도, 사소한 일도 아니다. 그것은 처음 보기보다 상당히 어렵고 심각한 과정이며,[6] 나름대로 귀납에서 독

---

5 우리는 여기서 문제의 기계 학습 도구가 대체 어떠한 원리로 그러한 일을 해낼 수 있는지에 관심을 가질 수 있고, 이에 대한 연구는 인공 지능 분야에서 중요한 과제 중 하나다. 하지만 이 자체는 지금 우리의 맥락을 벗어나는 일이므로 여기서는 접어두기로 한다. 이러한 문제에 관해서는 예컨대 Michalski et al.(1983 eds.) 참조.

6 제면가나 압연기 전문가 시스템의 예가 공통으로 지닌 귀납의 의미를 고려한다면 이제 많은 사람들이 쉽게 생각하는 까마귀의 예 역시 그 의미에 따라 좀 더 어려운 것으로 바꾸어놓을 수도 있다. 앞서 언급한 대로 많은 사람들이 흔히 알고 있는 까마귀의 예에서는 관찰의 대상이 모두 '까마귀'라는 특성을 갖고 있고 동시에 '검다'라는 특성을 갖고 있음이 **이미** 알려져 있다. 하지만 그 대상들만이 제시되어 있을 뿐, 그 각각에서 공통된 문제의 두 특성이 동시에 갖추어져 있음이 미리 알려져 있지 않다면 어떠할 것인가? 이 경우에는 개별 대상들을 관찰하며 그 공통의 특성을 찾아내야 하는 어려움에 직면한다. 사실상 보통 알려져 있는 까마귀의 예에서는 이와 같은 수고의 과정이 아예 생략되어 있는 셈이다. 하지만 제면가와 압연기 전문가 시스템의 예에서 보듯 가장 어려운 대목은 바로 그 생략된 부분이다. 물론 우리

립적이며 충분히 탐구해볼 만한 의의를 지닌다. 하지만 귀납이란 말 속에는 또 다른 의미가 숨어 있으며, 이것을 보여주는 다른 새로운 사례를 이어지는 절에서 살펴보기로 하자.

2) 사례 2: 톰슨의 실험과 가설

과학의 역사에서 '전자(電子)' 발견으로 이어지는 중요한 사건 가운데 하나가 1859년 독일의 물리학자 플뤼커(J. Plücker)에 의한 음극선(cathode ray) 발견이었다.[7] 그는 유리 기구 제작자인 가이슬러(H. Geißler)가 만들어 준 방전관(가이슬러관)을 이용해 방전에 관한 연구를 하던 중 1858년 자석 근처에서 기체 방전선이 어느 정도 휘는 현상을 발견했고, 이듬해에는 방전관의 음극 근처에서 밝은 녹색 발광 현상이 나타나는 것을 발견하고 그

에게는 실제 까마귀에 관한 선행 지식을 배경으로 갖추고 있는 탓에 이러한 설명에도 불구하고 그와 같은 사정을 실감하기가 어려울지 모른다. 하지만 사정을 바꾸어놓은, 까마귀의 예와 비슷한 다음 예를 고려한다면 문제의 사정이 좀 더 분명히 드러나리라 생각한다.

이제 다음과 같은 동물들이 우리 앞에 있다고 해보자〔이것은 Seiffert, H.(1969/1992), p. 54에 나오는 예를 원용한 것이다〕. 소, 양, 사슴, 노루, 기린 등이 그것이다. 이 대상들이 모두 '동물'이라는 점은 쉽게 알 수 있겠지만, 과연 이 각각이 공통으로 지닌 특성 두 가지를 추출해 진정 **의미 있는** 보편적 결론으로 이끌어낼 수 있겠는가? 이 예를 생각해본다면 단지 다섯 가지의 사례일지라도 그것에 갖추어져 있는 특성으로 고려해볼 수 있는 측면이 얼마나 많은지에 놀랄 것이다. 이러한 수고 끝에 얻어낼 수 있는 한 가지 의미 있는 결론은 '모든 우제류는 반추위 동물이다'라는 것이다. '우제류(偶蹄類)'란 '발 가운데 두 굽이 발달해 발통을 이루고, 양 옆의 두 굽은 퇴화해 땅에 닿지 않는 동물'을 말한다. 또한 '반추위(反芻胃)'란 '되새김을 하는 위'를 말한다. 진정 이처럼 공통된 두 특성을 찾아내 위와 같은 보편적 결론을 이끌어내는 귀납의 과정이 쉽다고만 할 수 있겠는가.

7 지금의 예를 둘러싼 역사적 전개 과정에 대한 설명은 Achinstein(2001), ch. 2에 바탕을 둔 것이다.

원인이 음극에서 나오는 방사선에 의한 것임을 밝혀냈던 것이다. 1869년에는 그의 제자 히토르프(J. W. Hittorf)가 그러한 관의 음극과 반대의 벽면 사이에 고체 물체를 놓았을 때 그 물체의 그림자가 벽면에 드리운다는 사실도 밝혀냈다.

하지만 동일한 현상을 두고 그 음극선의 정체에 관해서는 서로 다른 두 경쟁 이론이 제시되었는데, 그중 하나는 영국의 물리학자인 크룩스(W. Crookes)와 슈스터(A. Schuster)가 제시한 것으로, 그들은 음극선이란 관 속의 기체 원자나 분자가 음으로 대전되어 나타난 결과라는 관점을 취했다. 이와는 달리 독일의 물리학자들인 골트슈타인(E. Goldstein), 비데만(G. H. Wiedemann), 헤르츠(H. Hertz) 등은 음극선이란 그러한 입자가 아니라 빛과 유사하게 에테르 속을 지나는 어떤 파동이라고 생각했다.

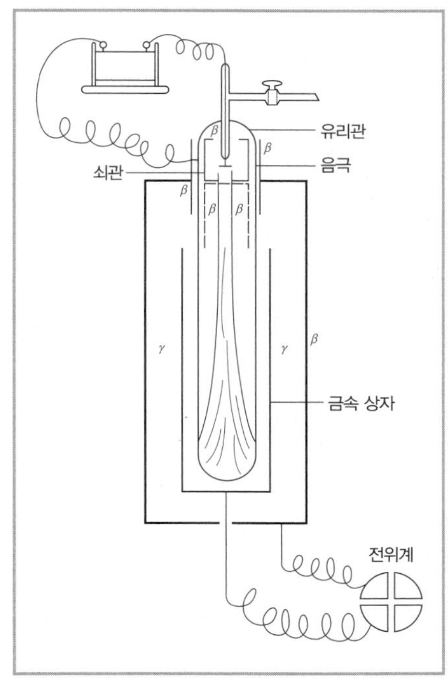

그림 3 헤르츠의 음극선 실험.

동일한 현상을 두고 이처럼 서로 다른 해석이 나왔다면 과연 어느 해석이 참이거나 적어도 더 그럴듯한지를 결정하기 위해 그것을 가를 만한 추가적인 실험이 필요하기 마련이다. 사실상 1883년 헤르츠는 이것을 판단하기 위해 일련의 실험을 행했는데, 그 개요는 다음과 같다.

우선 그림 3에서처럼[8] 그는 길이 250밀리미터, 너비 25밀리미터 정도의 유리관에 음극과 양극을 갖춘 상태에서 고압의 전기를 통하게 하는 실험을 했다. 특히 양극에 대해서는 다음과 같은 조치를 취했는데, 먼저 양극의 거의 전체를 청동 관으로 감싸고, 직경 10밀리미터 정도의 작은 구멍을 뚫어 그곳으로 음극선이 지나가도록 한 뒤, 거기에 1제곱밀리미터 정도의 눈을 가진 쇠 그물망을 두어 그 사이로 음극선이 빠져나가도록 한 것이다. 그러고는 음극관의 거의 전체를 금속 보호 케이스로 둘러, 쇠 그물 밖의 부분에서 음극으로 인해 혹 생길 수 있는 어떤 정전기력(electrostatic force)을 차폐하고자 했다.

헤르츠가 이러한 실험 장치를 고안한 까닭은 다음과 같다. 음극에서 발생한 음극선은 양극으로 흘러가면서 녹색의 형광을 발생시키는 한편, 동시에 음극에서 양극으로 흘러가는 전류가 발생할 수도 있는데, 그는 그와 같은 전류를 음극선 자체와 분리하고자 한 것이다. 이때의 전류는 결국 쇠 그물에 잡히게 될 터이므로 그는 그 전류를 검출하기 위해 금속 케이스에는 전위계(電位計, electrometer)를 연결해두었다. 하지만 실험 결과, 음극선 발생에도 불구하고 전위계는 움직이지 않았다. 또한 이어진 실험에서 그는 다른 부분은 지금까지와 동일한 상태로 두되, 음극관 주위에 서로 반대의 전기를 띤 판을 설치해 실험을 해보기도 했으나 이때에도 특별한 변화는 감지되지 않았다. 이 실험에서는 만일 음극선이 전기적으로 대전(帶電)이 된다면 지금과 같은 장치에 의해 그 선이 휘게 되고, 그리하여 형광의 위치가 바뀌리라 예상했지만, 그러한 효과 역시 나타나지 않았던 것이다. 이상의 실험 결과를 두고 헤르츠는 결국 '음극선은 전기와는 무관하며, (당시까

8 앞의 책, p. 15.

지) 알려진 바로 볼 때 문제의 현상에 가장 가까운 것은 빛'이라는 결론을 내리게 되었다.

하지만 1897년 영국의 물리학자 톰슨(J. J. Thomson)은 헤르츠 때보다 좀 더 진전된 진공 기술을 이용해 음극관의 기체를 더 완벽히 빼내고 다시 실험을 해보았다. 그 결과 문제의 전위계에서 바늘의 움직임을 확인하고, 음극관 주변에 설치된 자석에 의해 음극선의 휨도 뚜렷이 볼 수 있게 되었다. 그는 헤르츠와는 달리 만일 음극선이 대전된 입자라면 아직 기체가 남아 있는 음극관을 지날 때 그 입자들이 기체 분자들을 이온화하고, 이것이 금속판의 전기를 중화해 결국에는 음극선의 휨 현상을 야기하지 않았을 수도 있다고 생각한 것이다. 그는 위의 실험이 자신의 그와 같은 생각을 제대로 확인해준 것이라 여기고, 이로써 곧 '음극선이란 음전기를 띤 어떤 입자'라는 결론을 내리게 되었다.

이후 그는 한걸음 더 나아가 계속된 새 실험을 통해 문제의 입자가 당시까지 알려진 가장 작은 원자보다도 훨씬 더 작은 것임을 알게 되었고, 이로써 그 입자가 모든 원자의 구성 성분이 아닐까 하고 생각하게 되었다. 사실상 그러한 입자야말로 오늘날 우리가 '전자'라 부르는 것으로, 그러한 명명 역시 그의 제자인 러더퍼드(E. Rutherford)에 의한 것이었다.

이상의 역사적 장면을 두고 여기서 관심을 갖고자 하는 초점은 단지 전자에 관한 과학적 지식의 진전이 아니라, 그 과정에서 등장한 증거와 가설 사이의 관계다. 음극선의 정체를 두고 제시된, 처음의 서로 다른 두 이론은 아직 그 참이 확정되지 않은 '가설(hypothesis)'일 뿐이다. 이러한 가설 중 어느 하나를 뒷받침하기 위해 실험을 하고, 그로부터 도출되는 결과는 해당 가설을 위한 하나의 '증거(evidence)'가 되었다. 과학이나 과학 철학에서는 이와 같은 경우 과연 어떤 증거 e가 가설 h의 증거가 될 수 있는가,

또 있다면 그것은 어느 정도에서 그러한가와 같은 문제를 **(가설) 입증의 문제**〔problem of (hypothesis) confirmation〕라 부르기도 한다.

이러한 입증의 문제에서는 제출된 증거를 전제로 할 때, 그로부터 그 결론에 해당하는 일정한 가설을 어떻게 이끌어낼 수 있느냐 하는 점은 문제 삼지 않는다(또는 적어도 지금의 맥락에서라면 그것은 핵심 문제가 아니다). 그러한 것은 이미 제시되어 있는 것으로 전제하고, 오직 그처럼 제시되어 있는 양자 사이의 관계만을 문제 삼는 것이다. 그러므로 음극선을 둘러싼 위의 역사적 장면에서도 일단 어떤 실험을 행하고, 그것에서 어떤 가설을 어떻게 이끌어내는지에 초점이 맞추어져 있는 것은 아니다. 예컨대 플뤼커가 발견한 음극선 방사 현상을 두고 영국과 독일의 물리학자들이 서로 다른 이론을 내놓았을 때, 그들은 문제의 현상에 관한 진술을 전제로 어떻게 하면 그로부터 하나의 이론을 결론으로 도출해낼 것인지에 골몰한 것은 아니라는 이야기다. 그러한 이론은 당시에 이미 잘 알려져 있던 입자나 파동에 관한 기존 지식에서 나온 것이며, 플뤼커의 발견 결과를 잘 설명할 수 있을 법한 가설로서 별도로 제시된 것일 뿐이다. 따라서 이후에 헤르츠나 톰슨이 각기 자신의 추가적 실험을 계획할 때는 오히려 그러한 가설이 실험을 인도하는 역할을 하기까지 했다.[9] 그러므로 여기서는 앞 절에서 살펴본 제면이나 압연 전문가 시스템의 사례에서 발생한 문제는 중요하지 않다.

그렇다면 이처럼 문제의 증거와 가설이 이미 제시되어 있는 것으로 보고, 그것들을 각기 진술하는 전제와 결론의 관계를 생각해볼 때, 그 양자 사이의 관계란 어떠한 것인가. 이때 단순히 제시되어 있는 전제와 결론, 그리고 그러한 순서**만으로** 한정해본다면, 양자 사이의 논리적 관계가 연역적

---

9 이러한 사실을 두고 과학 철학에서는 흔히 '관찰이나 실험의 이론 적재성(理論積載性, theory-ladenness)'이라 부른다.

이지 않음은 분명해 보인다.[10] 제시된 전제 속에 해당 결론의 내용이 완전히 포함되어 있지 않기 때문이다. 사실 플뤼커가 발견한 동일한 현상을 두고 서로 다른 이론이 제시되었다거나 헤르츠의 실험 결과를 두고 헤르츠와 톰슨이 서로 다른 해석을 내릴 수 있었다는 사실이 이미 이를 반영하는 셈이다. 물론 연역 논증에서라도 동일한 전제에서 서로 다른 결론이 타당하게 도출될 수 없는 것은 아니나, 그 전제에 모순이나 양립 불가능한 어떤 부분이 포함되어 있지 않는 한 일반적으로 서로 양립 불가능한 상이한 결론이 그 전제에서 나올 수는 없다. 적어도 위에서 말한 역사적 맥락에서 파동 가설과 입자 가설은 서로 양립 불가능한, 즉 둘 다 참이 될 수는 없는 가설이다. 그렇다면 이때의 관계를 역시 귀납적인 것으로 볼 수 있는 한 가지 근거가 생기게 된다.

사실 많은 과학자나 과학 철학자들은 증거와 가설 사이의 입증 관계를 귀납적인 것으로 보고, 어떤 가설을 입증하기 위해 어떠한 증거를 제시해야 하며, 또 어떤 증거가 해당 가설을 어느 정도 입증할 수 있는가 하는 문제를 일종의 귀납 문제로 이해하고 있다.[11] 그러므로 이러한 맥락에서라면 우리가 흔히 쓰는 귀납이란 말 속에 다시금 지금과 같은 또 다른 의미가 숨어 있음을 알게 된다. 하지만 또한 이것이 전부도 아니다. 다음 절을 보기로 하자.

---

10 만일 제시된 전제와 결론, 그리고 그러한 순서만으로 한정 짓지 않는다면 지금의 상황은 연역적인 것으로 바꾸어볼 수도 있다. 즉 두 가설 중 어느 하나가 참인 것으로 밝혀진 경우, 그 결론에 해당하는 가설로부터 적절한 초기 조건에 의해 해당 전제를 연역해낼 수도 있는 것이다.

11 하지만 예컨대 포퍼와 같이 이러한 관점에 근본적으로 반대하는 사람도 있다. 이에 대해서는 이후 제4부 20장 2)절에서 좀 더 자세히 논하게 될 것이다.

3) 사례 3: 차 감별의 능력

다음의 예는 원래 통계학자로서 유명한 피셔(R. A. Fisher, 1890~1962)에게 연원을 두고 있는 것으로,[12] 지금 우리의 관심사를 잘 반영할 뿐만 아니라, 이후 이 책에서 핵심적으로 다룰 문제에 통계가 어떻게 관여할 수 있는지를 예감하게 해주는 효과도 있는 것이다.

다음과 같이 자신에게 차〔茶〕 감별의 능력이 있다고 주장하는 어떤 여인이 있다고 해보자. 즉 우유가 든 차를 맛본 후에 그것이 차에 우유를 섞은 것인지, 아니면 반대로 우유에 차를 섞은 것인지 알아맞힐 수 있다는 것이다. 물론 그녀는 자신이 완벽하다고 말하는 것은 아니다. 자신이 틀릴 수도 있으나, 적어도 우연히 맞히는 것보다는 나을 수 있다는 주장을 할 뿐이다.

이제 이 여인에게 과연 그녀가 주장하는 대로 문제의 감별 능력이 있는지 테스트하려 한다. 피셔는 이를 위해 예컨대 위의 두 가지 방식 중 어느 하나로 준비된 여덟 잔의 차를 가지고 테스트해볼 것을 제안한 바 있다. 물론 이 경우 문제의 여인이 차의 맛을 본다는 것 이외에는 찻잔의 크기라든지, 눈으로 보이는 차의 상태 등 그 모든 것은 동일해 실제 구별 불가능한 것으로 전제한다. 그렇다면 이때 이 여인이 대체 몇 잔의 차에 대해 제대로 맞혀야 과연 그녀 자신의 주장이 참이라고 믿을 수 있을까.

이러한 문제 상황은 다소 사소해 보일지 모르나, 같은 구조로 예컨대 어떤 농작물이나 동물에 대해 특정한 처치를 가했을 경우(예컨대 새로 개발한 비료나 약물을 시험할 경우) 나타나는 효과가 과연 그러한 처치를 행하지 않

---

12 Fisher(1935), ch. 2; Fisher(1956) 참조.

았을 때와 비교해 별반 차이가 없는 그저 우연에 기인한 것인지 아닌지를 가리는, 좀 더 실제적인 예로 확대 적용할 수 있다는 점을 감안한다면 매우 유용한 상황이 될 수 있다. 아무튼 위의 상황에서 피셔는 우리의 관심사가 되는 가설, 즉 '그녀에게는 우연 이상의 감별 능력이 있다'라는 가설과 대비되는 가설, 즉 '그녀에게는 그런 능력은 없다'거나 '그것은 단지 우연일 따름이다'라는 식의 가설을 **귀무 가설**(歸無假說, null hypothesis)이라 칭하고, 실제로 위와 같은 실험을 행해 나타난 결과에 비추어 그 귀무 가설을 제대로 **기각**(reject)할 수 있는지의 여부에 관심을 가졌다. 만일 우리가 그러한 귀무 가설을 기각할 수 없다면(달리 또 다른 선택지가 없다고 가정할 경우) 우리는 상대적으로 그와 대비되는 가설, 즉 우리의 관심사가 되는 가설인 '그녀에게는 우연 이상의 감별 능력이 있다'는 가설〔이러한 가설은 **대립 가설**(alternative hypothesis)이라 부른다〕을 **채택**(accept)할 수 있을지도 모른다.[13]

지금 여기서는 피셔의 이러한 테크닉 자체와 그에 따른 좀 더 심각한 문제에 관해서는 일단 관심을 접어두기로 한다.[14] 관심의 초점은 여전히 위의 실험에서 나타나는 결과와 가설들 사이의 관계다. 앞서 음극선의 사례에서처럼 여기서도 나타난 실험 결과가 곧 위의 가설 중 어느 하나라도 연역적으로 함축하는 것이 아님은 분명하다. 예컨대 문제의 여인이 여덟 잔 모두에 대해 정확히 잘 맞혔다 할지라도 그것이 곧 '그녀에게 우연 이상의 감별 능력이 있다'라는 가설을 연역적으로 함축하는 것은 아니다. 또한 그

13 '귀무 가설'에 대한 기각 여부를 넘어 이처럼 '대립 가설' 채택 여부로까지 나아가는 일에 대해서는 피셔가 아닌 네이먼-피어슨의 이론을 살펴야 할 것이다. 이에 대해서는 이후 제3부 13장에서 다루게 될 것이다.

14 이에 대해서는 이후 제2부 10장 1)절에서 자세히 논하게 될 것이다.

녀가 여덟 잔 모두에서 틀렸다 할지라도 그것이 곧 '그녀에게 그런 능력이 없다'라는 가설을 연역적으로 함축하는 것도 아니다. 그렇다고 물론 위의 실험 결과가 가설들 각각과 완전히 무관한 것도 아니므로 **만일 (그것을 연역적 관계로 변환해줄 만한) 별도의 가정이나 전제를 도입하지 않는 한** 위에서 나올 수 있는 실험의 결과와 가설들 각각의 관계는 역시 앞서 음극선 사례에서와 마찬가지로 귀납의 관계를 이룬다고 말할 수 있을 법하다.

하지만 음극선의 사례와는 달리 여기서는 어떤 것이 문제의 가설에 대한 증거로 작용하는가 하는 것보다(이미 그것은 분명해 보인다) 그러한 증거가 과연 언제 해당 가설을 기각하거나 채택하는 데 충분한지가 문제 된다. 위에서와 같은 차 실험의 결과 **하나하나**가 나타나는 경우, 즉 여덟 번에 이르기까지 문제의 여인이 차의 상황에 관해 알아맞히든 알아맞히지 못하든 그 하나하나의 결과가 나타나는 경우, 그것이 해당 가설에 대해 명백히 긍정적이거나 부정적인 사례가 되기는 하겠지만, 그것이 곧 결정적으로 어떠한 가설이든 참으로 받아들이거나 거짓으로 버릴 만한 근거가 되지 못하는 한, 우리는 대체 어떤 기준으로 해당 가설을 기각하거나 채택해야 하는지가 중요해질 수밖에 없기 때문이다.

다소 다른 맥락이기는 하나, 애친슈타인(P. Achinstein)은 어떤 증거에 의한 가설 채택 가능성을 일종의 **역치**(閾値, threshold) 개념이라 지적한 바 있다.[15] 비유적으로 말해 그것은 마치 우리가 어떤 문지방을 넘어서는지 아닌지와 유사한 개념이라는 뜻이다. 이것은 지금 내가 강조하려는 바를 잘

15 Achinstein(2001), p. 73. 좀 더 분명히 말해 애친슈타인은 우리의 신념(belief)과 관련해, 어떤 증거가 새로이 제시된 상태에서 우리가 믿고자 하는 가설에 부여된 확률이 넘어야 할 역치를 염두에 두고 지금과 같은 지적을 한 것이다. 이에 대해서는 이후 제3부 12장 1)절에서 자세히 논하게 될 것이다.

표현해줄 수 있는 적절한 지적이라 생각한다. 여기서의 핵심 문제는 어떤 가설에 대한 증거가 무엇이냐 하는 것보다는, 그 가설에 대한 증거가 대체 어떤 역치를 넘어서야 하는지다.

앞서 음극선 사례에서는 일정한 실험 장치에서 나타나는 결과가 거의 유사하므로 어쩌면 몇 번의 실험 증거만으로도 해당 가설을 채택하거나 기각할 수 있는 역치를 쉽사리 넘어설 수 있을지 모른다(물론 그 실험에서 별도의 오류가 발생하지 않고, 또한 그 가설이 참인지 거짓인지 당장은 문제 삼지 않는다는 전제하에). 예컨대 헤르츠의 실험 결과는 해당 실험 장치 아래에서는 몇 번의 반복만으로도 그의 파동 가설을 채택하는 데 부족함 없이 역치를 넘어설 수 있는 증거로 보인다. 톰슨의 새로운 실험 결과 역시 나름의 장치 아래에서는 몇 번의 반복만으로 그의 입자 가설을 채택하는 데 충분히 역치를 넘어설 수 있는 것으로 보인다. 따라서 음극선을 둘러싼 실험에서라면 아예 역치가 문제되지 않는 것은 아니나, 나타나는 실험 결과로써 그와 같은 역치를 넘어서기가 훨씬 용이하므로 역치에 의한 가설 채택이나 기각의 문제가 두드러지게 나타나지 않을 수 있다. 이와는 달리 피셔의 예에서라면 각각의 실험 결과가 — 예컨대 여덟 잔의 차 맛보기 중 각각의 결과가 — 그러하리라 보기 어렵고, 바로 이 때문에 채택과 기각의 문제가 더욱 두드러지는 것이다.[16]

그러므로 앞 절의 사례 2와 지금의 사례 3의 상황을 요약한다면, 두 경우 모두 어떤 가설에 대해 그것을 뒷받침하는 증거가 무엇이냐 하는 관점에서 일단은 귀납이 문제 되고 있음을 알 수 있다. 하지만 지금의 사례 3에서는 그보다 한걸음 더 나아가 그때의 가설을 과연 해당 증거를 통해 채

16 이러한 차이가 왜 생기는지에 관해서는 4장에서 자세히 논하게 될 것이다.

택 또는 기각할 수 있느냐의 관점에서 귀납이 문제 되고 있음을 분명히 알 수 있다. 그러므로 '귀납'이라는 말 속에는 '어떤 가설을 입증하기 위해 어떤 증거를 제시하고, 또 어떤 증거가 해당 가설을 어느 정도 입증할 수 있다'와 같은 두 번째 의미 이외에, 이제 다시 '그와 같은 증거로써 문제의 가설을 채택 또는 기각할 수 있다'라는 세 번째 의미가 숨어 있음을 알 수 있다. 일상적으로도 예컨대 민간요법과 같은 데서 만날 수 있는 어떤 의료 지식에 대해 사람들이 그것은 '귀납적으로 받아들여진 것'이라는 식으로 말하는 경우에도 그들은 역시 암암리에 이와 같은 세 번째 의미의 귀납을 염두에 둔 것으로 보인다.

좀 더 일반적으로 말해 어떤 가설을 입증하기 위해 어떤 증거를 제시해야 하며, 또 그 증거가 해당 가설을 어느 정도 입증할 수 있는가 하는 문제를 해결한다 할지라도 후속적으로, 그렇다면 과연 그러한 증거로써 해당 가설을 채택할 수 있는지 없는지, 또 채택할 수 있다면 그 기준은 무엇인지의 문제를 해결하지 않으면 안 되는 것이다.[17]

4) 귀납의 세 가지 개념

지금까지 귀납과 관련한 여러 사례를 살펴보면서 우리는 귀납이란 말 속에 적어도 세 가지 서로 다른 의미가 내포되어 있음을 알게 되었다. 앞

---

17 여기서 말하는 '채택'은 단순히 피셔나 네이먼-피어슨이 말하는 좀 더 특정한 의미의 '채택'으로만 좁혀 이해해서는 안 될 것이다. 이 책에서 말하려는 채택의 의미는 그보다 좀 더 넓게 이해해야 할 것이다. 그러므로 여기서 말하는 채택은 이후 제2부에서 본격적으로 소개할 '베이즈주의'에서도 마찬가지로 문제가 될 수 있다.

으로의 편의를 위해 각각에 나름의 명칭을 붙여 세 가지 귀납의 개념을 분명히 정리해보기로 하자.

물론 대체로 앞서 세 절에 걸쳐 제시한 전형적인 사례 각각이 세 가지 귀납 개념에 차례로 대응하기는 하나, 언제나 꼭 일대일로 대응한다고 할 수는 없다. 면밀히 따져본다면 하나의 사례일지라도 그 속에 여러 개념이 함께 섞여 있을 수 있기 때문이다. 하지만 문제의 세 가지가 개념적으로 서로 명확하게만 구별될 수 있다면 지금의 경우 그러한 사정은 큰 문제가 되지 않으리라 본다.

첫째, '귀납'이라는 말 속에는 '제시된 경험적 사례를 전제로 (많은 경우 처음 보기보다는 상당히 어려운 과정을 거쳐) 그것을 넘어서는 어떤 결론 — 그것이 보편적이건 특칭적이건 관계없이 — 을 제시하는 일'이라는 의미가 숨어 있다. 이러한 의미의 귀납에 대해 나는 앞으로 **귀납적 가설 구성**(construction of inductive hypotheses)이라는 용어를 사용하기로 한다. 여기서 '가설'이란 말을 사용한 까닭은, 위에서 제시된 '결론'이란 것이 해당 전제에 의해 완전히 함축되는 것이 아니라면, 그리하여 또한 참인 것으로 확립되지 않는 한 그것은 일종의 가설이라 불러도 좋을 듯하기 때문이다.

둘째, '귀납'이라는 말 속에는 또한 '어떤 가설을 입증하기 위해 그에 적합한 증거(또는 그것을 나타내는 전제)를 제시하거나, 그 증거(또는 전제)가 해당 가설을 입증하는 정도(程度)의 제시'라는 의미가 포함되어 있다. 이러한 의미의 귀납에 대해 나는 앞으로 **귀납적 가설 입증**(confirmation of inductive hypotheses)이라는 용어를 사용하기로 한다.

셋째, '귀납'이라는 말 속에는 '일정한 기준을 제시해 어떤 입증 사례(또는 그것을 나타내는 전제)에 의해 그로써 입증하고자 하는 가설을 채택하거나 기각하는 일'이라는 의미가 숨어 있기도 하다. 이러한 의미의 귀납에 대해 앞으로 **귀납적 가설 채택(또는 기각)**(acceptance or rejection of inductive hypotheses)이란 용어를 사용하기로 한다.

2장
귀납 논증 구성

지금까지 '귀납'이라는 말 속에 적어도 세 가지 서로 다른 의미가 숨어 있음을 지적했다. 그러므로 귀납의 문제에 제대로 접근하기 위해서는 이와 같은 의미를 정확히 가려 쓰는 일이 필수적이다. 그러나 다른 한편으로 생각한다면, 그러한 세 의미는 동시에 '귀납'이라는 말로 묶일 수 있는 어떤 공통 요소를 지니고 있음도 놓쳐서는 안 될 것이다. 그렇다면 그러한 공통 요소는 무엇인가? 이것을 밝히는 일 역시 이 책에서 우리의 근본 문제에 다가서는 데 예비적으로 필요한 단계 중 하나다.

이른바 **귀납 논증**(inductive argument)이야말로 바로 그와 같은 공통 요소에 해당한다. 사실 앞서 언급한 귀납과 관련한 서로 다른 세 개념에 공통적으로 '귀납적'이란 수식어를 붙일 수 있는 까닭이 바로 여기에 있다. 그러므로 이러한 요소를 정확히 추출하고 명확히 규정짓는 일이야말로 앞으로 우리의 논의를 분명히 하고 형식화하는 데 초석이 될 수 있다. 공통 요소를 확립해놓음에 따라 그로부터 확장되는 논의를 체계화할 수 있을 뿐만 아니라, 그것을 포함하는 모든 논의에서 엄밀성을 유지하기가 용이

해지기 때문이다.

아래에서는 '논증'에 이어 '귀납 논증'에 대해 설명하고, 앞 장에서 소개한 귀납의 세 가지 개념을 그와 같은 귀납 논증의 틀 내에 새로이 위치시키기로 한다. 이미 귀납 논증에 익숙한 독자라면 아래의 처음 두 절은 건너뛰어도 무방하리라 생각한다. 여기서는 귀납 논증을 이해하기 위한 최소한의 배경 지식을 소개하고, 한층 진전된 지식과 테크닉은 이후 필요한 부분에서 추가적으로 소개하기로 한다.

1) 논증

귀납 논증은 논증의 일종이다. 그러므로 간략하게나마 **논증**(argument)이 무엇인지부터 규정할 필요가 있다. 논증은 무엇보다 적어도 두 개의 **명제**(proposition)로 구성된다. '적어도 두 개'이므로 두 개 이상이기만 하다면 그보다 얼마나 많은지는 중요하지 않다. 하지만 단 하나의 명제로는 결코 논증을 구성할 수 없다.

명제는 **인식적이거나 심리적으로는** 가장 간단한 경우, 하나의 관념(idea)이나 개념(concept)이 다른 하나의 관념이나 개념과 연결되어 만들어진다. 그러한 연결 과정을 '판단(judgment)'이라 부르며, 따라서 명제는 그와 같은 판단의 한 결과인 셈이다. 예컨대 '이 까마귀'라는 낱말들이 나타내는 관념과 '검다'라는 낱말이 나타내는 개념이 연결되어 '이 까마귀는 검다'라는 명제가 형성된다. '(모든) 까마귀는 검다'라는 명제는 '까마귀'라는 낱말이 나타내는 개념과 '검다'라는 낱말이 나타내는 개념이 연결되어 만들어진 명제로 볼 수 있다.

하지만 명제를 단순히 하나의 정신적 실재(mental entity)로 보는 데는 문제가 있다. 명제는 우리의 사고로 파악할 수 있다 할지라도 그 자체가 단순히 우리의 개인적 심리 상태를 말하는 것은 아니기 때문이다. 그것은 우리 개개인의 심리 상태를 넘어 그 모두에 공통되고 독립적인 하나의 객관적 실재로 보아야 할 것이다. 이 점에서 그러한 명제는 어떤 객관적 사태들의 집합(set of states)이나 사건(event)에 대응하는 일종의 추상적 실재(abstract entity)로 볼 수 있다.[18] 우리가 **논리적 측면에서** 명제를 문제 삼는 경우에는 바로 이러한 의미의 명제를 뜻한다.

보통의 맥락에서라면 명제를 언어적으로 나타낸 것이 **진술**(statement)이다. 그리고 이러한 진술은 구체적으로 문장에 의해 형성되는데, 문법적으로는 특히 **서술문**(declarative sentence)에 의해 만들어진다. 그러므로 예컨대 '이 까마귀는 검은가?'와 같은 의문 문장이나 '이 까마귀의 색깔을 보라!'와 같은 명령 문장은 하나의 명제를 나타낼 수 없다. 오로지 '이 까마귀는 검다'와 같은 서술 문장만이 명제를 나타내고 진술을 만들어낼 수 있을 뿐이다. 명제, 진술, (서술) 문장의 관계는 좀 더 엄밀히 말하자면 한층 더 복잡하다.[19] 하지만 이 책에서는 그러한 세밀한 차이는 그다지 중요하지 않으므로 책 전체에 걸쳐 주로 명제란 용어를 사용하되, 그 구별이 특별히 중요한 경우에만 그에 대한 주의와 함께 구별해 사용하기로 한다.

이제 두 개 이상의 명제가 논증을 구성하는 기본 요소다. 하지만 이것만이 전부는 아니다. 이보다 중요한 것은 그러한 명제들 사이의 관계다. 만

---

18 이에 관해서는 예컨대 Frege(1918~1919/1956); 또한 Maher(1993/2000), p. 89 참조.

19 매우 간략히 말해 하나의 문장은 그 의미(sense) 면에서 명제를 나타내고(express), 그 지시(reference) 면에서 진술을 형성한다(make). 이로써 명제, 진술, 문장은 이 순서대로 후자가 전자를 나타내거나 형성한다고 말할 수 있으나, 그것들이 언제나 일대일로 대응하는 것은 아니다〔이상에 대한 좀 더 상세한 논의를 위해서는 예컨대 Lemmon(1966/1971) 참조〕.

일 단지 두 개 이상의 명제들이 서로 아무런 관계없이 그저 모여 있는 것뿐이라면 그것은 논증을 이루지 못한다. 두 개 이상의 명제가 하나의 논증을 이루기 위해서는 어떤 명제와 그 외의 또 다른 명제 사이에 '~에서 따라 나오는(follow from)' 관계가 성립해야만 한다.

'따라 나온다'는 다소 모호한 표현은 다음과 같이 해명할 수 있다. 논의를 간단히 하기 위해 단지 두 개의 명제만을 취해 그 각각의 명제를 'p_1', 'p_2'라 해보자. 그리고 명제 p_2가 명제 p_1에서 따라 나온다고 해보자. 이것이 의미하는 바는 p_2의 내용(content)이 p_1의 내용에 포함된다는 것이다. 이 경우 그 내용이 포함되는 방식에는 크게 다음과 같은 두 가지가 가능하다.

① p_2의 내용이 p_1의 내용에 완전히 포함된다(totally included).

② p_2의 내용이 p_1의 내용에 부분적으로 포함된다(partially included).

만일 위의 어느 경우에도 해당하지 않는다면 p_1과 p_2는 내용적으로 서로 무관하며, 아예 하나의 논증을 이루지 못한다.

위의 첫 번째 경우, 해당 명제로 구성된 논증을 **연역 논증**(deductive argument)이라 칭한다. 그리고 두 번째 경우, 마찬가지로 해당 명제로 구성된 논증이 바로 **귀납 논증**이다.

물론 이러한 규정에서일지라도 '내용'이라는 용어처럼 한층 더 분명한 해명이 필요한 부분이 포함되어 있기는 하다. 하지만 이에 관한 더욱 명료한 해명을 위해서라면 한층 테크니컬한 개념과 기법이 요구되므로[20] 여기서는 일단 그 직관적 의미에 만족하기로 한다. 어쨌든 위와 같은 규정에 따라 하나의 논증이 구성되는 경우, 그것은 흔히 다음과 같은 도식으로 표현할 수 있다.

$$\frac{p_1}{p_2}$$

이때 명제 p_1을 해당 논증의 '전제(premise)', 명제 p_2를 해당 논증의 '결론(conclusion)'이라 칭한다.

어떤 논증에서 만일 그 결론의 내용이 해당 전제의 내용에 완전히 포함된다면 위와 같은 규정에 따라 그 논증은 제대로 된 '올바른(correct)' 연역 논증이라 할 수 있다. 이럴 때 논리학에서는 흔히 '타당하다(valid)'라는 말을 쓴다. 이와 같지 않은 논증은 모두 '부당하다(invalid)'라고 말한다.

만일 어떤 명제가 '진리(truth)'와 관련해 단지 두 가지 값, 즉 '참(true)' 또는 '거짓(false)'의 값만을 갖는다고 가정한다면〔이러한 값을 그 명제의 '진리치(truth value)'라 부른다〕, 어떤 논증이 '(연역적으로) 타당하다'는 것은 다음과 같이 달리 표현할 수도 있다.

① 만일 그 전제들이 모두 참이라면 그 결론 역시 반드시(necessarily) 참이다.

---

20 대략적으로 말해 어떤 명제의 '내용'은 일상용어로는 '해당 명제가 논리적으로 함축하는 모든 명제의 집합, 즉 그것의 귀결 집합(consequence class)'이라 말할 수도 있고〔예컨대 Popper(1979), p. 47 참조〕, '해당 논증이 배제하는 모든 가능 사태의 집합'이라 말할 수도 있다. 특히 후자와 관련해 이른바 '상태 기술(state-description)'을 이용해 명제의 '내용'을 엄밀히 규정할 수 있는 테크니컬한 방식에 관해서는 Bar–Hillel and Carnap(1964), ch. 15 참조. 다만 'p_2의 내용이 p_1의 내용에 완전히 포함된다'는 말의 의미는 모델 이론적으로는 (model-theoretically) 'p_1이 참이 되는 어떤 모델이나 가능 세계(model or possible world) 모두에서 p_2 역시 참이 된다'는 식으로 해명할 수도 있다. 이와 관련해 8장의 각주 38)에서 카르납의 상태 기술을 활용해 이러한 내용 사이의 포함 관계를 해명할 수 있을 것이다.

이것은 앞서 연역 논증에서 그 전제와 결론 사이의 관계를 상기한다면 쉽게 이해할 수 있을 것이다. 이는 동일한 의미로 다음과 같이 달리 나타낼 수도 있다.

② 만일 그 결론이 거짓이라면 그 전제 중 적어도 하나(at least one)가 거짓이다.

위의 ①이나 ②는 어떤 논증이 연역적으로 타당한지 아닌지를 가르는데 편리하게 이용될 수 있다(예컨대 '진리표'나 '진리수'를 이용해). 하지만 이 책에서는 직접적으로 필요하지 않으므로 이에 관해서는 여기서 더는 언급하지 않기로 한다.[21]

2) 귀납 논증

'논증'에 관한 앞서의 설명을 바탕으로 이제는 '귀납 논증'에 대해 한층 자세히 살펴보기로 하자. 앞서 우리는 귀납 논증을 '그 결론의 내용이 전제의 내용에 부분적으로 포함되는 논증'이라 규정한 바 있다. 그런데 어떤 논증에서는 이와 같은 일반 규정을 만족시키면서도 나름대로 뚜렷한 특징을 갖는 경우가 있다. 그리하여 크게 보아 같은 귀납 논증이라 할지라도 그 하위에 따로 구별해둘 만한 주요한 유형이 있다. 우리가 아래에서 귀납 논

21 타당성을 가르는 진리표 방법(truth-table method)이나 진리수 방법(truth-tree method) 등의 기법은 일반적인 논리학 입문서에서 쉽사리 찾아볼 수 있을 것이다. 예컨대 Jeffrey(1967) 참조.

증을 논할 때는 구체적으로 이러한 유형 중 어느 하나에 해당하므로, 이것에 대해 좀 더 상세히 알아볼 필요가 있다.

2-1) 가장 널리 알려진 유형이 이른바 **귀납적 일반화**(inductive generalization)다. 예컨대 지금까지 우리가 관찰한 n개의 유한한 까마귀들을 'a_1', 'a_2', 'a_3', ……, 'a_n' 등으로 부른다고 해보자. 이 경우 '귀납적 일반화'라 부르는 논증은 다음과 같이 나타낼 수 있다.

까마귀 a_1은 검다.
까마귀 a_2는 검다.
까마귀 a_3는 검다.
……………………
까마귀 a_n은 검다.
―――――――――――
모든 까마귀는 검다.

이 논증에서 전제는 n개의 특칭 명제(particular proposition)들로 구성되어 있다. 여기서 말하는 '특칭 명제'란 우리의 논의 영역(universe of discourse), 즉 이 세계 내의 모든 까마귀의 집합 내에서 그 일부 개체(지금의 예에서는 n개의 개체)에 관한 명제를 말한다〔특히 단 하나의 개체에 관한 명제인 경우에는 '단칭 명제(singular proposition)'라는 별도의 명칭을 쓰기도 한다〕. 이와는 달리 지금의 결론은 그 논의 영역 내의 모든 개체에 관한 명제인 '보편 명제(universal proposition)'로 되어 있다.

이것을 '귀납적 일반화'라 부르는 까닭은 지금의 논증에서는 그 전제 중에 언급한, 해당 논의 영역 내의 일부 개체들을 넘어 전체 개체에 미치는 결론을 내놓고 있기 때문이다. 이러한 의미에서 흔히 이때의 결론을 '일반화 명제(a generalization)'라 부르기도 한다.

지금과 같은 귀납적 일반화의 사례는 연역 논리 체계 중 하나인 술어 논리(predicate logic)의 기호로 나타내면 편리한데, 이는 다음과 같다.

$$Ra_1 \cdot Ba_1$$
$$Ra_2 \cdot Ba_2$$
$$Ra_3 \cdot Ba_3$$
$$\cdots\cdots\cdots\cdots$$
$$Ra_n \cdot Ba_n$$
$$\overline{\qquad\qquad\qquad\qquad}$$
$$(x)(R_x \supset B_x)$$

여기서 'R'과 'B'는 각기 '까마귀'와 '검다'는 술어(predicate)를 나타내고, 'x'는 우리의 논의 영역 내에서 임의의 개체를, '(x)'는 그러한 개체 모두를 가리킨다. 그러므로 술어 논리학에서는 '(x)'를 '보편 양화사(또는 보편 한량자, universal quantifier)'라 부른다. '·'와 '⊃'는 두 명제를 연결해주는 논리적 결합사(logical connective)로, 전자는 일상적인 의미로 대략 '그리고(and)'를, 후자는 '만일 ~라면 ~이다(if ~ then)'의 의미를 갖는다〔이때 각각의 결합사를 '연언(連言, conjunction)'과 '조건언(條件言, conditional)'이라 부른다〕.

아리스토텔레스 이래 귀납 논증이라 할 경우 전형적으로 이와 같은 귀납적 일반화와 동일시하는 전통이 있기는 하나,[22] 지금 우리 논의의 틀 내에서는 반드시 그럴 필요는 없다. 이 책에서 다루고자 하는 문제는 그러한 것에 한정되지 않을뿐더러, 꼭 그러해야 할 어떤 필연적 이유도 없기 때문이다.[23]

2-2) 이상의 관점에서 보았을 때, 우리는 또 쉽사리 다음과 같은 다른 유형의 귀납 논증도 소개할 수 있다. 곧 위의 까마귀 논증에서 '모든 까마귀는 검다'라는 결론 대신, 전제에서 언급하지 않은 다른 또 하나의 까마귀를 새로운 개체로 하는 명제를 그 결론으로 삼는 논증을 말한다. 예컨대 그러한 개체를 a_{n+1}이라고 하면, 위의 2-1)에서 형식화된 논증에서 제시된 보편적 결론 '$(x)(R_x \supset B_x)$' 대신 '$Ra_{n+1} \cdot Ba_{n+1}$'과 같은 결론으로 대치할 수 있을 것이다. 이런 식의 결론을 지닌 귀납 논증을 나는 앞으로 **귀납적 단칭 예측**(inductive singular prediction)이라 부르기로 한다. 물론 이처럼 해당 결론이 전제에서 언급한 개체를 넘어서는 또 다른 개체에 대한 명제인 경우, 단 하나의 개체만으로 한정할 필요는 없을 것이다. 그러한 성격의 또 다른 개체들에 대해서도 추가적으로 언급할 수 있는데, 이럴 때는 그 논증을 **귀납적 특칭 예측**(inductive particular prediction)이라 부르기로 한다. 이상의 두 경우를 함께 부를 때는 단순히 **귀납적 예측**이라 부를 수 있을 것이다.[24] 일상생활에서 흔히 접할 수 있는 예로서, 지금까지의 일출(日出) 경험을 바탕으로 '내일도 태양이 뜰 것이다'라는 결론을 내놓은 경우야말로 바로 이에 해당할 것이다.[25]

---

22 예를 들어 그의 『분석론 후서(*Posterior Analytics*)』 중에 나오는 이른바 '에파고게(epagôgê)'가 그것을 보여준다. 이에 관한 좀 더 자세한 논의를 위해서는 예컨대 Kwon, Chang-un(1985) 참조.

23 이와 관련해 권창은(1996)은 귀납 논증을 단순히 형식적으로 다루는 일에 반대하며 아리스토텔레스의 귀납적 일반화를 옹호했으나, 내가 보기에 그것은 귀납 논리와 관련되기보다 귀납의 방법론 중 하나로 귀납적 가설의 구성과 관련된 일로 보인다(귀납 논리와 귀납의 방법론 사이의 구별에 관해서는 제1부 3장 참조).

24 이러한 명칭은 Carnap(1950), pp. 567~568에 나오는 용어를 원용한 것이다.

25 앞서의 귀납적 일반화와 지금의 귀납적 예측을 두고 이들을 '매거(枚擧)에 의한 귀납(induction by enumeration)'이라 부르기도 한다. 하만이나 립턴은 이러한 매거적 귀납을 두고, 그 결론은 단순히 전제를 확대한 것이 아니라 전제를 가장 잘 설명할 수 있는 가설로

2–3) 세 번째 유형의 귀납 논증은 이른바 **유비 논증**(argument by analogy)이다. 이 경우에도 이와 같은 논증을 귀납 논증의 유형에서 별도로 독립시키려는 시도가 있으나,[26] 위의 귀납적 예측의 경우처럼 이 책에서는 그러지 않도록 한다. 물론 '2와 4의 관계는 6과 □의 관계와 같다. 그러므로 □는 12다'와 같이 흔히 유비 논증의 사례로 취급되나 사실은 귀납 논증이 될 수 없는 경우는 애초부터 예외로 하기로 한다. 방금 전의 예에서는 '2와 4의 관계'가 단 하나일 필요는 없지만(예컨대 2의 두 배가 4이거나, 2와 4 사이에는 2만큼의 차가 있다 등), 만일 그 가운데 어느 하나라도 선택을 한다면 그로써 성립하는 전제와 결론 사이의 관계는 완전히 연역 논증에서의 그것에 해당하기 때문이다. 지금 우리의 논의 맥락에서 유비 논증을 귀납 논증이라 보게 되는 전형적인 예는 다음과 같다.

예컨대 어느 까마귀 한 마리 a_1이 다른 까마귀들과 마찬가지로 '검을 뿐만 아니라(B), 날개 길이는 321~374밀리미터일 정도로 비교적 큰 편이며(L), 호두를 길바닥에 놓아두었다가 차가 지나가면 그것이 부수어졌을 때 주워 먹을 정도로 영리하다(W)'는 특성이 있다고 해보자. 그런데 처음으로 발견된 새로운 종의 어떤 새 b_1을 조사해보니 그 외형이 '검을 뿐만 아니라, 날개 길이도 321~374밀리미터일 정도로 비교적 큰 편'이어서 까마귀와 상당히 비슷하다고 해보자[지금 언급한 특성과 관련해 나는 두 개체가 동일한 것처럼 말하고 있으나, 사실 이러한 특성도 두 개체가 완전히 동일

제시된 것이라는 견해를 피력하기도 했다[예컨대 Harman(1965); Lipton(2001) 참조].

26 예컨대 보통의 논리학 입문서인 김광수(2007) 제3장에서는 이른바 '비연역 추리'의 두 가지로서 '귀납 추리'와 '유비 추리'를 구별해 제시했다. 이와 유사하게 위키피디아 같은 곳에서도 '귀납 논증은 일반적 결론을 얻으려 하는 반면, 유비 논증에서는 특칭적 결론을 얻으려 한다'고 지적하며 양자를 구별할 수 있다고 말한다(http://en.wikipedia.org/wiki/Analogy, 2010년 4월 현재).

하기란 어려우며, 지금 언급한 특성 이외의 다른 특성은 매우 다를 수 있으므로 '동일하다(identical)'는 표현보다는 어쩌면 '비슷하다'거나 '유사하다(similar)'는 표현이 더 정확할지도 모른다). 이 경우 어쩌면 우리는 그와 같은 유사성에 근거하여 개체 b_1에 대해서도 그것이 특성 W를 가질 것이라는 결론을 내릴 수 있을 것이다. 이러한 과정을 적절한 기호를 사용해 표현한다면 다음과 같은 논증 구성이 가능하다. 이러한 논증은 그 결론의 내용이 전제의 내용에 완전히 포함되지는 않는다는 점에서 역시 귀납 논증의 한 유형으로 볼 수 있다.

$$Ba_1 \cdot La_1 \cdot Wa_1$$
$$Bb_1 \cdot Lb_1$$
$$\overline{\qquad\qquad\qquad\qquad}$$
$$Wb_1 \ (\text{또는 } Bb_1 \cdot Lb_1 \cdot Wb_1)$$

이제 앞서 언급한 대로 분류상 견해의 차이가 있을 수는 있으나 위에서 강조한 대로 결론의 내용이 전제의 내용에 완전히 포함되지는 않는다는 점을 기준으로 한다면, 위의 세 가지 유형의 논증이 귀납 논증에 속할 수 있음은 상대적으로 쉽게 이해할 수 있다. 하지만 다음과 같이 전제나 결론 중에 통계적이거나 확률적인 명제를 포함한 경우에는 이와 같은 직관적 이해가 어려울 수 있다. 이러한 유형에 대해서는 통계나 확률과 관련해 좀 더 상세한 설명이 요구되기 때문이다. 하지만 이에 관해서는 이후 관련 부분에서 필요한 만큼 별도로 설명할 것이므로, 여기서는 일단 귀납 논증에 속할 수 있는 것과 그렇지 않은 것만을 필요한 용어 소개와 함께 간략히 지적하는 것으로 그치기로 한다.

2-4) 우선 특칭적 전제에서 통계적이거나 확률적인 명제 형태의 결론으로 나아간 경우를 생각해보기로 하자. 예컨대 『화성에서 온 남자, 금성에서 온 여자』라는 책을 통해 남성과 여성이 얼마나 다른지를 잘 보여주어 유명한 존 그레이(John Grey)의 책을 읽고 어떤 여성이 다음과 같이 불만을 토로했다고 한다.

> 그의 책을 읽고 그가 묘사한 것과 같은 남성과 여성을 떠올릴 수 있었다. 그레이는 모든 남성들이 그렇다고 했다. 하지만 나는 또한 그가 언급한 것과는 다르게 '동굴'로 숨지 않는 남성을 몇몇 알고 있다. 게다가 나 자신을 포함해 다른 사람들과 대화하기를 피하고 충분히 생각하기 위해 자기만의 공간으로 숨고 싶어 하는 여성들을 여러 명 알고 있다. 그레이는 여성들은 동굴로 숨지 않고 다른 사람과 대화를 한다고 했다. 모든 여성이나 모든 남성이 그렇다고 말할 수는 없다고 생각한다. 어쩌면 일반화할 수도 있지만, 또한 예외도 있기 마련이다.[27]

만일 이와 같은 경우라면 우리는 그동안 관찰한 남성과 여성들에 관한 명제를 전제로 '모든 남성은 ~하다'거나 '모든 여성은 ~하다'는 식의 결론을 제시하기는 어려울 것이다. 이 경우라면 아마도 '대부분의(most) 남성은 ~하다'거나 또는 '대부분의 여성은 ~하다'는 식의 결론이 더 온당할 것이다. 이때 만일 통계적이거나 확률적인 방식으로 '대부분' 대신 좀 더 정량적인 수치를 사용할 수 있다면, 예컨대 '90%의 남성은 ~하다'라거나 '95%의 여성은 ~하다'와 같은 식의 결론을 제시할 수도 있을 것이다.

---

27 이것은 Wood(2005, 2006), p. 27에 나오는 예를 정리해 인용한 것이다.

앞의 2-1)에서 해당 논증과 관련해 그 결론이 보편적 명제로 되어 있는 경우, 그 논증을 '귀납적 일반화'라 부른 바 있다. 하지만 때로는 지금과 같은 경우에도 동일한 명칭을 쓰기도 한다. 다만 좀 더 구별이 필요할 경우에는 전자를 **보편적인 귀납적 일반화** 또는 **단순 일반화**(simple generalization), 후자를 **통계적인 귀납적 일반화** 또는 **통계적 일반화**(statistical generalization)라 칭하여 양자를 구별하기도 한다. 어쨌든 지금의 경우에도 그 결론이 비록 통계적인 명제로 되어 있기는 하나, 그럼에도 그것에서 언급하고 있는 대상이 이미 전제에서 언급하고 있는 대상을 넘어 내용상 그 결론이 해당 전제를 넘어서고 있음이 분명하므로 이때의 논증 역시 귀납적이라 할 수 있다.

2-5) 위의 경우와는 달리 또한 전제에 통계적이거나 확률적 명제가 포함되고 그 결론이 특칭적인 명제로 구성되는 경우도 있을 수 있다. 예컨대 신종 인플루엔자 환자에게 치료약인 *T*를 처방하는 경우, 일반적으로 70%의 환자에게서 완치 효과를 보게 된다는 명제를 하나의 통계적 법칙으로 받아들이고, 신종 인플루엔자에 감염된 어떤 한 사람 '김 씨'에게 *T*를 처방했다고 해보자. 이 경우 우리는 제시된 통계적 법칙과 김 씨에 대한 처방 사실에 대한 명제를 전제로 하여, 예컨대 '김 씨는 신종 인플루엔자에서 완치된다'는 명제를 결론으로 하는 논증을 구성할 수 있을지 모른다. 이 경우에는 김 씨가 비록 *T*를 처방받는 모든 사람 가운데 한 명이기는 하나, 그런데도 그가 그것에서 완치될 필연성은 없으므로 결국 그 결론의 내용이 전제의 내용을 넘어서고, 따라서 해당 논증은 귀납적이라 할 수 있다. 이런 유형의 귀납 논증을 흔히 **통계적 삼단 논법**(statistical syllogism)이라 부르는데, 이 역시 귀납 논증의 한 유형이라 할 수 있다.

그렇다면 이제 마지막으로 전제와 결론 각각에 모두 통계적이거나 확률적인 명제가 포함된 경우라면 어찌 될 것인가. 이런 경우로 대표적인 것은 어떤 모집단(population)과 그로부터 뽑은 표본(sample) 사이에 제시되는 명제로 구성된 논증을 들 수 있다.

2-6) 이러한 경우 중 첫 번째는 어떤 모집단에 대한 명제를 전제로 하고, 그로부터 뽑은 표본에 대한 명제를 결론으로 삼는 경우다. 예컨대 어떤 모집단 내에 특성 *M*을 지닌 개체가 전체의 80%라 하는 명제를 전제로 삼고, 그로부터 무작위로 뽑은 개체로 구성된 표본에 대해 '그 표본 내에서 특성 *M*을 지닌 개체 역시 80%일 것'이라는 식의 명제를 결론으로 삼는 논증을 말한다. 이런 유형의 논증은 흔히 **직접 추리**(direct inference)라 불린다.[28] 이 경우 역시 그 전제에서 제시된 내용이 결론의 내용을 완전히 포함하여 결론을 언제나 참으로 만들어주는 것은 아니므로(표본 내의 *M*의 비율이 정확히 80%가 되지 않을 가능성은 언제나 열려 있다) 여전히 하나의 귀납 논증이라 볼 수 있다.

2-7) 두 번째 경우는 방금의 직접 추리와는 반대로 위와 같은 표본에 대한 명제를 전제로 삼고 해당 모집단에 대한 명제를 결론으로 삼는 논증이다. 이러한 유형의 논증에 대해서는 흔히 **역추리**(inverse inference)라 부르는데, 앞서 제시한 귀납적 일반화는 이러한 역추리의 특수한 한 경우로 볼 수 있다. 왜냐하면 귀납적 일반화의 전제에서 언급한 개체들의 집합을 한 표본으로 보고, 결론에서 언급한 개체 모두가 모집단을 이루는 것으로

---

28 지금의 추리와 이하 몇몇 추리의 명칭과 그 의미에 대한 좀 더 상세한 설명을 위해서는 Carnap(1950), §44B 참조.

볼 수 있기 때문이다. 물론 이 경우에는 그 표본 내의 모든 개체가 남김 없이 특성을 지니고 있다는 점 역시 또 다른 특수한 점이라 할 것이다. 어쨌든 지금과 같은 유형의 논증 역시 귀납적인데, 이 점은 모집단 내의 개체가 표본 내의 그것을 넘어선다는 사실만으로도 명확하다.

2–8) 세 번째 경우는 어떤 모집단 내의 한 표본에 대한 명제를 전제로 하고, 그 모집단 내의 또 다른 표본에 대한 명제를 결론으로 삼는 논증이다. 이러한 논증 유형에 대해서는 **예측 추리**(predictive inference)라 부르는데, 앞서 제시한 귀납적 예측을 이러한 예측 추리의 특수한 한 경우로 볼 수 있다. 왜냐하면 귀납적 예측의 전제에서 언급한 개체들의 집합을 한 표본으로 보고, 결론에서 언급한 개체들의 집합을 또 다른 한 표본으로 볼 수 있기 때문이다. 이 경우에도 표본 내의 모든 개체가 남김 없이 특성 M을 지니고 있다는 점 역시 또 다른 특수한 점이다. 어쨌든 이 경우 역시 귀납적임은 분명한데, 결론에서 언급하는 개체가 전제에서 언급하는 개체와는 분명 다르기 때문이다.

하지만 이제 위의 세 가지 유형과 비슷하나 사실은 결코 귀납적이지 않은 새로운 유형의 논증이 있다는 것도 살펴볼 필요가 있다. 예컨대 다음의 경우를 보자. 어떤 하나의 동전을 던지는 경우, 앞면이 나오는 확률이 1/2이라고 해보자. 이 경우 물론 그러한 확률을 과연 어떠한 해석에 의해 얻어냈는지를 문제 삼을 수도 있으나,[29] 여기서는 일단 널리 알려진 고전적인 수학적 해석에 의해 계산된 결과라 해보자. 즉 문제의 동전을 던져

29 이러한 확률 해석에 관해서는 아래의 7장 1)절에서 간략하게 설명할 것이다. 좀 더 상세한 이해를 위해서는 예컨대 Gillies(2000) 참조.

나올 수 있는 면의 가능성이 앞면 아니면 뒷면이고, 우리가 문제 삼는 면은 앞면이므로, 그 두 가능성 중 하나라는 식으로 계산된 결과를 말한다. 또한 그 동전을 계속 던질 때, 각 면이 나타나는 사건은 서로 독립적이라고 가정해보자. 즉 어떤 사건 이전에 일어난 사건과 문제의 사건은 서로 영향을 주고받지 않아 확률적으로 문제의 사건이 모두 일어나는 확률은 단지 그 각 사건이 나타날 확률의 곱으로 나타난다고 해보자. 예컨대 문제의 동전을 처음 던져 앞면이 나타나는 사건을 'A', 두 번째 던져 앞면이 나타나는 사건을 'B'라고 하면, 두 사건이 함께 일어날 확률은 $P(A \cap B) = P(A) \times P(B)$로 나타나는 식이다. 이제 문제의 동전에 대한 이와 같은 명제를 전제로 삼고, 그 동전을 세 번째로 던져 뒷면이 나오는 사건을 'C'라 하여, 'C의 확률은 1/2이다'라는 명제를 결론으로 하는 하나의 논증을 구성했다고 해보자. 만일 사정이 이와 같다면 그 전제와 결론에 모두 확률적인 명제가 들어 있기는 하나, 그럼에도 지금의 논증은 귀납적이지 않고 연역적일 뿐이다. 그 까닭은 사실 지금의 논증에서 전제로 제시한 것은 결론에서 제시한 개체 이외의 다른 개체에 대해 언급하고 있기보다 동일한 개체에 대해 그것이 어떠한 확률적 특성을 지니고 있는지를 규정할 따름이기 때문이다.

그러므로 위 논증의 성격은 예컨대 다음과 같은 이른바 **도박사의 오류**(gambler's fallacy)를 설명하는 과정을 통해서라도 명료히 드러낼 수 있다.[30] 예컨대 위의 동전을 가지고 어떤 도박사가 여러 번에 걸쳐 시행을 한 결과, 총 열 번의 앞면과 두 번의 뒷면만이 나타났다고 해보자. 그리고 이제 다음번에 그 동전의 어떤 면이 나올 것인지에 관해 그가 도박을 한다고 해

30 이러한 예는 Hempel(1965/2011), 제2권, p. 236에서 원용한 것이다.

보자. 이 경우 문제의 도박사는 심리적으로 '그동안 뒷면에 비해 앞면이 지나치게 많이 나왔으므로 (어쩌면 그 동전의 앞면이나 뒷면이 나올 확률이 각각 1/2임을 감안해) 다음 열세 번째에 동전의 뒷면이 나올 확률은 앞면이 나올 확률보다 높을 것(즉 1/2보다 클 것)'이라 생각할지도 모른다. 하지만 이때도 역시 확률의 공리 체계를 따른다는 관점에서 본다면 다음 열세 번째에 동전의 뒷면이 나올 확률은 여전히 1/2일 뿐이다. 이러한 결과는 단순히 위에서 언급한 전제에서 연역적으로 도출될 따름이다. 곧 다른 타당한 연역 논증에서처럼 지금의 경우에도 역시 제시된 전제가 모두 참일 때 그 결론은 반드시 참이다. 그러므로 이러한 예에서 도박사가 시행한 새로운 실험의 결과를 모두 우리의 전제 중에 반영한다 할지라도 바로 위에서와 같은 결론이 필연적으로 도출되는 데 하등의 변화가 생기는 것은 아니다. 이것은 연역 논증에서 이른바 **단조성**(單調性, monotonocity)이라 칭하는 것으로, 그 결론의 내용이 전제의 내용에 완전히 포함되기 때문에 나타나는 중요한 성질 가운데 하나다. 하지만 이후 자세히 언급하겠지만, 귀납 논증에서는 이와 같은 단조성이 나타나지 않는다. 즉 기존의 전제에 덧붙여 새로운 전제가 추가됨에 따라 그 결론과의 관계에 중요한 변화가 초래되는 것이 귀납 논증의 특성이다. 그러므로 지금 제시한 유형의 논증에 대해서는 그 통계나 확률의 측면에도 불구하고 그로써 형성되는 논증이 곧 귀납 논증이 아니라는 점에 유의할 필요가 있다.

3) 귀납 논증과 귀납의 세 가지 개념

1장에서 우리는 '귀납'이라는 말 속에 서로 구별되는 적어도 세 가지 개념이 숨어 있음을 살펴본 바 있다. 물론 이러한 세 개념은 서로 완전히 독립된 것은 아니며, 서로 밀접한 관련을 맺고 있다. 따라서 여기서는 그와 같은 세 개념의 상호 관련성을 귀납 논증의 틀 내에서 새로이 해명하기로 한다. 이로써 이후 다루게 될 핵심 문제를 하나의 일반적인 형태로 제시할 수 있는 바탕이 마련될 것이다.

앞 절에서 본 대로 여러 유형의 특징적인 귀납 논증이 있을 수 있으나, 그 공통적인 핵심은 해당 논증이 지닌 결론의 내용이 그 전제의 내용에 부분적으로 포함된다는 사실이었다. 이제 이러한 점을 도식화하기 위해 바로 그와 같은 특징을 갖춘 한 귀납 논증을 다음과 같이 일반적인 형태로 나타내보기로 하자.

$$\frac{IP}{IC}$$

여기서 '*IP*'는 그 결론과의 사이에 바로 앞에서 규정한 대로의 관계를 갖는 전제로서의 '귀납적 전제(inductive premise)'를, '*IC*'는 그 전제와 바로 그와 같은 관계에 놓인 결론으로서의 '귀납적 결론(inductive conclusion)'을 지칭한다.

이러한 일반적 형태의 귀납 논증을 두고 볼 때, 우선 귀납의 첫 번째 개념으로서 귀납적 가설 구성은 *IP*를 제시한 상태에서 *IC*를 제시하는 일 자체로 볼 수 있다. 그러므로 이 경우 *IC*를 아직 제시하지 않은 상태에서 귀납 논증은 (적어도 완료된 형태로서는) 아직 제시하지 않은 셈이다. 다만 이 경우 그와 같은 귀납 논증을 '만들어가고 있다'는 의미로 '(귀납적으로) 논증하고 있다〔(inductively) argue〕'라는 표현을 쓸 수는 있을 것이다.

이와는 달리 귀납의 나머지 두 개념은 귀납 논증을 이룰 수 있는 *IC*를 제시해 **하나의 논증을 완성하는 일과는 무관하다.** 그 두 경우에는 이미 *IC*가 제시되어 일단 완결된 귀납 논증을 전제로 한다. 다만 그러한 귀납 논증과 관련해 그 각각의 개념에 대해서는 다시 다음과 같은 설명이 가능하다.

먼저 귀납적 가설 입증이란 위의 *IP*와 *IC*를 **이미** 제시한 상태에서 *IP*가 과연 *IC*를 위한 적절한 전제가 될 수 있는지, 또 만일 그러하다면 어느 정도 그러한지와 같은 문제에 답하는 일로 볼 수 있다. 이때 만일 위와 같은 형태의 서로 다른 두 귀납 논증을 제시한다면 각 *IP*가 해당 *IC*에 대해 얼마나 더 그러한지를 비교하는 일도 물론 이에 포함될 것이다.

물론 이것이 정확히 어떤 의미인지는 아직 불명료하다. 이 의미를 명료히 하는 일이 앞으로 이 책에서 중요한 하나의 과제가 될 것이다. 다만 여기서 우리가 분명히 할 수 있는 점은, 1장의 음극선 실험 사례에서 살펴보았듯, 여기서는 이미 제시한 *IP*가 역시 이미 제시한 *IC*에 대해 과연 적합한 전제인지, 또는 어느 정도 적합한 전제인지 등이 문제 될 수 있는 맥락이 분명 존재한다는 점이다.

그러나 귀납적 가설 입증의 개념에 따라 이러한 문제에 대한 답이 나온다 할지라도 그로써 곧 해당 결론인 *IC*를 우리가 '받아들이게 된다'는 의미는 결코 아니다. 즉 위 입증의 문제에서 해당 *IP*가 *IC*를 위한 적절한 전제이고, 또 그 정도가 아무리 높다 할지라도 그로써 곧 우리가 *IC*를 참으로 받아들인다는 의미는 결코 아니다. 1장에서 차 감별 사례가 이 점을 잘 보여준다고 생각한다. 차에 관한 어느 한 번의 감별 성공 사례가 해당 결론에 대한 하나의 입증 사례가 되고, 그와 같은 것이 네 번, 심지어 여덟 번에 걸쳐 얻어져 그 사례에 관한 전제가 해당 결론에 높은 정도로 적합하다 할지라도 우리가 그 결론을 진정 참으로 받아들이거나 믿어야 하는지는 완전히 별도의 문제다. 이것은 연역 논증에서라면 발생하지 않을 문제인데, 그러한 논증에서라면 해당 전제를 참으로 받아들이는 한 필연적으로 그 결론을 받아들이지 않을 수 없기 때문이다(물론 구체적인 인간의 인식적, 심리적 맥락에서라면 그렇지 않을 가능성도 있으나, 여기서는 단지 논리적인 맥락에서만 말할 따름이다). 그러므로 귀납의 세 번째 개념으로서 귀납적 가설 채택의 개념은 하나의 귀납 논증에서 제시한 *IC*를 역시 이미 제시한 *IP*에 의거해 참으로 받아들이거나 받아들이지 않는 일로 규정할 수 있다.

이상으로 우리는 귀납적 가설 입증과 귀납적 가설 채택에서는 *IP* 이외에 *IC*를 이미 제시하여 하나의 귀납 논증이 완결된 것을 전제로 했다. 하지만 이런 경우에서는 *IC* 대신 그와 같은 *IC*에 좀 더 적합한 전제가 될 수 있도록, 또는 문제의 *IC*가 채택될 수 있도록 새로운 *IP*(이를 '*IP′*'라 해보자)를 제시하는 일도 가능하다. 이때라면 *IP*와 *IC*에 의해 기존에 제시한 귀납 논증 이외에 *IP′*(또는 *IP*와 *IP′*)와 *IC*에 의해 다시금 새로운 귀납 논증을 제시한 것으로 보아야 할 것이고, 여기서 다시 새로운 귀납적 가설 입증과 귀납적 가설 채택의 문제가 발생하게 될 것이다. 사실 이러한 부분이야말로 앞 절에서 연역 논증의 성격으로 지적한 '단조성'과 대조적으로 귀납 논증의 **비단조성**(non-monotonocity)이 중요해지는 대목이다.

지금까지의 논의를 통해 이제 만일 우리가 '귀납'이라는 말을 사용하게 된다면 그것이 과연 귀납의 세 가지 개념 중 어느 것에 해당하는지 분명하게 구별하여 말할 수 있게 되었고, 그에 대한 탐구를 하나의 귀납 논증 내에서 부딪히는 과제로 명료하게 해명할 수 있는 틀을 갖게 되었다. 따라서 앞으로 우리가 어떤 맥락에서든 귀납의 문제에 부딪히게 된다면[31] 우리는 그것을 해당 맥락 내에서 만들어볼 수 있는 적절할 귀납 논증으로 재구성해 명료히 논의할 수 있게 될 것이다.

31 이러한 표현과 관련해 한 가지 주의할 점은, 아직 언급하지는 않았으나 '귀납'이라는 말이 들어간 또 다른 하나의 철학적 문제다. 철학에서 유명한 이른바 '귀납의 문제(problem of induction)'란 '귀납'이라는 말 속에 들어가 있는 어떤 의미를 문제 삼기보다는 그러한 의미를 지닌 채 구성되는 귀납 추론이 과연 정당화될 수 있는지를 논하는 문제다. 이에 대해서는 제4부에서 자세히 논하게 될 것이다. 이와 혼동하지 않기 바란다.

3장

귀납 논리와 귀납의 방법론

귀납의 세 개념을 귀납 논증과 관련지은 후, 이제 우리가 주의 깊게 구별해야 할 두 가지는 **귀납 논리**(inductive logic)와 **귀납의 방법론**(methodology of induction)이다. 차차 드러나겠지만 이 같은 구별은 앞으로 이 책의 과제를 분명히 드러내는 데뿐만 아니라, 그 과제를 풀어가는 데서도 개념적으로 중요한 역할을 하게 될 것이다.

1) 평가적 개념과 비평가적 개념

귀납의 세 개념을 귀납 논증과 관련하여 논하는 과정에서 잘 드러났듯, 무엇보다 두 번째 개념인 귀납적 가설 입증의 개념에서 두드러진 면은 그것의 평가적 요소였다. 그러므로 일단 그것에 한정해 말한다면 귀납적 가설 입증 개념은 일종의 평가적 개념(evaluative concept)이다. 여기서는 **이미 제시되어 있는** 귀납적 전제 *IP*와 귀납적 결론 *IC*사이의 관계를 문제 삼으며, 그 관계가 어떠한지를 **평가**하고 있기 때문이다. 이러한 점은 연역 논증에서 그 전제〔이를 이하 '*DP*'(deductive premise)라 약칭하기로 하자〕와 결론〔이를 이하 '*DC*'(deductive conclusion)라 약칭하기로 하자〕 사이의 관계를 문제 삼고 그것을 평가하는 일과 비교해볼 때 '평가'라는 면에서는 근본적으로 동일하다.

연역 논증을 다루면서 중요한 과제 중 하나는 그 결론의 내용이 실로 전제의 내용에 완전히 포함되는지 여부를 가리는 일이다. 이는 제시된 논증이 (연역적으로) 타당한지를 문제 삼는 일을 말한다. 이것은 그 무엇이 되었든 이미 제시된 *DP*와 *DC*를 두고 그 사이의 관계를 평가하는 과정과 다르지 않다. 사실 '연역 논리(deductive logic)'라 할 때 그것은 명제들로 구성된 일종의 논증 체계로서,[32] 그 체계의 주요한 임무는 어떤 논증이 타당한지의 여부를 가리는 일이다. 예컨대 연역 논리 중의 하나인 명제 논리(propositional logic)에서 유명한 진리표 방법이나 진리수 방법 등은 그러한 용도로 사용하는 대표적 방법이다.[33]

연역 논리의 이와 같은 면에 비추어볼 때, 이제 *IP*와 *IC*사이의 관계를 문제 삼고 그것에 대해 평가하는 일 역시 '귀납 논리'가 수행하리라는 점 역시 쉽사리 이해할 수 있다. 즉 *IP*와 *IC*의 관계를 평가해줄 수 있는 어떤 체계를 말한다. 그러나 이때 그러한 체계에서 '*IP*와 *IC*의 관계를 평가해준

---

32 물론 여기서 말하는 '연역 논리'를 무엇으로 규정하는지는 맥락에 따라 달라질 수 있다. 예컨대 그것이 '연역 논리학'을 뜻하는 경우라면 이것은 아주 간단히 '연역 논증에 대해 탐구하는 학문의 한 분야'라는 식으로 규정할 수 있을 것이다. 그러나 일상적 맥락에서라면 '연역적으로 논증하기'나 '연역 논증'을 가리킬 수도 있다. 지금의 맥락에서는 본문에서 말한 바와 같이 규정하기로 한다. 따라서 그것은 하나의 '체계' 개념이며, 이러할 때 예컨대 '명제 논리'나 '술어 논리' 등은 각각 그것이 분석 대상으로 하는 적절한 명제나 술어들에 대한 진술로 구성된 올바르거나 타당한 논증의 체계를 가리킨다고 볼 수 있을 것이다.

33 2장 1)절 각주 21번 참조.

다'는 말은 무슨 의미인가? 위에서 언급한 대로 연역 논리에서 그 평가의 결과란 어떤 논증이 타당하다거나 부당하다는 것을 뜻한다. 하지만 귀납 논증에 대해서는 이처럼 말할 수 없다. 만일 단순히 연역 논증의 관점에서라면 2장 2)절에서 소개한 모든 유형의 귀납 논증이 부당하다고 해야 할 것이다. 하지만 이러한 결과는 귀납 논증을 평가하는 데 무의미하다. 그러므로 물론 연역 논증의 관점에서라면 모두 부당하다 할지라도 그 논증의 전제와 결론 사이의 관계에 관해서는 또 다른 측면에서 평가를 해야 할 것이다.

앞서 귀납적 가설 입증의 개념을 논하는 지점에서는 *IP*와 *IC*가 이미 제시된 상태에서 *IP*가 과연 *IC*를 위한 적절한 전제가 될 수 있는지, 또 만일 그러하다면 어느 정도 그러한지와 같은 것이 문제 됨을 언급한 바 있다. 이제 *IP*가 실로 *IC*를 위한 적절한 전제가 될 수 있을 때, 전자가 후자를 **(귀납적으로) 지지한다**〔(inductively) support〕고 말하고, 만일 그 정도를 측정할 수 있다면 그때의 정도를 **귀납적 지지의 정도** 또는 **귀납적 지지도**(degree of inductive support)라 부르자.[34]

여기서 단순히 '귀납적 지지'의 여부에 머물지 않고 그 정도를 문제 삼는 까닭은, *IC*의 내용이 *IP*의 내용에 완전히 포함되지 않고 단지 부분적으로만 포함되는 탓에 *IC*가 *IP*를 지지한다 할지라도 그 부분적으로 포함되는 정도에 의해 지지에도 정도의 차이가 발생할 것으로 예상되기 때문이다.

물론 이 점은 앞으로 분명하게 해명되어야 할 부분이지만, 여기서 일단 그것이 가능하다고 가정한다면 이제 하나의 귀납 논증에 대해 그것을 귀납 논리의 체계에서 평가한다는 것은 바로 그러한 지지의 여부나 정도를 가리

---

34 '(귀납적) 지지도'라고 할 때, 이와 관련해 분명하게 구별해야 할 두 가지 개념에 관해서는 7장 2)절 각주 24번 참조.

거나 제시하는 일로 볼 수 있을 것이다. 그리고 만일 이와 같은 관점에서 우리가 어떤 귀납 논리를 수립한다면 그것은 그러한 평가를 가능하게 하는 어떤 방법이나 원리를 제시한다는 의미로 받아들여야 할 것이다.

이와는 달리 귀납의 세 가지 개념 중 첫 번째인 '귀납적 가설 제시'란 그 자체 순수하게 평가적이지 않을 수 있다. 여기서 '그 자체'란 말을 쓴 까닭은 문제의 귀납적 가설을 제시하는 과정에서 실제적으로는(또는 간접적으로나 궁극적으로는) 귀납 논증에 관한 평가의 관점이 개입될 수 있을지 몰라도 적어도 개념적으로는(또는 직접적으로는) 양자가 서로 구별될 수 있다고 보기 때문이다. 달리 말해 귀납적 가설을 제시하는 과정을 어떤 평가를 하는 일과는 **무관하게** 하나의 귀납 논증을 구성하기 위해 **어떠한 방식으로든** 그 결론을 제시하는 일로 보게 된다면(물론 이때 추후에 그와 같은 평가가 뒤따르고, 그에 따라 원래의 것과는 다른 가설로 교체될 수 있을지 몰라도) 그것에는 평가의 요소가 개입되지 않는다고 볼 수 있다는 의미다.

이러한 의미에서 사실 이처럼 한 논증의 결론 부분을 제시하는 일 자체는 '순수(pure)' 논리의 과제는 아니다. 앞서 연역 논리에 관해 언급한 부분에서 밝혔듯이 순수 연역 논리에서라면 이미 제시된 그 전제와 결론을 두고 해당 논증의 타당성 여부를 평가하지, 제시된 전제에서 어떤 결론을 제시할 수 있는지에 관해서는 관심을 두지 않는다. 이러한 일에 관해서라면 어쩌면 좀 더 실제적인 맥락에서, 예컨대 '응용 (연역) 논리'의 영역에서 관심을 둘지도 모른다. 물론 이러한 일이 근본적으로 중요하지 않다는 말은 결코 아니다. 맥락에 따라서는 이것이 더 중요할 수도 있다. 다만 우리의 관심에 따라 초점이 다를 수 있다는 것뿐이다.

마찬가지로 이제 귀납의 첫 번째 개념에 따른 귀납적 가설 제시 활동 역시 그 자체 '순수' 귀납 논리의 영역에 속하는 것으로 볼 수 없다. 이 경우 어쩌면 '응용 (연역) 논리'에서처럼 그것 역시 '응용 귀납 논리에 속한다'라고 말할 수 있을지 모른다. 하지만 이 대목에서 이제 나는 카르납의 용어에 따라 지금과 같은 일을 좀 더 분명히 이른바 '귀납의 방법론'에 속하는 작업으로 보기로 한다. 지금 내가 말하려는 바에 관해 카르납은 이러한 용어로써 그 의미를 한층 명료히 제시했기 때문이다. 그는 연역 논증에서 그 결론을 제시하는 일을 연역 논리와 대비해 '연역의 방법론(methodology of deduction)'에 속한다고 보고, 귀납 논리와 귀납의 방법론에 관해 다음과 같이 말했다.

〔……〕 귀납 논리는 (그 정량적 형태로 볼 때) 〔……〕 〔각각 귀납적 전제와 귀납적 결론에 해당하는 문장인〕 *e*와 *h*의 쌍에 대해 〔그 지지의 정도를 나타내는〕 어떤 값 *c*를 부여하는 진술을 포함한다. 또는 여러 경우에 그와 같은 *c* 값들 사이의 관계에 관한 진술을 포함하기도 한다. 이와는 달리 **귀납의 방법론에서는 어떤 목적을 위해 어떻게 하면 귀납 논리의 방법을 가장 잘 적용할 수 있는지에 관해 조언을 준다.** 예컨대 우리는 어느 가설 *h*를 테스트하고 싶어 할 수 있다. 이때 그 방법론에서는 그러한 목적을 위해 〔증거에 관한 기존의 지식 e_1에 추가해〕 어떤 종류의 실험을 행해 새로운 관찰 데이터 e_2를 얻으면 좋을지를 말해줄 수 있다. 〔……〕 또 다른 경우 우리는 지금까지 받아들인 가설로는 설명할 수 없는 어떤 관찰 결과를 얻을 수도 있다. 〔……〕 이 경우 우리는 그와 같은 관찰 결과와 양립 가능할 뿐만 아니라, 가능한 한 그것을 잘 설명할 수 있는 새로운 가설을 발견하고 싶어 하기 마련이다. 〔이때는 그러한 가설을 발견할 수 있는 필연적인 절차란 있을 수 없으나, 그런데도〕 어떤 방향과 어떤 수단으로 그처럼 원하는 결과를 찾아낼 수 있을지 유용한 힌트 정도는 줄 수 있고, 그러한 힌트는 방법론에서 제공

하게 된다. 귀납 논리에서는 〔……〕 결코 그러한 것을 제공할 수 없다.[35]

그러므로 이제 우리가 하나의 귀납을 생각하면서(또는 하나의 귀납 논증을 구성하면서) 만일 카르납의 이러한 구별법에 따른다면 위의 기준에 따라 그 귀납 논리적 측면과 귀납의 방법론적 측면을 분명히 구별해 말할 수 있을 법하다. 즉 귀납적 가설 입증에서는 (e와 h의 쌍에 대해 그 지지의 정도를 나타내는 어떤 값 c를 부여하는 것과 같은)[36] 그 평가적 요소로 인해 그것이 귀납 논리에 귀속됨은 분명하다. 반면 귀납적 가설 제시는 앞서 논한 대로 그 비평가적 요소로 인해 그것이 귀납의 방법론에 속함도 분명히 알 수 있다. 더불어 귀납적 가설 입증을 위해 필요한 적절한 증거를 제시하는 일 역시 귀납의 방법론에 속한다는 것도 쉽사리 알 수 있다. 하지만 귀납의 세 번째 개념, 즉 귀납적 가설 채택 개념에 대해서는 어떻게 말할 수 있을 것인가? 이에 관해서는 고찰해보아야 할 또 다른 문제가 놓여 있으므로 다음 절에서 좀 더 자세히 논해보자.

2) 카르납의 구별과 귀납적 가설 채택 개념

사실 귀납적 가설 채택에 관해서는 위에서 언급한 것만으로는 그것이 귀납 논리에 속하는지, 귀납의 방법론에 속하는지가 한눈에 분명하게 들어오지 않는다. 물론 귀납적 가설 입증과 관련해 위에서 말한 대로의 평가적 요소에만 한정해 그것만이 귀납 논리에 속한다고 말한다면, 여타의 모

35 Carnap(1950), pp. 203~204. 강조는 필자.

36 이에 관해서는 이후 7장에서 자세히 논하게 될 것이다.

든 것들은 다 귀납의 방법론에 귀속할 수 있을지 모른다. 하지만 이에 관해서는 다음과 같은 논란이 있을 수 있다. 곧 과연 귀납적 가설 채택에도 그와 같은 요소가 없겠는가? 또는 과연 그러한 요소만이 귀납 논증에서 '평가'의 요소에 해당하며, 귀납 논리를 과연 그처럼 한정해도 좋은 것인가? 연역 논증에서라면, 만일 그 논증이 타당하다면, 해당 논증의 전제를 받아들이는 한 그 결론을 필연적으로 받아들일 수밖에 없는 탓에 위에서 말한 좁은 의미의 평가적 요소에서 채택의 문제는 별도의 문제가 되지 않는다. 하지만 귀납 논증에서라면 좁은 의미의 평가적 요소와 채택의 문제가 언제나 함께 가는 것은 아니므로 이러한 문제가 심각하게 부각된다. 그렇다면 귀납적 가설 채택 문제는 어디에 귀속하는 것이 온당한가?

이러한 문제에 관해 만일 귀납적 가설 채택에서도 역시 해당 *IC*를 채택하거나 기각하는 데 따른 기준이나 역치를 해당 논증을 이루는 *IP*나 *IC* 사이의 관계에 관한 어떤 평가만으로 제시할 수 있다면, 일단 귀납 논리에 귀속할 수 있을지 모른다. 하지만 그러한 것 없이 또는 그러한 것 이외의 다른 어떤 것을 추가로 필요로 하게 된다면, 그것은 귀납의 방법론에 귀속해야 할지 모른다. 이에 관해 카르납은 다음과 같이 말했다.

> 널리 받아들여지고 있는 견해에 따르면 **채택의 규칙**(rule of acceptance), 즉 제시된 *e*와 *h*에 대해 *h*를 받아들여야 할지, 기각해야 할지, 아니면 유보 상태로 두어야 할지를 결정해주는 규칙을 제공하는 것이 귀납 논리의 고유한 목표라고 한다. 나는 이러한 견해에 동의하지 않는다.
>
> 〔……〕〔채택의〕 규칙은 어느 면으로는 너무 많이 제시하고, 또 어느 면으로는 너무 적게 제시한다. 〔……〕
>
> (a) 예컨대 채택의 규칙이 제시되어 〔어떤 사람〕 *X*에게 이용 가능한 전체

증거 e를 기반으로 어떤 가설 h를 채택하도록 결정해줄 수 있다고 해보자. 이것은 실제적으로 그 규칙에 따라 X에게 마치 그가 h가 참임을 알고 있는 것처럼 행위하도록 하는 것이다. 하지만 그러한 행위는 완전히 합당하지 않을 수 있다. 〔……〕 단순히 e와 h사이의 논리적 관계만을 기반으로 실제적 행위에 대한 합리적 조언을 주는 일은 불가능하다. 왜냐하면 이러한 목적을 위해서라면 기대 이득이나 손실(더 정확히 말해 X의 효용)도 고려해야만 하기 때문이다.

(b) 이와는 달리, 채택의 규칙이 X에게 어떻게 행위해야 할지에 관해 아무런 조언도 주지 못하는 상황도 있을 수 있다. 예컨대 검은색과 흰색의 공이 담긴 어느 단지에서 100개의 공을 꺼냈는데, 그중 검은 공이 60개, 흰 공이 40개라는 것을 X가 알고 있다고 해보자. 그리고 X는 다음과 같은 두 가지 행위 a_1과 a_2 중 하나를 선택할 수 있다고 해보자. 만일 그가 a_1을 선택한다면 그는 다음에 뽑을 공이 검은색이라면(H_1) 100달러를 받고, 그렇지 않으면 한 푼도 받지 못한다. 만일 그가 a_2를 선택한다면 그는 다음에 뽑을 공이 흰색이라면(H_2) 100달러를 받고, 그렇지 않으면 한 푼도 받지 못한다. 이때는 e를 기반으로 H_1 이든 H_2 든 어느 쪽으로든 합당한 신뢰도로 그것을 예측할 수 없으므로 통상적 채택의 규칙으로는 두 가설을 모두 유보의 상태로 둘 수밖에 없고, 따라서 두 가설 중 어느 쪽도 권고할 수 없다. 하지만 〔귀납 논리의 관점에서라면〕 분명 X는 a_1을 선택하는 것이 합리적이다. 〔……〕

물론 때로는 채택의 규칙이 유용할 수 있음을 부인하지 않는다. 〔……〕 의사 결정을 위한 어떤 통상적인 규칙에서처럼 이득과 손실에 관한 지시가 포함된 경우라면 반대할 아무런 이유가 없다. 하지만 이 경우라면 그것은 귀납 논리의 규칙이 아니다. 그것에는 논리적이지 않은 요소(non-logical factor)가 포함되어 있기 때문이다.[37]

요컨대 카르납은 귀납적 가설 채택 문제는 논증을 이루는 *IP*나 *IC* 사이의 관계에 관한 평가를 벗어나는 요소를 지니고 있으므로, 결국 귀납의 방법론에 속하는 문제로 보아야만 한다고 주장한다. 만일 *e*와 *h* 사이의 관계만을 기반으로 *h*를 채택할 수 있는 어떤 확실한 기준을 제시할 수만 있다면, 그것은 어쩌면 귀납 논리에 귀속할 수 있을지도 모른다. 예컨대 애친슈타인은 *e*와 *h* 사이의 확률과 그 설명적 연관성(explanatory connection)을 기반으로 다음과 같은 채택 기준을 제시한 바 있는데, 만일 이것이 실로 *e*와 *h* 사이의 관계에 관한 평가적 요소만으로 제시된 것이라면 이는 분명 귀납 논리에 귀속할 수 있을지 모른다〔아래에서 *P*는 확률 함수를, *b*는 배경 지식을 뜻한다. 아래에 제시된 확률은 증거 *e*와 배경 지식 *b*를 기반으로 한 조건부 확률에 해당한다〕.

P(*h*와 *e* 사이에 설명적 연관성이 존재한다/ *e.b*) 〕1/2

물론 애친슈타인의 이러한 기준이 실로 귀납 논리에 귀속될지의 여부는 이후 해당 부분에서 주요하게 논의해야 하겠지만,[38] 결국 귀납적 가설 채택과 기각을 둘러싸고 그것을 귀납의 논리에 귀속할지, 아니면 귀납의 방

---

37 Carnap(1963), pp. 972~973. 강조는 원문. 여기서 (b)에 제시된 사례는 피셔의 이론과 관련한 것으로, 이에 관한 상세한 논의는 이후 해당 부분에서 할 것이다.

38 Achinstein(2001), p. 157. 여기에 제시된 식은 우리의 기호법에 따라 수정했다. 지금의 식은 애친슈타인이 '채택의 규칙'으로 명시적으로 언급한 것은 아니나, 우리의 맥락에서 일종의 채택의 규칙으로 해석할 수도 있다고 생각한다. 지금과 같은 문제나 그가 말하는 '설명적 연관성'에 관해서는 이후 12장 1)절에서 자세히 논하게 될 것이다.

법론에 귀속할지 여부는 그와 같은 채택이나 기각을 행할 수 있는 기준으로서 과연 어느 것을 제시할 수 있느냐에 따라 변화할 수 있는 셈이다.

한편 이미 카르납의 위의 인용문에서도 잘 드러나 있듯, 귀납적 가설 채택에는 '효용(utility)'과 같이 *IP*나 *IC* 사이의 관계에 관한 평가 이외에 또 다른 평가 요소가 개입될 수 있음이 드러난다. 그러므로 단순히 '평가적 요소'라고 할 때에는 사실 귀납 논리와 귀납의 방법론의 경계가 분명하지 않을 수 있다.

따라서 귀납 논리와 귀납의 방법론에 관해서는 어느 정도 규약에 의한 규정이 필요할 듯하다. 나는 이 책을 통해 귀납 논리와 귀납의 방법론을 구별할 때는 그 평가적 요소를 단지 ***IP*와 *IC* 사이의 관계에 관한 평가적 요소**로 한정해 이해하기로 한다. 즉 *IP*와 *IC* 사이의 귀납적 지지 관계를 평가하는 요소로 그 평가의 측면을 한정해보겠다는 의미다. 따라서 나는 이 책에서 이러한 한정에 의해 '귀납 논리'라는 용어를 사용하고, 그렇지 않은 모든 귀납적 요소에 대해서는 '귀납의 방법론'이라는 용어를 사용할 것이다. 그러므로 카르납이 말하는 귀납 논리는 당연히 귀납 논리에 속하는 것으로 보되, 효용과 관련한 것은 별도의 평가적 요소가 있다 할지라도 귀납의 방법론에 속하는 것으로 보겠다.

물론 이러한 제약과 분류에 대해 어찌 보면 그것이 단지 편의적일 뿐이라 생각할지 모른다. 하지만 중요한 점은 이 같은 구별에 따라 어떤 체계의 여러 측면이 그중 어디에 귀속되는지를 가리는 일이 아니라, 단지 그처럼 구별된 것이 각기 어떤 정당성을 지니며 상호 어떤 관련을 맺는지를 분명히 인식하는 일이다. 더욱이 이후에 드러나듯 이 책에서 제기하는 근본 문제에 답을 하는 데는 이처럼 구별한 귀납 논리와 귀납의 방법론이 모두 필요하다. 어떤 식으로 구별을 하든 그것은 단지 분류상의 논쟁으로만 그

칠 수 있다. 카르납은 자신의 귀납 이론을 제시하면서 주로 위에서와 같은 귀납 논리에 한정해 논의를 진행하는 까닭에 귀납의 방법론에는 크게 주의를 기울이지 않았던 셈이다〔귀납에 관한 그의 주저인 『확률의 논리적 기초(*Logical Foundations of Probability*)』(1950)는 거의 전적으로 그러한 귀납의 논리와만 관련되어 있다〕. 하지만 이 책에서 우리의 문제를 해결하는 데는 양자가 모두 필수적이다. 이에 대해서는 다음 장에서 좀 더 자세히 논해본다.

4장

문제: 귀납, 우리는 언제 비약할 수 있는가?

1~3장에 걸쳐 우리는 몇 가지 구체적인 사례를 통해 '귀납'이 의미하는 바를 세 가지 개념으로 정리해 구별하고, 그것이 하나의 귀납 논증 내에서 어떻게 관련되는지를 살펴보았다. 나아가 그러한 구별법이 카르납이 말하는 귀납 논리와 귀납의 방법론에 대한 구별과 어떻게 연계되는지에 관해서도 정리를 마친 셈이다. 이제 이러한 개념적 틀을 이용해 이 책에서 근본적으로 문제 삼고자 하는 바를 명료히 제시하고자 한다. 그러고 난 후, 여러 영역에서 그와 같은 문제가 왜 중요한지 지적하고, 그 문제를 해결하기 위해 요구되는 과제가 무엇인지 논의해본다.

1) 근본 문제

앞서 '들어가며'에서 나는 이 책에서 답하고자 하는 근본 문제를 예시하는, 러셀의 칠면조 사례를 제시한 바 있다. 그 주요 부분을 다시 한 번 상기해보자.

어떤 칠면조 한 마리가 새로운 농장으로 가게 되었다. 그곳에서 매일 아침 9시에 규칙적으로 먹이를 받아먹게 되면서 수요일과 목요일, 따뜻한 날과 추운 날, 비오는 날과 맑은 날 등 여러 경험을 거쳐, 그 새는 마침내 '나는 항상 아침 9시에 먹이를 먹는다'는 결론을 내리게 되었다. 하지만 '내일 아침 9시에도 먹이를 먹게 되겠지' 기대하며 행복한 밤을 보낸 칠면조는 슬프게도 다음 날인 크리스마스이브에 목이 비틀려 죽임을 당하고 말았다.

이 사례가 앞으로 내가 답하고자 하는 문제와 관련한 모든 면을 남김없이 보여주는 것은 아니다. 하지만 주요한 면에서 그 전형적인 요소를 담고 있을 뿐만 아니라, 철학사적으로 흥미의 대상이며, 매우 구체적이고 극적이므로 이 사례를 중심으로 가장 근본적인 문제의 틀을 제시해본다. 물론 아래 논의에서도 이러한 사례를 중심으로 답을 제시하여 흥미와 구체성을 높이고자 한다. 문제 속에 담긴 세부 사항은 이후 논의를 진행함에 따라 차츰 드러나게 될 것이다.[39]

그림 4 칠면조.

무엇보다 지금 사례는 하나의 귀납 논증으로 재구성할 수 있다. 특히 2장 2)절에서 보인 대로 특징적인 귀납 논증의 형

39 칠면조 사진은 http://cafe.daum.net/clfauswhchlrh/5Yyk/2?docid=1Lc6K|5Yyk|2|20100825220733에서 고쳐 따옴(2010년 9월 현재).

태로 볼 때, 이 사례는 '귀납적 단칭 예측'의 한 사례로 볼 수 있다. 좀 더 나아간다면 '귀납적 일반화'의 사례로 볼 수도 있다. 이를 명료히 하기 위해 위의 사례를 다음과 같이 기호화해보자.

우선 우리의 칠면조를 논의의 편의상 '러셀의 칠면조'라 부르기로 하자. 그리고 이 러셀의 칠면조가 지금까지 유한한 n번의 아침 9시에 기대한 어떤 개체를(이 경우에는 그러한 개체가 칠면조와 같은 새가 아니라, 결국 어떤 농장에서 제공하는 하나의 먹이임에 주의!) 'a_1', 'a_2', 'a_3', ……, 'a_n' 등으로 지칭하고, 해당 농장에서 아침 9시에 기대되는 먹이의 특성을 'E', 그것이 (기대대로 운반되어) 먹히게 된다는 특성을 'F'로 나타내자. 그러면 처음에 러셀의 칠면조가 구성한 귀납 논증은 다음과 같이 기호화할 수 있다.

$$Ea_1 \cdot Fa_1$$
$$Ea_2 \cdot Fa_2$$
$$Ea_3 \cdot Fa_3$$
$$\cdots\cdots\cdots\cdots$$
$$Ea_n \cdot Fa_n$$
$$\overline{\qquad\qquad\qquad\qquad}$$
$$Ea_{n+1} \cdot Fa_{n+1}$$

이것은 형식상 2장 2)절의 2-2)에서 술어 논리의 기호로 제시한, 까마귀 예를 통한 귀납적 단칭 예측과 다를 바 없다. 만일 좀 더 나아가 귀납적 일반화가 진행된다면 위의 논증 형식에서 그 전제는 동일하되 결론만이 '$(x)(E_x \supset F_x)$'로 바뀐 것으로 이해할 수 있고, 이 역시 까마귀와 관련해 2장 2)절의 2-1)에서 제시한 귀납적 일반화의 경우와 그 형식이 동일하다.

하지만 지금 러셀의 칠면조 예에서 중요한 점은 단지 이러한 논증의 형식은 아니다. 이 사례에서 러셀이 강조하고자 하는 바는, 이러한 형식으로 제시된 논증에서 '우리는 그 결론을 결코 안심하고 받아들일 수 없다'는 점이다.[40]

지금까지 우리가 논의한 대로 하나의 귀납 논증에서 그 결론의 내용은 언제나 그 전제의 내용에 완전히 포함되지는 않으므로, 그 전제를 받아들인다 할지라도 결론을 언제나 그대로 받아들일 수 없음은 분명하다. 하지만 단지 이 점만을 들어 우리가 귀납 논증 전체를 버리기에는 귀납 논증 구성은 실제적으로 절실하다. 예컨대 위와 같이 구성된 귀납 논증에서 그 결론을 결코 안심하고 받아들일 수 없다 할지라도 우리의 칠면조는 어떠한 귀납적 결론도 받아들이지 않은 상태에서 아예 먹이를 기대하지 않거나, 아니면 먹이를 기대한다 할지라도 언제 죽임을 당할지 모른다는 불안감으로 매일매일을 보내야만 하는 것일까? 아니면 아예 아무런 의식 없이 그저 먹이가 제공되면 먹고, 아니면 그대로 죽임을 당하는 것으로 만족하며 살아가야만 하는 것일까? 만일 이에 대해 부정적 답이 나온다면 바로 이 때문에 귀납 논증을 둘러싼 '긴장'이 존재하며, 우리가 그에 대한 탐구를 행할 필요를 느끼는 것이다.

물론 이것은 인생의 처신에 관한 개인적 결단의 문제일 수도 있다. 하지만 적어도 자신의 인생을 주체적으로 또는 적극적으로 꾸려가기를 원한다면, 러셀의 칠면조는 어느 때는 내일 아침 9시에 먹이가 제공된다고 기대하며 오늘을 즐기며, 또 어느 때는 죽음이 다가옴을 예측하고 그에 대비하는 행위가 필요할 것이다. 예컨대 앞서 언급한 대로 만일 그러한 기대를 가져도 좋다면 일단 안심하고 오늘 밤 잠을 청하는 쪽으로 처신해도 좋고,

---

40 이러한 점에 주목해 해킹은 귀납 논증을 '위험을 안고 있는 논증(risky argument)'이라 부르기도 했다〔Hacking(2001), ch. 2 참조〕.

만일 그렇지 못하다면 오늘 밤에라도 탈출을 감행하는 편이 나을지 모른다. 아래에서 우리가 제기하는 문제와 그에 대한 답은 러셀의 칠면조가 처한 상황을 놓고, 비유적으로 말하자면 적어도 이와 같은 자세를 전제로 한 셈이다.

바로 이러할 때 우리는 이제 단지 귀납 논증의 구성 문제에 그치지 않고 한걸음 더 나아가 이른바 '귀납적 비약'의 문제로 넘어가게 된다. 달리 말해, 제시된 귀납 논증에서 어느 경우에는 제시된 전제에서 해당 결론을 받아들여도 좋고, 어느 때는 그럴 수 없느냐의 문제다. 이를 일반화해 말하자면 다음과 같다. 2장 3)절에서 우리가 도입한 대로, 하나의 귀납 논증에서 그 귀납적 전제 *IP*와 귀납적 결론 *IC*가 다음과 같이 나왔다고 해보자.

$$\frac{IP}{IC}$$

귀납 논증을 이처럼 표현했을 때, 우리의 문제는 가장 일반적으로는 '*IP*에서 *IC*를 어느 때는 받아들여도 좋고, 또 어느 때는 그럴 수 없는가' 하는 것이다. 러셀의 칠면조는 이처럼 가장 일반적 형태의 문제 가운데 특수한 하나의 사례일 뿐이다.

이 경우 어쩌면 내가 말하는 '귀납적 비약'이라는 말을 혹자는 하나의 귀납 논증에서 미리 제시된 전제에서 어떤 귀납적 결론을 제시하는 일로 이해하려 할지 모른다. 하지만 결코 그러한 의미는 아니다. 여기서 의미하는 바는 **이미** 문제의 귀납적 결론도 제시되어 있는 상태에서, 제시된 전제에 근거해 그 귀납적 결론을 우리가 과연 받아들일 수 있느냐의 문제일 따름이다.

따라서 귀납의 방법론 가운데 귀납적 가설의 구성 문제는 우리의 관심사가 아니다. 여기서는 어떤 방식으로든 이미 그러한 작업이 끝난 것이라고 보고, 위와 같은 의미의 '귀납적 비약'에 관심이 있을 뿐이다. 그러므로 이제 우리의 관심사는 귀납적 가설의 입증과 채택에 놓여 있다. 3장에서 논한 대로 귀납 논리와 귀납적 가설의 구성 문제를 제외한 여타의 귀납 방법론이 함께 문제 될 것이다.

그런데 이러한 귀납적 비약의 의미를 잘 살리기 위해 활용하면 좋을 낱말이 바로 '언제'라는 말이다. 곧 이미 어떤 귀납적 전제와 귀납적 결론이 제시되어 있는 상태에서 우리가 과연 **언제** 그 결론을 받아들여도 좋겠느냐는 것이다. 나는 이와 같은 의미를 담아 이 책의 근본 문제를 '귀납, 우리는 언제 비약할 수 있는가?'와 같은 물음으로 제시했다. '들어가며'에서 언급한 대로 이 책의 제목을 지금과 같은 물음 그대로 삼은 까닭도 바로 여기에 있다.

2) 문제의 중요성

이 책에서 우리가 안게 된 근본 문제가 얼마나 중요한지는 분야별로 몇 가지 사례만 살펴보더라도 쉽사리 짐작할 수 있다. 먼저 우리의 문제가 일상생활에서 얼마나 중요한지는 러셀의 칠면조 사례만으로도 충분히 예감할 수 있을지 모르나, 1장 1)절에서 제시한 건면의 사례로 되돌아가보자. "다른 곳은 예닐곱 번이라는데 세 번은 부족하지 않을까요?"라는 성찬의 물음에 제면가는 자신의 60년에 걸친 경험을 바탕으로 반죽 덩어리를 세 번 합쳐야 끈기가 최상인 건면을 얻을 수 있다고 주장한 바 있다. 이러한 주장 역시 하나의 귀납적 일반화를 통해 얻은 결론에 의거한 것으로, 면에 관한 한 전문가인 제면가에게는 매우 중요한 결론임이 틀림없다. 그러나 다른 곳에서 '예닐곱'을 말한다 할지라도 '세 번'을 강력하게 주장할 수 있을 만큼의 확신을 그는 대체 **언제** 얻을 수 있었을까? 앞서 설명한 대로 그는 60년에 걸친 많은 귀납적 사례를 갖고 있었을 터이고, 이것들을 통해 다양한 귀납적 전제를 형성할 수 있었을 것이다. 하지만 이러한 전제에서 해당 결론을 '제시하는 일'과 그러한 결론을 '주장하는 일'은 별도로 구별할 필요가 있는 문제다.

해당 절에서 우리는 60년에 걸친 수많은 사례를 통해 문제의 결론을 만들어내는 일 역시 그다지 쉽지 않음을 보았다. 하지만 이제 그가 그러한 사례에서 일정한 일반화를 행해 어떤 결론을 제시했다 할지라도 과연 그는 그 결론을 그대로 받아들여도 좋은 것일까? 물론 이 경우 그는 거의 60년 세월을 보내고 난 뒤 자신이 문제의 귀납적 일반화 결론을 제시하는 순간 동시에 그와 같은 결론을 받아들인 것으로 볼 수 있을지도 모른다. 그렇다 할지라도 문제의 결론을 제시할 수 있는 것이 곧 그 결론을 받아들일 수 있음을 의미하는 것은 결코 아니다. 예컨대 그가 60년의 세월 끝에 문제의 결론을 내놓았다 할지라도 (물론 그 세월이 상당히 긴 시간이기는 하지만) 그 결론에 대해 의구심을 품을 가능성은 여전히 열려 있기 때문이다. 좀 더 현실적으로 말하자면, 어쩌면 그는 60년 동안 처음 1~2년 사이에 일찌감치 문제의 결론을 제시할 수 있었을지도 모른다. 그러고 난 뒤 오히려 그는 나머지 훨씬 긴 세월 동안 문제의 결론을 과연 받아들일 수 있을지 어떨지의 여부에 더 신경을 쓰다가, 마침내 거의 60년의 막바지에 이르러서야 문제의 결론에 확신을 갖게 되었을 수도 있다. 우리가 지금 관심을 갖고 있는 부분은 바로 그가 그러한 **확신에 이르게 된 과정**이며, 이것이야말로 지금 우리가 말하는 귀납적 비약의 문제다.

이러한 문제는 물론 과학의 영역에서 좀 더 직접적으로 드러난다. 1장 2)절에서 다룬 톰슨의 실험 사례로 되돌아가보자. 톰슨의 실험은 그 자체로 아무런 방향 없이 임의로 행한 것이 아니다. 오히려 분명한 어떤 목적을 갖고 행한 실험이다. 그것은 문제의 음극선이 전기를 띤 입자인지 아니면 파동인지를 가리기 위한 실험이었다. 이제 그러한 상황을 하나의 논증 구조 속에서 파악한다면 톰슨의 실험 결과에 대한 명제는 귀납적인 전제에 해당하고, 음극선의 정체가 전기를 띤 입자인지 아니면 파동인지에 관한 명제(가설)는 각기 서로 다른 두 귀납적 결론에 해당한다.

지금의 경우 핵심적인 문제는 그러한 전제에서 문제의 결론을 이끌어내는 과정이 아니다. 사실 문제의 결론이 둘 중 어느 하나인 것은 **이미** 제시된 상태다. 그러므로 여기서의 핵심은 과연 제시한 전제에 비추어 우리가 어떤 가설을 받아들이느냐의 문제다. 이는 두 가설 각각을 두고 달리 말하자면 곧 다음과 같은 문제다. 문제의 두 가설 각각을 'h_p', 'h_w'라 해보자. 그렇다면 해당 전제가 제시되었을 때, 그러한 전제에 의해 가설 h_p를 받아들일 수 있을 것인가? 마찬가지로 동일한 전제가 제시되었다고 할 때, 그러한 전제에 의해 가설 h_w를 받아들일 수 있을 것인가? 지금 우리가 관심을 갖고 있는 귀납적 비약의 문제란 바로 이와 같은 것을 말한다.

1장 3)절에서 다룬 차 감별의 사례에서는 아예 해당 가설을 제시하는 일 자체가 매우 쉬워, 사실 그것에서는 해당 가설을 제시하는 일 자체가 전혀 관심의 대상이 되지 않는다. 따라서 그것이야말로 오직 제시된 귀납적 전제에서 과연 문제의 귀납적 결론(가설)을 제대로 받아들일 수 있는지의 문제만이 뚜렷이 부각될 수 있는 좋은 경우다. 주제는 다르지만 구조상 유사한 사례로, 어떤 소송 사건과 관련한 재판을 예로 들어보자. 해당 피의자에 대해 이미 수집된 관련 증거로써 그 유죄 여부를 가리는 경우에도 문제의 증거가 어떤 유해한 결과를 야기할 수 있는지에 관한 가설 제시(예를 들어 어느 공장의 종업원이 특정 질병에 걸린 경우 그것이 고용주의 작업장 부실 관리에서 기인한 것이라는 가설 제시) 자체는 그다지 중요해 보이지 않는다. 이보다 더 중요한 문제는 제시된 증거로써 과연 해당 가설을 받아들일 수 있는지의 여부일 뿐이다.[41] 이것 역시 우리가 이 책에서 '근본 문제'라 부르는 귀납적 비약의 문제다.

3) 두 가지 과제

그렇다면 이처럼 중요한 의미가 있는 문제에 대해 우리는 어떻게 답할 수 있을까? 물론 이후 전개되는 모든 논의가 이에 대한 상세한 답을 주기 위한 여정이 되겠지만, 전체적인 방향을 잡기 위해 가장 커다란 과제가 무엇일지 먼저 생각해보자.

우선 위에서 규정한 귀납적 비약의 문제가 하나의 귀납 논증 내에서 이미 제시된 전제(증거)를 기반으로 역시 이미 제시된 결론(가설)을 언제 받아들일 수 있는지의 문제라면, 그것은 근본적으로 귀납적 가설 채택의 문제다. 그러므로 우리는 궁극적으로 어떻게 귀납적 가설 채택 기준을 세울 것인지의 문제를 해결해야만 할 것이다. 하지만 3장 1)절에서 논한 대로 이 문제를 해결하기 위해서는 선행적으로 하나의 귀납 논증 내에서 그 전제와 결론 사이의 관계를 평가하고 그것을 적절히 나타내는 방법을 먼저 확립하지 않으면 안 된다. 이 과제부터 먼저 논해보자.

---

41 Hart and Honoré(1985), pp. 407~408 참조.

연역 논리에서 어떤 논증이 타당하다면 그 결론의 내용은 전제의 내용에 완전히 포함되고, 이때 전자는 후자를 '논리적으로 함축한다'고 말한다. 그러므로 연역 논리에서는 그 논증을 평가할 때, 그 논리적 함축(logical implication/entailment), 즉 완전한 논리적 함축(total logical implication) 여부를 평가하는 것으로 충분할 수 있다. 하지만 귀납 논증의 관점에서라면 단지 어떤 논증에서 그 전제와 결론 사이의 관계가 부분적 함축(partial implication), 즉 부분적인 논리적 함축(partial logical implication) 관계인지 아닌지 여부를 평가하는 것만으로는 부족하다. 왜냐하면 만일 어떤 논증이 타당한 연역 논증으로 판정받는다면 그것은 모두 그 전제와 결론 사이에 완전한 논리적 함축 관계를 이룬다는 점에서 어떤 의미 있는 차이를 보이지 않으나, 귀납 논증에서는 그렇지 않기 때문이다. 즉 어떤 논증이 모두 귀납 논증으로 판정받는다 할지라도 그 전제와 결론 사이의 부분적 함축 관계에는 별도의 의미 있는 차이가 존재한다. 이것은 1장에서 귀납적 가설 입증이나 귀납적 가설 채택 개념을 소개할 때 분명히 드러난 점이다. 그러므로 귀납 논증을 평가하는 데 단지 그 전제와 결론 사이의 부분적 함축 유무만으로는 그것을 평가할 수 없다. 부분적 함축 관계를 이루고 있는 그 전제와 결론 사이에서 해당 논증이 보이는 별도의 차이를 적절하게 평가할 수 있는 또 다른 방법이 필요한 것이다.

이 경우 한 가지 분명한 점은 그러한 평가의 결과는 일정한 정도를 보이며 변화할 수밖에 없다는 점이다. 2장에서 논한 대로 그것은 귀납 논증의 비단조성 때문이다. 즉 하나의 귀납 논증이 그 전제와 결론 사이에 부분적 함축의 관계를 유지하면서도 비단조성을 보인다면 그러한 상황은 결국 일정한 정도로 나타날 수밖에 없을 것이다. 3장 1)절에서 소개한 대로 일단 그러한 정도를 **가장 일반적이며 중립적인 의미로** '귀납적 지지의 정도' 또는

'귀납적 지지도'라 칭하되, 여기서는 다음 두 가지에 주의해야 한다.

먼저 여기서 '정도'라 할 때, 이것은 좀 더 정밀하게 일정한 수치로 나타나는 정량적(定量的, quantitative)인 것만을 의미하지는 않는다. 그것은 예컨대 단지 '높다-낮다' 또는 '크다-작다'는 식으로 분류적(分類的, classificatory)일 수도 있고, '더 높다-낮다' 또는 '더 크다-작다'는 식으로 비교적(比較的, comparative)일 수도 있다.[42] 어느 경우이든 중요한 점은 그것들이 궁극적으로는 변화하는 양을 전제한다는 것이다. 이 점에서 그 정량적인 정도는 이상적인 면이 있으나, 현실적으로는 반드시 그것이 효과적이라고 주장할 필요는 없다. 그것은 실용적 맥락에서 이해해야 할 것이다. 우리는 이후 '귀납적 지지의 정도'라는 말로써 상황에 따라 위의 세 의미를 적절히 포괄해보자.

다음으로 여기서 '귀납적 지지의 정도'라 할 때, 그것은 단지 귀납 논리의 문제로만 끝날 수는 없다. 이러한 사정은 이후 귀납적 지지를 본격적으로 문제 삼을 때 자세히 드러나겠지만, 여기서는 간단히 구체적인 한 사례로만 설명해보자. 앞서 톰슨의 실험 예로 되돌아가보자. 그 실험의 의의에 관한 앞서의 설명에서도 잘 드러났듯, 톰슨의 1897년 실험은 그 자체로 음극선의 정체를 밝히는 데 매우 결정적이었다. 오늘날 그와 동일한 실험을 다시 한 번 시행한다고 해보자. 이 경우 두 실험 자체에서 서로 다른 점은 없으며, 따라서 그와 같은 실험의 결과 각각이 동일한 결론 — 즉 음극선은 입자라는 명제 — 과 이루는 부분적인 함축 관계는 형식 논리적으로는 하등 다를 바가 없다. 그런데도 1897년 당시 문제의 톰슨 실험이 해당 결론에 대해 갖는 입증의 정도와 오늘날 그와 동일한 실험이 해당

---

42 이와 같은 개념의 분류에 관해서는 예컨대 Carnap(1950), §4 참조. 이에 대해서는 제2부 5장에서 자세히 설명할 것이다.

결론에 대해 갖는 입증의 정도는 달라 보인다. 그러므로 귀납적 지지의 정도를 문제 삼을 때 이러한 측면을 고려하지 않는다면, 귀납적 가설 입증의 중요한 부분을 놓치게 될 것이다.

그런데 귀납적 가설 입증에서 이러한 측면은 3장에서 규정한 좁은 의미의 귀납 논리를 넘어 귀납의 방법론에 속하는 것이다. 그것은 단지 이미 제시된 귀납적 전제와 결론 사이의 형식 논리적 관계만을 문제 삼는 대신, 실천적 맥락에서 어느 경우 어떤 전제가 해당 결론을 더 높게 입증하는지의 문제를 다루기 때문이다. 앞서 우리가 제시한 근본 문제에 대한 답은 이러한 후자의 영역을 포함하지 않을 수 없다. 왜냐하면 우리의 근본 문제에서 요구하는 것은 어떤 귀납적 결론을 우리가 구체적으로 채택할 수 있느냐의 여부이고, 그것은 결국 실천적 맥락을 고려하지 않고서는 결코 채택할 수 없기 때문이다. 앞으로 점차 드러나게 되겠지만, 귀납 논리는 어떤 문제 상황이 어떠한 귀납적 형식 내지 구조를 지니고 있는지를 분명히 드러내는 데는 도움이 되나, 그로써 곧 그 상황을 실천적으로 해결할 수 있는 도구가 되는 것은 아니다. 이를 위해서라면 문제의 실천적 상황을 고려한 귀납의 방법론이 필수적이고, 궁극적으로는 귀납 논리 역시 그러한 귀납의 방법론에 맞게 계속 개발되어야 할 것이다.

결과적으로 귀납적 지지의 정도에 대한 규정이 중요한 과제이기는 하나, 그것이 곧 우리의 근본 문제에 답하기 위한 궁극의 과제는 아니다. 궁극적으로는 그처럼 규정된 귀납적 지지의 정도에 근거해 문제의 귀납적 결론을 과연 채택할 수 있는지 여부를 결정해야 한다. 이 경우 귀납적 가설 채택 자체는 결코 귀납적 지지의 정도에 대한 규정을 통해 자동적으로 되는 것이 아니다. 귀납적 지지의 정도에 대해 규정했다고 할지라도 과연 어느 정도에서, 또 그와 관련해 어떤 기준에서 문제의 결론을 채택하거나 기각할 수 있는지가 문제 되기 때문이다. 여기서 귀납적 지지의 정도를 결정할 때보다 훨씬 더 깊은 방법론적 고려가 필요하리라는 점은 분명하다. 귀납적 가설 채택의 문제에서 그 초점은 귀납적 전제와 결론 사이의 관계에 놓여 있기보다, 그것을 바탕으로 과연 해당 결론을 채택할 것인지의 여부를 **결정**하는 일에 놓여 있다.

물론 이러한 귀납적 가설 채택의 문제와 귀납적 지지의 정도를 규정하는 문제가 단지 이러한 순서로 순차적으로만 문제시된다는 의미는 아니다. 어떠한 방식으로 규정된 귀납적 지지의 정도인지에 따라 귀납적 가설 채택 기준이 달라질 수 있고, 역으로 어떤 기준으로 귀납적 가설을 채택하는지가 결국 어떠한 측면에서의 귀납적 지지 정도가 필요한지를 결정해줄 수도 있다. 이후 해당 부분에서 분명히 드러나겠지만, 귀납적 지지의 정도를 규정하는 문제와 귀납적 가설 채택 문제는 서로 맞물려 있다. 여기서는 다만 편의상 단계를 두어 논할 뿐이다. 앞으로의 근본 과제를 정리하면 아래와 같다.

① 하나의 귀납 논증에서 그 전제(증거)와 결론(가설) 사이의 귀납적 지지의 정도를 측정하는 방법 제시.

② 그 정도를 측정할 수 있다는 가정 아래 과연 어느 정도에서(또는 어떤 기준으로) 문제의 귀납적 가설을 채택할 것인지의 문제 해결.

위의 과제에는 모두 방금 논한 대로 귀납 논리와 귀납의 방법론이 함께 요구되며 그 양자가 상호 작용을 한다. 그러나 라이헨바흐에게서 비롯되어 오늘날 관련 학자들 사이에서 자주 언급되는 다음과 같은 구별법을 따른다면 이 모두는 귀납적 비약에 관한 정당화의 문제라 할 수 있다. 라이헨바흐의 구별법을 통해 지금 우리가 안고 있는 과제의 철학적 의의를 간략히 지적하며 제1부를 마치겠다.

라이헨바흐는 지난 20세기 초 인식론의 과제를 논하면서 우리에게 실제적으로 일어난 사고의 과정을 사실적으로 탐구하는 과제는 이른바 **발견의 맥락**(context of discovery)에, 그리고 "그것이 만일 어떤 일관성 있는 체계로 짜여 들어가 마땅히 일어나야 하는 방식으로(in a way in which they ought to occur if they are to be ranged in a consistent system)" 어떻게 재구성될 수 있는지를 탐구하는 과제는 **정당화의 맥락**(context of justification)에 속하는 것으로 구별한 바 있다. 그리고 현대의 인식론에서 전자의 과제는 심리학에 맡기고, 인식론에서라면 마땅히 후자의 과제에 집중할 것을 요구했다.[43] 오늘날 그의 구별에 대해서는 심각한 논란이 있지만,[44] 그럼에도 실제 현대의 많은 철학자들은 크게 보아 라이헨바흐가 말하는 정당화의 맥락에서 자신의 과제를 수행하고 있는 것으로 보인다. 예컨대 실제 헴펠이 말한 다음과 같은 관점에서 그들은 자신들의 작업을 행하고 있다.

> 〔……〕 단순하고 느슨하게나마 먼저 객관적 과학 지식이 어떠한 방식으로 얻어졌는지를 생각해보기로 하자. 우리는 여기서 **발견의 방식**(ways of discovery)이라는 문제, 즉 어떻게 새로운 과학적 아이디어가 탄생하는지의 문제, 어떻게 새로운 가설 또는 이론을 처음으로 착상하게 되는지의 문제는 차치한다. 왜냐하면 우리의 목적을 위해서는 과학적 **정당화의 방식**(ways of

43 Reichenbach(1938), ch. 1.

44 라이헨바흐의 이와 같은 구별에 관해서는 특히 콰인(W. V. O. Quine)의 자연화된 인식론(epistemology naturalized)의 관점에서 여러 비판이 있어왔다. 사실상 그러한 구별이 어렵다는 것이다. 하지만 여기서는 이를 둘러싼 논란은 직접적으로 관련이 없으므로 이 이상 논의하지 않기로 한다. 이러한 논란에 관심이 있는 독자라면 예컨대 Hoyningen-Huene(1987)를 참조할 수 있을 것이다.

validation), 즉 경험 과학이 제안한 새로운 가설을 평가하는 방식과 그 가설을 채택할 것인지 또는 기각할 것인지를 결정하는 방식만을 고려하는 것으로 충분하기 때문이다.[45]

위 인용문의 본래 맥락은 물론 우리의 원래 의도와는 무관하지만, 우연히도 앞으로의 과제와 대응한다! 앞서 귀납의 세 가지 개념을 구별했을 때 귀납적 가설 구성의 개념과 관련해 논의한 귀납적 결론 자체를 제시하는 문제는 근본 과제에서는 제외했다. 그런데 이제 그것은 귀납의 방법론에 속한다 할지라도 위와 같은 라이헨바흐의 구별법에 따른다면 결국 발견의 맥락에 속하는 것으로 볼 수 있다. 반면 귀납의 논리와 관련되어 있든 귀납의 방법론과 관련되어 있든 위에서 제시한 우리의 근본 과제 두 가지는 지금의 구별에서라면 모두 정당화의 맥락에 속하는 것으로 볼 수 있다. 왜냐하면 우리의 근본 과제에는 형식 논리적으로든 실천적으로든 모두 평가적 요소가 포함되어 있으므로, 결국은 귀납적 비약에 대해 분석하고 비교하며 비판하는 일이 중심을 이루기 때문이다. 라이헨바흐나 카르납의 용어를 빌리자면[46] 이것이야말로 귀납적 비약에 관한 **합리적 재구성**(rational reconstruction) 작업이라 할 수 있다.

이상의 관점에서 위에서 정리한 첫 번째 근본 과제는 이어지는 제2부에서, 그리고 두 번째 근본 과제는 제3부에서 본격적으로 다루겠다.

---

45 Hempel(1965/2011), 제1권, 141~142쪽에서 번역 문구만을 지금의 맥락에 맞게 다소 고쳐 실음. 강조는 원문.

46 Reichenbach(1938), p. 5; Carnap(1928/1967), p. v.

2
귀납적 지지의 정도 측정

여기서는 제1부 말미에서 정리한 두 가지 큰 과제 중 첫째 과제를 집중적으로 다룬다. 즉 '하나의 귀납 논증에서 제시한 그 전제(증거)와 결론(가설) 사이의 귀납적 지지의 정도를 어떻게 측정할 것인가' 하는 문제다. 귀납 논증을 평가하는 문제에서 일단 연역 논증에서처럼 단순히 그 결론의 내용이 전제의 내용에 완전히 포함된다는 의미로 '타당하다' 거나, 아니면 완전히 포함되지는 않는다는 의미로 '부당하다' 고만 평가할 수 없다면 귀납적 지지의 정도를 측정하는 문제는 핵심적인 사안 중 하나일 수밖에 없다. 본 장에서는 측정의 세 가지 개념에 대해 상세히 설명한 다음, 지금의 문제에 대해 기존에 제시된 여러 답변을 비판적으로 검토해본다. 또한 우리의 목적에 적합한 측정 개념과 방법이 무엇일지를 탐구해나갈 것이다.

5장

귀납적 지지의 정도 측정 문제

우리가 관심을 두고 있는 귀납적 지지의 정도 문제를 제대로 언급하기 위해서는 예비적으로 '측정' 자체에 대해 좀 더 자세히 살펴보고 그에 알맞은 개념부터 정립해둘 필요가 있다. 이 장에서는 먼저 카르납이 제안한 분류에 따라 측정의 세 가지 개념을 제시하고, 그러한 개념들이 이미 널리 알려져 있는 다른 측정 개념들과 어떠한 관계가 있는지 살펴본다. 또한 이러한 개념적 도구를 이용해 귀납적 지지의 정도를 어떻게 측정할 수 있을지에 대한 가장 원론적인 논의를 폄으로써, 이후 본격적으로 그 정도를 측정할 수 있는 배경으로 삼도록 한다.

1) 측정과 카르납의 세 가지 개념

느슨하게 말해, 어떤 대상이 지닌 속성의 크기, 정도, 양 등을 가늠하는 일을 **측정**(measurement)이라고 한다. 예컨대 어떤 물체가 지닌 온도를 생각해보자. 그러한 온도는 어떤 물체에 대해서나 동일한 것도 아니고, 또한 같은 물체에서도 늘 변화하는 것이 보통이다. 그러므로 그러한 속성에 대해 생각하거나 말하기 위해서는 그 크기나 정도, 양 등을 적절하게 가늠해 표현해줄 필요가 있다.

이러한 방식에는 크게 보아 다음의 세 가지가 가능하다. 따라서 그 각각에 대응해 세 가지 측정 개념이 성립한다.

가장 간단하게는 해당 속성에 대해 일정하게 분류를 행하는 방식이 가능하다. 예컨대 어떤 물체가 지닌 온도에 대해 '그것은 뜨겁다'라거나 '그것은 차갑다'라는 식으로 말하는 것이다. 물론 그 기준을 무엇으로 삼느냐가 논란이 될 수 있으나, 여기서는 일단 논외로 한다. 그것은 단지 개인적인 피부 감각에 의한 것일 수도 있고, 아니면 이미 표준화된 어떤 온도계에 따른 것일 수도 있다. 하지만 지금 중요한 점은 문제의 속성에서 보이는 변화의 양을 어떠한 방식으로 나타내느냐 하는 점뿐이다. 분류의 방식에서는 문제의 속성을 나름의 기준에 의해 일정한 범주나 집합으로 나누어 그 변화하는 양을 측정하고 있는 셈이다. 따라서 이에 대응하는 측정 개념을 측정의 **분류적 개념**(classificatory concept)이라 부를 수 있다.

일상적 맥락에서는 많은 경우 이러한 분류적 개념만으로도 측정의 문제를 처리하는 데 크게 불편하지 않을 수 있다. 예컨대 우리가 마시는 물에 대해 그러할 수 있다. 하지만 다른 많은 경우 우리는 동일한 분류 범주나 집합 내에서일지라도 그 양의 차이를 말하고 싶어 한다. 예를 들어 단순히 분류적으로는 똑같이 '뜨겁다'고 할 수 있는 두 잔의 커피에 대해 우리는 어느 한쪽이 다른 쪽보다 '더 뜨겁다'라고 말하고 싶어 할 수 있다. 이 경우라면 분류적 개념에서 한 걸음 더 나아가 측정의 **비교적 개념**(comparative concept)으로 갈 필요가 있다. 즉 문제의 속성에서 보이는 변화의 양을 서로 비교해 보일 수 있는 개념을 말한다. 이 경우 일상에서는 흔히 '~보다 더' 또는 '~보다 덜' 등의 표현을 쓴다. 수학적으로는 부등호를 사용해 일종의 부등식으로 나타내는 일도 가능하다. 예컨대 위의 두 잔의 커피 *a*와 *b* 각각의 온도를 '*Temp*(*a*)', '*Temp*(*b*)'로 나타낸다고 할 때, '*Temp*(*a*)<*Temp*(*b*)'와 같은 표현이 가능할 것이다.

이러한 비교적 개념을 사용하는 경우에는 분류적 개념을 사용할 때에 비해 어떤 속성의 변화하는 양에 대해 좀 더 세밀히 말할 수 있기는 하나, 특정한 양 자체에 대해 독립적으로 말할 수는 없다는 단점이 있다. 즉 어떤 속성이 보여주는 양 하나하나에 대해 단독으로 말할 수는 없고 그것과 비교되는 또 다른 양에 대한 언급을 할 필요가 있다.

이러한 단점을 극복할 수 있는 또 다른 측정 개념이 이른바 측정의 **정량적 개념**(quantitative concept)이다. 어떤 속성이 보여주는 변화하는 양을 일정한 수에 대응시켜 그 양을 측정할 수 있다는 식의 측정 개념을 말한다. 이 경우에는 문제의 양이 일정한 수치로 표현되므로 그 자체 특정한 양을 독자적으로 나타낼 수 있을 뿐만 아니라 관련된 다른 양과의 비교도 가능하다. 그러므로 그 어떤 속성이 보여주는 양이든 정량적 개념에 따라 제시되는 측정 결과는 다른 두 측정 개념에 따라 측정된 결과로 전환 가능하나 역은 성립하지 않는다. 이 점에서라면 측정의 정량적 개념은 다른 측정 개념들보다 분명 우월하다고 볼 수 있다.[1]

측정에 관한 이상의 세 개념은 사실 카르납이 과학에서 사용하는 과학

1 물론 실제의 맥락에서라면 반드시 전자가 후자보다 낫다고 할 수 없을지 모른다. 변화하는 양을 일정한 수치로 나타내기 위해서는 그럴 만한 기준을 엄밀히 세우는 일이 필요하나 그러한 일이 어렵거나 꼭 필요하지 않을 경우라면 그처럼 수치화하지 않는 것이 나을 수도 있기 때문이다. 예컨대 어떤 음식이 지닌 '맛'의 경우가 그러하다. 따라서 위의 언급은 적어도 이론적 맥락에서 이해해야 할 것이다.

적 개념들을 그 정량화의 여부와 정도에 따라 삼분(三分)한 바를[2] 우리의 측정 행위에 적용한 결과일 따름이다. 하지만 이와 같은 구별 방식은 이하의 논의에서 매우 유용한 개념적 도구가 될 수 있다.

2) 논증에서 불확실성 측정

우리가 측정하려고 하는 것이 하나의 귀납 논증에서 그 전제와 결론 사이의 귀납적 지지 정도일지라도 이것을 조금 다른 각도에서 본다면 해당 논증에서 결론의 **불확실성**(uncertainty) 정도에 대한 측정이라 볼 수도 있다. 왜냐하면 귀납 논증에서는 전제가 모두 참이라 할지라도 그 결론이 반드시 참이라 말할 수 없는 탓에 그 결론이 참일지 어떨지 알 수 없기 때문이다. 요컨대 그 결론의 참이 불확실한 것이다.

이러한 관점에서 사실 하나의 논증에서 귀납적 지지의 정도 측정 문제는, 넓게 보아 해당 논증에서 결론의 참에 대한 불확실성 정도를 측정하는 문제 중 하나라 볼 수 있다. 전자가 곧 후자이기보다 전자가 후자의 한 종류가 되는 까닭은, 결론의 참에 대한 불확실성은 그 전제를 가정하지 않고서라도 문제 삼을 수 있기 때문이다. 하지만 귀납적 지지의 정도 측정에서는 언제나 그 전제와 결론 사이의 관계를 문제 삼지 않을 수 없다. 따라서 이하에서는 좀 더 넓게 하나 또는 그 이상의 명제에 관해 그 불확실성

---

2 Carnap(1950), §§4~5. 여기서 카르납은 분류적 개념을 일상적이고 부정확하며 전(前) 과학적(prescientific)이어서 해명(explication)이 필요한 **피해명항**(explicandum)으로 보고, 비교적 개념과 정량적 개념을 그에 대한 새롭고 정확한 **해명항**(explicatum)으로 보았으나, 이 책에서는 그러한 구별은 하지 않는다.

의 정도를 측정할 수 있는 방법을 논하고, 그것을 바탕으로 좀 더 특정하게 귀납적 지지의 정도를 측정할 수 있는 방안을 모색해보자.

문제의 불확실성을 측정하는 가장 기본적인 방법은 이른바 **그럴 법함의 관계**(plausibility relation)를 고려하는 것이다. 여기서 '그럴 법하다'는 말은 어떤 명제가 참일 가능성이 있음을 뜻한다. 예컨대 언제나 참인 항진 명제(恒眞命題, tautology)는 언제나 거짓인 모순 명제(contradiction)에 비해 명백하게 훨씬 더 그럴 법하다고 말할 수 있다. 예를 들어 '모든 까마귀는 검거나 검지 않다'는 명제는 전자에, '모든 까마귀는 검으며 동시에 검지 않다'는 명제는 후자에 해당한다.

이러한 발상에 근거해 프리드먼(N. Friedman)과 핼펀(J. Y. Halpern)은 '더 그럴 법하지는 않다(no more plausible)'는 관계를 가장 근본적인 원초적(primitive) 관계로 삼아 그에 관해 몇 가지 직관적으로 받아들일 만한 명제들을 공리로 삼은 체계를 구성하려 했다.[3] 그 관계를 '⊆'로 표현할 때, 예를 들어 위에서 언급한 대로 '항진 명제를 p, 모순 명제를 q라 하면, $p \subseteq q$는 성립하지 않는다(If p is a tautology and q is a contradiction, it is not the case that $p \subseteq q$)'와 같은 명제를 그 공리 중 하나로 삼을 수 있다. 또한 '만일 명제 p가 q와 논리적으로 동치이고, r이 s와 논리적으로 동치이며, $p \subseteq r$라면, $q \subseteq s$이다'와 같은 것도 직관적으로 성립하는 것으로 보인다.

나아가 '만일 p가 q를 논리적으로 함축한다면, $p \subseteq q$다'와 같은 명제나(예컨대 '영수는 회사원이다'라는 명제는 '영수는 회사원이거나 자영업자다'라는 명제를 논리적으로 함축하는데, 직관적으로 후자가 참이 될 가능성이 더 크다), '만일 $p \subseteq q$이고 $q \subseteq r$이면, $p \subseteq r$이다'와 같은 명제 역시 직관적인 공리로

3 Friedman and Halpern(1995); Halpern(2003), pp. 50~54 참조.

받아들여질 수 있는데, 이러한 공리들은 특히 하나의 논증 내에서 그 전제와 결론 사이에서 그럴 법함의 정도를 어떻게 측정할 수 있을지에 대해 좀 더 직접적으로 답할 수 있다.

하지만 이러한 공리들이 하나의 논증 내에서 그 결론의 불확실성 정도를 측정하기에 얼마나 미약한지는 쉽사리 짐작할 수 있을 것이다. 우선 위의 공리들에 따르는 '더 그럴 법하지는 않다'는 관계는 단지 비교적일 뿐이다. 따라서 앞 절에서 언급한 대로, 하나의 논증에서 그 결론의 그럴 법함이 어느 정도인지 독립적으로 말할 수 없고, 또 다른 논증에서의 그것과 문제의 정도를 직접 비교하기가 쉽지 않다. 하지만 좀 더 심각한 문제는 이러한 공리들만으로는 이른바 '완전한 순서화(total ordering)'가 되지 않는다는 점이다. 요컨대 어느 경우 하나의 명제가 다른 명제에 비해 더 그럴 법한지 혹은 덜 그럴 법한지, 아니면 똑같이 그럴 법한지가 결정되지 않을 수도 있다는 것이다. 예컨대 만일 $p \subseteq q$이고 $r \subseteq s$라 할 때, $p \subseteq r$인지 아닌지, 또는 p, r 두 명제가 똑같이 그럴 법한지가 결정되지 않는다.

이를 방지하기 위해서는 '(임의의 명제 p 또는 q에 관해) $p \subseteq q$ 또는 $q \subseteq p$다'와 같은 새로운 공리가 추가되어야 할 것이다. 여기에 더해 만일 다음과 같은 공리가 추가된다면, 이제 이 체계는 이른바 **정성적 확률 관계**(qualitative probability relation)를 나타낼 수 있다. 즉 '어떤 명제 s가 명제 p와 q 각각과 논리적으로 양립 불가능할 경우(달리 말해 $p.s$와 $q.s$가 모두 모순일 경우), 만일 $p \subseteq q$라면 그리고 오직 그 경우에만 $(p \vee s) \subseteq (q \vee s)$다'라는 공리다.[4] 이것은 문제의 명제 p나 q와 논리적으로 무관한 어떤 명제를

4 여기서 '∨'는 일상적 의미로 대략 '또는(or)'의 의미를 갖는 논리적 결합사로, '선언(選言, disjunction)'이라 부른다. 또한 '~라면 그리고 오직 그 경우에만(if and only if)'이라는 표현은 그 전후의 것이 서로 논리적 동치 관계임을 뜻한다.

도입하더라도 애초 p와 q 사이의 '더 그럴 법하지는 않다'는 관계에 영향을 미치지는 못함을 보여준다.

지금의 관계를 '정성적 확률 관계'라 부르는 까닭은, 지금까지 제시된 공리들만으로는 우리가 비교적 잘 알고 있는 확률 관계, 즉 **정량적 확률 관계**(quantitative probability relation)를 그대로 보여줄 수는 없지만 그것이 거의 후자에 가까운 결과를 보여주기 때문이다. 곧 정성적 확률 관계는 어떤 명제 각각에 대해 구체적인 확률값을 부여해주지는 못하지만 그 사이의 비교적인 관계는 보여줄 수 있다. 사실 바로 위에서 마지막에 추가된 공리도 확률을 정량적으로 결정할 수 있는 예비 단계에 해당한다.[5]

그러므로 정성적 확률 관계에서 그 원초적 관계를 나타내는 '더 확률적이지는 않다(no more probable)'는 관계는 '더 그럴 법하지는 않다'는 관계의 한 특수한 경우다. 나아가 '어떤 명제 p의 확률이 r이다'라는 명제는 그 중 가장 특수한 관계를 나타낸다. 사실상 정량적 확률 관계에 관한 다음의 공리들로 구성된 체계에서는, '더 그럴 법하지는 않다'는 관계가 성립할 경우 언제나 일의적(一義的)으로(uniquely) 그것에 대응하는 확률 함수가 존재한다는 사실이 잘 알려져 있다.[6] 따라서 만일 '어떤 명제 p의 확률이 r이다'를 '$P(p)=r$'로 나타내는 경우, $p \subseteq q$라면 그리고 오직 그 경우에만 $P(p) \leq P(q)$가 성립하는 확률 함수가 존재한다.

① 모든 명제 p에 관해, $0 \leq P(p) \leq 1$이 성립한다.

② 만일 p가 항진 명제라면, $P(p)=1$이다.

---

5 이에 관한 좀 더 자세한 논의는 이후의 6장 4)절 참조.

6 Savage(1954), pp. 32~34 참조. 또한 이러한 공리들의 설정 이유와 의미에 관해서는 이후의 6장 4)절 참조.

③ 만일 $p.q$가 모순이라면, $P(p.q)=P(p)+P(q)$다.

이상으로 명제들에 관해 그 불확실성의 정도를 측정할 수 있는 방법들에 관해 논했으나, 이 외에도 기존에 개발된 방법들로는 뎀스터-쉐이퍼 신념 함수(Dempster-Shafer belief function), 퍼지 논리에 의한 가능성 함수(possibility function), 등급 함수(ranking function) 등이 존재한다. 이에 관한 것은 이어지는 우리의 논의와 직접 관련되지 않으므로 여기서는 더는 논하지 않는다. 다만 이러한 모든 방법들에서 가장 일반적인 것은 여전히 '그럴 법함의 관계'에 의한 방법이다.[7]

그러므로 적어도 위의 논의로 볼 때, 만일 우리가 하나의 논증에서 그 결론의 불확실성을 문제 삼는다면 가장 일반적으로는 '그럴 법함의 관계'로부터, 가장 특수하게는 정량적 확률 관계 내지 확률 함수를 이용하여 그 정도를 측정할 수 있을 법하다. 여러 방법들 사이의 이러한 관계로 볼 때, 만일 우리가 좀 더 정량화된 측도를 필요로 한다면 정량적 확률 함수가 가장 바람직한 셈이다. 하지만 정량적 확률 함수를 채택한다 할지라도 서두에서 언급한 대로 지금 우리에게 문제가 되는 것은 단지 어떤 명제들에 대한 확률이 아니라, 하나의 귀납 논증에서 그 전제와 결론 사이의 귀납적 지지 정도를 측정하는 일이다. 그렇다면 이 양자의 관계에 관한 진전된 논의가 필요하다. 다음에서 이어가자.

7 이에 대한 개략적인 설명은 예컨대 "Some Prominent Approaches to the Representation of Uncertain Inferences"(Supplement to "Inductive Logic"), *Stanford Encyclopedia of Philosophy*; Halpern(2003), ch. 2에서 찾아볼 수 있다.

3) 귀납적 지지의 정도 측정과 확률

앞에서 하나의 귀납 논증에서는 그 전제가 모두 참이라 할지라도 그 결론이 반드시 참이라고는 말할 수 없는 탓에 그 결론이 참일지 어떨지 알 수 없고, 따라서 그 결론은 '불확실하다'고 지적했다. 그런데 이때의 결론을 일단 전제와는 무관하게 하나의 독립된 명제로 본다면 그 명제가 불확실하다는 것은 무슨 의미일까? 모델 이론적으로 보자면 그것은 해당 명제가 참이 될 수 있는 가능 세계가 여러 개라는 의미다.[8] 이러한 관점에서 본다면 어떤 명제와 관련해 그와 같은 가능 세계의 개수가 많으면 많을수록 그 명제의 불확실성은 커진다고 말할 수 있다. 예컨대 주사위와 동전을 던지는 경우, (통상적으로) 주사위를 던져 어느 한 면이 나타날 가능 세계는 동전의 그것보다 훨씬 많다. 따라서 '주사위 1의 눈이 나올 것이다'라는 명제의 불확실성은 '동전의 앞면이 나올 것이다'라는 명제의 그것보다 훨씬 크다.

이제 이와 같은 발상을 하나의 명제 대신, 귀납 논증에서 전제와 결론 사이의 지지 관계로 확대해보자. 이때 그 논증이 적어도 제대로 된 귀납 논증이라면, 우리는 그 전제가 성립함으로써 적어도 해당 결론의 불확실성이 감소하기를 기대할 수 있을 것이다. 다시 말하자면, 그 전제의 참에 의해 해당 결론이 참이 될 수 있는 가능 세계의 개수가 감소하리라 기대할 수 있다는 것이다. 만일 명제들의 불확실성에 관해 앞 절에서와 같이 확률 함수를 적용할 수 있다면, 지금과 같은 기대에 부응할 수 있는 방식으로 확률 함수가 새로이 제시되어야만 할 것이다. 하지만 어떻게 그러할까? 또

---

8 이러한 용어에 관해서는 2장 1)절에서의 각주 20 참조. 불확실성에 관한 이 같은 발상에 관해서는 Halpern(2003), sec. 2.1 참조.

한 만일 그것이 가능하다면 문제의 불확실성을 마주하고 있는 우리 자신에게 그것이 실제적으로 의미하는 바는 무엇일까? 이러한 점에 관해서는 6장에서 본격적으로 논의해보자.

6장

케인스와 제프리스의 전략

5장에서 논한 대로, 귀납적 지지의 정도를 정량적으로 측정하는 방법으로서 가장 유력한 것은 확률을 이용하는 것이다. 오늘날 이러한 발상은 어느 면에서는 널리 알려져 그 자체가 익숙하게 여겨질지 모르나, 역사적으로든 개념적으로든 양자가 바로 연결될 수 있는 것은 아니다.

역사적으로 볼 때 체계화된 '확률' 자체는 귀납과는 무관하게 17세기경 도박의 상황에서 그 아이디어가 싹텄다. 그 후 주로 수학 분야에서 이론적으로 개발되기 시작했고, 18세기 이후에야 통계적 처리와 관련해 실용적으로 발전했다. 개념적으로 볼 때도 확률은 순수하게 형식적으로 개발될 수 있을 뿐만 아니라, 그것에 대한 해석도 여러 가지로 가능해 그 자체가 바로 귀납 논증과 연계될 어떤 직접적인 이유도 없다. 이러한 이유로 사실상 아리스토텔레스나 베이컨에게서는 물론이거니와, 이후 18세기 휴웰(W. Whewell, 1794~1866)이나 19세기 밀(J. S. Mill, 1806~1873) 등에서도 귀납을 문제 삼는 경우 본질적으로 확률 개념을 끌어들이지는 않았다.

스토브의 지적처럼,[9] 아이러니컬하게도 귀납의 문제에 확률 개념을 적극적으로 도입하게 된 계기는 바로 귀납에 대한 회의론으로 유명한 흄의 논증 때문이었다. 그의 회의론에 진지하게 철학적 반론을 제기하려는 노력 가운데 귀납 논증에 확률 개념을 적용할 수 있을 법하다는 아이디어가 싹튼 것이다.

이 책의 목적상 자세히 논할 수는 없으나, 휴웰이나 밀 등은 이전의 아리스토텔레스나 베이컨과 마찬가지로 귀납에 관한 어떤 평가적 측면에 관심을 두기보다는 비평가적 측면으로서 귀납적 가설 구성에 관심을 두었던 인물들이다.[10] 내가 보기에 바로 이와 같은 점 때문에 그들은 귀납을 문제 삼으면서도 근본적으로 확률에 주목하기 어려웠다고 여겨진다. 반면 흄은 귀납에서 역사상 최초로 그 평가적 측면을 본격적으로 문제 삼은 철학자로, 귀납에서 우리가 그처럼 평가적 측면에 관심을 두는 순간 확률은 귀납 논증을 평가하는 중요한 도구로 부상하게 된다.

하지만 이 경우 귀납 논증과 확률이 연결될 수 있는 접점은 정확히 무엇일까. 이러한 논의에서 그 시발점이 될 수 있는 것이 케인스(J. M. Keynes, 1883~1946)와 제프리스(H. Jeffreys, 1891~1989)의 전략이다. 이들은 귀납과 확률에 관해 새로운 아이디어를 공유한 이른바 '케임브리지 학파(Cambridge School)'[11]의 일원으로, 특히 이 대목에서 우리의 관심사와 직결

---

9 Stove(1973), ch. 8, sec. i 참조.

10 물론 이 경우 그들이 전적으로 귀납의 비평가적 문제에만 몰두했다고 말한다면 잘못일 것이다. 예컨대 밀은 귀납의 정당성을 문제 삼으면서 그것을 위해서는 '보편 인과의 법칙(Law of Universal Causation)'과 같은 것이 필요하다고 보았다(Mill(1843/1974), bk. Ⅲ, chs. Ⅲ, XXI 참조). 하지만 이러한 경우일지라도 그들은 흄의 회의론에 진지하게 대응하기에는 지나치게 낙관적이었던 것으로 보인다.

11 영국의 케임브리지 대학을 중심으로 형성된 학파로, 케인스나 제프리스 이외에 존슨(W. E. Johnson), 브로드(C. D. Broad), 그리고 이후의 니코드(J. Nicod), 램지(F. P. Ramsey) 등이 이 학파에 속하는 인물들이다. 이들이 공유한 아이디어는 이어지는 논의에서 차차 드러나

될 수 있는 발언을 매우 명료하게 제시한 최초의 인물들이다.

1) 케인스의 전략 1: 적절한 정도의 합리적 신념

케인스에게서 귀납 논증과 확률을 서로 연결하는 매개 역할을 하는 개념은 바로 **적절한 정도의 합리적 신념**(rational belief of an appropriate degree)이었다. 이 경우 '신념'이란 말이 암시하듯, 이 개념에는 무엇보다 다음과 같은 인식론적 배경이 깔려 있다.

전통적 인식론에서 흔히 그러하듯, 케인스 역시 우리의 지식을 크게 직접적인(direct) 것과 간접적인(indirect) 것으로 나누었다. 그리하여 어떤 명제에 대한 우리의 지식 역시 직접적인 것과 간접적인 것으로 나누어지게 된다. 케인스가 말하는 바는 다음과 같다. 어떤 명제에 대한 직접적 지식이란 이른바 '직접지(直接知)'의 대상을 주의 깊게 생각함으로써 얻게 된 결과로서의(as the result of contemplating the objects of acquaintance) 지식을 말한다. 곧 우리가 갖는 감각, 또는 그로써 얻게 된 어떤 관념이나 의미, 또는 그때의 감각 자료나 그 의미에 대해 우리가 지각(知覺, perceive)하게 된 어떤 사실, 특징, 관계 등을 주의 깊게 생각함으로써 얻어지는 지식이다. 쉽게 말해, 우리의 감각적 경험에 의해 직접 얻게 된 지식을 뜻하는 것으로 보인다. 이와는 달리 케인스가 말하는 어떤 명제에 대한 간접적 지식이란 '논증에 의한(by argument)' 지식을 의미한다. 이것은 어떤 명제에 관한 직접적 지식으로부터 또 다른 명제에 관해 얻게 되는 지식을 말한다. 이

게 될 것이다. 단 이와 같은 역사적 사실에 관한 지적과 관련해서는 Stove(1973), pp. 22~23 참조.

경우 케인스가 주목하는 점이 있다. 바로 그러한 간접적 지식을 얻는 일이 가능하게 되는 이유다. 그는 그러한 일이 가능하게 되는 까닭이 해당 명제들 사이에 존재하는 **어떤 논리적 관계**에 대한 우리의 직접 지각에 있다고 보았다. 케인스에 따르면, 우리는 문제의 두 명제 사이의 어떤 논리적 관계에 대해 직접지를 갖고 그것에 의해 새로운 명제에 관한 간접적 지식을 얻게 된다.[12]

다른 한편 이것을 우리가 지닌 '신념'과의 관계에서 보자면, 그러한 지식은 어쨌든 우리 지식의 일종이되 그 가운데 합리적인 신념과 관련되어 있다. 케인스에 따르면, 우리의 신념에는 다음과 같은 의미로 크게 합리적인(rational) 것과 비합리적인(irrational) 것이 있을 수 있다. "만일 어떤 사람이 무엇을 믿되, 그것을 터무니없는 이유로 믿거나 아무런 이유도 없이 믿는다면, 그리고 그가 믿는 바가 자신도 모르는 이유로 참으로 드러난다면, 이 경우 비록 그가 그것을 실제로 믿고 있으며 그것이 사실상 참이라 할지라도 그는 그것을 '합리적으로' 믿는다고는 말할 수 없다는"(p. 10, 강조는 원문) 것이다. 그러므로 어떤 명제에 관한 신념의 경우 그것이 합리적인지 아닌지는 단순히 그것이 사실적으로 참인지 아닌지에 대응하는 것이 아니라, 그러한 신념에 따른 분명한 이유가 있는지 없는지에 대응한다.

그런데 이러한 의미로 합리적인 신념은 또한 일정한 정도를 갖고 있다. 합리적 신념이라 할지라도 어느 경우에는 확실한(certain) 반면, 어느 경우에는 그렇지 않기 때문이다. 후자의 경우 우리는 그것을 '개연적(probable)'이라 부른다. 이 경우 '확실하다'는 것은 그 개연성의 정도가 가장 높다는 것을 뜻한다. 물론 논리적으로 불가능한 것에 대해 이처럼 확실한 경우에

---

12 Keynes(1921/1957), pp. 12~13. 케인스의 이 문헌을 가리킬 경우, 이하의 6장 3)절에 이르기까지는 원문에 단지 면수만을 표기하기로 한다.

는 그 개연성의 정도가 가장 낮다고 해야 할 것이다. 지식에 대한 위의 분류에 따르자면, 어떤 명제에 대한 직접적 지식은 — 이제 위와 같은 의미로 — 확실한 합리적 신념에 해당하는 반면, 간접적 지식은 적절한 정도의(개연적인) 합리적 신념에 해당한다.

이제 우리가 어떤 명제 *p*에 관해 간접적인 지식을 갖고 있다고 해보자. 그렇다면 그것은 하나의 합리적인 신념으로서 어떤 이유를 가질 것이므로 우리의 신념이 근거하는 증거가 있고, 이를 '*e*'라고 해보자. 이 경우, *e*에 대한 지식은 그 자체 어떤 명제에 대한 직접적인 지식이다.[13] 이로써 우리는 그러한 *e*를 근거로 *p*에 대해 적절한 정도(예컨대 *a*)로 합리적 신념을 갖게 될 것이다.

하지만 이 경우 그 *p*에 대한 합리적 신념이 (비록 간접적이기는 하나 어쨌든) 하나의 지식이 될 수 있는 까닭은 무엇인가. 케인스에 따르면, 그 까닭의 핵심은 *e*와 *p* 사이에 존재하는 어떤 논리적 관계에 대해 우리가 직접적인 지식을 갖고 있다는 점에 있다. 바꾸어 말해 "바로 그와 같은 지식으로 인해 명제 *p*에 대해 우리가 갖고 있는 정도 *a*의 합리적인 신념이 정당화될 수 있다(this knowledge of ours justifies us in a rational belief of degree *a* in the proposition *p*)"는 것이다.

이때의 '논리적 관계'에 대한 우리의 직접적 지식은 문제의 개연성 정도에 대한 우리의 지식과 일치한다. 케인스는 그와 같은 관계를 'probability-

---

13 이 경우 케인스는 '*h*'라는 기호를 썼으나(앞의 책, p. 11), 여기서는 이 책에서의 기호법이나 일반적 관행에 따라 '*e*'를 쓰기로 한다. 자칫 케인스의 기호 '*h*'가 '가설'을 뜻하는 것으로 오해할 수도 있기 때문이다. 그리고 이때 그러한 *e*에 대한 지식이 '직접적'이라는 말은, 물론 언제나 절대적으로 그러하다고 보기보다는 *p*에 대한 지식과 비교해 상대적으로 그러하다고 보아야 할 것이다. 만일 *p*에 관한 지식이 다른 간접적 지식을 얻기 위한 증거적 지식으로 쓰일 경우에는 그것이 상대적으로 직접적 지식의 역할을 할 것이기 때문이다.

relation'이라 불렀다. 물론 이후에 이 관계는 적절한 맥락 내에서 '확률 관계'라 불러도 관계없으나, 지금의 맥락에서라면 아직은 단순히 '개연성의 정도 관계'라 불러야 할 것이다. 당분간 후자의 용어를 사용하기로 한다.

어쨌든 이처럼 명제 e와 p 사이에 문제의 개연성 정도 관계가 존재함을 주장할 때, 이러한 주장 역시 하나의 명제다. 그러므로 케인스는 이 때 p와 같은 명제를 **일차 명제**(primary proposition), e와 p 사이에 문제의 개연성의 정도 관계가 존재함을 주장하는 명제를 **이차 명제**(secondary proposition)라 불러 양자를 구별했다(p. 11).

그렇다면 케인스가 이처럼 '이차 명제'라 부르는 명제 중에 존재한다고 주장하는 '개연성의 정도 관계'가 과연 수학이나 통계학에서 별도로 개발되어온 '확률'에 바로 대응될 수 있을까. 이 물음에 답하기 위해서는 역사적으로 제시되어온 확률의 개념을 좀 더 자세히 살펴보고, 그것과 관련해 케인스가 주장한 확률 개념을 좀 더 분명히 드러낼 필요가 있다.

2) 케인스의 전략 2: 관계에 대한 확률

자신의 확률 개념을 제시하기 위해 케인스는 그의 『확률론(*A Treatise on Probability*)』 7장과 8장에 걸쳐 지난 확률의 역사를 간략히 살폈다. 이것을 따라가며 그의 해명을 살펴보기로 하자.

일상적 맥락에서 개연성에 관한 개념은 오래전부터 있었다고 보는 것이 적절할 것이다. 동서를 막론하고 예부터 존재한 주사위가 이러한 사실을 잘 보여주는 셈이다. 케인스는 직접 고대의 아리스토텔레스나 근대의 『포트로열 논리학(*Port Royal Logic*)』(1662)의 저자들,[14] 그리고 로크(J. Locke,

1632~1704)에게서 볼 수 있는 문헌적 증거를 제시했다(p. 80). 하지만 좀 더 체계적인 분석의 결과로서 확률 개념이 역사적으로 등장하게 된 것은, 앞서 언급한 대로 17세기경 수학 분야에서였다. 널리 알려져 있듯, 메레(C. de Méré)라는 도박꾼이 제시한 판돈의 분배 문제를 두고 파스칼(B. Pascal, 1623~1662)과 페르마(P. de Ferma, 1601~1665)가 서신 왕래를 통해 그 문제의 답을 제시하려 한 것이 발단을 이루고, 그것이 고전적 확률 이론으로 발전해간 것이었다.

이러한 고전적 확률 이론에서 핵심이 되는 원리는 이른바 **무차별의 원리**(Principle of Indifference)였다. 즉 어떤 사건에 관해 상호 배타적이고 집합적으로 완비된 가능성들(mutually exclusive and collectively exhaustive possibilities)이 모두 n가지이며, 어느 가능성도 다른 가능성에 비해 우월하게 실현될 아무 이유도 없다고 알려져 있다면, 각각의 가능성에 $1/n$의 확률을 부여할 수 있다고 보는 원리를 말한다. 이러한 원리는 그 핵심에서 '어느 가능성도 다른 가능성에 비해 우월하게 실현될 아무런 이유도 없다고 알려져 있어야 한다'는 인식적 측면을 포함하고 있기에 흔히 **불충분 이유율**(Principle of Non-Sufficient Reason)이라 불린다. 예컨대 하나의 주사위를 던지는 경우, 만일 그 여섯 개의 면 각각이 나타날 가능성이 어느 한 쪽으로든 우월하게 나타날 어떠한 이유도 알려져 있지 않다면, 그 하나의 면이 나타날 확률은 모두 동일하게 1/6로 정할 수 있다는 것이다. '불

14 '포트로열 논리학(*Logique de Port-Royal*)'이란 앙트완 아놀드(Antoine Arnauld), 피에르 니콜(Pierre Nicole) 등이 저술한 『논리학, 사유의 기술(*La logique, ou l'art de penser*)』에 대한 속칭이다. 그들은 얀센주의(Jansenism)를 따른 일원으로, 주로 자메이카 남쪽 항구 도시인 포트로열의 프랑스 수도원에 은거해 익명으로 출판을 하기도 했는데, 이러한 까닭에 이 같은 별명을 갖게 된 것이다. 포트로열 논리는 아리스토텔레스 이래 전통적인 명사 논리(term logic)의 전범으로 여겨지고 있다. 파스칼 역시 그 텍스트에 상당 부분을 기여한 것으로 알려져 있다.

충분 이유율'이라는 용어 자체를 처음으로 제시한 것으로 알려진 야콥 베르누이(J. Bernoulli, 1654~1705)는 물론, 이후의 라플라스(P. S. de Laplace, 1749~1827) 역시 이 같은 무차별의 원리를 바탕으로 자신들의 확률 이론을 전개할 수 있었다.

이와 같은 원리가 구체적으로 어떤 확률값을 정하는 데 매우 유용한 출발점을 제공하기는 하나, 그 원리를 적용하는 데 많은 문제점이 있음도 널리 알려져 있다. 케인스 역시 이미 『확률론』 4장에서 많은 지면을 할애해 그 문제점에 대해 자세히 설명했다. 여기서는 단지 하나의 사례로써 그에 대한 설명을 대신하기로 한다. 앞서와 같은 주사위를 던져 눈을 확인한다고 할 때, '1'의 눈이 나타날 가능성은 모두 여섯 가지 가능성 중 하나라고 할 수 있으나, 사실 그것은 또한 홀수의 눈이 나타날 세 가지 가능성 중 하나로 볼 수도 있다. 그러므로 만일 이처럼 여러 가지 가능성의 경우를 생각한다면, 하나의 주사위에서 동일하게 '1'의 눈이 나타날 확률이라 할지라도 우리가 그 가능성을 어떻게 정하느냐에 따라 값은 여러 가지로 달라질 수 있는 자의성(arbitrariness)이 존재한다.

따라서 케인스는 확률값을 구체적으로 결정할 수 있는 또 다른 방식으로 이른바 '상대 빈도(relative frequency)'를 이용한 방법을 소개했다(ch. Ⅷ). 예컨대 어떤 사건에서 그것의 한 특성 M에 주목한다고 해보자. 이 경우 우리는 실제 경험할 수 있는 동일한 종류의 사건들의 집합 내지 계열에서 바로 M을 지닌 사건들이 나타나는 비(比), 즉 그 상대 빈도를 해당 사건의 확률로 정할 수 있지 않겠느냐는 것이 요지다. 앞서 주사위의 예로 돌아가면, 문제의 주사위를 실제 던지는 일을 반복해 그 전체 결과 가운데 '1'의 눈이 나타난 결과의 비, 즉 그 상대 빈도를 해당 사건의 확률로 정할 수 있다는 것이다. 이러한 방식은 '무차별의 원리'를 따르지 않고도 경험에 근거해 비교적 객관적으로 확률값을 정할 수 있다는 장점이 있다. 역사적으로 볼 때, 이 같은 방식은 실제 앞서의 고전적 확률 이론의 개발 시기와 비슷한 시기에 통계와 관련해 독자적으로 개발되기 시작해 19세기 들어 본격적으로 발전해나갔다.

그렇다면 이제 역사적으로 발전한 이러한 확률 개념을 앞 장에서 소개한 합리적 신념의 정도를 나타내는 데 원용할 수는 없을까? e를 근거로 p에 대해 우리가 갖는 합리적 신념 역시 e와 p 사이의 개연성 정도에 따르는 것이고, 역사적으로 개발된 확률의 개념 역시 어떤 개연성에 관한 것이라면 전자의 정도를 후자로 대체하지 못할 이유는 무엇인가? 개연적 신념에 관심을 갖고 있었던 케인스에게는 매우 자연스러운 관심사일 수밖에 없다.

하지만 케인스는 우선 고전적 확률 이론에 관해서는 그것이 의존하고 있는 '무차별의 원리'가 지닌 문제점, 특히 흄이 그의 경험주의에 입각해 제기한 심각한 회의론을 지적하며 그것의 원용 가능성에 대해 부정적인 관점을 취했다.[15]

---

15 이 대목에서 케인스는 흄이 말하는 이른바 '개연적 추론(probable reasoning)'에 대해 그가 펼친 회의적 논증을 염두에 두었다(pp. 82~83). 그러나 이는 시기적으로도 문제가 될뿐더러 사실상 개념적으로도 문제가 있는 지적이 아닐 수 없다. 우선 시기적으로는, 스토브의 지적대로〔Stove(1973), Appendix, sec. iii〕 흄이 회의론을 전개한 주요 저술인 『인간의 본성에 관한 논의(*A Treatise of Human Nature*)』(1739), 『인간의 이해력에 관한 탐구(*An Enquiry Concerning Human Understanding*)』(1748) 등이 모두 라플라스가 탄생하기도 전에 간행되었으며, 베르누이의 주요 저술인 『추측의 기술(*Ars Conjectandi*)』(1713)이 당시 세상에 널리 유포되기도 전이었다. 개념적으로 볼 때도 흄이 말하는 '개연적 추론'이라는 말 자체는 이미 수학화된 확률적(probabilistic) 개념이 아니라, 단지 이미 관찰된 것으로부터 아직 관찰되지 않은 것을 추론하는 것, 또는 연역적이지 않은(non-demonstrative) 추론 일반을 의미할 따름이었다〔이에 관해서는 Millican(1996), pp. 13, 17 참조〕. 게다가 이후의 6장 4)절과 7장 1)절에서 논하게 되듯, 고전적 확률 이론은 이하 케인스 자신이 제시할 확률 개념과 사실 무관한 것도 아니다. 그러나 지금의 맥락에서는 이러한 결점이 논의의 진행에 큰 문제가 되지 않으므로 일단 지나치기로 한다.

반면 상대 빈도로서의 확률 개념에 대해서는 그것이 이번에는 무차별의 원리에 기초한 고전적 확률 개념과는 반대 방향으로 너무 나아갔다고 평가했다. 고전적 확률 개념이 무차별의 원리와 같은 직관이나 선험적(a priori) 원리에 의존한 반면, 상대 빈도로서의 확률 개념은 그러한 것을 배제하고 지나치게 경험에만 의존했다는 것이다. 여기서 후자와 같이 말할 수 있는 까닭은, 케인스가 보기에 경험만 가지고는 제시된 어떤 증거에 근거해 어느 두 명제의 확률이 같다거나 같지 않다고 판단할 수 있는 기준이 나올 수 없다고 보기 때문이다(p. 86). 케인스는 자신이 관심을 두고 있는 바는 '전제에서 결론으로 나아가는 논증으로서, 확실하지는 않지만 합리적인 논증에 관한 일반 이론'이지만, 상대 빈도로서의 경험적 확률 이론을 제시한 벤(J. Venn, 1834~1923)과 같은 이가 관심을 둔 바는 이러한 것과는 거리가 먼 것이었다고 지적했다. 그는 벤의 확률 개념으로는 어떤 논증이 다른 논증보다 더 개연적이라든지, 아니면 어떤 논증이 다른 논증보다 더 선호할 만하다는 것을 표현하기 어렵다고 보았다(p. 98). 또한 자신이 관심을 두고 있는 논증에서는 이른바 '연관성'이 중요한 개념이어서, 예컨대 만일 어떤 증거 $e.e_1$을 기반으로 한 결론 p의 개연성이 증거 e를 기반으로 한 p의 개연성과 동일하다면 e_1은 p와 무관(irrelevant)하며, 만일 동일하지 않다면 e_1은 p와 연관되어(relevant) 있다고 말할 수 있을 법하나, 상대 빈도의 이론에서는 이와 같은 것에 관해서는 설명할 도리가 없다고 본 것이다(p. 104).

그러므로 케인스는 자신이 찾는 확률 이론이란 '우리가 어떤 신념을 다른 신념보다 **합리적으로** 선호할 수 있는 근거를 연구하는 것'(p. 97, 강조는 원문)이라 선언하고, 이에 적합한 확률 개념은 결국 하나의 논증에서 그 증거와 결론, 그 전제와 결론 사이의 관계에 대한 개념일 수밖에 없다고 주장했다. 달리 말해, 이때의 확률이란 "하나의 결론에 대한 확률로서, 〔……〕 **제시된 증거에 상대적인**(relative to given premisses) 확률"일 뿐이다(p. 102, 강조는 원문). 따라서 케인스는 하나의 확률이란 하나의 관계 표현이라 보고, 자신 이전에도 칼(L. M. Kahle), 불(G. Boole), 브래들리(F. H. Bradley), 심지어 라플라스와 같은 학자들도 이러한 점을 눈치채기는 했으나 다만 그들은 이 점을 충분히 강조하지 못했을 따름이라고 지적했다(pp. 90~91).

그러므로 이러한 의미의 확률이란 케인스에게는 개연적인 합리적 신념에 대한 평가의 개념이자, 동시에 그것의 바탕에 놓여 있는 하나의 논증을 평가하는 개념이며, 이 점에서 그것은 (연역 논증까지를 포함하여) 오히려 모든 논증을 포괄적으로 평가할 수 있는 논리학의 한 분야로 떠오르게 된다.

따라서 그에게서 일정한 확률값(a)은 언제나 한 논증을 이루는 전제(e)와 결론(p)의 쌍에 부여될 따름이며, 그는 이를 '$p/e=a$'와 같은 식으로 표기했다. 이 경우 확실성에 관해서는 $p/e=1$, 불가능성에 관해서는 $p/e=0$과 같은 정의가 가능하고, 확실하지도 불가능하지도 않은 확률 관계는 그 사이의 값을 갖는 것으로 볼 수 있다. 그러므로 합리적 신념의 한 종류로서 개연적 신념에 대해서는 0과 1 사이의 확률값으로 그 정도를 표현하는 일이 가능하게 될 것이다.

그렇다면 이처럼 수립된 확률 개념은 과연 지금까지 다룬 확률 개념이 만족시키는 주요한 확률의 공리와 정리들을 만족시킬 수 있을까. 케인스는 이러한 확률 개념 역시 그와 같은 공리와 정리들을 만족시킨다는 것을 자신의 저서 제2부를 통해 보여주었다.

3) 케인스에게서 확률 측정의 문제

이상과 같은 케인스의 전략에 따를 때, 이제 구체적으로 4장에서 제시한 러셀의 칠면조에 따라 구성된 귀납 논증에 관해 일정한 확률값을 제대로 부여할 수 있을지 살펴보자. 논의의 편의상 여기서는 일단 칠면조의 귀납 논증 가운데 '크리스마스이브'라는 단 하루의 미래에 관한 귀납적 단칭 예측으로 논의를 한정하자. 문제의 논증은 크리스마스이브 아침 9시에 기대된 먹이 하나에 관한 귀납 논증을 말한다. 지금과 같은 경우, 이미 잘 짜인 귀납 논증에 따라 해당 논증의 전제와 결론은 각각 케인스가 말하는 명제 e와 p 사이의 관계를 이룰 것이다. 따라서 만일 러셀의 칠면조가 자신이 처한 사태를 인식하는 데 합리적인 신념을 가질 능력이 있고, 또 그럴 만한 의지가 있다고 가정한다면, 그 칠면조는 크리스마스이브 아침 9시의 먹이에 대한 명제 p(앞서의 기호로는 '$Ea_{n+1} \cdot Fa_{n+1}$'로 나타낸 명제)에 관해서도 케인스가 말하는 일정 정도의 합리적 신념을 가져야만 할 것이다. 이 경우 케인스는 그러한 합리적 신념이 바로 관계에 관한 확률 p/e로 정해질 수 있다고 보았다. 그렇다면 과연 이때의 확률을 구체적으로 정할 수 있을까.

이 대목에서 케인스는 확률이 1이나 0이 아닌 그 사이의 값일 경우 일반적으로 특정하게 그 값을 부여할 수는 없다고 보았다. 다만 그 정도를 매우 제한적으로 두어 서로 간에 상대적으로 비교할 수 있는 것으로 볼 따름이다. 확률이 1이나 0인 경우는 앞서 언급한 대로 연역 논증의 경우에 해당하므로, 해당 논증의 전제가 그 결론이나 그것의 부정을 논리적으로 함축하는지의 여부에 따라 그 값이 부여될 수 있음은 분명하다. 하지만 케인스는 그의 『확률론』 3장에서 일반적인 귀납 논증에서는 그렇게 할 수 없는 여러 이유를 들었다. 그중 많은 것들은 실제 확률을 계산하는 데 따른 실천적인 이유다. 예컨대 보험업에서 어떤 사고의 위험성에 관한 확률이나 손해 배상 재판에서 종종 쟁점이 되기도 하는 것들이다. 이런 경우 있을 수 있는 어떤 예상 손실에 관한 확률은 그 가능한 상황이 맥락에 따라 매우 광범위하고 또한 모호한 경우가 많으므로 그 확률을 정확히 수치로 제시하기란 쉽지 않다. 하지만 이와 같은 실천상의 실제적 이유들은 우리가 쉽게 예상할 수 있을 뿐 아니라, 철학적으로는 그다지 흥미롭지 않다.

철학적으로 좀 더 흥미로운 것으로서 케인스가 든 이유는 다음과 같다. 예컨대 어느 귀납 논증에서 결론은 동일하나 그 전제는 달라지는 경우를 생각해보자. 이 경우 동일한 결론이나 서로 다른 전제들에 의해 해당 논증 각각에 부여되는 확률의 정도는 달라질 것이다. 예를 들어 러셀의 칠면조에 의한 귀납적 단칭 예측에서 동일한 문제의 결론에 대해 전제 중 등장하는 개체의 수가 많아지면 많아질수록 해당 논증에 부여되는 확률의 정도는 커지는 것으로 보인다. 따라서 이것은 확률의 크기로 볼 때 일정하게 비교할 수 있는 순서의 한 계열을 이룬다. 하지만 결론이 완전히 다른 또 하나의 논증을 생각해보자. 이 경우 역시 칠면조의 예에서와 비슷하게 나름의 또 다른 순서화된 확률의 계열을 이룰 것이다. 그렇다면 이 경우 서로 다른 확률 계열상의 어느 특정한 확률의 크기를 비교할 수 있을까? 만일 어느 한 계열상의 특정 확률을 그 실제적인 어려움에도 불구하고 특정한 하나의 수치로 결정했다 할지라도, 이것은 다른 계열에서 그와 유사하게 얻은 확률값과 그대로 비교할 수는 없는 것 아닌가!

케인스는 이러한 사정을 좀 더 직관적으로 보여주기 위해 다음과 같은 그림을 동원했다(그림 5 참조). 여기서 점 O와 I는 각기 불가능성과 확실성의 관계를 나타내고, 그 점 각각을 출발점과 종점으로 하는 각각의 곡선은 확률의 서로 다른 계열을 나타낸다고 해보자. 그렇다면 각 계열에서 서로 다른 확률들, 예컨대 W는 Z와 비교하여 더 큰 확률이라고 할 수 있으나 계열을 달리하는 경우라면 비교 자체가 무의미해진다. 예를 들어 X, Y는 각기 V보다 큼에도 불구하고 X, Y 서로 간의 비교는 할 수 없다. 더군다나 W는 동일한 하나의 확률이라 할지라도 서로 다른 계열에 속할 수 있으므로 그것에 일정한 값의 확률을 확정적으로 부여할 수는 없다.

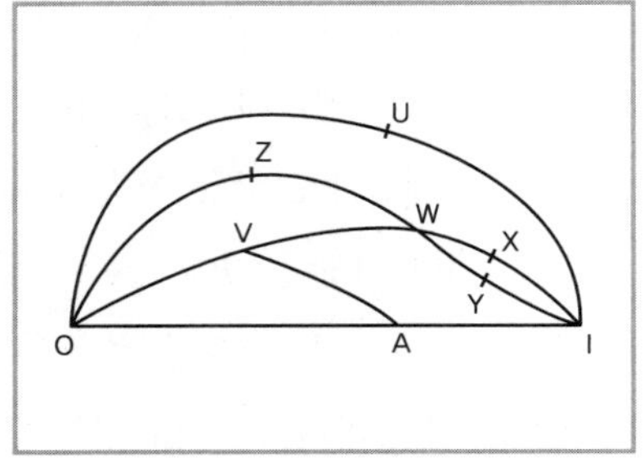

그림 5 서로 다른 확률 계열들.

따라서 케인스는 일정한 확률 계열상에서 서로 간의 확률 크기를 비교할 수는 있으나, 일반적으로 어떠한 논증에 대해서건 특정한 값의 확률을 수치로 정해줄 수는 없다고 보았다. 만일 확률 측정에 관한 케인스의 이러한 견해에 따르게 된다면, 이제 어떤 귀납 논증에 대해 우리가 그 귀납적 지지의 정도를 측정하는 경우, 그것은 5장 1)절에서의 분류에 따를 때 이른바 비교적 측정에 해당할 뿐이다. 게다가 케인스의 견해는 한층 더 나아가 일정하게 동일한 계열 내에서만 그 의미를 지닐 뿐이다.

'귀납적 지지의 정도를 어떻게 측정할 것인가'라는 문제에 관해 케인스의 견해는 확률 개념을 적용할 수 있는 중요한 한 가지 철학적 근거를 제공한다. 하지만 그것이 비교적 개념에 머물 뿐 아니라, 일정하게 동일한 계열 내에서만 그러할 뿐이라면, 그와 같은 측정 수준에서 파생되는 일정한 한계에 바로 부딪힐 수밖에 없다.

무엇보다 확률 사이의 연산이 쉽지 않아 확률을 통한 추론에 상당한 제약을 받을 수 있다. 예컨대 서로 다른 확률 계열상에서는 물론이거니와 동일한 확률 계열상일지라도, 어떤 확률 p가 q보다 크고 다시 p가 같은 정도로 r보다 큰 것으로 여겨진다 할지라도 우리는 정확히 'p가 r보다 두 배의 확률이다'와 같은 식으로 말할 수 없게 될 것이다.[16] 이것은 마치 *A*라는 경기의 등위인 1, 2, 3등과 *B*라는 경기의 등위인 1, 2, 3등을 두고 그와 같은 추론을 행할 수 없는 것과 마찬가지일 것이다.

이보다 심각한 제약은 다음과 같다. 만일 어떤 두 논증이 동일한 전제를 지녔다 할지라도 그에 대한 결론이 서로 다르다면 그것은 완전히 다른 논증이 된다. 그렇다면 이 두 논증에 대해 부여되는 각각의 확률은 서로 비교할 수 있는 것일까, 없는 것일까. 이것은 위에서 예시한 스포츠 경기상의 등위처럼 종목이 다르다면 아예 비교조차 하기 어려운 상황에서 근본적으로 제기될 수밖에 없는 문제다. 케인스는 이에 대해 경우마다 특별한 고려 없이 일반적으로는 그러한 비교를 할 수 없다고 인정했다(pp. 38, 159). 하지만 이때 케인스가 말하는 특별한 고려가 어떤 것인지 불분명하며, 만일 그와 같은 비교가 일반적으로 있기 어려운 것이라면 과학의 실제에서 흔히 발견되는 그와 유사한 상황에 대한 확률은 비교하기가 매우 어려워질 수밖에 없다. 제1부에서 소개한 음극선 실험 사례로 돌아가 보자. 이것은 동일한 실험 결과를 두고 입자 가설과 파동 가설과 같은 서로 다른 과학적 가설을 평가해야만 하는 상황이다. 분명 동일한 전제를 지녔으나 서로 다른 결론으로 나아가는 논증의 한 사례다. 그렇다면 이 두 논증 각각에 대해 부여되는 확률은 서로 다른 계열의 것일까, 동일한 계열

16 사실 케인스 자신이 이와 같은 가능성을 잘 인지하고 있는 것으로 보인다. 그는 이 같은 상황을 어떤 세 대상의 유사성 정도를 비유하여 지적했다. 예컨대 대상 *A*가 *B*보다 더 유사하고, *B*가 *C*보다 그 정도로 더 유사해 보인다 할지라도 *A*가 *B*보다 두 배 더 유사하다고 말하기는 어렵다는 것이다〔Keynes(1921/1957), p. 28 참조〕.

의 것일까? 만일 이 같은 경우 어떤 특별한 고려에 의해 두 확률을 서로 비교할 수 있다 할지라도, 일반적으로 해당 가설이 다를 뿐만 아니라 전제도 완전히 다른 논증으로 구성된 가설 평가의 상황이라면 그때 부여되는 확률이 서로 동일한 계열상의 것인지 아닌지 여부를 판단하기는 어려울 것이다. 따라서 그에 상응하는 확률 비교도 더욱 어려워질 수밖에 없을 것이다.

그러므로 귀납적 지지의 정도를 어느 면 케인스 식의 확률 개념을 이용해 측정한다 할지라도, 또 다른 면으로는 그 제한적이고 비교적인 성격을 넘어서는 새로운 측정 방법 개발이 요청된다. 이러한 면에서 주목할 만한 것이 제프리스의 전략이다.

4) 제프리스의 전략 1: 정량적 확률 결정을 위한 공리 설정

앞서 논의한 케인스 식 확률 측정 개념이 안고 있는 한계를 넘어서는 제프리스 전략의 핵심은 무엇일까. 어떤 논증에서 그 전제와 결론 사이의 관계에 부여되는 확률이 정량적으로 제시될 수 있도록 확률을 결정하는 공리 체계를 강화하는 것이다. 이 결과 특히 이른바 **베이즈의 정리**(Bayes' theorem)가 해당 확률을 결정하는 데 중요한 역할을 하게 된다. 이것은 이후 귀납 논증에서 그 전제를 기반으로 해당 결론의 확률을 결정하는 데 어떤 요소들이 필요한지를 보여주는 매우 중요한 시발점을 이루게 된다. 이번에는 확률을 정량적으로 결정해주기 위한 제프리스의 공리 설정에 관해 논의하고, 이어지는 장에서 좀 더 특정하게 그가 제시한 베이즈의 정리와 그 의의에 관해 논의해보자(여기에 제시한 공리와 정리들의 자세한 전개 과정에 관해서는 모든 독자가 세심한 주의를 기울일 필요는 없을 것이다. 자세한 내용에 관심이 덜한 독자라면 전체적인 흐름만 개관하더라도 이하의 내용을 이해하는 데 큰 지장은 없다).

제프리스가 설정하는 공리들의 골격은 그의 『확률론』 제1장에 제시되어 있다.[17] 여기서 제시하는 공리들은 크게 보아 ① 어떤 계열의 확률이든 그 크기를 일률적으로 비교할 수 있도록 해주는 공리, ② 그에 따라 좀 더 구체적으로 확률을 정량적으로 제시할 수 있도록 해주는 공리들로 다시 대별할 수 있다. 전자부터 논해보자.

제프리스 역시 케인스와 마찬가지로 자신이 생각하는 확률이 어떤 논증의 전제와 결론, 또는 증거 e와 가설 h 사이의 관계에 관한 것임을 분명히 했다. 따라서 그는 다음과 같은 확률 개념을 원초적인 것으로 보았다(아래에서 'k'는 'h'와는 또 다른 하나의 가설을 나타낸다).

e가 제시되었을 때, h는 k보다 확률이 크다.

이러한 원초적 개념을 이용해 그는 다음과 같은 첫 번째 공리를 제시했다.

〔**공리 1**〕 e가 제시되었을 때, h는 k보다 확률이 크거나, 같거나, 작고, 이 중 어느 두 가지도 동시에 참일 수 없다.

17 Jeffreys(1961, 초판은 1939; 제프리스의 지금 문헌을 가리킬 경우, 이하 5)절에 이르기까지는 원문에 단지 면수만을 표기한다). 또한 여기서는 Millican(1996), §9.2에서 좀 더 현대적인 표기로 요약해놓은 내용을 참고하고 그 표기법을 활용해 나름대로 다시금 정리했다. 그 표기법은 지금 이 책에서의 표기법에도 적합하기 때문이다.

이러한 공리를 설정했을 때, 제프리스는 *e*, *h*, *k* 사이에 성립하는 지금과 같은 관계가 특정 확률 계열에 상대적이라는 어떠한 가정도 하고 있지 않다. 그러므로 이와 같은 관계는 문제가 되고 있는 어떠한 증거와 가설들 사이에서도 일반적으로 성립하는 것으로 가정된다. 이를 구체화하기 위해 제프리스는 다음과 같은 공리들을 추가했다(아래에서 '*l*'는 '*h*', '*k*'와는 또 다른 하나의 가설을 나타낸다).

〔**공리** 2〕 만일 *e*가 제시되었을 때, *h*가 *k*보다 확률이 크고 *k*가 *l*보다 확률이 크다면, *h*는 *l*보다 확률이 크다.

〔**공리** 3〕 *e*에서 연역될 수 있는 모든 명제는 *e*를 기반으로 동일한 확률을 갖고, *e*와 비일관적인(inconsistent, 또는 모순적인) 모든 명제 역시 *e*를 기반으로 동일한 확률을 갖는다.

위의 공리 2는 확률 관계가 이전적(移轉的, transitive)임을 말하는데, 앞서의 공리 1과 연계되면 특정한 확률 계열을 상정함 없이 모든 *e*와 *h*에 대해 일련적으로 그 크기를 비교할 수 있음을 뜻한다. 이 경우 공리 3은 그와 같은 일련적 비교의 두 끝을 규정해주고 있는 셈인데, 해당 공리 내용 중 전반부는 확실성에 관한 극단적 확률을, 후반부는 불가능성에 관한 극단적 확률을 정해준다. 앞서 케인스는 이 각각의 값을 1과 0으로 규정한 바 있고, 오늘날에도 이것이 관행이기는 하나 아직 위의 공리들만으로는 이러한 값을 구체적으로 결정할 수 없다.

이상의 공리들에 이어 이제 좀 더 구체적으로 확률을 정량적으로 제시할 수 있도록 만들어주는 공리들은 다음과 같다.

〔**공리** 4〕 만일 e가 제시되었을 때 h와 h' 둘 다 참일 수는 없고, 또 만일 e가 제시되었을 때 k와 k' 둘 다 참일 수는 없으며, 만일 e가 제시되었을 때 h와 k가 확률이 같고, h'과 k'가 확률이 같다면, e가 제시되었을 때 $(h \vee h')$과 $(k \vee k')$는 확률이 같다.

이 공리 4는 상호 배타적인 가설들에 대해 정량적인 확률값을 부여할 수 있는 초석을 마련해준다. 그러므로 이미 우리에게 널리 알려져 있는 다음과 같은 정리가 공리 4를 거듭 적용해 쉽사리 도출될 수 있다.

〔**정리** 1〕 만일 e를 기반으로 h_1, h_2, ……, h_n이 상호 배타적이고, k_1, k_2, ……, k_n이 상호 배타적이며, 만일 e가 제시되었을 때 h_1과 k_1, h_2와 k_2, ……, h_n과 k_n이 짝으로 서로 확률이 같다면, e가 주어졌을 때 $(h_1 \vee h_2 \vee \cdots\cdots \vee h_n)$과 $(k_1 \vee k_2 \vee \cdots\cdots \vee k_n)$은 확률이 같다.

여기서 만일 우리가 제시된 증거를 기반으로 확률이 더 큰 가설에는 더 큰 수를, 확률이 같은 가설에는 같은 크기의 수를 부여하기로 약속하고, 위에서처럼 가설들이 상호 배타적일 때 e를 기반으로 $(h \vee h')$에 부여되는 수는 각기 h와 h'에 부여되는 수의 합과 같다고 약속한다면, 우리는 위와 같은 가설들에 정량적 확률값을 부여할 수 있는 장치에 가까이 다가서게 된다. 사실상 제프리스는 이러한 약속들을 각기 〔**규약** 1〕과 〔**규약** 2〕로 설정해두었다. 만일 이 같은 규약들에 따르게 된다면, 상호 배타적인 어떤 가설들이 일련적으로 서로 그 크기가 비교되어 제시될 경우, 그것들은 위의 덧셈에 의해 가산적으로(加算的, additively) 그 크기가 늘어나거나 줄어들게 됨을 알 수 있다. 예컨대 e를 기반으로 한 두 개의 가설 s와 t가 있다고 해보자. 그런데 s는 $(h_1 \vee h_2 \vee h_3)$와 논리적 동치이고, t는 $(h_1 \vee h_2)$와 논리적 동치이며, 가설 h_1, h_2, h_3, h_4는 e를 기반으로 상호 배타적이며 집합적으로 완비적이라 해보자. 또한 e를 기반으로 가설 h_1, h_2, h_3, h_4 각각의 확률은 모두 동일하다고 해보자. 그렇다면 우리는 e를 기반으로 s는 t보다 확률이 크고, t는 h_1보다 확률이 크며, s는 h_1보다 확률이 세 배로 크다고 말할 수 있다. 이는 3)절에서 지적한 케인스 식의 확률 규정 때와는 상황이 크게 다른 셈이다. 5장 2)절에서 정량적 확률 관계에 관한 확률 함수를 규정하기 위해 공리 3을 도입한 이유도 근본적으로 이에 놓여 있다.

이제 아이디어를 좀 더 본격적으로 전개하기 위해 제프리스는 다음과 같은 공리로 계속 나아갔다.

〔**공리 5**〕 제시된 증거 e를 기반으로 '~보다 확률이 크다'라는 관계로 순서화된 가능한 모든 확률의 집합은 증가하는 순서로 구성된 실수의 집합과 1대 1로 대응할 수 있다.

공리 5를 통해 비로소 일정한 실수로써 확률을 정량적으로 제시할 수 있는 출발점에 이르게 된 셈이다. 이에 제프리스는 이처럼 제시될 수 있는 확률값을 표현하는 '$P(h/e)$'와 같은 기호를 쓸 것을 제안했다. 따라서 만일 위의 공리 5에 따라 제시되는 어떤 실수값을 r이라 하면, $P(h/e)=r$이고, 이는 'e를 기반으로 h의 확률은 실수 r로 제시됨'을 뜻한다.

여기까지 이르게 되면 앞서 공리 3에서 확률값이 제시될 수 있는 극단적인 경우 중 하나에 대해 우선 그 값을 구체적으로 제시할 수 있게 된다. 예컨대 e가 가설 h와 비일관적이고 또한 k와 비일관적인 경우, 그것은 또한 $(h \vee k)$와도 비일관적이게 된다. 그런데 공리 3에 따르면, e를 기반으로 h,

k, $(h \vee k)$는 모두 같은 확률값을 가져야만 한다. 또한 위의 규약 2에 따를 때 이 확률들은 가산적이므로 $P(h \vee k/e) = P(h/e) + P(k/e)$이고, 이들 두 조건을 모두 만족시킬 수 있는 실수값은 0밖에 없다. 따라서 만일 e가 일반적인 논리 규칙을 따르며 $\sim h$(not$-h$; 즉 h의 부정)를 논리적으로 함축할 경우, $P(h/e) = 0$이라는 구체적인 확률값을 부여할 수 있게 되는 것이다. 그러므로 앞서 케인스의 경우에는 불가능성에 관한 확률 $h/e = 0$이 하나의 정의 방식으로 제시되었으나, 제프리스의 경우에는 앞서 제시한 공리들과 규약에 의해 정확하게 정량적으로 제시 된다.

또 다른 극단적 확률값의 경우에는 위의 공리들과 규약들만으로는 정량적으로 그 값을 제시할 수 없으나, 다만 편의상 그 값을 1로 정하기로 약속한다면(〔**규약 3**〕), e가 h를 논리적으로 함축하는 경우 $P(h/e) = 1$로 규정할 수 있다. 이처럼 극단적으로 확률값을 제시할 수 있는 경우가 아니라면 그 극단 사이의 확률값을 정량적으로 제시하기 위해 앞서의 공리 4와 5에 이어 다음과 같은 공리 추가가 필요하다.

〔**공리 6**〕 만일 $e.h$가 k를 논리적으로 함축한다면, $P(h.k/e) = P(h/e)$다.

지금의 경우, 만일 $e.h$가 k를 논리적으로 함축한다면 결국 e를 기반으로 $h.k$와 h는 논리적으로 동치다. 그러므로 증거 e를 기반으로 하여 논리적으로 동치인 가설들에 대해 동일한 확률값을 부여하는 것은 논리적 직관으로 볼 때 합당해 보인다. 지금의 공리 6이 두 극단 사이의 확률값을 정량적으로 정해주기 위해 추가될 필요가 있는 까닭은, 지금까지의 공리, 규약과 더불어 공리 6의 추가에 의해 다음과 같이 정량적 확률값을 결정해주는 데 필요한 더 많은 정리들이 도출될 수 있기 때문이다. 주요한 것들을 간추려 제시하면 다음과 같다(따라서 이하의 정리들의 순서는 제프리스의 그것과 꼭 일치하지는 않는다).

〔**정리 2**〕 $P(h/e)=P(h.k/e)+P(h.\sim k/e)$

지금의 정리는 공리 6과 규약 2를 적용하면 다음과 같이 쉽사리 도출해 낼 수 있다. 즉 h에 있어서는 $h\Leftrightarrow[h.(k\vee\sim k)]\Leftrightarrow[(h.k)\vee(h.\sim k)]$와 같은 논리적 동치 관계가 성립하고, 이에 대해 공리 6과 규약 2를 차례로 적용하면 위의 정리 2를 얻을 수 있다.

〔**정리 3**〕 만일 h와 k가 e를 기반으로 반드시 서로 배타적일 필요는 없는 가설들이라면, $P(h/e)+P(k/e)=P(h\vee k/e)+P(h.\sim k/e)$다.

지금의 경우에는 만일 h와 k가 e를 기반으로 반드시 서로 배타적일 필요가 없어 그것이 실제로 배타적이지 않을 때, 규약 2와 정리 2를 이용해 다음과 같이 나아갈 수 있다.

$$P(h/e)+P(k/e)=[P(h.k/e)+P(h.\sim k/e)]+[P(k.h/e)+P(k.\sim h/e)]$$
$$=[P(h.\sim k/e)+P(h.k/e)+P(h.\sim k/e)]+P(h.k/e)$$
$$=P(h\vee k/e)+P(h.k/e)$$

만일 h와 k가 서로 배타적일 때는 물론 $P(h.k/e)=0$이 되고, 이때의 정리 3은 앞서의 규약 2와 동일한 내용이 된다.

〔**정리 4**〕 만일 h_1, h_2 ……가 e를 기반으로 각기 확률이 같고 서로 배타적이며, 또한 H_m과 H_n이 이러한 가설들 가운데 각기 m과 n개의 것들을 선언 ∨로 결합한 것이라면, $P(H_m/e)/P(H_n/e)=m/n$이다.

이 정리는 앞서의 규약 2에 따라 쉽사리 이끌어낼 수 있다. 즉 h_1, h_2 ……가 e를 기반으로 각기 확률이 같고 서로 배타적이라면, $P(H_m/e)$는 예컨대 어느 한 가설 h_1에 대한 $m \times P(h_1/e)$와 같고(왜냐하면 지금의 경우 e를 기반으로 모든 가설 하나하나의 확률은 동일하므로), 마찬가지로 $P(H_n/e)$ 역시 $n \times P(h_1/e)$와 같으므로, $P(H_m/e)/P(H_n/e)=m/n$이다.

이 경우 좀 더 특수하게 만일 h_1, h_2 ……가 e를 기반으로 각기 확률이 같고 서로 배타적일 뿐만 아니라, e를 기반으로 완비적이고, 또한 H_n이 그 모든 것들을 ∨로 결합한 것이라면, e는 H_n을 논리적으로 함축하므로 앞서의 규약 3에 의해 $P(H_n/e)=1$이고, 곧 $P(H_m/e)=m/n$이다. 나아가 H_n 자체가 e의 가능한 값 중 하나이므로 $P(H_m/H_n)=m/n$이다. 이 결과는 사실 2)절에서 소개한 수학에서의 고전적 확률 개념을 그대로 반영한 셈이고, 따라서 이 점에서 보자면 고전적 확률 개념이란 특수한 조건에서 관계적 확률의 일종으로 볼 수도 있다(확률 개념 사이의 이러한 관계는 이후 카르납의 경우에 포괄적으로 다루어지게 된다).

마지막으로 베이즈의 정리를 이끌어내는 데 결정적인 정리 하나를 추가하고 그것을 일반화한 공리를 제시해 베이즈 정리를 도출해낼 수 있는 준비를 끝내기로 한다.

〔**정리 5**〕 만일 L이 e를 기반으로 배타적인 모든 가설들을 ∨로 결합한 것이고, 또한 H와 K가 각각 L의 일부이며(중복 허용), L 중의 모든 가설 각

각이 e를 기반으로, 또한 $H.e$를 기반으로 확률이 동일하다면 다음이 성립한다.

$$P(H.K/e)=P(H/e)\times P(K/H.e)/P(H/H.e)$$

여기서는 직접적으로 규약 2를 바탕으로 먼저 H가 성립한 상태에서 그것과 중복되는 K 부분, 즉 H 가운데 그와 중복되는 K 부분이 몇 분의 몇이 될 것인지를 고려하면 될 것이다. 이러한 아이디어를 반영하면, $P(H.K/e)=P(H/e)\times [P(K/H.e)/P(H/H.e)]$이 성립하고, 이로써 위의 정리가 성립하게 된다.

이 정리는 지금까지의 공리들과 특히 규약 2에 의해 도출될 수 있는 정리로서 매우 유용한 것이기는 하나, 이것이 도출되기 위해서는 L 중의 모든 가설들이 e를 기반으로, 그리고 $H.e$를 기반으로 동일한 확률을 지녀야 한다는 제약이 딸려 있다. 따라서 이러한 제약을 넘어 좀 더 일반적인 상황에 대한 발상을 전개하기 위해서는 불가분 다음과 같은 공리를 별도로 제시할 필요가 있다.

〔**공리** 7〕 e를 기반으로 가설 h와 k에 관해 다음이 성립한다.

$$P(h.k/e)=P(h/e)\times P(k/h.e)/P(h/h.e)$$

이때 만일 앞서의 규약 3에 따르는 경우라면, $h.e$는 h를 논리적으로 함축하므로 $P(h/h.e)=1$이고, 따라서 위의 식은 $P(h.k/e)=P(h/e)\times P(k/h.e)$와 같이 간단히 될 수 있다. 이것은 흔히 확률의 **곱셈 규칙**(product rule)이라 부르는 것이다.

5) 제프리스의 전략 2: 베이즈의 정리 도출

앞서의 공리 7에까지 이르게 되면 일단 베이즈의 정리를 이끌어낼 수 있는 준비는 완료된 셈이다. 이제 구체적으로 문제의 정리를 이끌어내고 그 의의에 대해 논의해보자.

우선 h_1, h_2, ……, h_n에 이르는 n개의 가설들에 대해 B를 기존에 받아들인 배경 지식, 그리고 e를 그에 더해 앞서의 가설들에 대해 새로이 추가한 증거라고 해보자. 그렇다면 앞서의 공리 7에 의해 다음과 같은 비의 값이 모든 h_r에 관해 언제나 동일하게 된다.

$$\frac{P(h_r/e.B)\times P(h_r/h_r.B)}{P(h_r/B)\times P(e/h_r.B)}$$

지금의 경우, 공리 7에 의해 $P(e.h_r/B)=P(e/B)\times P(h_r/B.e)/P(e/B.e)$이고, $P(h_r.e/B)=P(h_r/B)\times P(e/B.h_r)/P(h_r/B.h_r)$인데, 논리적 동치 관계에 의해 $P(e.h_r/B)=P(h_r.e/B)$가 성립하므로, 이 식을 산술적으로 정리하면 위의 비는 곧 그 값이 일정한 $P(h_r/B.e)=P(e/B)$와 같아지기 때문이다.

그런데 앞서의 규약 3에 따르게 된다면, 여기서 다시 $P(h_r/h_r.B)=1$이고, 또한 $P(e/B.e)=1$이다. 따라서 위의 비를 더욱 간단히 하여 다음과 같은 정리를 얻을 수 있고, 이것이야말로 오늘날 표준적으로 '베이즈의 정리'라 칭하는 것이다. 그러므로 지금의 정리에 그와 같은 이름을 부여하여 그 결과를 별도로 제시하면 다음과 같다.

〔**베이즈의 정리**〕 $P(h_r/e.B) = P(h_r/B) \times P(e/h_r.B)/P(e/B)$

일견 지금 제시한 것은 단순히 지금까지의 공리와 정리, 규약들로부터 형식적으로 도출된 하나의 정리로만 볼 수 있을지 모른다. 하지만 제프리스가 이러한 정리에 이르는 과정을 되돌아볼 때 이것은 단순히 그러한 형식적 의미를 넘어서며, 사실상 이후 **베이지언**(Bayesian) 또는 **베이즈주의자**라 부르는 일군의 이론가들 역시 중요한 면에서 제프리스의 발상을 이어받고 있다. 그러한 면이 무엇인지를 좀 더 천착해보자.

앞서 4)절의 논의를 통해 보여주려 한 대로, 무엇보다 제프리스는 베이즈의 정리를 통해 하나의 귀납 논증에서 그 전제와 결론, 즉 증거와 가설 사이의 **관계**에 관해 **정량적으로** 확률을 부여하려 시도한 셈이다. 이 점은 이미 언급한 대로 어떤 면으로는 케인스의 발상을 따르면서도, 다른 면으로는 그것을 넘어서는 것이다. 즉 제프리스는 베이즈의 정리에서 도출된 확률 $P(h_r/e.B)$로써 문제의 확률을 직접적으로 제시하려 한 것이다.

그런데 이렇게 도출된 베이즈의 정리를 주의 깊게 살펴보면 문제의 확률을 결정하기 위해 여러 다른 확률값들이 필요함을 알 수 있다. 그것은 위에 제시된 베이즈의 정리 식에서 우변에 제시된 여러 확률값이다. 사실상 이와 같은 점은, 지금까지 확률 $P(h_r/e.B)$로써 어떤 정량적 확률값을 얻는 일에 관해 제프리스의 발상과 전략에 동의한다 할지라도 그 요소 확률들에 대해 별도로 탐구하고 동의할 것을 요구한다.

앞으로의 논의에서 편의상 오늘날 이러한 확률들에 대해 흔히 부르는 명칭들을 우선 소개하기로 한다. 이 같은 명칭들은 제프리스 역시 소개하는 것이다. 먼저 위의 베이즈의 정리 식 가운데 우변에 있는 확률 $P(h_r/B)$를 **사전 확률**(事前確率, *prior* probability), $P(e/h_r.B)$를 **우도**(尤度, likelihood)[18]라 칭한다. 만일 지금과 같이 '사전 확률'이라는 용어를 쓸 경우, 이와 대비해 문제의 확률인 $P(h_r/e.B)$를 **사후 확률**(事後確率, posterior probability)이라 칭한다. 확률 $P(e/B)$에 대해서는 흔히 별도의 명칭을 붙이지 않지만,[19] 편의상 **증거의 확률**(probability of evidence)이라 부르자. 여기서 배경 지식 B를 고려한 것은 물론 확률값을 정할 때 실제의 인식적 상황을 감안한 것이기도 하지만, 확률값이 일정한 관계에 부여되는 것이라 할 때 별도의 추가적인 전제나 증거를 제시하지 않아도 언제나 필요한 것일 수밖에 없다. 하지만 그와 같은 배경 지식이 이미 확실한 것으로 받아들여져 각 확률값을 정할 때 실제로 그것이 영향을 미치지 않는 것으로 간주할 수만 있다면 모든 식에서 그것을 생략해도 무방할 것이다. 따라서 이후 특정한 맥락에서 별도로 문제가 될 경우 외에는 차후 배경 지식을 생략한 채 생각하고, 문제의 식들도 그에 대응해 제시하기로 한다. 이처럼 한다면 위의 베이즈 정리도 아래와 같이 좀 더 간단히 정리될 수 있을 것이다.

〔**(배경 지식을 생략한) 베이즈의 정리**〕 $P(h_r/e)=P(h_r)\times P(e/h_r)/P(e)$

이제 위와 같이 새로 도입된 명칭들을 사용해 베이즈의 정리가 지닌 중요한 의미를 천착할 때, 두 번째로 주목할 점은 다음과 같다. 곧 제프리스

---

18 '우도'라는 명칭은 오늘날 많은 사람들에게 그 뜻이 선명하지 않아 '가능도'라 칭하기도 하지만 아직은 널리 정착되지 않은 것으로 보인다. 여기서는 일단 통계학에서 여전히 널리 쓰이고 있는 지금 명칭을 그대로 사용하기로 한다. 어느 명칭이 더 나은지에 관해 나로서는 아직 특별한 의견이 없다.

19 다만 드물게 '(증거의) 기대도(期待度, expectedness)'란 명칭을 쓰는 경우도 있다.

가 중요하게 취급하는 사후 확률은 그 사전 확률과 우도에 비례한다는 점이다. 배경 지식을 생략한 베이즈의 정리 식을 가지고 이러한 핵심만을 간추리면 다음과 같다.

$$\text{사후 확률} \propto \text{사전 확률} \times \text{우도}$$

이와 같은 관계가 의미하는 바를 좀 더 일상적인 말로 풀이하면 다음과 같다. 곧 어떤 증거를 기반으로 일정한 가설에 대해 우리가 부여하는 확률은 증거가 아직 제시되지 않은 상태에서 가설 자체만의 확률에 비례할 뿐만 아니라, 일정한 가설에서 문제의 증거가 나올 법한 확률에도 비례한다는 것이다. 그렇다면 문제의 사후 확률을 구하기 위해서는 베이즈 정리나 비례 관계에 따라 사전 확률이나 우도를 구하는 일이 필수적이다.

사전 확률과 관련해서는 앞 절에서 살핀 대로, 제프리스 역시 무차별의 원리에 의존할 수 있는 것으로 본다. 그는 이와 같은 원리가 별도의 어떤 것이라기보다 앞서 소개한 규약 1과 다르지 않다고 본다. 아직 추가적인 증거가 제시되지 않은 상황에서 서로 배타적인 가설 각각에 대해 어느 것이 더 높은 확률을 지니는지 알 수 없다면 모두 동일한 확률값을 부여할 수밖에 없지 않느냐는 것이다. 물론 이러한 식으로 이해한 무차별의 원리라 할지라도 앞서 언급한 그 원리의 난점들이 사라지지는 않지만, 일단 차치하고 계속 제프리스의 발상을 따라가보자.

이제 위의 관계를 사후 확률과 우도의 관계로 초점을 맞추어보면, 어떤 증거를 기반으로 일정한 가설에 대해 확률을 부여하는 경우 우리는 바로 문제의 증거를 낳을 수 있을(또는 그러한 증거로 나아갈 수 있을 법한) 확률이 큰 가설에 높은 확률을 부여할 수 있다는 것이다. 이것은 우리가 세계에 관한 어떤 가설을 택하는 데 그 가설이 낳을 수 있는 경험적 증거에 주목해 문제의 가설을 택함을 보여주는 것이며, 일면 제프리스가 보기에 경험 과학이나 일상생활 모두에서 중요한 '경험으로부터 배운다'(p. 1)는 원리, 곧 오늘날 우리가 흔히 **경험 학습의 원리**(principle of learning from experience)라 부르는 바를 주요하게 반영하고 있다. 이후 해당 부분(9장 2)절)에서 지적하듯, 과연 이와 같은 우도 개념이 통상적 확률 개념과 동일시될 수 있느냐에 관해서는 별도의 논의가 필요하다. 이 문제에 관해서도 여기서는 일단 제프리스의 발상을 따라가보자.

이제 결론적으로 지금까지 소개한 제프리스의 모든 공리, 규약, 정리 등을 받아들인다고 할 때, 과연 이 책에서 우리가 제기한 근본 문제와 관련한 러셀의 칠면조 예에서 제프리스를 따라 구체적으로 그 귀납적 지지의 정도를 제시할 수 있을까? 이와 관련해 물론 러셀의 칠면조 예를 직접 다루고 있는 것은 아니나, 제프리스의 논의 가운데 직결될 수 있는 대목은 다음과 같다(§1.6). 곧 베이즈의 정리를 도출한 이후 제프리스는 사람들에게 좀 더 친숙한 귀납 문제를 다루기 위해 다음과 같이 나아가고 있다(앞서 언급한 대로 여기서는 제프리스와는 달리 배경 지식 부분을 생략한다).

이제 어떤 가설 h와 증거 e_1에 관해 배경 지식을 생략한 다음과 같은 베이즈 정리를 생각해보자.

① $P(h/e_1)=P(h)\times P(e_1/h)/P(e_1)$

그런데 이 경우 만일 e_1이 h에서 논리적으로 도출될 수 있는 것이라고 해보자. 그렇다면 앞서의 규약 3에 의해 $P(e_1/h)$=1이고, 따라서 다음이 성립한다.

② $P(h/e_1)=\dfrac{P(h)}{P(e_1)}$

마찬가지 방식으로 이제 계속 e_1, e_2, ……, e_n이 h에서 논리적으로 도출될 수 있는 증거들이라 하면 다음과 같은 식이 성립할 것이다(아래에서 논리적 결합사 '·'와 곱셈 기호 '×'은 편의상 생략. 이처럼 특정 기호를 생략해도 이해에 문제가 없는 맥락에서라면 이하 별도의 언급 없이 생략한다).

③ $P(h/e_1e_2)=\dfrac{P(h)}{P(e_1/e_2)}$, ……,

$$P(h/e_1e_2\cdots\cdots e_n)=\frac{P(h)}{P(e_1/e_2)P(e_2/e_1e_2)\cdots\cdots P(e_n/e_1e_2\cdots\cdots e_{n-1})}$$

이것은 결국 증거 $(e_1e_2\cdots\cdots e_n)$을 논리적으로 함축할 수 있는 가설 h(이러한 가설 중 하나는 예컨대 그 증거들을 논리적으로 함축할 수 있는 어떤 보편 가설일 것이다)에 대한 확률은 그 가설의 사전 확률을 계속 추가되는 증거의 확률들로 나누어가는 것을 뜻한다. 그렇다면 그 확률의 값은 구체적으로 어떻게 될 것인가. 이에 대해 제프리스는 다음의 세 가지 경우가 가능할 것이라 본다. ① $P(h/e_1e_2\cdots\cdots e_n)$가 1을 넘는 경우, ② 그 값이 언제나 0이 되는 경우, ③ $P(e_n/e_1e_2\cdots\cdots e_{n-1})$이 1에 가까워지는 경우.

첫 번째 경우에 대해 제프리스는 그것이 확실성에 대한 확률값을 1이라 약속한 것에 비추어 있을 수 없는 일이라 지적했다. 물론 이러한 약속은 절대적인 것은 아니므로 얼마든지 1을 넘어서는 것으로 볼 수도 있으나, 아마도 문제는(제프리스는 이 점에 관해 분명히 하지는 않지만) 그렇게 된다면 그것은 결국 $P(h/e_1e_2\cdots\cdots e_n)$의 값을 확실성에 관한 확률값과 같은 것으로 보아야 한다는 것일 듯하고, 이것은 경험적 증거에 의한 가설 입증을 하는 데 있기 어려운 일이라는 직관 때문에 꺼려진 것으로 보인다. 또한 제프리스가 별도로 언급하지 않았으나, 첫 번째 경우가 되려면 $P(e_n/e_1e_2\cdots\cdots e_{n\text{-}1})$가 아주 작은 값들이 되어야 할 것이다. 하지만 이렇게 된다면 이것 역시 귀납에 관한 우리의 직관에 반하는 결과가 될 것이다(이러한 직관이 옳은지에 관해서는 물론 논란이 있을 수 있고, 이에 관해서는 이후 8장에서 별도로 논하게 되므로 여기서는 일단 이를 인정한다).

두 번째 경우는, 문제의 가설을 입증할 만한 증거가 아무리 추가된다 할지라도 증거들이 해당 가설에 대해 아무 긍정적 영향도 미치지 못한다는 의미이고, 이 역시(이에 관해서도 제프리스는 명료하게 드러내지 않지만) 귀납에 관한 우리의 직관에 비추어 받아들이기 어려울 것이다. 결국 제프리스는 남아 있는 세 번째 가능성이야말로 우리가 받아들일 만한 것이 아닌가 제안한다. 추가 증거들을 기반으로 한 가설의 확률이 절대적으로 0이거나 1을 넘어서지 않을 수 있는(또는 1이 아닐 수 있는) 경우가 바로 ③이기 때문이다. 이렇게 된다면 *h*와 같이 보편성 있는 가설이 아닐지라도 e_n과 같이 단칭적이거나 특칭적인 가설에 관한 확률은 그 이전의 추가적인 증거들이 누적될수록 점점 확실성에 가까워질 것이다. 이것은 적어도 귀납의 한 사례에 관해 우리의 직관에 부합하는 것으로 보인다.

그러므로 사실상 제프리스는 $P(h/e_1e_2\cdots\cdots e_n)$에 관해 구체적으로 확률값을 정할 수 있는 방안을 제시하는 대신, 단지 $P(e_n/e_1e_2\cdots\cdots e_{n\text{-}1})$의 확률값이 누적되는 증거들에 의해 1에 가까워질 수 있는 가능성만을 보여준 셈이다. 따라서 러셀의 칠면조 사례에 관해서도 우리의 기대대로 제프리스가 바로 문제의 귀납 논증에 관한 확률값을 구체적으로 정해줄 수는 없는 것이다. 그럼에도 제프리스의 전략을 받아들인다면 케인스의 경우보다는 우리의 사례에 관해 한층 진전된 발언을 해줄 수 있게 된다. 즉 케인스의 경우 러셀의 칠면조 사례에 관해 '우리는 단지 크리스마스이브 전에 얼마나 많은 날들에 걸쳐 아침 9시에 먹이를 먹게 되었는지를 비교해 좀 더 많은 날에 걸쳐 먹이를 먹은 것이 확인된 경우가 그렇지 않은 경우에 비해 높다'는 식의 확률을 생각할 수 있었을 뿐이다. 하지만 이제 제프리스의 전략에 따른다면, 그보다 나아가 그러한 날들이 누적됨에 따라 크리스마스이브에 먹이를 먹게 될 것이라는 가설에 대한 확률이 1에 가까워짐을 분명히 말해줄 수 있게 된 것이다. 사실상 제프리스의 확률식 $P(e_n/e_1e_2\cdots\cdots e_{n-1})$이야말로 러셀의 칠면조가 안고 있는 단칭 예측 추리를 그대로 보여주기 때문이다.

하지만 제프리스의 전략에 따라 우리가 이렇게 진전된 방향으로 나아갔다 할지라도, 궁극적으로 $P(e_n/e_1e_2\cdots\cdots e_{n-1})$과 같은 확률에 대해 정량적인 값을 부여하고자 하는 우리의 기대는 완전히 충족되지 않는다. 그렇다면 제프리스의 경우 이 기대를 온전히 충족시킬 가능성은 없는 것인가. 물론 이것은 열려 있는 문제다. 어쨌든 제프리스는 이러한 특정 문제를 계속 천착하기보다 다른 방향에서 이 문제에 접근하는 방식으로 나아갔다. 즉 $P(h/e_1e_2\cdots\cdots e_n)$과 같은 사후 확률이 우도에 비례한다는 사실에 기반을 두어, 어떤 전체 모집단으로부터 그 부분적인 표본으로 추리해 나아가는 직접 추리와 그에 따른 직접 확률(direct probability)을 구하는 문제에 관심을 집중했다. 그의 『확률론』 2장이 '직접 확률'을 다루는 까닭은 바로 이 때문이다.

이 지점에서 이제 이 문제에 관해 좀 더 완전한 답을 제공할 수 있는 것은 카르납의 귀납 논리다. 장을 달리해 그의 전략에 대해 좀 더 집중적으로 논의해보자. 직접 확률과 관련한 제프리스 식의 접근 방식에 관해서는 이후 별도로 논의할 기회가 있을 것이다(9장 2)절 참조).

7장

카르납의 귀납 논리

제1부 3장에서 언급한 대로, 카르납의 귀납 논리는 오직 어떤 귀납 논증에서 그 전제와 결론, 또는 증거와 가설 사이에서 귀납적 지지의 정도를 정량적으로 제시하는 일이거나 그것을 가능하게 해주는 논리 체계를 말한다. 그러므로 여기서 이와 같은 그의 '귀납 논리'를 다루는 일은 적절하며, 이하 '카르납의 귀납 논리'라 할 때는 지금의 제한적 의미로 사용할 것이다.

카르납의 귀납 논리는 지금의 맥락에서 가장 정확하며 테크니컬한 것이기는 하나, 그 이전에 개발된 발상과 기법을 바탕으로 한 것이며, 나름의 심각한 문제와 한계를 안고 있다. 이러한 점들을 차례로 논해보자.

1) 두 가지 확률 개념

6장 2)절에서 확률의 역사를 간략히 살펴보며 역사적으로 등장한 여러 종류의 확률에 대해 소개한 바 있다. 그러나 카르납은 확률의 개념에는 크게 두 가지밖에 없다고 간주하고, 자신이 전개하려는 귀납 논리는 그 가운데 하나의 확률 개념에 대한 것임을 강조했다. 이와 같은 주장을 제대로 이해하기 위해서는 간략하나마 그의 철학의 일단(一端)에 대한 이해가 필요하다.

카르납은 지난 20세기 이른바 '논리 경험주의(Logical Empiricism)'의 리더로 활약하면서 철학의 주요 과제 중 하나로 이른바 **해명**(explication)의 작업을 꼽았다. 그는 철학은 과거에 그랬던 것처럼 어떤 형이상학적 체계를 세우기보다는 개념, 명제, 추론 등에 대한 명료한 분석 작업에 매진할 필요가 있으며, 이 과정에서 특히 이전에 불명료하고 부정확하게 사용하던 개념들을 명료하고 정확한 개념으로 새로이 전환하는 작업이 필요하다고 보았다. 그와 같은 작업이 개념의 해명 작업이다. 이때 그러한 전환 이전의 개념을 **피해명항**(explicandum), 이후의 개념을 **해명항**(explicatum)이라 부른다. 따라서 이 용어들을 적용한다면 '해명'이란 피해명항을 해명항으로 바꾸는 작업과 다르지 않다.

이 같은 배경에서 보았을 때, 카르납이 '두 개의 확률 개념'이라 말하는 것은 피해명항으로서의 두 가지 확률 개념을 뜻한다. 역사적으로 등장한 여러 확률 이론들은 각기 그 결과로 볼 때는 서로 다른 확률 개념들을 제시하는 것으로 보일지 모르나, 근본적으로는 단지 두 가지에 지나지 않는 '피해명항으로서의 확률 개념'에 대한 서로 다른 해명항들에 지나지 않는다는 것이다. 카르납이 보기에 그러한 피해명항으로서의 두 가지 확률 개념은 다음과 같다.[20]

첫째, 관계에 관한 확률 개념이다. 이는 증거와 가설 사이의 입증 정도

20 Carnap(1950), §§9~10 참조.

또는 귀납적 지지의 정도에 해당하는 개념이며, 카르납은 이러한 개념을 **확률**$_1$(probability$_1$)이라 불렀다. 이 관점에서 보자면, 우리가 6장에서 다룬 케인스나 제프리스가 제시한 확률 역시 이 같은 확률 개념에 대한 두 가지 해명항들일 뿐이다. 또한 우리가 6장 4)절에서 밝힌 대로, 고전적인 수학적 확률 역시 지금의 확률 개념에 대한 한 가지 해명항이라 볼 수 있다.

둘째, 경험적 확률 개념이다. 이것은 어떤 사물이나 사건들의 특성에 대한 상대 빈도 또는 장기 시행에서의(in the long run) 상대 빈도에 해당하는 개념이며, 카르납은 이 개념을 **확률**$_2$(probability$_2$)라 불렀다. 자연히 상대 빈도적 확률을 활용하기도 하는 통계학상의 여러 확률들은 바로 이러한 확률 개념에 대한 해명항들이라 볼 수 있다.

피해명항으로서의 이와 같은 두 확률 개념을 구별했을 때 카르납이 강조하고자 하는 바는, 해명항으로서의 어떤 확률이나 확률 이론을 실제 적용할 경우 그것들은 그 어떤 사태에 관해 경쟁적이기보다 서로 다른 개념에 대한 것일 수 있다는 것이다. 따라서 만일 주의 깊은 분석에 의해 그것들이 실로 서로 다른 피해명항으로서의 확률 개념에 대한 것임이 밝혀진다면, 서로 경쟁적일 필요가 전혀 없다. 우리는 다만 동일한 확률 개념에 대해서만 과연 어느 해명항이 더 나은 것인지에 관해 경쟁할 수 있을 뿐이다.

그렇다고 해서 물론 피해명항으로서의 두 확률 개념이 서로 무관한 것은 아니다. 이후 자세히 소개하게 되듯(8장 3)절 참조), 예컨대 확률$_2$에 따라 얻은 어떤 확률을 이용해 또 다른 새로운 확률을 추정하는 경우 그 추정치로서의 확률은 사실 개념적으로 확률$_1$에 해당하는 것으로, 이러한 일은 실제 확률이나 통계 현장에서 자주 나타난다. 이처럼 두 확률 개념이 개념적으로는 명백히 구별되면서도 많은 경우 밀접하게 연관되어 있는 탓에 불필요한 논쟁이 야기되는 부분도 있는 셈이다.

이처럼 피해명항으로 위의 두 가지 확률 개념을 명료히 구별한 후 카르납은 자신의 '귀납 논리'는 바로 확률$_1$에 대한 하나의 해명항임을 분명히 밝혔다. 이와 같은 자신의 논리 체계에서 도출되는 새로운 확률을 '$c(h, e)$'와 같은 방식으로 표기하고, 이를 **입증도**(degree of confirmation)라 불렀다. 이 같은 명칭은 물론 카르납이 생각하기에 자신이 제시하는 확률이 과학적 가설의 입증 정도를 나타낼 수 있다는 발상에서 나온 것으로, 과연 과학적 가설의 입증 정도를 그러한 확률로 대신할 수 있는지에 관해서는 논란이 있을 수 있다. 다만 여기서는 그것이 일단 증거가 가설을 지지하는 정도를 나타낸다는 의미를 함축하는 정도의 의미로만 수용한다. 지금 논란이 될 수 있는 부분은 이후 별도로 논의할 것이다(8, 9장 참조).

카르납이 제시한 '$c(h, e)$'와 같은 표기 방식은 그 근본 발상에서는 앞서 케인스나 제프리스가 제시한 관계에 관한 확률 표기와 다를 바 없다. 다만 이하에서 전개할 카르납의 독특한 기법들이 지닌 특징을 반영해 여기서는 그의 표기법을 그대로 사용한다. 그렇다 할지라도 이와 같은 카르납 식의 표기법을 앞서 케인스나 제프리스가 사용한 표기법인 'h/e'나 '$P(h/e)$'와 혼동할 염려는 없을 것이다.

2) 상태 기술과 구조 기술

6장에서 케인스와 제프리스의 전략을 다루면서 귀납 논증에서 전제와 결론, 증거와 가설 사이의 귀납적 지지 정도를 구체적으로 제시하는 과제에 관해 분명 진전이 있었지만, 그 정도를 좀 더 정확히 어떻게 정량적으로 부여할 수 있는지에 관해서는 아직 성취된 바가 없었다. 하지만 이보다 더 중요한 문제는 그와 같은 정도의 값을 정할 수 있다고 보는(그것이 비교적이든 정량적이든) 전략의 배후에 놓여 있는 발상의 정당성 문제다. 예컨대 러셀의 칠면조 사례와 같은 귀납 논증에 대해 6장 3)절에서 논한 대로, 케인스가 그 증거 사례가 더 많은 경우 해당 가설에 대한 확률이 그 사례가 더 적은 경우보다 상대적으로 클 것이라 보는 것이나, 6장 5)절에서 보인 대로 제프리스가 그와 같은 확률이 증거 사례가 증가함에 따라 점점 더 1에 가까워질 것이라 보는 것 모두 별도의 근거에 준하기보다 귀납에 관한 우리의 직관을 단순히 수용한 결과일 뿐이다. 그러므로 양자 모두 결국 그 직관의 기반은 밝혀내지 못한 셈이다. 그렇다면 카르납의 귀납 논리는 이 두 가지 문제 모두를 해결해낼 수 있을까?

카르납의 귀납 논리에서 일단 이 문제를 해결할 수 있는 새로운 발상은 연역 논리와 귀납 논리 모두를 동일한 언어의 틀에서 동등하게 취급하려는 시도에서 나온다. 이러한 시도의 일면, 즉 연역 논리와 귀납 논리를 동일한 틀에서 바라보려는 측면은, 물론 6장에서 논의한 대로 케인스나 제프리스에게서도 볼 수 있으나, 일반적으로는 앞서 언급한 케임브리지 학파의 일반적인 전통이기도 했다. 그들에 따르면, 귀납적 지지의 정도를 나타내는 확률이라는 것 역시 연역 논증에 대해서처럼 하나의 '관계'에 대한 것으로 파악되고, 그 확률의 논리는 연역 논리의 확장일 뿐이다. 곧 연역 논리는 확률 논리의 특수한 한 경우가 되는 셈이다.

하지만 이와 같은 시도의 또 다른 측면, 즉 그 동일한 틀을 엄격하게 형식화된 언어 체계로써 분명히 제시하려는 시도는 카르납이 새로이 개발한 측면이다. 또한 이것은 단순히 기법상의 묘안으로 그치지 않고 위에서 언급한 두 가지 문제를 실제적으로 해결할 수 있는 신선한 돌파구가 되었다.

이를 직접적으로 보여주는 것이 **상태 기술**(state-description)과 **구조 기술**(structure-description)이다.

이 용어들을 일반적 차원에서 논의하는 대신, 이해를 쉽게 하고 의미를 한층 구체적으로 보여주기 위해 앞서 도입한 러셀의 칠면조 예로 설명해 보자. 우선 러셀의 칠면조 예에서 그 증거 사례를 매우 간단히 크리스마스이브 전 3일에 걸친 것뿐이라고 해보자. 물론 실제 상황에서라면 지나치게 짧은 날들이겠지만, 원리상으로는 그날들이 길건 짧건 큰 문제는 되지 않을 것이다. 이때 문제의 가설은 지금까지 그래왔듯 아직 다가오지 않은 내일에 관한 것으로, '크리스마스이브 아침 9시에 먹이를 먹게 될 것이다'라는 명제다. 이것은 그 이전 3일 동안의 경험을 근거로 한 4일째에 관한 가설이다.

카르납은 이 상황을 하나의 논증으로 나타내기 위해 다음과 같은 언어 체계를 가정했다. 우선 여기에 등장하는 개체들, 즉 총 4일 동안 문제의 농장에서 아침 9시에 제공하는 먹이를 'a_1', 'a_2', 'a_3', 'a_4'의 네 가지 개체 상항(個體常項, individual constant)으로 나타내보자.[21] 그리고 여기에 등장하는 속성, 특히 (기대대로 운반되어) 먹히게 된다는 특성을 'F'라고 해보자. 이것이 지금의 언어 체계 내에서 다른 술어들로부터 정의되지 않는, 즉 원초적인 유일한 '술어 상항(述語常項, predicate constant)' 또는 술어라고 가정한다. 따라서 지금의 언어 체계는 모두 네 개의 개체 상항과 한 개의 원초적 술어 상항만을 지닌 매우 간단한 체계이며, 이는 'L^1_4'로 나타내자(다만 이어지는 맥락상 지금의 언어 체계를 가리키는 것이 분명한 경우에는 간단히 'L'로 나타내자). 그렇다면 이러한 기호들을 이용해 지금의 상황을 다음과 같은 논

21 그러므로 4장 1)절에서 기호화한 것과 다소 다르게(또는 간단하게), 지금의 개체들은 이미 해당 농장에서 아침 9시에 제공하는 것이라는 특성을 지닌 것으로 제약되어 있는 셈이다.

증 구조로 제시할 수 있을 것이다.

$$\frac{\begin{array}{c} Fa_1 \\ Fa_2 \\ Fa_3 \end{array}}{Fa_4}$$

이는 물론 하나의 귀납 논증이다. 그런데 이 경우 만일 문제의 *L*이 표현할 수 있는 가능한 모든 사태나 세계를 고려한다면 어떻게 될까. 이것은 곧 언어 *L*이 표현할 수 있는 '가능 세계들(possible worlds)'을 모두 고려해 보자는 것이다. 사실 이러한 발상이야말로 위의 논증을 좀 더 일반적으로 연역 논증과 동등하게 취급하려는 시도의 기술적인 첫 단계다.

카르납은 이를 실현하기 위해 *L*에서 만들어질 수 있는 가장 기본적인 명제에서 시작해 그것을 체계적으로 조합해 문제의 가능 세계들을 남김 없이 표현해낼 수 있다는 아이디어를 제시했다. 먼저 가장 기본적인 명제란 어떤 하나의 개체가 원초 술어가 나타내는 어떤 특성을 지니거나 지니지 않음을 주장하는 것이다. 언어 *L* 내의 기호로는 예컨대 'Fa_1'나 '$\sim Fa_1$'과 같은 식으로 나타낼 수 있을 것이다. 이를 각기 '원자 문장(atomic sentence)'이라 부른다.[22] 그렇다면 *L* 내의 다른 개체 상항과 술어 상항에 대해서도 마찬가지로 생각해볼 수 있고, 이것을 각기 논리적 결합사 연언(·)

22 지금의 맥락에서는 하나의 언어 체계 내에서 이 모든 문제를 고려하고 있으므로, '명제' 역시 언어적으로 나타낸 '문장'으로 보는 것이 정확할 것이다. 카르납은 적어도 초기에 이와 같은 관점을 견지했으며, 후기에서 명제를 고려 했을 뿐이다. 하지만 지금 논의는 명제에 대해서도 쉽사리 적용될 수 있으므로 이러한 차이가 큰 문제를 야기하지는 않을 것이다. 다만 카르납의 이와 같은 전환에 관해서는 이후 7장 4)절에서 다시 언급할 것이다.

으로 결합한 다음과 같은 분자 문장(molecular sentence)들을 체계적으로 얻어낼 수 있을 것이다(이 경우, $2^4=16$에 의해 모두 16가지의 분자 문장을 얻어낼 수 있다).

S_1: $Fa_1 \cdot Fa_2 \cdot Fa_3 \cdot Fa_4$

S_2: $Fa_1 \cdot Fa_2 \cdot Fa_3 \cdot {\sim}Fa_4$

S_3: $Fa_1 \cdot Fa_2 \cdot {\sim}Fa_3 \cdot Fa_4$

S_4: $Fa_1 \cdot Fa_2 \cdot {\sim}Fa_3 \cdot {\sim}Fa_4$

S_5: $Fa_1 \cdot {\sim}Fa_2 \cdot Fa_3 \cdot Fa_4$

S_6: $Fa_1 \cdot {\sim}Fa_2 \cdot Fa_3 \cdot {\sim}Fa_4$

S_7: $Fa_1 \cdot {\sim}Fa_2 \cdot {\sim}Fa_3 \cdot Fa_4$

S_8: $Fa_1 \cdot {\sim}Fa_2 \cdot {\sim}Fa_3 \cdot {\sim}Fa_4$

S_9: ${\sim}Fa_1 \cdot Fa_2 \cdot Fa_3 \cdot Fa_4$

S_{10}: ${\sim}Fa_1 \cdot Fa_2 \cdot Fa_3 \cdot {\sim}Fa_4$

S_{11}: ${\sim}Fa_1 \cdot Fa_2 \cdot {\sim}Fa_3 \cdot Fa_4$

S_{12}: ${\sim}Fa_1 \cdot Fa_2 \cdot {\sim}Fa_3 \cdot {\sim}Fa_4$

S_{13}: ${\sim}Fa_1 \cdot {\sim}Fa_2 \cdot Fa_3 \cdot Fa_4$

S_{14}: ${\sim}Fa_1 \cdot {\sim}Fa_2 \cdot Fa_3 \cdot {\sim}Fa_4$

S_{15}: ${\sim}Fa_1 \cdot {\sim}Fa_2 \cdot {\sim}Fa_3 \cdot Fa_4$

S_{16}: ${\sim}Fa_1 \cdot {\sim}Fa_2 \cdot {\sim}Fa_3 \cdot {\sim}Fa_4$

이 각각은 L에서 표현 가능한 것으로 더 이상 나누어볼 수 없는 가능 세계의 전부를 완전하게 보여준다. 카르납은 이와 같은 결과 각각을 '상태 기술'이라 불렀다. 이렇게 본다면 바로 위에서 기호화해 보여준, 러셀의 칠면조가 안고 있는 귀납 논증의 상황은 바로 상태 기술 S_1에 해당하는 것임을 알 수 있고, 이것은 모두 열여섯 가지의 가능한 상황 중 단지 하나일 뿐이다. 그렇다면 이를 이용해 문제의 가설에 대한 값을 얻어낼 수는 없을까.

카르납은 자신의 c 값이 $확률_1$에 대한 해명이라 밝히고, 이 점에서는 케인스나 제프리스의 확률 개념과 다를 바 없으므로 기본적으로는 그들의 확률 공리나 정리, 규약들을 대부분 그대로 따를 수 있다고 보았다. 따라서 이하에서도 카르납에게 본질적으로 새로이 도입되는 것 외에는 앞서 케인스나 제프리스에게서 도출된 것들을 그대로 이용하기로 한다. 그렇다면 일단 지금의 c 값 역시 배경 지식을 생략한 베이즈의 정리에 따라 다음과 같이 제시할 수 있다.

① $c(h,e)=c(h)c(e,h)/c(e)$

이제 어떤 증거로서 항진 명제를 나타내는 하나의 문장을 생각해보자. '항진 명제'란 어떠한 가능 세계에서든 참이 되는 것을 말한다. 이러한 명제는 우리 경험의 성격에 비추어 그 자체 경험적일 수 없고, '내일은 날이 맑거나 맑지 않을 것이다'와 같이 경험과는 관계없이 논리적으로 참인 것이다. 이러한 명제를 나타내는 문장을 이제 't'라고 해보자. 그렇다면 6장 4)절의 곱셈 규칙에 따라 다음이 성립한다.

② $c(h.e,t)=c(h,t)c(e,h.t)$

이 경우 사실상 t는 다른 문장들에 아무런 영향도 미치지 못하므로, $c(h.e)=c(h)c(e,h)$가 성립하고, 이를 위의 식 ①에 대입하면 다음을 얻을 수 있다.[23]

③ $c(h,e)=c(h.e)/c(e)$

다만 여기서 $c(h,e)$나 $c(e)$는 어디까지나 t가 생략된 형태이므로, 카르납은 이 경우 c 함수를 제시한 문장들에 대해 일정한 값을 부여하는 일종의

23 물론 이때 $c(h,e)$를 하나의 조건부 확률로 보고, 아래의 식 ③을 하나의 규약으로 정해도 좋을 것이다. 카르납은 이와 같은 규약의 방식을 취했다〔Carnap(1950), p. 295 참조〕.

측도 함수(measure function)로 보아, c 대신 새로운 측도 함수 m을 도입할 것을 제안했다. 만일 이와 같은 m 함수를 사용한다면 위의 식 ③은 다음과 같이 바꾸어 쓸 수 있을 것이다.

④ $c(h,e)=m(h.e)/m(e)$

그렇다면 이제 식 ④에서 우변의 $m(h.e)$나 $m(e)$의 값을 어떻게 구할 수 있을까. 그런데 '$h.e$'야말로 바로 위의 상태 기술 S_1에 해당하고, $e \Leftrightarrow [(e.h) \vee (e.\sim h)]$와 같은 논리적 동치에 의해 '$e$'야말로 $S_1 \vee S_2$에 해당함을 알 수 있다. 그러므로 만일 위의 열여섯 가지 상태 기술 각각에 대해 적절한 확률값을 부여할 수만 있다면, 위의 식 ④에 의해 문제의 가설에 대한 확률값을 구해낼 수 있을 것이다!

이에 대한 한 가지 가능한 발상은, 6장에서 언급한 무차별의 원리를 바로 적용해 위의 상태 기술 각각에 동일한 확률값 1/16을 부여하는 것이다. 왜냐하면 만일 위의 상태 기술 각각이 L 내에서 있을 수 있는 불가분의 모든 가능 세계이고, 그 어느 것이든 더 많이 실현될 별도의 이유가 알려져 있지 않는 한 적어도 무차별 원리가 지닌 취지에 따라 그것은 일단 합리적으로 보이기 때문이다. 만일 이 같은 발상에 따라 위의 c 값을 계산한다면 다음과 같을 것이다.

⑤ $c(h,e)=m(h.e)/m(e)=\dfrac{1/16}{1/16+1/16}=1/2$

하지만 적어도『확률의 논리적 기초(*Logical Foundations of Probability*)』(1950)에 이르기까지 그의 초기 단계에서 카르납은 이와 같은 발상보다 한층 더 나아갔다. 위의 상태 기술들을 자세히 관찰해보면, 개개의 개체 상항들은 서로 구별되지만 만일 그것이 나타내는 개체에 구별이 없다면, 그것이 나타나는 순서는 문제 되지 않는 것으로 볼 수도 있다. 만일 이 관점에서 보자면, 위의 상태 기술들은 모두 다른 열여섯 가지로 보기보다는 그 구조가 동일한 것끼리 함께 묶을 수 있는 것으로 볼 수도 있다. 즉 (S_1), (S_2, S_3, S_5, S_9), (S_4, S_6, S_7, S_{10}, S_{11}, S_{13}), (S_8, S_{12}, S_{14}, S_{15}), (S_{16})과 같은 식으로 묶는 것이다. 카르납은 이들 각각을 논리적 결합사 선언(∨)으로 결합한 결과, (S_1), ($S_2 \vee S_3 \vee S_5 \vee S_9$), ……, ($S_{16}$) 등을 '구조 기술'이라 부르고 이에 대해 다음과 같이 생각했다. 즉 이러한 것들은 **논리적 구조** 면에서 서로 동등함을 반영하고 있으므로, 이에 대해서도 역시 무차별의 원리를 적용할 수 있는 것이 아닐까?

지금의 경우 총 다섯 개의 구조 기술이 존재하므로 이들 각각에 무차별의 원리를 적용하면 그것은 각기 1/5의 확률을 갖게 된다. 이 구조 기술을 이루는 상태 기술 각각은 서로 배타적이며 완비적이므로 다시 하나의 구조 기술 내에서 상태 기술들은 6장 4)절에서의 규약 2에 따라 모두 더해 1/5이 되는 동일한 확률값을 갖게 될 것이다. 예컨대 위의 두 번째 구조 기술에서 $m(S_2 \vee S_3 \vee S_5 \vee S_9)=1/5$이고, $m(S_2)=1/20$이다. 이에 따라 위의 식 ③을 다시 계산하면 다음과 같다.

$$⑥\ c(h,e)=m(h.e)/m(e)=\frac{1/5}{1/5+1/20}=4/5$$

위의 식 ⑤와 ⑥의 결과로 볼 때, 무차별의 원리를 어디에 어떻게 적용했는지에 따라 c 값이 상당히 달라짐을 알 수 있다. 그런데 이 경우 그 결과를 놓고 보면, 위의 식 ⑤에서는 6장 5)절에서 언급한 경험 학습의 원리를 전혀 반영하지 않은 것을 볼 수 있다. 러셀의 칠면조 예에서 3일 동안 아침에 먹이가 제공된 날들이 그렇지 않은 날들(여기서는 사실상 그러한 날들은 없고, 따라서 그 일수는 0이지만)에 비해 더 많다는 경험적 사실이 증거에 반영되어 있기는 하지만, 그것을 기반으로 4일째 아침에 역시 먹이가 제공될 것이라는 가설에 대한 c 값은 여전히 1/2로, 4일째 아침에 먹이가 제공되지 않을 것이라는 가설에 대한 c 값과 동일할 뿐이다. 반면 위의 식 ⑥은 이와 같은 점에서는 확실히 경험 학습의 원리를 제대로 반영한 것으로 보인다. 이 경우에는 제시된 증거를 기반으로 4일째 아침에 먹이가 제공될 것이라는 가설에 대한 c 값(4/5)이 4일째 아침에 먹이가 제공되지 않을 것이라는 가설에 대한 c 값(1/5)보다 분명 크기 때문이다. 바로 이 점이야말로 카르납이 그의 초기에 위의 식 ⑥과 같은 방식을 선호한 이유이고, 이러한 점에 유의해 그는 이러한 결과를 낳는 c 함수를 특별히 '$c*$'로 표기해 구별했다.[24]

---

24 이렇게 얻은 $c*(h,e)$ 값이 '증거 e에 의한 가설 h의 입증도'를 나타내고, 이것이 다시 '증거 e에 의한 가설 h의 (귀납적) 지지도'에 대한 해명이라고 할 때, 분명하게 구별해야 할 두 개념이 있다. 바로 '증거 e에 의한 가설 h의 **총체적 지지도**(degree of total/overall support)'와 '증거 e에 의한 가설 h의 **지지도의 증가**(increase of the degree of support)' 개념이다. 여기서 말하는 카르납의 $c*(h,e)$ 값은 물론 전자에 대한 해명이며, 후자에 대해서는 예컨대 $c*(h,b.e)-c*(h,b)$와 같은 방식으로 해명 가능하다〔여기서 'b'는 배경 지식을 나타낸다. 후자에 대한 다양한 해명 방식에 관해서는 Fitelson(1999); 여영서(2010) 참조〕.
이와 같은 두 개념을 분명히 구별하는 일이 중요하다는 것에 관해서는 예컨대 Kyburg, and Teng(2001), p. 98 참조. 바-힐렐은 카르납과 포퍼 사이의 논쟁 이유 중 하나도 이와 같은 구별이 미흡한 데 기인한다고 지적한 바 있다〔Bar-Hillel(1974) 참조〕.

물론 카르납이 이처럼 $c*$ 함수에 이르는 과정에 관해서는 그 정당성을 다시 문제 삼아야 하겠지만, 여기서는 일단 논의의 흐름상 이를 인정하고 그 긍정적인 결과에만 주목해보자. 적어도 카르납은 러셀의 칠면조 예에 관해 그 이전의 케인스나 제프리스와는 달리 분명하게 정량화된 확률값을 제시했다. 나아가 그 역시 케인스나 제프리스처럼 무차별의 원리를 사용하기는 했지만(6장 2)절에서 지적한 대로) 그 원리가 가진 최대의 난점은 해결한 것으로 보인다. 즉 있을 수 있는 관련 가능성들을 어떻게 남김 없이 동등하게 분할하는지의 문제를 한 언어 내의 상태 기술과 구조 기술로 해결함으로써 나름의 논리적 정당성을 확보했다.

3) 상대적 술어폭과 λ-체계

긍정적인 면에서 볼 때, 카르납의 귀납 논리는 지금까지 케인스에게서 이어지는 큰 흐름 속에서 그 자체 하나의 정점에 이른 셈이다. 그러므로 앞서 지적한 의의 이외에 또 다른 중요한 의미를 탐구해보자.

무엇보다 카르납의 귀납 논리는 그 논리적 성격이 두드러짐을 알 수 있다. 이를 이해하기 위해 바로 앞 절에서 제시한 러셀의 칠면조 예를 다음과 같은 각도에서 다시 살펴보자. $c*$ 함수의 방식에 따를 때, 칠면조가 지니고 있는 증거에 등장하는 긍정적 사례들의 수가 늘어나면 늘어날수록 그 $c*$ 값은 커지고 그것이 1에 점점 가까이 다가가게 된다는 사실은 분명하다. 하지만 그것은 어디까지나 1에 다가갈 뿐 궁극적으로 1이 되지는 않는다. 지금의 칠면조 예에서도 역시 그 증거 중 등장하는 사례들 **모두** 긍정적인 것이라 할지라도 그때의 $c*$ 값은 4/5일 뿐 결코 1이 되지는 않았다.

6장 5)절에서 언급한 대로, 케인스나 제프리스는 경험적 지식에 관한 우리의 직관에 비추어 그러한 점을 지극히 자연스러운 일로 보았다. 하지만 카르납의 귀납 논리에서는 이와 같은 점이 다음과 같은 논리적 고려에 의해 그의 $c*$ 함수에 명백히 반영된다.

러셀의 칠면조 예에서 결과적으로 제시된 증거 가운데에는 명시적으로 드러나 있지 않지만 그것을 카르납의 언어 L에서 기호화할 때 잘 드러났듯, 사실상 증거 중 개별 사례들이 **취할 수 있는** 특성에는 '(기대대로 운반되어) 먹힌다'는 것 외에도 '(그렇게) 먹히지 않는다(그래서 먹이를 제공받는 대신 죽임을 당한다)'라는 것이 있을 수 있다. 이 점은 현실적으로 제시된 경험적 증거 중에는 나타나 있지 않더라도 논리적으로는 가능한(또는 사고 가능한) 점이다. 이를 분명하게 이해하기 위해 예컨대 속이 들여다보이지 않는 어떤 자루 속에 당구공들이 들어 있다고 해보자. 복원 추출을 하여 지금까지 세 개의 검은 공이 뽑혔다고 해보자. 이때 네 번째로 뽑힐 공 역시 검은 공일 확률은 어떻게 될까? 이 경우 아마도 우리는 그 확률을 1로 보기 어려울 것이다. 하지만 근거는 무엇일까. 만일 그 자루 속에 들어 있는 당구공이 모두 검은색이라는 것이 미리 알려져 있다면, 이 경우 그 확률은 1이라고 보아도 좋을 것이다. 하지만 지금까지 뽑힌 공들이 모두 검은색이라 할지라도 만일 문제의 자루 속에 들어 있는 당구공의 색깔이 검은색이거나 아니면 그렇지 않은 색, 예컨대 흰색, 노란색, 빨간색 등일 수도 있다면 그러한 가능성들로 인해 문제의 확률은 결코 1이 되기 어렵고, 나아가 그러한 가능성들의 개수가 늘어나면 늘어날수록 해당 확률도 떨어지게 될 것이다. 카르납의 $c*$ 함수는 정확히 이 점을 반영한다.

이 점은 바로 앞 절에서 예시한 $c*$ 함수를 일반화된 식으로 제시할 때 더욱 분명히 드러난다. 이것은 앞으로 그 함수를 일반적으로 적용하기 위한 방식으로도 계속 필요하므로 이를 좀 더 일반화된 식으로 유도해보자 (일반 독자라면 이러한 유도 과정의 자세한 내용에 관해서는 주의를 기울이지 않아도 좋을 것이다. 단지 그 결과인 아래의 식 ②만을 살펴도 좋을 것이다).

먼저 앞 절에서 언급한 대로, 어떤 언어 체계 내에서 그 원초 술어, 즉 해당 언어 내의 다른 술어들에 의해 정의되지 않는 가장 기본적인 술어, 그리고 그것의 부정으로 구성되는 술어들의 개수를 생각해보자. 예컨대 앞 절 러셀의 칠면조 예에서라면 '(기대대로 운반되어) 먹힌다'는 특성을 나타내는 술어와 그것의 부정을 말한다. 만일 이러한 원초 술어의 개수가 π개라면 그 각각의 부정까지를 생각한 술어의 개수는 2^{π}개가 되고, 이 개수를 'κ'라고 하자. 방금 칠면조 예에서는 원초 술어가 'F' 하나로, $\kappa=2^1=2$다. 이 가운데 우리가 주목하는 가설 중에 등장하는 술어들의 개수를 'ω'라 해보자. 이것을 해당 술어의 **(논리적) 술어폭**(logical width)이라 한다. 방금의 칠면조 예에서는 $\omega=1$이다. 다만 카르납은 좀 더 일반화하여 논하기 위해 ***Q*-술어**(*Q*-predicate)라는 것을 고안해 활용했다.

우선 어떤 언어 내의 원초 술어와 그 부정을 남김 없이 활용하되, 예컨대 '$Pa_1 \cdot \sim Pa_1$'과 같은 연언 문장에서 그 술어 부분만을 '$P \cdot \sim P$'와 같이 나타내보기로 약속하자. 그렇다면 어떤 언어 내에 π개의 원초 술어 P_1, ……, P_π가 있는 경우, '$P_1 \cdot P_2 \cdot \cdots\cdots \cdot P_\pi$'로부터 '$\sim P_1 \cdot \sim P_2 \cdot \cdots\cdots \cdot \sim P_\pi$'에 이르기까지 모두 2^{π}개, 즉 κ개의 새로운 술어들을 만들어낼 수 있고, 이 각각이 하나의 Q-술어에 해당한다. 이렇게 된다면 해당 언어 내에서 논의되는 어떠한 술어든 이 같은 Q-술어들만 선언으로 표현할 수 있는 체계성의 이점이 발생한다. 예컨대 'P_1'과 'P_2' 두 개의 원초 술어만이 있는 언어에서라면 '$P_1 \cdot P_2$', '$P_1 \cdot \sim P_2$', '$\sim P_1 \cdot P_2$', '$\sim P_1 \cdot \sim P_2$'와 같이 모두 네 개의 Q-술어를 만들어낼 수 있고, 이를 각각 'Q_1', 'Q_2', 'Q_3', 'Q_4'라 하면, 예

컨대 술어 'P_1'은 '$Q_1 \vee Q_2$'로 나타낼 수 있다. 이때 여기서 사용된 Q-술어의 개수가 곧 해당 술어의 술어폭에 해당한다. 그러므로 칠면조 예와 관련한 우리 예에서라면 그 원초 술어가 'F' 하나뿐이므로, 이로부터 만들어낼 수 있는 Q-술어는 'F'와 '$\sim F$'뿐이고, 이를 각각 'Q_1'과 'Q_2'라 할 때, 술어 'F'는 곧 Q-술어 'Q_1'으로 나타낼 수 있어 술어폭은 $\omega=1$이 된다.

나아가 이제 우리의 언어 체계 내에서 어떤 증거 중에 등장하는 개체들의 총개수가 s개, 그 가운데 가설 중에 등장하는 술어로 나타난 특성을 지닌 개체들의 수가 s_1개라고 해보자. 방금 칠면조의 예에서는 $s=3$, $s_1=3$이었다.

그런데 어떤 모집단에서 s개의 개체로 구성된 하나의 표본을, 그리고 그 모집단에서 다시 s'개의 개체로 구성된 또 하나의 새로운 표본을 추출해냈다고 해보자. 이 경우 처음 표본에 포함된 s개의 개체들이 지닐 수 있는 특성들의 가짓수가 κ개라면, 그 개체들이 이와 같은 특성들을 지닐 수 있는 가능한 경우들은 예컨대 s개의 개체들을 $\kappa-1$개의 사선(斜線)으로 구별해 배열하는 방법에 해당한다. 즉 $\kappa-1$개의 사선으로 구별된 앞뒤 자리에 해당 특성을 지닌 개체들을 배치하는 방법이다(이렇게 한다면 물론 $\kappa-1$번째인 마지막 사선 뒤에는 κ번째의 특성을 지닌 개체들이 배치될 것이다). 그런데 이와 같은 첫 표본을 기반으로 위의 두 번째 표본으로 추리해간다면, 이는 제1부 2장 2)절에서 소개한 '예측 추리'에 해당한다. 그렇다면 이와 같은 예측 추리에서 $c*(h,e)$의 값을 어떻게 구할 수 있을까.

이를 위해 먼저 두 번째 표본 내의 개체수 s'까지를 포함해 총 $s+s'$개의 개체를 $\kappa-1$개의 사선으로 구별한 뒤, 그중 s'개의 개체를 선택해 κ개의 집단에 각기 재배치하는 경우의 수를 고려해보자. 이와 같은 경우의 수는 $\frac{(s+s'+\kappa-1)!}{s'!(s+\kappa-1)!}$로 구할 수 있는데, 이는 바로 조합 $\binom{s+s'+\kappa-1}{s'}$에 해당하며, 이것은 곧 s개의 개체와 κ개의 특성을 포함한 첫 번째 표본을 기반으로 두 번째 표본 내의 s'개의 개체가 그러한 κ개의 특성을 지닐 수 있는 가능한 모든 경우를 보여준다. 마찬가지 방식으로, 두 번째 표본 내에서 ω_i개의 특성을 지닌 개체들의 수를 각각 s_i'라 하면(여기서 $i=1, \cdots\cdots, p$), ω_i개의 특성과 그러한 특성을 지닌 s_i개의 개체를 포함한 첫 번째 표본을 기반으로 두 번째 표본 내의 s_i'개의 개체가 그와 같은 ω_i개의 특성을 지닐 수 있는 가능한 모든 경우들은 각 조합들의 곱으로 다음과 같이 구할 수 있다: $\prod_{i=1}^{p}\binom{s_i+s_i'+\omega_1-1}{s_i'}$. 그렇다면 $c*(h,e)$의 값은 이들 양자의 비(比)인 다음 식으로 구할 수 있을 것이다.

$$① \ c*(h,e)=\prod_{i=1}^{p}\binom{s_i+s_i'+\omega_1-1}{s_i'}\Big/\binom{s+s'+\kappa-1}{s'}$$

이와 같이 되는 까닭을 7장 2)절에서 말한 구조 기술과 관련지어 다시 설명하면 다음과 같다. 일반적으로 N개의 개체 상항과 κ개의 술어를 지닌 언어 내에서 그 구조 기술의 개수 τ는 위에서처럼 사선을 이용해 경우의 수를 살필 때와 유사한 방식으로 $\binom{N+\kappa-1}{\kappa-1}=\frac{(N+\kappa-1)!}{N!(\kappa-1)!}$로 구할 수 있다. 그리고 다시 어느 한 구조 기술 내에서 구조가 동일한 상태 기술들의 개수 ζ_i는 κ개의 술어 각각을 지닌 개체 상항들의 개수를 $N_1, N_2, \cdots\cdots, N_\kappa$라 할 때 $\frac{N!}{N_1!N_2!\cdots N_\kappa!}$로 구할 수 있다. 따라서 $c*$에 대응하는 $m*$ 함수로서 어느 한 상태 기술 S_i의 $m*$ 값은 $m*(S_i)=1/\tau\zeta_i=\frac{N_1!N_2!\cdots N_\kappa!(\kappa-1)!}{(N+\kappa-1)!}$으로 구할 수 있을 것이다. 그런데 $c*(h,e)=m*(e.h)/m*(e)$이므로, 이것의 분자, 분모에 해당하는 $m*$ 값들을 그에 대응하는 상태 기술들의 $m*$ 값들로 대신하면 $c*$ 값을 얻을 수 있을 것이다. 지금의 예측 추리에서는 $N=s+s'$

이므로, 이 경우 어느 한 상태 기술에 대한 $m*$ 값은 $m*(S_i)=\frac{s!s'!(\kappa-1)!}{(s+s'+\kappa-1)!}$ 으로 구할 수 있다. 따라서 증거 e에 해당하는 $m*$ 값은, 이와 같은 한 상태 기술에 대한 $m*$ 값에 증거 e를 나타내는(또는 그것이 참이 되는) 상태 기술 각각에서 개체 상항들이 보이는 분포의 가짓수, 즉 위에서 다룬 s'개의 개체를 κ개의 집단에 각기 재배치하는 경우의 수를 곱해 얻을 수 있을 것이다. 곧 $\frac{s!s'!(\kappa-1)!}{(s+s'+\kappa-1)!}\times\binom{s+s'+\kappa-1}{s'}$이다. 마찬가지 방식으로 $e.h$에 해당하는 $m*$ 값은 $\frac{s!s'!(\kappa-1)!}{(s+s'+\kappa-1)!}\times\prod_{i=1}^{p}\binom{s_i+s_i'+\omega_1-1}{s_i'}$로 구할 수 있고, 이에 따라 일반적으로 $c*$ 값을 구할 수 있는 식이 바로 위의 식 ①인 것이다.

식 ①에 비추어 보았을 때, 앞서 칠면조 예는 예측 추리 중에서도 특수한 경우로서, 두 번째 표본 내의 개체가 단 하나인 **단칭 예측 추리**(singular predictive inference), 또는 지금의 경우 증거 중에 제시한 개체들이 모두 해당 가설에 대한 긍정 사례이므로 '귀납적 단칭 예측'에 해당할 뿐이다. 곧 $s'=1$인 경우다. 여기서는 또한 $\omega_1=1$이고 $s_i'=1$이므로, 이에 맞게 위의 식 ①을 변형하면 다음과 같다.

$$② \quad c*(h,e)=\frac{\binom{s_1+1+\omega_1-1}{1}}{\binom{s+1+\kappa-1}{1}}=\frac{s_1+\omega_1}{s+\kappa}$$

이것이 바로 7장 2)절에서의 식 ⑥에 대한 일반식이다.[25] 그러나 이제 이러한 일반식 ②에 주목해볼 때, 여기에는 $c*$ 값을 결정하는 데 주요한 역할을 하는 논리적 요인(logical factor)이 뚜렷이 드러나 있음을 알 수 있다. 즉 ω/κ의 비를 말한다. 카르납은 이와 같은 비를 어떤 술어의 논리적인 **상**

25 지금의 경우, 만일 식 ①에서 식 ②를 도출하는 대신 바로 식 ②의 의미에 주목하여 그것을 간단히 도출할 수도 있다. 이에 관해서는 Carnap(1975), pp. 308~309 참조.

대적 술어폭(relative width)이라 명명한 바 있다. 앞서 언급한 대로, $c*$ 값을 결정하는 데 그 경험적 요인(empirical factor), 즉 s_1/s를 고려한다 할지라도, 그와는 별도로 상대적 술어폭과 같은 논리적 요인을 고려하는 것이 귀납 논증에서는 합리적이라는 의미다. 그러므로 러셀의 칠면조 예에서 증거 중에 그 모든 것이 긍정적 사례에서 $s_1/s=1$이라 할지라도, 이는 우리가 결코 $c*$ 값이 바로 1이라고 보아서는 안 됨을 잘 보여준다. 곧 이는 그때의 상대적 술어폭 $\omega/\kappa=1/2$을 고려해, $c*$ 값을 $c*(h,e)=(3+1)/(3+2)=4/5$와 같이 계산해야 함을 의미한다.

이것을 일상적 상황으로 풀이해 말한다면 다음과 같은 매우 중요한 지침을 준다. 예컨대 러셀의 칠면조 예에서, 예전에 아무리 많은 날들에서(또는 그 모든 날들에서) 아침 9시에 운반되어온 먹이를 먹었다 할지라도 그 칠면조는 크리스마스이브 아침 9시에도 그처럼 먹이를 먹게 될 것이라고 확실하게 믿어서는 안 된다는 것이다. 따라서 만일 그에 대한 확률이 아무리 1에 가깝다 할지라도 결국 1이 될 수 없는 한 그 칠면조는 만에 하나 먹이가 기대대로 운반되지 않고 (예컨대 죽임과 같은) 어떤 불행한 파국을 맞이할 수도 있다는 가능성을 미리 염두에 두어야만 한다. 카르납에 따르면, 이 같은 가능성은 지금까지의 경험에 의해서이기보다 **논리적 가능성에 대한 고려**에 의해 드러나게 된다. 지금까지의 논리적인 과정으로 생각해볼 때, 아침 9시의 먹이는 운반되어올 수도 있지만 그렇지 않을 수도 있는 것이다. 그러므로 이 점을 생각한다면, 귀납 논증을 활용하여 칠면조의 운명에 대해 (어느 면에서는 조롱을 섞어) 그 파국을 한탄한 러셀은 과장을 한 셈이다.

하지만 카르납은 『확률의 논리적 기초들』 이후 곧 자신의 귀납 논리 체계 내에서 위와 같은 논리적 요인에 대해 얼마만큼의 가중치(weight)를 부여하느냐에 따라 무한개의 c 함수가 가능함을 발견하게 되었다. 즉 위의 식 ②에서 이제 논리적 요인인 상대적 술어폭 ω_1/κ에 대해 부여할 수 있는 가중치의 변수를 λ라 해보자. 그렇다면 이러한 변수를 고려한 경우의 c 함수는 다음과 같이 제시할 수 있을 것이다.

$$③\ c(h,e)=\frac{s_1+(\omega_1/\kappa)\lambda}{s+\lambda}$$

이러한 식 ③에서 λ가 취할 수 있는 값은 0부터 ∞의 실수값으로, 따라서 이로부터 나올 수 있는 c 함수는 무한개일 수 있다. 카르납은 이처럼 λ에 의해 나올 수 있는 c 함수들의 체계를 **λ-체계**(λ-system)라 불렀다.[26] 이 체계의 관점에서 본다면, $\lambda=\kappa$인 경우가 바로 위의 식 ②에 해당하는 특수한 경우로, 이것이 특별히 $c*$ 함수에 해당할 뿐이다.

또 다른 특수한 경우로 흥미로운 것들은 $\lambda=\infty$인 경우와 $\lambda=0$인 경우인데, 전자에서는 논리적 요인에 대해 무한대의 가중치를 부여하게 된다. 이렇게 된다면 $c(h,e)=\lim_{\lambda\to\infty}\frac{s_1+(\omega_1/\kappa)\lambda}{s+\lambda}=\lim_{\lambda\to\infty}\frac{s_1/\lambda+(\omega_1/\kappa)}{s/\lambda+1}=\omega_1/\kappa$가 되어, c 함수에서 그 경험적 요인이 완전히 무시되고 경험 학습의 원리는 적용되지 않는다. 이것은 고전적 수학 확률 결정 방식에서의 문제점이다. 후자인 $\lambda=0$인 경우에는 정반대로 논리적 요인을 전혀 고려하지 않게 된다. 이 경우에는 $c(h,e)=s_1/s$가 되어, c 값이 오로지 경험적 요인에 의해서만 결정될 따름이다. 이때의 문제점은 우리의 칠면조에 대한 러셀의 과장된 한탄과 관련해 위에서 지적한 대로다. 이것은 상대 빈도적으로 확률을 결정할 때의 문제

26 Carnap(1952), Part I.

점이다.

하지만 이상과 같은 특수한 경우들 외에도 앞서의 범위에서 여전히 수많은 c 함수들이 존재한다. 그렇다면 문제가 되는 것들을 당장 제외한다 할지라도 이처럼 무수한 λ-체계 내의 c 함수들 가운데 과연 어느 것을 취해야 할까?[27] 이러한 물음에는 단순히 선택의 문제가 아니라 간단히 대답하기 어려운 더 근원적인 문제가 놓여 있다. 이와 관련한 문제를 좀 더 본격적으로 다루어보자.

4) 카르납의 귀납 논리에서 분석성의 문제

잠시 돌아보면, 카르납의 λ-체계가 보여주는 핵심은 단순히 그 체계 내에 무수한 c 함수가 가능하다는 점보다는 그 무수한 c 함수들이 각기 어떠한 귀납 논증에 대해 문제의 논리적 요인을 어떻게 반영할 것인지와 관련해 무수한 변화가 가능하다는 점이다. 이 변화는 근원적으로 c 함수가 문제의 논리적 요인을 반영하고 있다는 데 기인한다. 그런데 이와 같은 논리적 요인은 이미 존재하는 언어에서 파생한 것이다. 사실은 바로 이 때문에 카르납의 귀납 논리는 단순히 c 함수 내의 논리적 요인을 넘어 좀 더 근원적인 **분석성**(analyticity) 문제를 지니게 된다.

카르납이 어느 c 함수를 통해 일정한 값을 부여하는 과정을 살펴보면, 근원적으로 어떤 경험적 상황에 대한 고려 없이 단지 언어 분석만으로도

---

27 카르납은 이후에 위의 식 ③에서 상대적 술어폭마저도 한층 일반화해 그것을 γ_i로 대신한 λ-γ-체계로 나아갔따〔Carnap(1980) 참조〕. 하지만 이러한 새 체계가 이후 우리의 논의에 심각한 영향을 미치지는 않으므로 여기서는 더 이상 확대하여 나아가지 않는다.

그것이 가능하다는 것을 알게 된다. 예컨대 앞서 러셀의 칠면조와 관련해 원초 술어 한 개, 개체 상황이 네 개인 언어 L_4^1이 제시되기만 한다면, 우리는 문제의 칠면조가 처한 실제 상황을 고려하지 않아도(곧 지난 3일 동안 운반된 먹이를 먹을 수 있었던 상황이 어떠했는지를 실제 관찰하지 않는다 할지라도) 단지 그 언어만을 분석해 $c*(h,e)=4/5$의 값을 얻어낼 수 있고, 이는 문제의 언어가 불변하는 한 실제 상황이 어떻게 변하는지와 관계없이 항상 고정적일 뿐이다. 오히려 실제 상황보다는 언어의 변화에 의해 그 값이 변하게도 된다. 즉 L_4^1 대신 이제 새로운 언어 L_4^2로 대신한다고 해보자. 그렇다면 단순히 이러한 언어의 대치만으로도 이때의 $c*$ 값은 $c*(h,e)=(3+2)/(3+4)=5/7$로 변하게 되는 것이다〔이 경우 앞서 소개한 원초 술어 'F' 이외에 또 다른 원초 술어 'G'를 생각해보면, 이 각각의 부정까지를 생각해볼 때, 이와 같은 술어들이 보여줄 수 있는 가능한 경우들(즉 Q-술어들)은 '$F \cdot G$', '$F \cdot \sim G$', '$\sim F \cdot G$', '$\sim F \cdot \sim G$' 등 모두 네 가지다. 따라서 $\kappa=4$이고, 이 가운데 'F'가 성립하는 경우는 모두 두 가지(앞의 두 경우에 해당하는 $Q_1 \vee Q_2$)이므로, $\omega_1=2$이다〕.

$c*$ 함수의 이 같은 분석성이나 언어 의존성을 고려해볼 때, 과연 카르납의 $c*$ 함수로 제시되는 값이 실제적으로 러셀의 칠면조가 처한 상황에 대한 귀납적 지지의 정도를 제대로 제시하고 있는지에 관한 의문이 생길 수 있다.[28]

이러한 의문은 적어도 『확률의 논리적 기초』를 중심으로 한 카르납의 초기 시기에 그가 제시하는 c 함수가 엄밀히 말해 이른바 대상 언어(object language)와 메타 언어(meta-language)의 구분 위에 구성된 것이라는 점에

---

28 Nagel(1963), sec. II; Salmon(1967), p. 74 참조.

서 더욱 강화된다. 달리 말해 당시 카르납이 제시하는 *c*(*h*,*e*) 함수의 두 논항(論項, argument), 즉 *h*와 *e*는 모두 하나의 동일한 언어 내에서 구성된 문장들이며, *c* 함수는 바로 그러한 문장들을 대상으로 그보다 한 수준 더 높은 언어, 즉 메타 언어 내에서 그 문장들의 관계를 통해 적절한 값을 부여해주는 하나의 함수였던 것이다. 그러므로 엄밀히 말하자면 지금까지 단순히 '*c*'라고 한 문제의 함수 표기도 사실은 '*h*'나 '*e*'와는 달리 표기해야 하며, 그런 까닭에 카르납은 사실상 '*h*'나 '*e*'를 위해서는 영어 알파벳을 사용한 반면, '*c*'를 위해서는 그와 구별 짓기 위해 독어 인쇄체 '**c**'를 사용하기도 했다. 따라서 이 점에서 보자면, 카르납 자신이 명료하게 지적한 대로,[29] 그의 **c**(*h*,*e*)는 엄밀히 말해 케인스나 제프리스의 *h*/*e*나 *P*(*h*/*e*)와 매우 다른 성격을 지니고 있는 셈이다. 후자들은 모두 언어 수준에 대한 고려 없이 *h*, *e*, *P* 등을 사용했으나, 카르납의 관점에서 보자면 그것들은 모두 동일한 수준의 대상 언어 내에서 표기된 것이다. 그러므로 케인스나 제프리스의 *h*/*e*나 *P*(*h*/*e*) 등은 모두 일정한 사태와 대응하는 명제들 사이의 관계를 나타내며, 그 같은 명제들을 나타내는 언어의 변화에 좌우되지 않는다. 하지만 카르납의 경우에는 *h*나 *e*가 이미 하나의 언어로 표현된 문장들이고, 따라서 그 문장들이 이미 존재하는 언어 내에서 경험적 사실과 무관하게 구성될 수 있는 한, 그와 같은 문장들에 대해 채택한 메타적 **c** 함수에 의해 경험과는 무관하게 얼마든지 **c** 값이 제시될 수 있다. 그러므로 인식론적으로 볼 때, 이와 같은 **c** 값은 어떠한 대상 언어와 메타 언어를 취하느냐에 따라 경험과는 무관하게 정해질 수 있는 **선험적인**(a priori) 성격을 지니고 있다.

29 Carnap(1950), §52.

물론 카르납은 이러한 전략을 취함으로써 앞서 보았듯 케인스나 제프리스와는 달리 분명하게 정량화된 확률값을 제시할 수 있었으나, 지금의 문제에 관해서는 별도의 해결이 요구될 수밖에 없다. 이에 대한 카르납의 한 가지 답은 그렇게 제시되는 **c** 값이 그 자체가 분석적이라는 점은 옳으나 그런데도 만일 특정하게 **c** 함수가 정해지고, 러셀의 칠면조 예에서와 같은 구체적 경험 상황이 벌어지는 경우, 그에 대한 **c** 값은 바로 문제의 상황에서 칠면조나 우리가 해당 가설에서 주장하는 사태가 나타나리라 기대할 수 있는 상대 빈도의 추정치로 볼 수 있다는 것이다. 그러므로 이때의 **c** 함수는 그 같은 추정치를 얻어낼 수 있는 하나의 분석적 도구 역할을 하게 되리라는 것이다.[30]

하지만 **c** 함수의 역할을 이처럼 해석한다 할지라도, 언어 의존성 문제는 여전히 해결되지 않고 남아 있을 수 있다. 물론 초기부터 카르납은 메타언어 내에서 **c** 함수를 구성한다 할지라도 동일한 대상 언어의 차원에서 그것에 대응하는 *c* 함수를 제시하는 일이 논리적 테크닉상으로 어려운 일은 아니라고 보았으나,[31] 후기에는 몇몇 조력자들과 더불어 아예 언어의 변화에 의존하지 않는 *c* 함수를 구성하려 시도했다.[32] 만일 실로 이것이 가능하다면 이제 우리는 굳이 *c* 함수와 구별되는 **c** 함수를 별도로 사용할 필요가 없으며, 이러한 의미에서 이후에는 앞서와 마찬가지로 카르납의 귀납 논리에서 문제되는 함수들을 일반적으로 '*c* 함수'라 지칭하기로 한다.

그러나 이 경우라도 *c* 함수의 선택 문제는 여전히 남기 마련이다. 이 문제에 관해 카르납은 λ-체계를 제시하면서 그 체계 내의 특정한 *c* 함수를

---

30 앞의 책, §41D 참조.

31 앞의 책, §52.

32 Carnap(1971b). 여기서는 *c* 함수가 문장 대신 명제들에 대해 적용되고 있기도 하다.

채택하는 문제는 어떠한 이론적 정당화에 의해 이루어지기보다 결국 실천적 맥락에서 해결될 수밖에 없는 것으로 보았다. 마치 목수나 엔지니어가 자신의 작업을 위해 적절한 도구를 선택하듯, 칠면조나 우리 역시 당면한 상황에 비추어 적절한 *c* 함수를 하나의 '귀납적 방법(inductive method)'으로서 선택할 수 있다는 것이다.[33]

하지만 이러한 상황에서 '적절한' 도구란 과연 무엇인가? 만일 별도의 이론적 근거 없이 단지 실천적으로 선택할 수 있는 것이라면 어느 것이든 궁극적으로 옳고 그름을 가를 수는 없을 것이다. 그렇다면 앞서 논리적 요인을 고려하지 않거나 경험 학습의 원리를 반영하지 못해 문제가 되었던 함수들 역시 그와 가까운 값들을 내는 함수들과 정도의 차이만 있을 뿐 궁극적으로 배제할 이유가 없을지 모른다. 이러한 점을 의식한 듯, 카르납은 *c* 함수의 논리적 요인이 서로 달라 생기는 *c* 값의 차이는 λ가 ∞가 아니거나 아주 극단적으로 큰 값이 아닌 한 그다지 크지 않음을 보여주었다.[34] 특히 그것의 경험적 요인의 비중이 커질수록 이 같은 차이는 현저히 줄어들 것이다. 그러나 만일 사정이 이와 같다면 처음 카르납의 귀납 논리에서 중요시했던 논리적 요인이 이제 어떤 역할을 하게 될지는 의문의 여지로 남게 된다.

또한 지금까지 다룬 문제 이외에 이제 '위에서 카르납이 제시하는 귀납 논리의 핵심 아이디어와 기법을 과연 좀 더 심각하게 과학의 실제에 적용할 수 있을까'의 문제도 제기할 수 있다. 러셀의 칠면조 예는 일상적으로 흥미로울 뿐만 아니라 우리의 논의 전개를 쉽게 하는 데 이점이 있기는 하나, 사실 그 자체로 의미 있는 과학적 가설 입증 문제에 그것을 그대로 적

---

33 Carnap(1952), §18.

34 앞의 책, p. 89.

용할 수 있는지는 별개의 것이다. 이 문제는 카르납의 귀납 논리에 이어 그것을 수정, 보완하려는 새로운 시도나 아예 카르납 식의 접근 자체가 잘못된 것이라 보는 반대 입론의 주요 출발점이 되므로 장을 달리해 논의해 보자.

8장
카르납 이후

지금까지 러셀의 칠면조 예를 이용해 귀납 논증을 다루는 경우, 그 결론에 해당하는 가설은 하나의 개체에 관한 단칭적인 것이었다. 하지만 과학의 현장에서 문제가 되는 많은 가설들은 단칭적이기보다 보편적이다. 많은 관찰이나 실험 결과를 일반화한 실험 법칙(experimental law)이나, 그와 같은 법칙뿐 아니라 이론적 법칙(theoretical law)까지를 포함한 이론(theory)들의 경우,[35] 그것에 등장하는 가설은 대부분 보편적 명제나 문장 또는 식으로 제시되기 마련이다. 제1부의 1장 2)절에서 소개한 음극선에 관한 입자 이론과 파동 이론상의 가설도 이와 같은 성격의 것이다. 그러므로 카르납의 귀납 논리가 제시된 초기부터 연구자들 사이에 그 의의와 효용에 관

35 고등한 과학 이론에서라면 단순히 실험 법칙과는 달리 그와 같은 법칙이나 그 이전의 경험적 사실들을 설명하거나 예측하기 위해 적어도 현재 관찰되지 않는 어떤 이론적 실재(theoretical entity)를 가정하기도 한다. 예컨대 뉴턴의 이론에서 '중력'이나 멘델의 이론에서 '유전자'와 같은 것이 그것이다. 이때 이론적 실재에 적용될 수 있는 것으로 주장되는 법칙, 예컨대 중력 법칙이나 유전 법칙과 같은 것이 이론적 법칙이다. 이에 관한 상세한 설명은 Carnap(1966/1995), PartV; 전영삼(2005), 2장 참조.

해 가장 논란이 된 문제는 그의 귀납 논리가 과연 **과학적** 가설의 귀납적 지지 정도, 즉 그것의 입증도를 논하는 데 적합한가 하는 것이었다. 이 장에서는 문제를 개괄하고, 우선 카르납의 관점을 지지하며 그의 귀납 논리를 수정, 보완하려는 시도를 먼저 논해본다.

1) 보편 가설의 입증도 문제

구체적으로 실험 법칙이나 이론적 법칙 또는 이론의 형태로 제시되는 과학적 보편 가설을 입증하는 문제는 귀납 논증의 틀에서는 처음부터 만만하지 않은 문제다. 왜냐하면 그 같은 논증에서 전제로 제시하는 증거는 어디까지나 특칭적인 것들인 데 반해, 논증의 결론으로 제시하는 문제의 가설이 보편적인 한 그 간격을 메우기 쉽지 않기 때문이다. 그렇다면 앞장에서 다룬 카르납의 귀납 논리는 이 같은 보편 가설 역시 적절하게 다룰 수 있을 것인가.

카르납의 귀납 논리에서 보편 가설의 입증도를 다룬다는 것은 다른 경우에서와 마찬가지로 무엇보다 해당 가설에 대한 c 값을 구하는 일이다. 논의를 간단히 하기 위해, 또한 카르납 자신이 실제 해당 함수를 제시한 노력에 비추어 여기서는 일단 $c*$ 함수를 중심으로 논의해보자.

이제 우리가 흔히 마주칠 수 있는 실험 법칙의 형태를 지닌 것으로서, 전자(電子)와 관련한 다음과 같은 법칙을 예로 들어보자.

l: 모든 전자는 자기장 내에서 진로가 휜다.

만일 이 법칙이 보편적으로 성립할 수 있는 것이라면,[36] 아마도 이에 대한 증거 사례들은 모두 이 같은 법칙을 만족시킬 것이다. 이러한 상황에 $c*$ 함수를 적용하기 위해 카르납은 다음과 같이 매우 전략적인 방식을 취한다.

먼저 문제의 법칙 l을, 2장 2)절에서 러셀의 칠면조 예를 두고 그러했듯 술어 논리적 기호로 표시해보자. 만일 '전자'라는 특성을 술어 'E'로, '자기장 내에서 진로가 휜다'는 특성을 술어 'D'로 나타내면 다음과 같은 표현이 가능할 것이다.

$$l: (x)(Ex \supset Dx)$$

그런데 이 경우 $(x)(Ex \supset Dx)$는 $(x)(\sim Ex \vee Dx)$와 논리적 동치이고, 후자는 다시 $(x)[\sim(Ex.\ \sim Dx)]$와 논리적 동치이므로, '$\sim(Ex.\ \sim Dx)$' 부분을 새로운 하나의 술어 'M'을 이용해 다시 쓴다면 위의 l은 다음과 같이 바꾸어 나타낼 수 있을 것이다. $(x)(\sim Mx)$. 만일 이 표현에 따른다면, 결국 법칙 l이 주장하는 바는 '전자이면서 자기장 내에서 휘지 않는 것은 없다'라는 것이다. 이처럼 보았을 때, 이제 술어 M에 해당하는 술어폭 ω를 생각할 수 있고, 이에 의해 $c*$ 함수를 적용할 수 있는 바탕이 마련된다.

이제 유한개의 개체를 나타내는 개체 상항의 개수가 N, 그러한 것들에 대한 술어들의 총 개수가 $\kappa(=2^{\pi})$개인 언어 L_N^{π}을 생각해보자. 이러한 언어 체계 내에서 위의 문제 상황이 말하는 바는 모두 N개의 개체를 지닌 모집단에서 일부 개체를 추출해 관찰한 결과 그것들이 모두 위의 l을 충족시킨

36 이 같은 형태의 법칙은 좀 더 세분하자면 이른바 '무제약적 단순 법칙(unrestricted simple law)'에 해당한다. 이러한 분류에 관해서는 Carnap(1950), p. 142 참조.

다는 것이다. 즉 그것들 모두에서 술어 M이 나타내는 특성들이 **배제되어 있다**(excluded)는 의미다. 이제 그처럼 추출된 표본의 개체 수를 s라 해보자. 그렇다면 7장 3)절의 예측 추리에서는 크기가 각각 s와 s'인 두 개의 표본 사이에서 그것들을 이루는 개체들에 대해 추리를 하는 반면, 여기서는 모집단에서 추출된 크기 s의 표본 하나만을 기반으로 전체 모집단 내 N개의 개체에 대해 추리를 하고 있는 셈이다. 그러므로 여기서는 해당 증거 중 개체 모두를 포함한 전체 N개 개체들의 분포 가짓수와 증거를 이루는 s개 개체들의 분포 가짓수를 서로 비교하면 될 것이다(양자 모두에서 어느 한 상태 기술에 대한 $m*$ 값은 $m*(S_i)=\frac{N_1!N_2!\cdots N_\kappa!(\kappa-1)!}{(N+\kappa-1)}$으로 동일하므로, 여기서도 해당 개체들의 분포 가짓수만을 고려하는 것으로 충분할 것이다). 다만 이 경우 양자 모두에서 각 개체에 대해 배제되고 있는 특성의 술어폭은 ω이므로, 여기서는 그에 대응하는 개체들의 분포 가짓수만으로 한정하면 될 것이다. 따라서 7장 3)절의 식 ②를 구할 때와 유사한 발상으로 나아간다면, 법칙 l에 대해 우리는 다음과 같은 $c*$ 함수를 얻을 수 있을 것이다.

$$① \; c*(l,e)=\frac{\binom{s+\kappa-1}{\omega}}{\binom{N+\kappa-1}{\omega}}$$

• 하지만 사실 법칙 l이 도입된 원래 상황을 생각해본다면 이때 전체 모집단 내의 개체수는 유한해서는 안 될 것이다. 무릇 l이 하나의 보편 법칙이라 할 때, 그것은 임의의 무한한 개체에 대해 열려 있는 것으로 여겨지기 때문이다. 따라서 우리는 위의 식 ①에서 $N\to\infty$인 경우를 고려해야만 할 것이다.

이를 위해 이제 N과 s가 κ와 ω에 비해 매우 크다고 해보자. 이것은 문제의 상황으로 보아 사실적으로 있을 법한 일이다. 그렇다면 위의 식 ①로부터 근사적으로 다음과 같은 식이 성립할 것이다(제시된 조건에서 위의 식 ①의 분자인 조합 $\binom{s+k-1}{\omega}$는 근사적으로 순열(permutation) $\left[\begin{matrix}s+\kappa-1\\ \omega\end{matrix}\right]$와 같고, 이는 또한 근사적으로 s^{ω}와 같기 때문이다. 분모의 경우도 이와 유사하다).

$$② \; c*(l,e) \cong \frac{s^{\omega}}{N^{\omega}} = \left(\frac{s}{N}\right)^{\omega}$$

그런데 위의 식 ②에서, $N \to \infty$인 경우, 값은 0이 된다! 이것은 앞서의 예측 추리나 단칭 예측 추리에 대해 카르납의 $c*$ 함수가 경험 학습의 원리를 반영할 수 있었다는 점에 비추어 일면 놀라운 결과이나 다른 면으로 보자면 어쩌면 당연한 결과다. N이 커짐에 따라 해당 언어 체계 내에서 가능한 모든 상태 기술들의 개수도 늘어날 수밖에 없고, 이렇게 된다면 증거가 참이 되는 상태 기술들의 수도 늘어나 $c*$ 값을 결정해주는 $m*(e)$의 값이 커지기 때문이다[이 경우 $m*(e.h)$ 값은 표본의 크기 s가 변화하지 않는 한 일정할 것이다]. 이는 카르납이 즐겨 사용하는 다음과 같은 그림을 통해 좀 더 쉽게 이해할 수 있을 것이다. 그림 6을 보자.[37] 여기서 'h'로 표시된 직사각형은 해당 가설이 참이 되는 상태 기술들의 집합을, 'e'로 표시된 직사각형은 해당 증거가 참이 되는 상태 기술들의 집합을 보여준다(지금의 직사각형들은 문

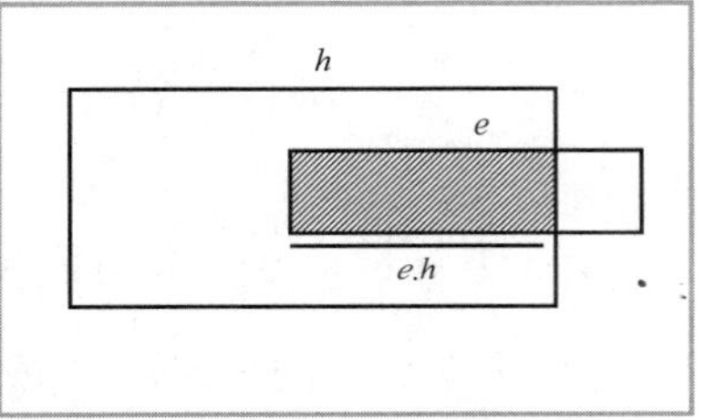

그림 6 가설과 증거가 각기 참이 되는 상태 기술들의 집합 사이의 포함 관계.

37 앞의 책, p. 297에서 따옴.

제가 되고 있는 개체들의 집합이 아니라 상태 기술들의 집합임에 주의하자 — 7장 2)절 상태 기술들의 예 참조). 따라서 빗금 친 부분은 '*e.h*'로 표시할 수 있는데, $c*$ 함수와 관련한 카르납의 과제는 이와 같은 부분을 정량화해 보여주는 일이었다. 따라서 만일 '*h*'로 표시된 직사각형이 '*e*'로 표시된 직사각형을 벗어나면 벗어날수록 문제의 빗금 친 부분은 줄어들게 되고, 이에 따라 그것을 정량화한 결과인 $c*$ 값 역시 줄어들게 마련이다.[38]

다른 면에서 보아도 이와 같은 결과는 나름의 정당성을 갖기도 한다. 초기부터, 특히 후기에 카르납은 자신의 $c*$ 함수나 좀 더 일반적으로 c 함수 모두가, 처음에 케인스가 그러했듯 증거 e를 기반으로 가설 h에 대해 갖는 우리의 합리적 신념의 정도를 나타내는 것으로 보았다. 이후 베이즈주의 이론과 관련해 더욱 자세히 논하겠지만(9장 2)절 참조), $c*$ 함수나 c 함수는 어떤 이상적인 행위자가 증거 e를 기반으로 가설 h에 대해 투기(betting)를 하는 경우 적어도 손해를 보지 않고자 할 때 따라야 할 함수이고, 같은 의미로 그것은 해당 행위자에게 h에 관한 합리적 신념도를 갖도록 도와준다.[39] 만일 이러한 식으로 본다면 앞서 N이 커짐에 따라 $c*$ 값이 줄어드는

---

38 일반적으로 '내용이 풍부한' 문장은 그렇지 않은 문장에 비해 그것이 참이 되는 상태 기술의 개수가 더 적다. 예컨대 어떤 사과 a에 대해 'a는 붉고 둥글다'라는 문장 i는 'a는 붉다'라는 문장 j보다 내용적으로 더욱 풍부하다. 이때 개체 a의 특성 붉음과 둥금을 나타낼 수 있는 언어 체계를 가정하여 i를 '*Pa. Ra*', j를 '*Pa*'로 나타낸다면 7장 2)절에서와 같은 상태 기술들을 고려할 때 전자가 참이 되는 상태 기술들의 개수가 후자에 비해 적음을 쉽사리 알 수 있다. 따라서 그림 6은 해당 가설과 증거 각각의 내용과 그에 상응하는 상태 기술들의 개수 사이의 관계를 직관적으로 잘 보여주는 셈이다. 이 그림에서 내용이 가장 풍부한 '*e.h*'는 빗금이 쳐진 가장 작은 직사각형으로 표현되어 있음을 볼 수 있다. 만일 e가 h를 논리적으로 함축한다면 '*e*'를 나타내는 직사각형은 '*h*'를 나타내는 직사각형 안에 완전히 포함되어 문제의 빗금 친 직사각형의 크기는 최대가 될 것이다. 그러나 이 직사각형의 크기가 줄어들수록 $c*$ 값은 줄어들게 된다. 어떤 문장의 내용과 그에 상응하는 상태 기술 사이의 관계에 관해서는 Bar-Hillel and Carnap(1964), p. 237; 전영삼(1989), 91~92쪽 참조.

것은 그와 같은 행위자에게는 오히려 지극히 옳은 일일 것이다. 왜냐하면 증거 e를 기반으로 N개 개체의 가설에 대한 신념을 갖는다 할 때, 그로서는 당연히 가능한 증거 중에 나타난 개체를 크게 벗어나지 않는 개체들에 관한 가설에 더 강한 신념을 가질 수 있기 때문이다. 즉 그와 같은 가설에 대해 더 안심하고 판돈을 걸 수 있을 것이다.

이러한 점에서 보자면, 케인스에서 카르납에 이르기까지 하나의 귀납 논증을 두고 그 귀납적 지지 정도를 증거와 가설 사이의 관계에 관한 확률로 측정할 수 있다고 보는 관점은 문제의 논증을 **위험을 안고 있는 논증**(risky argument)으로 보는 것인 셈이다.[40] 이것은 단지 해당 가설이 참으로 나타나지 않을 위험이 있음을 의미하는 것만이 아니라, 그래서 우리가 그러한 가설에 대해 평가를 한다면 가능한 한 위험이 적은 것에 높은 점수를 줄 수 있다는 의미이기도 하다.

만일 귀납 논증을 이처럼 보고 그에 따라 귀납적 지지의 정도를 부여하고자 한다면, 사실 과학에서의 보편 가설들을 과연 이 같은 관점에서 평가해야만 하는지에 대한 회의가 있을 수 있다. 어차피 과학적 법칙이나 이론이 이미 관찰된 결과를 넘어 그것을 설명하거나 예측할 수 있는 기능을 담당하고자 한다면, 가능한 한 관찰된 결과를 넘어서지 않는 가설을 선호하는 일은 바람직해 보이지 않기 때문이다. 이러한 관점에서 카르납의 귀납

---

39 자신의 귀납 논리와 관련해 카르납은 초기와 후기에 관점의 차이를 보인다. 그 핵심적 차이는 자신의 귀납 논리가 '과학적 가설에 대한 증거적 지지도(evidential support)에 대한 해명이기도 하다'는 관점에서 벗어나 좀 더 분명하게 '그것은 결국 어떤 행위자의 합리적 신념도에 대한 해명'이라는 쪽으로 나아갔다는 점이다. 그러한 초기 관점이 나타난 대표적 문헌이 앞서 이미 소개한 『확률의 논리적 기초』다. 후기와 관련한 대표적 문헌으로는 다음과 같은 것들을 제시할 수 있다: Carnap(1963), sec. V; Carnap(1971a); Carnap(1980).

40 이와 같은 용어 자체는 Hacking(2001), p. 11에서 원용한 것이다.

논리에 대해 가장 강하게 비판을 가한 이가 포퍼다. 그는 카르납 식의 접근 방법뿐만 아니라 과학적 보편 가설에 대해 확률적 접근을 하는 모든 시도가 사실은 해당 가설에 대해 0이나 아주 낮은 확률값을 부여할 수밖에 없을 것이라 보았다.[41] 이를 포함해 과학에 관한 포퍼의 포괄적인 견해는 결국 우리의 귀납 문제를 다루면서 반드시 대결해야 할 주요한 지점 중 하나이고, 이에 관해서는 제4부에서 상세히 다루게 될 것이다. 여기서는 이상의 점만을 간략히 지적하고, 카르납의 맥락으로 되돌아가자.

자신의 귀납 논리가 봉착한 위와 같은 보편 가설의 입증도 문제에 관해 카르납이 그의 초기에 제시한 해법은 다음과 같다. 우선 그는 아직 관찰되지 않는 개체들에 관해 그 크기가 무한한 보편 가설에 주목하기보다 그러한 보편 가설을 만족시키면서도 아직 관찰되지 않는 새로운 하나의 개체에 주목했다. 그리고 사실 우리가 법칙이나 이론을 실제로 활용하는 데서는 그처럼 무한한 개체를 대상으로 하기보다 다음에 관찰하게 될 한 개체, 즉 해당 법칙이나 이론으로 예측할 수 있는 당장의 한 개체에 한정될 뿐이라는 견해를 피력했다. 그는 이러한 식의 보편 가설에 대한 입증을 (그 가설에 대한) **사례 입증**(instance confirmation)이라 부르고, 그에 대한 v$c*$ 함수를 '$c_i*(l.e)$'와 같이 표현했다. 만일 그의 이러한 견해를 받아들인다면, 그와 같은 미래의 한 개체에 관한 $c*$ 값은 상당히 높아질 것으로 예상할 수 있다. 이것은 7장 3)절에서 다룬 단칭 예측 추리를 지금 상황에 응용해 다음과 같이 구체화할 수 있다.

예컨대 지금까지 자기장 내에서 전자를 지나가게 하는 모든 실험에서 그 진로가 휨을 관찰하게 되었다고 해보자. 이것은 물론 앞서의 법칙 l을

---

41 Popper(1968), New Appendix *vii; Popper(1979), pp. 17~18. 하지만 언제나 그러한 것은 아니다. 점에 관해서는 이하 8장 2), 3)절 참조.

만족시킨다. 그런데 이제 이러한 관찰 자료를 기반으로 아직 관찰되지 않은 한 개체 역시 문제의 법칙 l을 만족시킬 것이라는 가설의 입증도, 즉 그 $c*$ 값을 얻고자 한다고 해보자. 이와 같은 값을 줄 수 있는 $c*$ 함수를 어떻게 구할 수 있을까.

우선 지금의 경우 일면 그 상황은 단칭 예측 추리 때와 비슷하다. 이미 관찰로 나타난 개체들의 집합을 하나의 표본으로 하여 단 하나의 개체로 구성된 표본으로 나아가기 때문이다. 이때 첫 번째 표본의 크기를 앞서와 마찬가지로 s라 해보자. 하지만 이와 같은 표본을 두고 이제 법칙 l과 관련해 우리가 관심을 갖게 되는 바는, 과연 그러한 s개의 개체들 가운데 앞서 술어 'M'이 나타내는 특성을 지닌 개체(즉 자기장을 지나면서도 그 진로가 휘지 않는 개체)가 얼마만큼 배제될 수 있느냐 하는 것이다. 그러므로 먼저 해당 표본 내에서 'M'이 나타내는 특성을 지닌 개체들의 수를 s_1이라 하고, 이에 대응하는 술어폭을 ω_1이라 해보자. 그리고 새로이 관찰하게 될 하나의 개체 역시 동일한 술어폭을 갖는다고 가정하자. 그렇다면 이러한 상황에서 제시되는 $c*$ 함수는 7장 3)절에서의 식 ②처럼 $\frac{s_1+\omega_1}{s+\kappa}$로 제시되는 것이다. 하지만 지금 우리는 법칙 l과 관련해 바로 이러한 상황을 배제하고자 하므로, 우리가 원하는 c_i* 함수는 다음과 같이 제시될 수 있다.

③ $c_i*(l,e)=1-\dfrac{s_1+\omega_1}{s+\kappa}$

여기서 지금까지 우리가 가정해왔듯, 만일 이미 관찰된 표본 내에 우리가 배제하고자 하는 특성이 전혀 발견되지 않는다면 $s_1=0$이므로, 이때의 $c_i*(l,e)=1-\frac{\omega_1}{s+\kappa}$과 같이 될 것이다. 어느 경우이든 중요한 점은 만일 이렇게 된다면 이 새로운 함수들은 N의 요소를 포함하고 있지 않으므로 그것의 영향을 받지도 않을 뿐 아니라, s가 커지면 커질수록, 즉 표본이 커지면 커질수록 문제의 함수값 역시 커지며 1에 다가가게 된다는 점이다.

카르납의 이러한 관점과 기법은 어쩌면 예컨대 전자의 진로를 제어할 필요가 있는 영상 화면 제조 기술자들에게는 그들의 실무에 잘 부합할지 모른다. 사실상 카르납 자신도 이와 유사한 사례들을 들어 그와 같은 것에 정당성을 부여하려 했다.[42] 하지만 이러한 실무적 맥락을 떠나 좀 더 일반적으로 과학적 지식의 성격에 주의를 기울인다면 쉽게 받아들이기 어려운 측면이 드러나게 된다.

이제 위와 같은 사례 입증의 관점에서 그 입증도를 계산한 결과, 높은 값이 나왔다고 해보자. 이러한 결과를 두고 우리의 통상적 예상으로는 만일 결과가 그러하다면 그 결과를 낳게 한 해당 보편 가설에 대해서도 비록 간접적일지는 모르나 어쨌든 높은 지지의 정도를 부여할 수 있을 법하다. 하지만 앞서의 식 ①과 ②에서 드러났듯, 보편 가설 자체에 대한 입증도는 0으로 다가가거나 아예 0이 되어버린다. 무엇이 잘못되었을까.

사실 지금까지의 관찰 사례들을 통해 어떤 보편 가설을 제시했을 때, 그러한 가설은 단지 아직 관찰되지 않은 또 다른 개체에 대한 단순 요약으로 보이지는 않는다. 이러한 점을 우선 7장 2)절에서 단순화하여 제시한 러셀의 칠면조 예를 두고 다시 생각해보자. 이미 관찰된 사례는 3일 동안 해당 농장에서 운반되어 실제로 먹이를 먹게 된 일이다. 이처럼 사소한 사례에서라면 우리는 지금까지 그랬던 것처럼 간단히 그저 다음 날, 즉 4일째에도 먹이가 제공될 것이라는 가설에 대해 기대를 가질지 모른다. 하지만 좀 더 나아가 관찰 사례들로부터 만일 '모든 날들에 문제의 농장에서 아침

42 Carnap(1950), §110G.

9시에 먹이가 운반되어 제공된다'는 식으로 그것이 귀납적으로 일반화되고, 하나의 법칙으로 제시되었다고 해보자. 이 경우 그것은 단순히 앞으로 관찰하게 될 모든 개체들이 지금까지 관찰된 것과 마찬가지 상황임을 보여주는 요약에 그치는 것은 아니다. 앞서 전자와 관련한 법칙 *l*에 대해 그 *c** 함수를 구하기 위해 카르납 자신이 잘 보여주었듯, 법칙은 문제가 되고 있는 특성들 사이의 관계에 관해 매우 적극적인 주장을 편다. 즉 법칙 *l*에서는 '전자이면서 자기장 내에서 휘지 않는 것은 없다'라는 식으로 매우 강한 주장을 펴는 것이다. 이것은 달리 말하자면, 전자와 자기장이 갖는 어떤 특성들 사이에 불가분의 관계가 있음을 주장하는 셈이다. 만일 이러한 법칙을 넘어 하나의 이론으로 넘어간다면 이와 같은 점은 더 말할 필요도 없을 것이다. 그러므로 만일 법칙에서 이러한 점을 살리지 못하고 단순히 그와 같은 법칙으로부터 도출되어 나올 법하다고 여겨지는 미래의 한 사례에 관해서만 그 입증도를 문제 삼는다면, 카르납이 보여준 바와 같은 결과로 나아갈 수밖에 없는 것으로 보인다.

이러한 점을 고려할 때, 이에 대응할 수 있는 방향은 다음의 두 가지로 보인다. 하나는, 큰 틀에서 여전히 카르납의 귀납 논리를 따르되 지금의 측면을 반영하는 방향으로 나아가는 것이다. 다른 하나는, 아예 카르납 식 귀납 논리의 틀 자체를 벗어나는 일이다. 일단 첫 번째 방향에서 시도된 것들을 먼저 고찰해보자.

2) 힌티카의 대안

큰 틀에서 여전히 카르납 식의 귀납 논리를 따르되 그의 보편 가설의 입증도 문제를 해결하고자 주목할 만한 시도를 한 사람이 힌티카(J. Hintikka)다. 이러한 대안의 핵심은 단순히 증거에 제시된 개체들의 수 대신 그것에 나타난 특성 내지 속성에 주목하는 것이다. 이러한 점의 중요성은 7장 3)절과 8장 1)절에서 지적했듯, 카르납의 귀납 논리에서도 암시되어 있다.

예컨대 앞 절에서의 법칙 $l:(x)(Ex \supset Dx)$를 다시 살펴보자. 이 법칙에 나타나 있는 특성은 술어 'E'와 'D'로 표현된 것들이다. 그렇다면 증거에 제시된 개체들에서도 문제의 특성들이 어떻게 나타나는지에 주목하고, 만일 많은 개체들을 관찰했음에도 불구하고 그 개체들에서 문제의 특성들 외 다른 특성들은 나타나지 않았다면(또는 적어도 아주 드물게 나타났을 뿐이라면), 그것에 근거해 법칙 l에 대해 높은 입증도를 부여할 수 있지 않겠는가!

이러한 발상을 구체화하기 위해 힌티카는 카르납의 Q-술어를 이용해 다음과 같이 나아갔다(이하 자세한 내용에 관심이 없는 독자라면 아래의 식 ⑦로 연계하여 읽어도 좋을 것이다). 예컨대 임의의 개체 x가 지닐 수 있는 특성들을 나타내는 술어가 위와 같은 'E'와 'D'일 때, 다음과 같은 방식으로 하나의 Q-술어로 정의해 나타낼 수 있다(아래에서의 괄호는 힌티카에 따라 단지 시각적 효과를 위해 편의상 사용한 것일 뿐이다).

① $E(x).\ D(x) =_{df} Ct_0(x)$

그런데 이와 같은 Q-술어를 사용할 때, 다음과 같은 문장은 법칙 l을 논리적으로 함축하게 된다[아래에서 '$(\exists_x)$'는 '~한 개체가 적어도 하나 존재한다'는 의미의 이른바 '존재 양화사(existential quantifier)'를 나타내고, '&'는 결합사 '.'와 동일한 것으로, 여기서는 단지 시각적 편의를 위해 힌티카를 따라 사용한 것일 뿐이다]. 왜냐하면 아래의 연언 문장 가운데 두 번째 연언지가 곧 법칙

l에 해당하기 때문이다. 이때 아래의 첫 번째 연언지는 증거 중 나타난 특성을 보여주는 부분으로 이해해도 좋을 것이다.

② $(\exists_x)\ Ct_0(x)\ \&\ (x)Ct_0(x)$

그러므로 만일 증거 중에 나타난 많은 개체들이 'Ct_0'로 나타낼 수 있는 특성들을 보여준다면 그러한 증거는 위의 ②를, 나아가 법칙 l을 입증하게 될 것이다. 이 경우 과연 그 입증의 정도가 높아질 수 있을까? 이에 대해 긍정적 답이 나올 수 있음을 보여주기 위해 힌티카는 다음과 같은 방식으로 체계적으로 나아갔다.

이제 π개의 원초 술어와 N개의 개체 상항으로 구성된 언어 L에서 만들어질 수 있는 κ개의 Q-술어들을 여기서는 다음과 같이 나타내고, 이를 **속성 요소**(attribute constituent)라 불러보자.

③ $Ct_1(x),\ Ct_2(x),\ \cdots\cdots,\ Ct_\kappa(x)$

이러한 각 속성 요소가 어떤 개체들에 나타났는지 여부를 빠짐없이 보여주며, 위의 문장 ②와 관련해 고려한 바를 나타내는 다음과 같은 문장을 **구성 요소**(constituent)라 불러보자〔아래에서 $\{Ct_{i_1}(x),\ Ct_{i_2}(x),\ \cdots\cdots,\ Ct_{i_\omega}(x)\}$는 물론 위의 모든 속성 요소들 ③ 가운데 임의의 한 부분 집합이다〕.

④ $(\exists_x)Ct_{i_1}(x)\ \&\ (\exists_x)Ct_{i_2}(x)\ \&\ \cdots\cdots\ \&\ (\exists_x)Ct_{i_\omega}(x)$

$\&\ (x)[Ct_{i_1}(x) \vee Ct_{i_2}(x) \vee\ \cdots\cdots\ \vee Ct_{i_\omega}(x)]$

따라서 앞서의 ②는 이와 같은 요소 중 하나에 해당할 것이다.

다음 문제는 이러한 요소들에 어떻게 적절한 값을 부여해 제시된 증거 e를 기반으로 법칙 l에 대해 높은 확률값을 부여할 수 있는지다. 이 경우 가장 간단히 생각할 수 있는 바는 카르납의 귀납 논리 체계에서 구조 기술들에 대해 그러하듯 각각의 구성 요소에 대해 동일한 확률값을 부여하는 방안이다.

위의 ④에서 ω는 0에서 κ까지 이를 수 있으므로, 제시된 언어 체계에서 만들어낼 수 있는 구성 요소는 2^{κ}개다. 따라서 지금의 방안에 따른다면 각각의 구성 요소에 대해 $1/2^{\kappa}$의 값을 부여할 수 있을 것이다. 만일 이처럼 각 구성 요소에 확률값을 부여할 수 있다면 그 구성 요소가 참이 되게 하는 상태 기술들에 대해 다시 해당 구성 요소의 확률값들을 균등하게 배분하고, 그러한 사전 확률값들에 베이즈의 정리를 적용해 우리가 원하는 사후 확률값을 얻어낼 수 있을 것이다.

이제 어떤 증거 e에 나타난 속성 요소들이 $Ct_{i_1}(x)$, $Ct_{i_2}(x)$, ……, $Ct_{i_\omega}(x)$라고 해보자(단, $c \leq \omega \leq \kappa$). 그렇다면 이러한 증거가 성립하는 구성 요소는 다음과 같을 것이다.

⑤ $(\exists_x)Ct_{i_1}(x)\ \&\ (\exists_x)Ct_{i_2}(x)\ \&\ \cdots\cdots\ \&\ (\exists_x)Ct_{i_c}(x)\ \&\ \cdots\cdots\ \&\ (\exists_x)Ct_{i_\omega}(x)\ \&\ (x)[Ct_{i_1}(x) \vee Ct_{i_2}(x) \vee\ \cdots\cdots\ \vee Ct_{i_c}(x) \vee \cdots \vee Ct_{i_\omega}(x)]$

편의상 이러한 구성 요소를 'C_ω'라 해보자. 그렇다면 증거 e를 기반으로 C_ω에 대한 사후 확률 $P(C_\omega/e)$는 베이즈의 정리를 이용해 다음과 같이 구해낼 수 있다.

$$⑥\ P(C_\omega/e) = \frac{P(C_\omega)P(e/C_\omega)}{\sum_i P(C_i)P(e/C_i)}$$

여기서 분모의 합은 증거 e가 성립하는 모든 구성 요소들에 대한 것으로, 이러한 구성 요소들의 개수는 조합 $\binom{\kappa-c}{i-c}$로 구할 수 있을 것이다(즉 c개의 속성 요소를 고정한 상태에서 나머지 요소들을 순서에 관계없이 배열하는 경우의 수를 생각하면 좋을 것이다).

그런데 위의 식 ⑥에서 $P(C_\omega)$의 값과 $P(C_i)$의 값은 동일하다. 앞서 각 구성 요소에 대해 동일한 확률값을 부여하기로 했기 때문이다. 따라서 식 ⑥에서 이 부분은 제거할 수 있을 것이다. 하지만 $P(e/C_\omega)$나 $P(e/C_i)$의 값을 구하기 위해서는 증거 e에 대한 추가적 규정이 필요하다. 이제 증거 e는 N개의 개체로 구성된 모집단에서 추출한 n개의 개체로 구성된 표본을 기술한 문장으로 보고, 그러한 표본 중의 개체들은 앞서 지적한 대로 c개의 속성 요소로 나타낼 수 있는 특성들만을 보이는 것으로 가정한다. 그렇다면 증거 e가 성립하는 구성 요소 C_ω를 참으로 만들어주는 상태 기술들의 개수를 $m(C_\omega)$, 그러한 증거를 고려함 없이 C_ω를 참으로 만들어주는 상태 기술들의 개수를 $M(C_\omega)$라 할 때, $P(e/C_\omega)$는 $m(C_\omega)/M(C_\omega)$로 나타낼 수 있을 것이다. 유사한 방식으로, $P(e/C_i)$ 또한 $m(C_{c+i})/M(C_{c+i})$로 나타낼 수 있을 것이다. c는 고정한 상태에서 추가로 i만을 변화시켜 나아가면 되기 때문이다. 그러나 이러한 값들을 다시 어떻게 구할 수 있을까.

$m(C_\omega)/M(C_\omega)$의 경우, 복잡한 계산을 피하고 지금 우리가 추구하는 상황에 맞게 모집단을 이루는 개체들의 수가 무한하다고(곧 $N\rightarrow\infty$라고) 가정한다면, 이러한 문제는 좀 더 쉽사리 해결될 수 있다. 즉 $N\rightarrow\infty$라고 가정할 때, $m(C_\omega)$는 대체적으로 $(N-n)$개의 개체들이 ω개의 속성 중 하나를 나

타내는 경우의 수로 볼 수 있고(왜냐하면 모집단의 개체가 무한하다면 표본 내의 개체들을 제외한 나머지 개체들은 제시된 거의 모든 속성을 나타낼 것으로 기대할 수 있기 때문이다), 이 수는 ω^{N-n}과 같기 때문이다. 마찬가지로 $M(C_\omega)$의 값은 ω^N으로 구할 수 있을 것이다. 따라서 지금의 경우 $m(C_\omega)/M(C_\omega)$은 $1/\omega^n$으로 제시될 수 있다. 달리 표현하면 모집단 내의 개체수가 무한한 경우 그러한 개체가 보일 수 있는 속성은 지극히 다양하고, 허용된 모든 속성을 보이는 것으로 기대할 수 있으며, 따라서 그러한 상황에서 어떤 하나의 개체가 ω개의 속성 중 하나를 보일 수 있는 확률은 $1/\omega$로서, n개의 개체가 그러할 확률로 $(1/\omega)^n$을 쉽게 구할 수 있는 것이다. 마찬가지로 $m(C_{c+i})/M(C_{c+i})$ 역시 같은 조건에서 확률 $(1/(c+j))^n$으로 놓을 수 있을 것이다.[43] 그렇다면 위의 식 ⑥은 $N\rightarrow\infty$라는 가정하에 다음과 같은 식으로 바꾸어놓을 수 있게 된다(아래의 조합 $\binom{\kappa-c}{i}$는 앞서의 조합 $\binom{\kappa-c}{i-c}$에서 i를 $c+i$로 대신한 것이다).

$$⑦\ P(C_\omega/e)=\frac{(1/\omega)^n}{\sum_{i=0}^{\kappa-c}\binom{\kappa-c}{i}\left(\frac{1}{c+i}\right)^n}=\frac{1}{\sum_{i=0}^{\kappa-c}\binom{\kappa-c}{i}\left(\frac{\omega}{c+i}\right)^n}$$

이 식의 경우, 그 전체의 값은 ω가 작아질수록 커지고, $\omega=c$일 때 가장 커진다. 그러므로 문제의 입증도가 커지기를 바라는 우리의 목적상 일단 추가적으로 $\omega=c$라고 가정해보자. 이제 이러한 새 가정 아래에서 위의 식 ⑦을 이용해 원래의 문제 상황으로 돌아가 문제의 법칙 l에 대해 과연 높은 입증도를 부여할 수 있는지 확인해볼 수 있을 것이다.

---

43 이에 대한 좀 더 테크니컬한 도출을 위해서는 Hintikka(1965/1970), p. 504 참조.

우선 우리의 언어 L 내에 원초 술어로서 단지 'E'와 'D'만이 제시되어 있고, 따라서 $\kappa=2^2=4$라고 해보자. 그리고 문제의 법칙 $l:(x)(Ex \supset Dx)$을 입증하기 위해 크기 n의 표본을 추출해 그 개체들을 조사해본 결과, 문제의 법칙과 양립 불가능한 사례, 즉 '$Ex.{\sim}Dx$'로 나타낼 수 있는 사례는 전혀 없고 양립 가능한 사례들은 고르게 빠짐없이 관찰되었다고 해보자. 곧 '$Ex.Dx$', '${\sim}Ex.Dx$', '${\sim}Ex.{\sim}Dx$'로 나타낼 수 있는 사례들이 모두 관찰된 셈이다. 이제 이 각각을 하나의 Q-술어, 즉 하나의 속성 요소에 해당하는 것으로 본다면 지금의 증거 중에 나타난 속성 종류의 개수는 $c=3$이 될 것이다. 또한 $\omega=3$이다. 그러므로 지금 상황을 위의 ⑤와 같은 구성 요소로 표현하면 다음과 같다(앞서 ②는 지금 구성 요소의 일부다).

$$⑧\ (\exists_x)Ct_{i_1}(x)\ \&\ (\exists_x)Ct_{i_2}(x)\ \&\ (\exists_x)Ct_{i_3}(x)$$
$$\&\ (x)[Ct_{i_1}(x) \lor Ct_{i_2}(x) \lor Ct_{i_3}(x)]$$

이 가운데 '$(\exists_x)Ct_{i_1}(x)\ \&\ (\exists_x)Ct_{i_2}(x)\ \&\ (\exists_x)Ct_{i_3}(x)$' 부분은 적어도 '$Ex.{\sim}Dx$'인 경우를 배제하는 문제의 법칙 l을 지지하는 사례들이 존재함을 보여주는 셈이다. 이상의 결과들을 위의 식 ⑦에 대입하면 다음의 식을 얻을 수 있을 것이다.

$$⑨\ P(C_\omega/e)=\frac{1}{\sum_{i=0}^{1}\binom{1}{i}\left(\frac{3}{3+i}\right)^n}=\frac{1}{1+\left(\frac{3}{4}\right)^n}$$

이 식의 값은 물론 n이 커짐에 따라 커지며 점점 1에 가까워짐을 알 수 있다. 그러므로 힌티카는 위의 식 ⑨와 같은 것을 통해 법칙 l과 같은 보편 가설의 입증도를 0이 아닌 1로 가까워지는 큰 값으로 제시할 수 있다고 주장했다.

3) 힌티카의 대안에 관한 논란

앞에서 살펴본 힌티카의 식 ⑨가 적어도 우리가 문제 삼고 있는 보편 가설에 대해 결과적으로 0이 아닌 높은 입증도를 부여하는 것으로 나타난다 할지라도, 그 자체로 아무 의문도 불러일으키지 않는 것은 아니다.

당장 식 ⑨는 n 값이 조금만 커져도 곧 1에 가까워진다는 점에서 지나치게 낙관적임이 드러난다. 이러한 기술적 문제는 힌티카 자신이 보여주듯, 추가적 변수를 도입하고 적절한 기술적 조치를 취하는 경우 그 극복이 그다지 어려운 것은 아니다.[44] 오히려 힌티카의 대안이 불러일으키는 의문의 핵심은 기술적 문제보다 그것이 나타내려는 바의 개념적 문제에 놓여 있다. 이하에서는 그러한 개념적 문제에 한정해 논의를 진행해본다.

이러한 문제에 관해 누구보다 예리한 시각을 보여준 이는 에슬러(W. K. Essler)다.[45] 그의 심각한 의구심 중 첫 번째는, 힌티카의 식들이 과연 진정으로 보편 가설에 대한 입증도의 역할을 하느냐는 것이다. 이것은 단순히 힌티카의 식들이 입증도로서 부적절한 것이라기보다 그것들이 아예 입증도가 아닐 수 있다는 지적이다.

힌티카의 대안이 보편 가설에 대해 1에 가까워지는 높은 확률값을 부여

44 힌티카 자신의 이와 같은 노력에 관해서는 예컨대 Hintikka(1965/1970), pp. 505, 508~509; Hintikka(1968), p. 197; Hintikka and Hilpinen(1966), p. 13 참조.

45 Essler(1975).

할 수 있었던 까닭의 핵심은 8장 2)절에서 지적한 대로, 단순히 증거에 제시된 개체들의 수에만 주목하는 대신 그것에 나타난 특성들에 주목했다는 점에 있다. 그리하여 증거 중 많은 개체가 관찰되었음에도 불구하고 그것에 나타난 특성들이 한정되어 있다면 그에 근거해 해당 특성들을 포함한 보편 가설에 대해 높은 확률값을 부여하는 전략을 행할 수 있었던 것이다. 하지만 바로 이 점 때문에 동시에 그의 전략은 단순히 해당 근거에 비추어 좀 더 단순한(simple) 가설에 높은 확률을 부여하는 전략과 다르지 않다는 의구심을 불러일으킬 수 있다. 사실상 바로 앞의 식 ⑦과 관련해 지적한 대로 $P(C_\omega/e)$의 값은 ω가 작아질수록 커지고, $\omega=c$일 때 가장 커진다. 이러한 경향은 힌티카의 확대된 식들에서도 근본적으로 다르지 않다. 에슬러는 힌티카의 시도가 유한한 경험 자료와 관련한 보편 가설의 **단순성 정도**(degree of simplicity)에 대한 한 가지 해명에 지나지 않는다고 비판했다.[46]

그러나 이에 대한 힌티카의 반박에서 드러나듯,[47] 이것은 결정적 비판이 아닐 수 있다. 왜냐하면 에슬러가 의구심을 갖듯 힌티카의 식들이 보편 가설의 단순성을 반영하는 측면이 있다 할지라도 그 때문에 곧 그것이 확률의 원칙에 근거한 입증도가 아니라고 말할 수도 없기 때문이다. 만일 케인스에서 카르납에 이르기까지 어떤 가설에 대한 귀납적 결론에 대한 귀납적 지지 정도를 확률의 원칙에 의거해 부여하는 것이라면, 힌티카의 경우에도 이 점에서는 예외라 할 수 없다. 예컨대 카르납의 경우 구조 기술에 대해 동일한 확률값을 부여했듯 힌티카의 경우에도 구성 요소에 대해 동일한 확률값을 부여하는 것뿐이며, 그 대상만 다를 뿐 이러한 절차 자체가 확률

---

46 앞의 책, p. 368.

47 Hintikka(1975).

의 원칙에 어긋나는 것은 아니기 때문이다. 사실상 카르납 자신도 힌티카의 시도에 대해 오히려 그와 같은 시도는 구조 기술에 관한 것보다 일반적이고 추상적인 방향으로 확대된 것이라 지적하고, 구성 요소보다 한층 더 그러한 성격이 강한 '구성 요소 구조(constituent-structure)'로까지 그것을 확대해 보기를 권한 바 있다.[48]

하지만 확률의 원칙을 따른다 할지라도 무엇에 대해 그러한 원칙을 적용했는지는 해당 확률의 의미에 관한 해석과 결코 무관하지 않다. 이러한 점은 힌티카의 시도에 대한 에슬러의 또 다른 비판에서 잘 볼 수 있다.

7장 1)절에서 언급한 대로, 카르납의 해명에 따른 입증도는 확률 개념 '확률$_1$'에 대한 것으로, 그것은 상대 빈도의 추정치에 해당하는 것이기도 하다. 이와 같은 내용은 지금의 맥락에서뿐 아니라 이후 베이즈주의적 접근에 관한 논의를 위해서도 필요하므로 좀 더 상세히 밝혀보기로 한다.[49]

두 사람 X, Y가 판돈으로 각자 u_1, u_2를 놓고 어떤 가설 h에 대해 도박을 한다고 해보자. 이때 두 사람에게 제공된 정보를 e라 하면, X가 e를 기반으로 h에 부여할 수 있는 확률값은 $u_1/(u_1+u_2)$라 할 수 있다. 이것은 X가 정보 e와 관련해 가설 h에 대해 이러한 비율로써 판돈 u_1을 제시하는 것이 궁극적으로 이득도 없고 손실도 없는 공정한(fair) 상태라 생각하고 있음을 뜻한다. 따라서 이것은 X에게 하나의 '공정한 투기율(fair betting quotient)'이라 할 수 있다. 그런데 이제 n개의 개체로 구성된 어떤 표본 K 내에 특성 M을 갖는 개체가 m개 있고, 그것의 비율이 $m/n=r$이라 해보자. 이 경우 만일 X가 n개의 개체 각각에 대해 그것이 특성 M을 가지리라는 가설에 대해 도박을 한다면, 그는 rn번의 도박에 이겨 rnu_2만큼

48 Hintikka(1968)에 대한 카르납의 토론 부분인 Carnap(1968) 참조.

49 이하의 설명 부분은 전영삼(1984), 46~48쪽에서 발췌, 수정한 것이다.

의 돈을 받게 될 것이고, $(1-r)n$번의 도박에 져 $(1-r)nu_1$만큼의 돈을 잃게 될 것이다. 따라서 전체적으로 X는 $g=rnu_2-(1-r)nu_1=n(u_1+u_2)(r-q)$만큼의 이득(gain)을 얻게 될 것이다(이는 +일 수도 있고 −일 수도 있다). 그런데 여기서 q는 바로 X의 투기율 $u_1/(u_1+u_2)$다. 따라서 이러한 도박에서는 X가 $q=r$로 할 때, 즉 K 내의 어떤 한 개체가 M을 가지리라는 가설에 대한 그의 확률을 M의 상대 빈도와 같게 놓았을 때 공정한 도박에 이르게 된다.

그러나 이제 X가 그 상대 빈도 r을 모르는 상태에서 K와 겹치지 않는 또 다른 크기 n의 표본 e'를 가지고 K 내의 어느 한 개체 b가 M을 가지리라는 가설 h에 도박을 건다고 가정해보자. 그는 가능한 한 e'를 근거로 r을 추정하려 할 것이고, 그 추정치를 자신의 공정한 투기율로 간주하려 할 것이다. 그런데 이때 어느 한 변량(magnitude)의 추정치를 그 변량의 가능한 모든 값 각각의 증거와 관련해 그 값이 나타날 확률들 곱의 합으로 정의한다면,[50] X는 이 정의에 따라 m의 추정치 m', r의 추정치 r', g의 추정치 g'를 구하여 역시 $r'=m'/n$과 $g'=n(u_1+u_2)(r'-q)$에 이르게 될 것이다. 그러면 여기서 X는 다시 $q=r'$를 얻고, 결국 X에 있어 표본 e'를 넘어서는 하나의 개체 b에 대한 단칭 문장 'Mb'에 대한 확률이란 b를 포함한 표본 K에 있어 M의 상대 빈도에 대한 추정치와 동일하게 되는 것이다.

이러한 관점에서 본다면, 이제 무한한 영역에서(위의 예에서라면 K가 무한 집합인 경우) 문제의 추정치는 0이 될 것이다. 그리고 이에 따라 해당 입증도 역시 0이 되어야 할 듯하다. 직관적으로 볼 때, 위의 X가 무한한 개체로 구성된 영역에서 도박을 하는 경우 그는 결코 이길 수 없는 것으로 보이고,

---

50 이러한 정의에 관해서는 Carnap(1950), p. 525 참조.

위와 같은 방식으로 그는 그러한 사실에 대해 미리 알 수 있는 것이다.

에슬러는 이 같은 사정에 근거해 카르납의 체계에서 보편 가설에 대한 입증도가 0에 가까워지거나 0이 되는 것은 오히려 합리적이라 생각했다. 반면 힌티카의 시도는 위와 같은 관점에서 볼 때 단칭 문장에 대해 적용되는 원칙과 보편 가설에 적용되는 원칙이 상이하다는 점에서 비일관적이라 비판한다. 사실 에슬러의 이러한 관점은, 힌티카의 대안이 보편 가설에 대한 제대로 된 입증도라기보다 그러한 가설의 단순성 정도에 대한 해명에 지나지 않는다고 보는 강력한 근거이기도 한다.

이에 대해 힌티카는 에슬러의 관점은 어떤 증거에 포함되어 있는 유한한 시행 이후의 경험에서 우리가 결국은 아무것도 배우지 못함을 의미하는 것이라 반박했다. 이제 완전히 알려져 있는 개체들로 구성된 어떤 유한한 증거를 e라 해보자. 그렇다면 예컨대 확률 $P(Ct_0(a)/e)$는 바로 다음에 관찰될 개체 a와만 관련되어 있을 뿐이다. 하지만 힌티카는 이러한 a가 관찰된 이후에, 또 다른 알려져 있지 않은 개체 b가 Ct_0를 충족시킬 확률 $P(Ct_0(b)/(e.Ct_0(a))$가 더 이상 $P(Ct_0(a)/e)$와 같을 필요는 없다고 주장한다. 만일 이 두 확률이 서로 같다면 이것은 e 이후의 모든 개체는 확률적으로 독립적임을 뜻하고, 이는 오히려 경험 학습의 원리에 위배되는 것이라 보는 것이다. 그러므로 그는 "어떤 변량에 대한 추정치는 장기 시행에서 그 변량에 어떤 일이 일어날 것인지에 관한 우리의 신념으로 해석할 수 없다"고 보았다. "이후 계속되는 시행들이 그 변량에 대한 추정치를 바꿀 것"이라 보기 때문이다. 이러한 관점에서 힌티카는 오히려 에슬러나 카르납이 비일관적 관점으로 나아간 것이라 비판했다.[51]

---

51 Hintikka(1975), p. 374~376.

그런데도 카르납이 자신의 입증도가 위와 같이 상대 빈도에 대한 추정치와 연계될 수 있도록 한 데는 그의 입증도가 경험적 증거와 관련 맺도록 해야겠다는 염려 때문이었을 것이라고 힌티카는 지적했다. 아닌 게 아니라 이 점은 카르납 자신이 『확률의 논리적 기초』에서도 뚜렷이 의식하고 있었던 점이다.[52] 그렇다면 힌티카의 대안을 둘러싼 지금과 같은 논란은 단순히 보편 가설의 입증도에 한정된 문제이기보다는 입증도가 적용되는 귀납적 상황을 어떤 각도에서 바라보느냐 하는 근원적인 문제를 내포하고 있는 셈이다.

이 대목에서 힌티카는 이와 같은 상황의 진실을 보여주는 한 가지 이론적 가능성으로서 **드 피네티의 표상 정리**(de Finetti representation theorem)를 제시했다. 이 정리 자체에 관해서는 이후 상세히 설명하겠지만(11장 4)절 참조),[53] 지금의 문제와 관련하여 간단히 정리한다면, 어떠한 확률 분포이든 그것은 어느 제1차적 확률에 대한 제2차적 확률 분포로 정의할 수 있다는 것이다. 이러한 견지에서 보자면 드 피네티의 정리는 우리의 논의 맥락에서는 **이미 제시된 상대 빈도에 대해 다시금 확률을 부여하는** 일반적 상황을 표현해주는 것으로 볼 수 있다. 따라서 만일 이와 같은 정리가 성립한다면 카르납과 같은 방식으로 확률을 부여하든, 힌티카 자신의 방식대로 확률을 부여하든 그것은 결국 열려 있는 문제라고 힌티카는 결론지었다.

이제 문제는 확률의 원칙을 유지하면서도 위에서처럼 동일한 귀납적 상황에 대해 서로 다른 요구로 인해 나타나는 상호 비일관성을 벗어날 수 있는 방안은 없을까 하는 것이다. 중요하게 떠오르는 것은 귀납 논증 내에

52 Carnap(1950), §41D.

53 드 피네트 자신의 관련 문헌으로는 de Finetti(1937/1980) 참조.

제시된 귀납적 전제와 결론 사이의 관계를 다음과 같은 이분법으로 재조명하는 일이다. 즉 매거에 의한 귀납과 제거에 의한 귀납을 말한다. 이것은 단순히 결과적으로 제시된 귀납적 전제와 결론 사이의 형식적 측면에만 주목하는 대신 그것의 배후에 놓여 있을 법한 어떤 귀납적 상황을 반영하는 구별법이기 때문이다. 자세히 말해, 해당 결론에 대해 그 지지 증거들이 어떠한 방식으로 제시된 것이냐에 관한 구별을 말한다. 이것은 물론 귀납의 방법론에 해당하는 문제이나 지금 우리 앞에 놓인 문제에 한 가지 돌파구를 제공할 수 있을 법하다. 이것은 제1부 3장 2)절에서 언급한 대로, 우리의 문제에는 귀납의 논리와 귀납의 방법론이 모두 필요하며, 그 양자가 또한 밀접하게 관련되어 있음을 보여주는 첫 번째 접점이다.

매거와 제거에 관한 구별의 관점에서 보았을 때, 케인스에서 힌티카에 이르기까지 그들 이론의 초점은 주로 매거에 의한 귀납에 놓여 있는 셈이다.[54] 하지만 이제 배제에 의한 귀납으로 초점을 옮기게 되면 방금 논의된 문제에 관한 새로운 논리들을 제시할 수 있게 된다. 이와 같은 논리로서 기존에 제시된 주요한 것들은 베이즈주의, 빈도주의, 우도주의다. 이들의 연관성을 고려하며 이러한 접근 방법을 차례로 검토해본다.

---

54 물론 그들이 완전히 매거에 의한 귀납만을 알았다거나 제거에 의한 귀납에 전혀 관심을 두지 않았다고 말할 수는 없을 것이다. 예컨대 힌티카만 하더라도 자신의 대안이 어떻게 매거에 의한 귀납뿐 아니라 제거에 의한 귀납까지 다룰 수 있는지에 관해 언급했다〔Hintikka(1968), 특히 pp. 202~203 참조〕. 그런데도 앞으로 제시할 새로운 귀납에 관한 이론들과 비교해 이들의 이론이 매거에 의한 귀납에 초점이 맞추어져 있음을 부인하기는 어려울 것이다. 그들이 답을 주고자 한 문제의 핵심 자체가 그와 같은 귀납에 놓여 있기 때문이다. 하지만 귀납에 관한 새로운 이론가들의 그것은 애초부터 제거에 의한 귀납에 뚜렷이 놓여 있는 것으로 보인다.

9장

베이즈주의적 접근 방법

귀납에 관한 '베이즈주의적 접근 방법(Bayesian approach)'은 그 명칭이 시사하는 대로 주요하게 베이즈 정리를 이용한다. 하지만 지금까지 살펴본 대로, 귀납의 문제에 관해 확률을 이용하는 경우라면 하나의 확률 정리로서 베이즈 정리는 굳이 베이즈주의의 전유물이라 할 수는 없을 것이다. 베이즈주의에서 베이즈 정리는 단지 형식적 정리 자체로서보다는 그것을 적용하는 상황에 대한 이해 방식을 드러내준다는 점에서 의의가 있다. 베이즈주의의 이러한 이해 방식을 중심으로 과연 그것이 우리의 귀납 문제에 관해 적절한 해법을 제시할 수 있을지의 여부를 살펴보자.

1) 제거에 의한 귀납과 베이즈 정리

결과적으로는 동일한 귀납 논증이라 할지라도 해당 결론에 대해 관련 증거가 제시되는 방식은 상이할 수 있다. 여기서 중요한 방식은 그것이 매거적으로 제시되는지, 아니면 제거적으로 제시되는지다. 전자의 방식으로 제시될 때 그것은 흔히 **매거에 의한 귀납**(induction by enumeration) 또는 **매거적 귀납**(enumerative induction)이라 부르고, 후자의 방식으로 제시될 때 그것은 흔히 **제거의 의한 귀납**(induction by elimination) 또는 **제거적 귀납**(eliminative induction)이라 부른다.

매거에 의한 귀납은 기본적으로 **해당 결론에 부합하는 증거를 찾으려는 관점**에서 이루어진다. 귀납의 상황에서 우리는 결국 문제의 증거로써 해당 결론을 지지하려는 의도를 지니고 있으므로 이 같은 관점은 매우 자연스러운 것이다. 하지만 만일 이러한 관점만을 고수한다면 그것은 귀납 상황을 너무 낙관하는 태도다. 왜냐하면 귀납 논증에서 결국 그 증거가 해당 결론을 논리적으로 함축하는 것이 아닌 한 제시된 증거와 양립 가능한 귀납적 결론은 무수히 많을 수 있기 때문이다. 따라서 우리가 원하는 귀납적 결론을 제대로 지지하기 위해서는 문제의 결론뿐만 아니라 대안이 되는 여타의 결론들 역시 하나의 **대립 가설**(alternative hypothesis)로 고려해, 동시에 그처럼 대안적인 것들을 제거하는 일이 필요하다.

귀납의 상황에 대해 이처럼 제거적 관점이 필요함은 이미 17세기 베이컨이 귀납적 증거를 수집하면서 그 긍정적 사례의 목록, 즉 우리가 주목하는 특성의 '존재표(table of presence)'뿐만 아니라, 그 부정적 사례의 목록, 즉 해당 특성의 부재표(table of absence)까지 강조하는 데서도 뚜렷이 인식되고 있었다.[55] 예컨대 태양, 세차게 마찰한 물체, 끓고 있는 액체 등의 증거들을 통해 '열의 본성'에 관한 귀납적 결론을 이끌어내면서 베이컨은 그와 같은 증거들에서 공통으로 발견되는 열과 빛의 공존(共存)에 주목해, 어쩌

---

55 Bacon(1620/2001), pp. 152~166.

면 '열의 본성은 빛이다'라는 가설을 세울 수 있다고 보았다. 하지만 그와 같은 증거들은 또 다른 가설, 예컨대 '열의 본성은 그 어떤 것의 운동이다' 라는 가설과 양립 가능하다. 왜냐하면 그러한 증거 모두에서 열과 그 어떤 것의 운동이 공존함을 발견할 수 있기 때문이다. 그러므로 두 가설을 통해 제대로 된 귀납적 결론에 이르기 위해서는 문제의 두 가설 중 어느 하나를 제거할 수 있는 별도의 방법이 필요하다. 베이컨은 빛은 갖되 열은 갖지 않는 또 다른 사례들을 추가함으로써(달, 반딧불 등) 열에 관한 빛의 가설을 제거할 수 있다고 보았다.

이처럼 하나의 증거를 두고 서로 양립 가능한 대립 가설들이 존재하는 사례는 현대적인 과학 현장에서 자주 볼 수 있다. 제1부 1장 2)절에서 보았듯, 동일한 음극선 현상을 두고 입자 가설과 파동 가설이 대립했을 때도 그러한 현장을 떠올릴 수 있을 것이다. 그런데 바로 이때야말로 어느 한쪽을 제거할 수 있는 추가적 증거가 필요하고, 이어지는 톰슨의 실험은 바로 그와 같은 경우 파동 가설을 제거할 수 있는 문제의 증거를 제시한 셈이다.

그렇다면 이처럼 대립 가설들 가운데 어느 한쪽을 제거하는 데 기여하는 추가적 증거들은 어떻게 찾아낼 수 있을까. 이에 관해서는 이른바 **가설-연역적 방법**(hypothetico-deductive method; H-D method)을 동원할 수 있다. 즉 어떤 가설들을 상정하면 그로부터 '연역되어 나올 법한' 증거와 그렇지 않은 증거에 주목하고 그와 같은 증거들을 찾아나서는 것이다. 예컨대 음극선과 관련해 입자 가설과 파동 가설이 제안될 수 있다면 그러한 가설들 가운데 어느 하나에서는 연역되어 나올 수 있으나 다른 하나에서는 연역되어 나오기 어려운 증거를 예상할 수 있고, 과연 그와 같은 증거를 실제 발견할 수 있느냐의 여부를 알아보는 것이다. 톰슨은 좀 더 진전된 진공 기술을 이용해 음극관의 기체를 한층 더 완벽하게 빼내고 실험을 계속하여 전위계에서 바늘의 움직임을 확인했을 뿐만 아니라, 음극관 주변에 설치된 자석에 의해 음극선의 휨도 뚜렷이 볼 수 있었다. 그럼으로써 음극선이 결국 음전기를 띤 어떤 입자라는 결론을 내리게 되었을 때, 그는 입자 가설에서 연역되어 나올 수는 있으나 파동 가설에서는 연역되어 나올 수 없는 어떤 증거를 예상하고 그와 같은 증거가 실현될 수 있는 어떤 실험 장치를 고안한 것이다.

이러한 과정은 어느 면으로는 연역 추론이나 연역 논증 가운데 하나인 선언지 제거법(또는 선언적 삼단 논법, disjunctive syllogism)과 유사해 자칫 그 자체로, 곧 연역적으로 타당한 것이라 오해하기 쉽다. 하지만 이것은 어디까지나 귀납적이다. 예컨대 이제 두 개의 선언지만으로 구성된 다음과 같은 형식의 선언적 삼단논법을 살펴보고, 이와 유사하지만 중요한 점에서 차이가 나는 제거에 의한 귀납을 비교해 드러내본다.

$$p \vee q$$

$$\sim q$$

$$\overline{\qquad\qquad}$$

$$p$$

이것은 물론 연역적으로 타당한 형식의 논증이다. 이제 어떤 증거 e를 기반으로 그와 양립 가능한 두 개의 가설 h_1과 h_2만이 제시되었다고 해보자. 그리고 추가적 증거 e'에 의해 $\sim h_2$를 확립할 수 있었다고 해보자. 이와 같이 될 수만 있다면 위의 타당한 선언지 제거법과 마찬가지 형식의 다음과 같은 논증이 가능할 것이다.

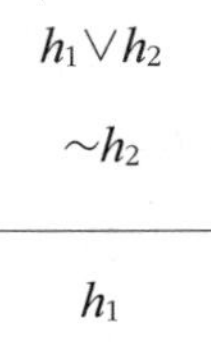

$$\frac{h_1 \vee h_2 \qquad \sim h_2}{h_1}$$

하지만 과연 추가적 증거 e'에 의해 $\sim h_2$를 결정적으로 확립할 수 있을까. 만일 가설-연역적 방법에 의해 명백하게 h_2에서 e''를 이끌어낼 수 있고, 추가 증거 e'가 $\sim e''$를 논리적으로 함축하거나 그것과 논리적으로 동치라면 다음의 논증 형식은 이른바 '후건 부정식(Modus Tollens)'으로서 연역적으로 타당할 것이다(아래에서 '⇒'은 논리적 함축 관계를 나타낸다).

$$\frac{h_2 \Rightarrow e'' \qquad \sim e''}{\sim h_2}$$

그러나 이것은 과학의 현장에서나 일상생활에서 볼 때 매우 이상적인 상황이다. 물론 이러한 상황이 명백히 전개될 수만 있다면, 대립 가설 중 어느 하나를 선택하는 데 더 이상의 논리적 문제는 발생하지 않을 것이다. 하지만 많은 경우 이것은 비현실적이다.[56] 적어도 다음과 같은 이유 때문에 h_2와 e' 사이에 위와 같이 곧바로 연역적인 관계가 성립하지 않는다.

56 매우 거친 소개이기는 하지만, 포퍼는 과학적 지식의 탐구 과정을 귀납에 의존하지 않고 이러한 후건 부정식에 의해 제대로 이해하고 평가할 수 있다고 주장한 바 있다[예컨대 Popper (1968), p. 76 참조]. 이와 같은 주장은 물론 과학에 관해 그저 단순화하기 어려운 매우 중요한 통찰을 담고 있기는 하지만, 그럼에도 그대로 인정하기 어려운 여러 상황에 직면하게 된다. 이에 관한 좀 더 심도 있는 논의는 이후 제3부와 제4부에서 전개할 예정이나, 당장 이어지는 이유 때문에 그의 관점을 여기서 따라가기는 어려울 것이다.

우선 추가적인 증거인 e'를 얻는 데 오류(error)들이 있을 수 있다. 경험적 증거는 관찰이나 실험을 통해 얻어지는데, 이와 같은 과정에서 오류는 흔히 발생하는 일이다.[57] 그러므로 실제 얻은 증거 자료 중에는 $\sim e''$를 낳는 결과도 있지만 그렇지 않은 결과들도 섞여 있어 이를 통해 곧바로 h_2를 부정하기 어렵게 된다. e' 자체가 확률적이거나 통계적으로 제기되기 때문이다. 이 경우 물론 h_1에 대해서도 유사한 상황을 상상할 수 있다.

둘째, 문제의 가설들 자체가 결정론적(deterministic)이기보다 통계적이거나 확률적인 경우 바로 위와 같은 연역적 관계가 성립하지 않는다. 예컨대 음극선과 관련한 예에서는 그 가설들이 그 자체 어떤 통계적이거나 확률적인 제약을 두지 않는 결정론적인 것이었으나, 제1부 1장 3)절에서 제시한 차 감별과 관련한 가설들, 즉 '(문제의) 여인에게는 (진정한) 차 감별의 능력이 없다'거나 '그것은 단지 우연일 따름이다'라는 식의 가설은 비결정론적인 것이다.

셋째, 이상의 것들보다 좀 더 철학적인 이유는 이른바 **보조 가설**(auxiliary hypothesis)들의 존재에 놓여 있다. 앞서와 같은 연역 관계가 성립하기 위해서는 우선 $h_2 \Rightarrow e''$가 전제되어야 하는데, 사실 가설 h_2가 결정론적이라 할지라도 바로 그로부터 특칭 명제 e''가 연역적으로 도출되어 나올 수는 없다. 이를 위해서는 특칭 명제 e''가 도출될 수 있게 해주는 여러 보조 가설들, 예컨대 관찰이나 실험 도구의 신뢰성에 관한 가설들, 관찰이나 실험을 하는 특정 장소나 시간에 관한 가설들이 필요하다. 그러므

57 여기서 말하는 '오류'는 이후 빈도주의적 접근 방식에서 말하는 '오류'와는 다른 것이다. 여기에서는 실제 관찰이나 실험 등에서 실천적으로 발생하는 실수나 잘못을 말한다. 예컨대 관찰자나 실험자의 인간적인 실수, 또는 관찰이나 실험 도구의 한계로 인한 오차의 발생 등을 말한다.

로 이와 같은 보조 가설들을 감안했을 경우, 추가 증거에서 $\sim e''$가 도출되어 나왔다 할지라도 그로부터 곧 $\sim h_2$를 연역해낼 수 없게 된다. 왜냐하면 $\sim e''$가 도출되어 나왔다 할지라도 $h_2 \Rightarrow e''$의 도출 과정에서 문제가 되는 것이 논리적으로 비단 h_2만은 아니기 때문이다. 이런 식으로 확대된다면 가설 h_2를 두고 그것을 테스트하고자 하는 과학자는 단지 h_2뿐만이 아니라 그를 둘러싼 지금까지의 과학적 지식 전체를 상대해야 할지도 모른다. 어떤 과학적 가설이 직면한 방금과 같은 상황에 관한 주장을 흔히 그 주창자들의 이름에 따라 **뒤엠-콰인 논제**(Duhem-Quine thesis)라 부르기도 한다. 그러므로 만일 우리가 이 논제에 따를 경우 h_2와 $\sim e''$는 바로 연역적인 관계에 놓여 있다고 말할 수 없게 될 것이다.

따라서 좀 더 현실적인 상황을 고려한다면, 추가적 증거들로써 어떤 가설들을 제거해가는 과정이 일면 선언지 제거법과 같은 타당한 연역 논증식과 유사할지라도, 그것은 어디까지나 귀납적 과정이라 해야 할 것이다. 그렇다면 이러한 귀납적 과정을 어떤 논리로써 해명할 수 있을까? 이에 대한 핵심적 답변이 바로 베이즈 정리에 놓여 있다고 보는 주의가 **베이즈주의**(Bayesianism)다. 베이즈 정리 자체는 형식적으로는 단지 확률의 한 정리에 지나지 않으나, 베이즈주의자들은 그 정리에 대한 적절한 해석을 통해 위와 같은 문제에 대한 나름의 합리적인 답을 줄 수 있다고 믿는다.

2) 베이즈 정리에 대한 해석

베이즈주의에서 베이즈 정리를 어떻게 해석하는지를 알아보기 위해 먼저 6장 5)절에서 제프리스를 통해 도출한 (배경 지식을 생략한) 베이즈의 정리를 다시 살펴보자.

① $P(h_r/e) = P(h_r) \times P(e/h_r) / P(e)$

베이즈주의에서는 기본적으로 어떤 증거를 기반으로 한 가설의 지지 정도가 이러한 베이즈 정리에 따른 사후 확률에 의해 제시되는 것으로 본다. 이 같은 사후 확률은 위의 식 ①이 보여주듯, 그때의 값을 결정해주는 적어도 세 가지 서로 다른 확률들에 의해 제시되는 것으로 본다. 그렇다면 이 세 가지 확률이 의미하는 바는 각기 무엇인가.

베이즈주의에서는 우선 가설에 대한 사전 확률 $P(h_r)$의 값은 해당 가설에 대한 주관적 확률(subjective probability)을 의미하는 것으로 본다. 주관적 확률은 어떤 개인이 문제의 가설에 대해 주관적으로 지닐 수 있는 신념의 정도를 말한다. 그러나 단지 자의적으로 어떠한 값이든 취할 수 있는 것은 아니고 적어도 5장 2)절을 통해 보여준 확률의 기본 공리들은 충족시켜야 하는 것으로 본다. 베이즈주의에서는 8장 3)절에서 살펴본 바와 같이 주관적 신념도가 도박과 같은 상황에서의 투기율로 제시될 수 있다고 본다. 그러나 그 투기율이 계속되는 도박 상황에서 적어도 확실하게 손실로 나아가지 않음을 보여주는 '공정한' 것임을 보장받기 위해서는 그것이 적어도 확률의 기본 공리들을 만족시켜야 함을 잘 알고 있기 때문이다.[58] 이러한 점 때문에 그것은 어느 한편으로 주관적이지만 그럼에도 하나의 확률로 불릴 수 있다.

---

58 이를 흔히 '도박 대장(臺帳) 논증(Dutch Book argument)'이라 하며, 이에 대한 증명은 여러 곳에서 쉽게 찾아볼 수 있다. 한 예로 다음을 들 수 있다. Ramsey(1931/1950), pp. 181~182.

귀납적 지지의 정도와 관련해 그것을 하나의 신념도로 보는 시각은 지금까지 보아왔듯 케인스 이래 카르납을 거쳐 힌티카에 이르기까지 모두 마찬가지였다. 그러므로 베이즈주의 역시 이 점에서는 그들의 주요 전통을 그대로 잇고 있는 셈이다. 하지만 케인스 이래 힌티카에 이르기까지 그들 모두는 어떤 가설에 대한 사전 확률이 — 비록 그것이 별도의 증거에 기반을 두고 있지 않다고 할지라도 — 나름의 그럴 법한 기준에 의해 부여되어야 한다고 보았고, 무차별의 원리는 그러한 중요한 기준이었다. 카르납은 적어도 그의 초기에 상태 기술이나 구조 기술 등을 통해 그와 같은 원리가 어떻게 논리적으로 제시될 수 있는지를 분명히 보여주려 시도한 셈이다. 그러나 베이즈주의에서는 일단 그런 원리에 신경 쓰지 않고 가설의 사전 확률을 주관적으로 자유롭게 정할 수 있는 것으로 본다. 그러므로 여전히 귀납적 지지의 정도를 하나의 신념도로 보면서도 여기서는 무차별의 원리가 안고 있는 난점들 — 그것이 카르납에서와 같은 논리적 기반을 갖고 있든 아니든 — 을 일단 피해갈 수 있는 장점이 있다.[59]

그렇다면 해당 가설의 우도인 $P(e/h_r)$에 대해서는 어떻게 처리할 수 있을까. 사실 우도는 케인스에서 힌티카에 이르기까지 그 의미 면에서 별로 중요시된 것은 아니었다. 하지만 베이즈주의에서는 그 의미를 좀 더 심각

59 물론 같은 베이즈주의라 할지라도 이 점에서는 주요하게 다시 의견이 갈릴 수 있다. 지금과 같은 경우는 좀 더 좁게 이른바 '주관적 베이즈주의(subjective Bayesianism)'의 관점을 대변하는 것으로, 또 다른 베이즈주의에서는 이와 같은 관점을 벗어날 수도 있다. 예컨대 '객관적 베이즈주의(objective Bayesianism)'에서는 주관적 베이즈주의의 관점을 따를 때, 가설에 대한 사전 확률값을 명확히 제시할 수 있는 경우는 그 값이 0이나 1일 때뿐이라는 점에 불만을 갖고 여전히 무차별의 원리를 적용할 수 있는 별도의 객관적 기준을 찾으려 한다. 이처럼 넓은 관점에서 본다면, 케인스 이래 힌티카에 이르는 경우 모두 역시 베이즈주의에 포함시킬 수 있을 것이다. 베이즈주의의 이러한 여러 분파에 관해서는 이후 9장 3)절에서 자세히 언급하게 될 것이다.

하게 취급할 필요가 있다.

우선 우도 $P(e/h_r)$이 적용되는 상황은, 가설 h_r이 참이 되는 어떤 개체들의 모집단과 그러한 모집단에서 추출된 표본에 관한 증거 e에 관한 것이다. 그러므로 만일 이와 같은 관점에서 본다면, 예컨대 러셀의 칠면조에서 문제의 칠면조가 이전 3일 동안 아침에 먹이를 먹게 되었다는 사실은 그보다 많은 날들에 걸쳐 아침에 먹이를 먹게 되는 경우들로 구성된 모집단에서 추출된 하나의 표본으로 볼 수 있다. 마찬가지로 음극선에 관한 실험의 예에서도 문제의 실험 결과는 음극선에 관한 수많은 사례들로 구성된 모집단에서 추출된 하나의 표본으로 볼 수 있다. 이것은 2장 6)절에서 제시한 이른바 '직접 추리' 상황이다.

따라서 이러한 관점에서 보자면, 해당 가설이 결정론적이어서 그것이 참이 되는 모집단 내 모든 대상들과 그로부터 추출된 표본으로 구성된 증거가 모두 해당 가설을 충족시키는 한 $P(e/h_r)=1$이 된다. 논리적으로 말해 가설 h_r이 증거 e를 논리적으로 함축하는 경우다.

만일 해당 가설이 비결정론적이라면 이때는 그 가설이 적용되는 모집단 내 모든 개체들이 해당 가설을 만족시키지는 않을 것이다. 이 경우라면 그 모집단 내에서 해당 가설을 만족시키는 개체들의 상대 빈도가 중요하게 된다. 예컨대 지금과 같은 상황에서 어떤 가설이 '대부분의 S는 M이다'와 같은 통계적 형태로 제시되어 있고, '대부분'이 좀 더 정확하게 80%를 나타내는 것이라 해보자. 그렇다면 이때 문제의 모집단은 특성 S를 지닌 개체로서 동시에 특성 M을 지닌 개체들의 비율이 0.8인 집단으로 볼 수 있다. 그렇다면 다시 예컨대 지금과 같은 모집단으로서 크기가 표본에 비해 매우 큰 집단에서 크기 5의 표본을 추출해 M을 나타내는 개체가 세개 발견된 경우, 베이즈주의에서라면 $P(e/h_r)$를 어떻게 구할 수 있을까?

만일 빈도론자라면 이 경우 단순히 제시된 상대 빈도를 해당 모집단 내에서 특성 M이 나타날 확률로 보고 이것에 근거해 $P(e/h_r)$의 값을 구하려 할지 모른다. 하지만 앞서 베이즈주의에서 택하는 확률은 주관적임을 지적한 바 있다. 그러므로 베이즈주의에서는 상대 빈도처럼 경험에 근거해 제시한 객관적 확률과 주관적 확률을 연계해줄 수 있는 별도의 원리가 필요하다. 베이즈주의에서는 지금 같은 모집단에서 무작위로 하나의 개체를 추출한다고 할 때, 그에 대한 주관적 확률은 해당 모집단 내 문제의 특성이 나타나는 상대 빈도와 동일한 것으로 본다. 예컨대 위의 예시에서 M에 관해 r=0.8의 상대 빈도를 보이는 모집단에서 무작위로 어느 한 개체 a_1을 추출할 때, 그것이 M을 나타낼 주관적 확률 $P(a_1|r=0.8)$를 다음과 같다고 보는 셈이다.[60]

② $P(a_1|r=0.8)=0.8$

루이스(D. Lewis)에 따라 흔히 **주요 원리**(Principal Principle)라 부르는[61] 이 원리는 사실 직접 추리의 상황에서 객관적 확률과 주관적 확률을 연계해주는 중요한 역할을 하는 것이다. 8장 3)절에서 힌티카의 문제 제기로 인해 살펴본 대로, 카르납이 자신의 입증도가 상대 빈도에 대한 추정치와 일치하도록 만든 일 역시 암암리 이 점을 염두에 둔 것으로 보인다. 물론

---

60 지금의 확률식 $P(a_1|r=0.8)$에서 기호 '|'은 지금까지 조건부 확률임을 나타내기 위한 기호 '/'과는 다른 것임에 유의할 필요가 있다. 기호 '|'는 단지 그 오른편의 상황이나 조건에서 해당 기호 왼편의 것이 계산된다는 것을 뜻할 뿐이다. 동일한 의미로 기호 '|' 대신 ';'와 같은 기호를 사용하기도 한다.

61 Lewis(1980/1986) 참조. 지금의 원리는 직접 추리의 상황에서 필요한 원리인 탓에 **직접 확률의 원리**(Principle of Direct Probability)라 부르기도 한다.

이러한 원리는 보통의 맥락에서라면 암묵적으로만 가정될 뿐이며, 이것이 명시적으로 드러나는 것은 해당 가정이 문제시될 때뿐이다. 우리의 논의에서도 이후 이를 별도로 문제 삼을 때 외에는 베이즈주의에서 당분간 이 원리를 암묵적으로 받아들이기로 한다.

만일 이처럼 가정하고 예시 모집단 내의 각 개체는 M을 지니거나 지니지 않을 뿐이라고 한다면, 해당 모집단에서 추출되는 표본의 확률 분포는 대체로 이른바 **이항 분포**(binomial distribution)에 따른다고 볼 수 있다. 그렇다면 이에 따라 0.8의 상대 빈도를 지닌 모집단에 대한 가설 $h_{0.8}$에 대한 우도 $P(e/h_{0.8})$은 다음과 같이 구해볼 수 있을 것이다.

③ $P(e/h_{0.8}) = \binom{5}{3}\left(\frac{8}{10}\right)^3\left(\frac{2}{10}\right)^2$

이와 같은 방식은 관련한 상대 빈도가 이미 알려져 있고 여타의 별도 이유가 없는 한,[62] 비결정론적인 가설 h_r에 대한 사전 확률 $P(h_r)$에 관해서도 마찬가지로 생각해볼 수 있다. 그러므로 방금의 예에서라면 $P(h_{0.8})=0.8$로 볼 수 있을 것이다.

이제 남은 문제는 증거의 확률 $P(e)$를 결정하는 일이다. 우리의 예시 상황에서 이 같은 확률을 구하기 위해서는 지금까지 제시된 베이즈의 정리를 좀 더 전개할 필요가 있다. 우선 논의를 간단히 하기 위해 우리가 관심을 갖는 가설 h_r과 그것의 부정으로서 $\sim h_r$, 단 두 가지 대안만이 있다고 가정해보자. 이 경우 6장 4)절에서의 〔정리 1〕과 〔정리 2〕를 사용하면 다음의 식을 얻을 수 있다.

62 물론 이러한 조건이 충족되지 않는 중요한 경우도 많이 있을 수 있다. 이에 관해서는 이후 다시 언급하게 될 것이다(11장 4)절 참조).

$$④\ P(h_r/e) = \frac{P(h_r)P(e/h_r)}{P(e)} = \frac{P(h_r)P(e/h_r)}{P(h_r)P(e/h_r) + P(\sim h_r)P(e/\sim h_r)}$$

$$⑤\ = \frac{P(h_r)}{P(h_r) + P(\sim h_r)\dfrac{P(e/\sim h_r)}{P(e/h_r)}}$$

따라서 위와 같은 식 ④나 ⑤를 활용하면 $P(e)$는 별도로 구할 필요가 없으며, 특히 식 ⑤에 따르면 각각의 가설에 대한 사전 확률 외에 $P(e/\sim h_r)/P(e/h_r)$의 비(比)만을 구하면 된다. 지금과 같은 비는 결국 두 대립 가설 사이 우도의 비이므로 이것을 흔히 **우도비**(likelihood ratio)라 칭하며, 실제 베이즈의 정리를 적용하고 나아가 베이즈주의에 따라 가설을 평가하는 데 중요한 역할을 하므로 이를 **베이즈 인수**(Bayes factor)라 칭하기도 한다. 만일 지금과 같이 h_r과 $\sim h_r$의 단 두 가지 대립 가설만이 제시되지 않고 그 이상 n개의 가설들이 서로 배타적이며 완비적으로 $h_1 \vee h_2 \vee \cdots\cdots \vee h_n$과 같이 제시될 경우라면, 위의 식 ④에서 해당 분모만 $\sum_{i=1}^{n} P(h_i)P(e/h_i)$로 바꾸어주면 될 것이다.

베이즈 정리에 대한 이상의 해석들을 종합적으로 정리하기 위해 이제 베이즈주의자들이 전형적으로 드는 실제적인 사례 하나를 제시해보기로 한다.[63] 하버드 의학 전문 대학원에서 시행된 실제 시험의 하나로, 다음과 같은 문제가 제시된 바 있다고 한다.

> 어떤 질병 D에 대한 진단 테스트 결과가 '양성' 아니면 '음성'을 보인다고 해보자. 양성 결과는 D의 존재를, 음성 결과는 그것이 존재하지 않음을 강

63 예컨대 Howson and Urbach(2006), pp. 22~23 참조.

력히 암시하는 것으로 간주한다. 실제 문제의 진단 테스트는 상당히 변별력이 있어 피검사자가 정말 D에 걸려 있는데도 음성 결과를 보여주는, 즉 잘못된 음성 결과를 보여주는 상대 빈도는 0이다. 또한 피검사자가 D에 걸려 있지 않은데도 양성 결과를 보여주는 상대 빈도 역시 매우 작아 5%에 그칠 뿐이다. 그런데 일반적으로 피검사자를 포함한 전체 모집단 내에서 D가 발생하는 유병율(有病率, incidence)은 0.001로, 대략 1,000명 중 한 명 정도로 D에 걸리기도 하는 것으로 알려져 있다. 그렇다면 이와 같은 모집단에서 무작위로 선정된 어느 한 피검사자가 테스트 결과 양성 반응을 보인 경우, 그가 D에 걸려 있을 확률은 얼마인가?

이 문제에 대한 답으로 대다수 응시자들은 '95%'를 택했다고 한다. 답에 이르게 된 추론 과정은 다음과 같은 것으로 여겨진다. 즉 '문제의 피검사자가 양성 반응을 보였다고 하는데, 조건에 따르면 양성 반응을 보이고도 실제 D에 걸리지 않을 상대 빈도는 5%다. 그러므로 양성 반응을 보인 상태에서 D에 걸릴 확률은 $100-5=95$%다!'

이 경우 대다수의 응시자들 생각을 식으로 정리하면 다음과 같다(D에 걸릴 상태를 'D'로, 양성 결과를 '+'로 표시). $P(+/D)=1-P(+/{\sim}D)=1-0.05=0.95$. 하지만 이것은 확률적으로 정당화될 수 없는 식이다. 이에 관한 세밀한 논의는 우도에 대해 논한 후 살피기로 하고(11장 1)절 참조), 여기서는 직관적으로 응시자들의 그러한 생각이 과연 정당화될 수 있는지 간략히 생각해보자.

물론 피검사자가 양성의 결과를 보였다면 그가 D에 걸려 있을 확률은 높을 수 있다. 하지만 과연 95%나 될 정도로 높을 수 있을까? 이러한 의구심이 드는 가장 중요한 이유는, 피검사자를 포함한 전체 모집단 내에서

D가 발생하는 유병율이 0.001로 매우 낮다는 점 때문이다. 문제의 피검사자는 진단 검사를 받고 양성 반응을 보였지만, 동시에 전체 모집단의 한 일원이기도 하다. 그렇다면 전체 모집단 내에서의 이러한 사정을 고려하지 않는다면 응시자들의 판단은 매우 잘못된 것이다.

바로 이와 같은 상황에서 베이즈주의자들은 앞서 해석한 대로의 베이즈 정리가 매우 설득력 있는 답을 제시할 수 있다고 본다. 즉 문제의 피검사자가 양성 결과를 보였다는 증거를 기반으로 그가 D에 걸려 있을 확률 $P(D/+)$는 위의 베이즈의 정리 식 ⑤에 따라 구할 수 있고, 여기에는 바로 문제의 모집단의 상황이 사전 확률 $P(D)=0.001$과 $P(\sim D)=0.999$에 반영될 수 있다는 것이다. 그러므로 이러한 사전 확률들을 고려해 사후 확률 $P(D/+)$를 구하면 다음과 같다.

$$⑥\ P(D/+)=\frac{P(D)}{P(D)+P(\sim D)\dfrac{P(+/\sim D)}{P(+/D)}}=\frac{0.001}{0.001+0.999\times\dfrac{0.05}{1}}$$

$$=0.01962\cdots\cdots$$

이 결과를 보면 사후 확률 $P(D/+)$가 대략 2% 미만이므로, 대부분의 응시자들이 생각했던 95%와는 현격한 차이가 있고, 이것이 오히려 현실에 부합해 보인다.

3) 베이즈주의의 인식론적 특징과 그에 대한 논란

베이즈주의에 대한 이상의 설명을 바탕으로 이제 우리의 칠면조 예에 적용해보자. 해당 사례에 대한 논의의 일관성을 유지하기 위해 여전히 크리스마스이브 전까지 3일 연속 아침에 칠면조가 먹이를 먹게 되었다고 해보자. 그 다음 날인 크리스마스이브 아침에도 먹이를 먹게 될 것이라는 단칭 가설에 대해 카르납의 귀납 논리에서는 나름대로 그 귀납적 지지의 정도를 제시할 수 있었다. 그러한 단칭 가설 대신 '모든 날 아침에 먹이를 먹게 된다'는 보편 가설에 관해서는 — 카르납의 경우 이른바 '사례 입증' 방식을 통해 간접적으로 지지의 정도를 제시하기는 했으나 이에 관해서는 심각한 논란이 야기되었고 — 힌티카가 나름의 대안을 제시한 바 있다. 하지만 이때는 귀납적 상황에 대한 서로 다른 요구로 인해 나타나는 상호 비일관성 문제에 처하게 된다. 이제 베이즈주의적 접근 방식에서는 이러한 문제들을 어떻게 해결할 수 있을지 검토해보자.

베이즈주의적 접근 방식을 활용하기 위해서는 베이즈의 정리를 사용할 필요가 있고, 이를 위해서는 우선 제시된 증거가 하나의 표본으로서 추출될 만한 모집단이 무엇인지를 확인하는 것이 관건이다. 왜냐하면 이것이 가능할 때 그 모집단과 관련한 가설의 우도와 사전 확률을 정하는 일이 가능하기 때문이다. 그렇다면 우리의 칠면조 예에서도 칠면조가 현재 지니고 있는 증거가 추출될 만한 모집단이 무엇일지를 고려하는 일이 매우 중요하다. 이것은 카르납이나 힌티카의 경우에는 잘 드러나지 않았다. 하지만 베이즈주의에서는 이 점에 새로이 주목한다. 그렇다면 칠면조는 단순히 내일을 기대하기 이전에, 이제는 시각을 넓혀 자신에게 지금까지 먹이가 제공된 상황이 해당 농장의 일반적인 상황인지 아닌지, 나아가 또 다른 농장에서라면 일반적으로 어떠한지에 대해 좀 더 폭넓게 돌아보지 않으면 안 된다. 이것은 당장의 증거에만 주목하는 대신 그 증거가 추출되는 더 넓은 맥락에 대한 고려를 요구하는 일이다.

이처럼 시각을 넓혀 조사해본 결과, 놀랍게도(?) 해당 농장에서 전체적으로 매일 아침 칠면조들에게 먹이가 제공되는 상대 빈도는 0.8이라는 사실이 밝혀졌다고 해보자(동시에 그렇게 매일 아침 먹이가 제공되지 않는 상대 빈도는 0.2라고 해보자). 이것이 놀라운 까닭은, 문제의 상대 빈도가 1이 아니라 0.8이라는 것은 적어도 매일 아침 먹이가 제공되는 것이 언제나 당연한 일은 아니라는 것을 이 수치가 잘 보여주기 때문이다. 우리의 칠면조가 당면한 문제 상황에서 이 사실만 제대로 인식해도 크리스마스이브에 아무것도 모른 채 죽임을 당하는 일은 면할 수 있음을 의미한다. 이제 이와 같은 상대 빈도를 전제로 할 때, 그러한 모집단 내에서 3일 연속 아침에 먹이를 먹었다는 증거가 성립할 확률은 9장 2)절에서의 식 ③에 따라 유사하게 $\binom{3}{3}\left(\frac{8}{10}\right)^3\left(\frac{2}{10}\right)^0=0.512$로 구할 수 있다. 그러므로 3일 연속 아침에 먹이를 먹었다는 증거 e를 기반으로 다음 날인 크리스마스이브 아침을 포함해 늘 아침에 먹이를 먹게 되리라는 가설 h에 대한 확률 $P(h/e)$는 다음과 같이 베이즈의 정리로 구할 수 있다.

$$① \ P(h/e)=\frac{P(h)}{P(h)+P(\sim h)\dfrac{P(e/\sim h)}{P(e/h)}}=\frac{0.8}{0.8+0.2\times\dfrac{0.008}{0.512}}=0.99610\cdots\cdots$$

이 확률값은 상당히 큰 편이며, 증거가 제시되기 전 가설의 확률 $P(h)$가 0.8이었다가 지금처럼 확률이 커진 까닭은 당연히 제시된 증거 때문이다. 그렇더라도 이는 분명 1은 아니므로 이 점에서 이전 3일 동안 연속으로 아침에 먹이를 먹게 되었다 해도 칠면조는 완전히 경계를 늦추어서는 안 될 것이다.

이제 '문제의 농장에서는 매일 아침 언제나 먹이를 먹게 된다'는 보편 가설 h'에 대해 이 같은 사후 확률값을 어떻게 구해낼 수 있을지 알아보자. 어느 면으로는 이 상황 역시 방금의 예시 상황과 다르지 않다. 예컨대 우리의 칠면조가 크리스마스이브 4일 전에 크리스마스이브 아침을 포함해 매일 아침 먹이를 먹게 되리라는 가설(h')을 세웠다면, 이는 어쩌면 문제의 농장에서 전체적으로 매일 아침 칠면조들에게 먹이가 제공되는 상대 빈도가 0.8이 아니라 1임을 의미하는 것으로 볼 수 있기 때문이다. 물론 그러한 상대 빈도가 0.8일 때와 마찬가지로 '사실적으로 1임이 알려져 있다'면 $P(h')=1$이고, $P(\sim h')=0$이므로, $P(h'/e)=1$이 될 수 있다. 그리고 그 후 3일 동안 얻은 증거 중 문제의 가설에 배치되는 결과만 나타나지 않았다면(가정상 그러한 결과가 나타날 수도 없지만), 곧바로 크리스마스이브를 포함해 언제나 아침에 먹이를 먹을 수 있다는 점은 확실해질 것이다.

하지만 실제적인 과학의 현장에서 제시되는 보편 가설의 상황을 고려한다면, 바로 지금과 같은 상황에서의 문제는 그와 같은 모집단 내의 상대 빈도가 사실적으로 알려져 있지 않다는 점에 있다. 오히려 그러한 상대 빈도가 어떠한지를 계속적으로 제시되는 증거들을 통해 추정해 들어가야 하는 상황으로 보아야 할 것이다. 그러므로 지금의 경우 칠면조는 크리스마스이브 4일 전 일단 보편 가설 h'를 제시한 후 그 가설에서 연역되어 나올 법한 명제들, 곧 이어지는 날들 아침에 각각 먹이가 제공될 것이라는 명제들을 예상한 후 실제 그처럼 되는지를 3일 동안 지켜봐야만 할 것이다. 이러한 상황이야말로 9장 1)절에서 보여준 대로, 음극선의 정체를 두고 제시된 두 가설들에 대해 과학자들이 실험을 통해 증거를 확보하려는 상황과 마찬가지다! 그렇다면 베이즈주의자들은 이 문제를 어떻게 처리할까?

지금의 경우 핵심은 보편 가설 h'가 실로 성립하는지 아닌지 아직 알 수 없다는 점이다. 이러한 상황에서라면 해당 가설이 성립하는지의 여부를 무엇보다 그 가설이 적용되리라 여겨지는 모집단에서 추출한 증거들을 두고 판단할 수밖에 없다. 우리의 칠면조 예에서라면 크리스마스이브 전 3일 동안 얻은 실제의 경험적 증거들이 바로 그런 역할을 하게 될 것이다. 이때 만일 해당 가설이 진정으로 참이고 문제의 경험적 증거를 얻는 데 아무 오류도 없다면 예의 증거들은 모두 긍정적으로 나타나야 할 것이다. 반면 3일 동안의 증거에서 단 하나라도 오류 없이 부정적인 결과가 나타났다면 문제의 가설은 전적으로 거짓이라 판단할 수 있을 것이다. 첫 번째 경우에는 $P(h')=1$, $P(\sim h')=0$, $P(e/\sim h')=0$, $P(e/h')=1$이므로, 9장 2)절에서의 식 ④나 ⑤에 따라 $P(h'/e)=1$로 제시될 것이다. 두 번째 경우에는 $P(\sim e/h')=0$이므로 $P(h'/\sim e)=0$으로 제시될 것이다. 즉 부정적인 증거에 의해 해당 보편 가설이 완전히 **반증되는**(falsified) 경우다. 그러나 문제는 해당 가설이 진정으로 참인지 아직 모를뿐더러, 그 가설에 의해 예측된 증거가 과연 예측대로 모두 오류 없이 참으로 나타날지 어떨지 확신할 수 없다는 점이다.

이러한 까닭에 베이즈주의자들은 우선 사전 확률의 중요성에 주목한다. 해당 가설이 아직 진정으로 참인지 모르며 증거 역시 아직 참임을 확신할 수 없는 상황이라면, 단순히 증거를 믿고 위와 같이 해당 가설을 전적으로 신뢰하든, 아니면 전적으로 부인하는 일은 합리적으로 보이지 않는다. 베이즈주의에서는 이를 막을 수 있는 장치가 바로 사전 확률이라 생각한다. 즉 방금과 같은 상황을 감안해 $P(h')=1$이나 $P(h')=0$과 같이 극단적인 값을 제시하는 대신 0과 1 사이의 적절한 사전 확률값을 별도로 생각해보자는 것이다. 물론 이 같은 별도의 사전 확률값은 당장 우리가 관심을 두고 있는 경험적 증거에 기반을 둔 것이 아니므로 그 외의 별도 근거를 지녀야 할 것이다. 이러한 근거에는 기존의 확립된 이론, 전문가의 직관, 해당 가설 자체의 특징(예컨대 단순성) 등 여러 가지가 있을 수 있다. 물론 이러한 것들에 근거해 사전 확률값을 어떻게 계량적으로 정확하게 제시할 수 있는지는 매우 어려운 문제일 수 있다. 하지만 베이즈주의자들은 이에 대해 크게 염려하지 않을 이유들을 갖고 있다고 주장한다.

그중 첫째는, 그러한 사전 확률은 주관적으로 비교적 자유롭게 제시될 수 있다는 것이다. 그러므로 확률의 기본 공리들만을 만족시키고 0과 1 사이에서 확률 부여자의 주관적 신념에 따라, 예컨대 문제의 가설 h'와 그 대립 가설 $\sim h'$ 각각에 대해 무차별의 원리에 따라 각기 $P(h')=0.5$와 $P(\sim h')=0.5$의 값을 부여할 수도 있고, 아니면 해당 가설에 대한 이론적 배경 지식에 따라 $P(h')=0.7$와 $P(\sim h')=0.3$과 같은 값을 부여할 수도 있다는 것이다. 만일 이처럼 주관적 신념에 따라 해당 가설에 대한 사전 확률을 적절하게 부여할 수 있다면 그러한 시각에서 베이즈 정리를 활용하는 방식도 달라지기 마련이다.

우선 해당 가설에 대해 전적인 신뢰를 할 수 없는 것과 마찬가지로 그것에서 예측된 증거에 대해서도 전적인 신뢰를 할 수 없다. 그러므로 예측된 증거 e에 대해서도 그 증거의 확률을 $P(e)=1$로 보는 대신, $0<P(e)<1$로 보아야 할 것이다. 만일 이처럼 본다면 h'가 보편 가설로서 e를 논리적으로 함축해 비록 $P(e/h')=1$이 된다 할지라도 $P(h'/e)=\frac{P(h')P(e/h')}{P(e)}=\frac{P(h')}{P(e)}$이고, 이때 $P(e)<1$이므로, $P(h'/e)>P(h')$이게 된다. 즉 $P(h')=1$이 아닌 한 긍정적인 증거 e가 나타난다면 바로 그에 의해 가설 h'에 대한 사전 확률값에 비해 그 사후 확률값이 증가함을 보게 된다는 것이다. 이 경우 문제의 증거 e가 가설 h'에서라면 당연하나 대립 가설 $\sim h'$에서 나타나기 어려운 것이라면, 그 같은 정도가 클수록 9장 2)절에서의 식 ⑤에서 베이즈 인수인 $\frac{P(e/\sim h')}{P(e/h')}$의 값이 작아지게 되므로 사전 확률에 비해 그 사후 확률이 점점 더 커지기 마련이다. 즉 증거 e가 대립 가설 $\sim h'$ 아래에서는 기대하기 어려우나 가설 $\sim h'$ 아래에서라면 기대되는 바가 크면 클수록 그 것이 실제 참으로 나타나는 경우 그 사후 확률값이 더욱 커지게 되는 것이다[이러한 까닭에 베이즈 정리에서 그 증거의 확률을 해당 증거의 **기대도**(期待度; expectedness)라 부르기도 한다]. 만일 이 경우 $P(e/h')=1$인 경우마저도 의심해 $P(e/h')<1$로 본다면, 이때는 이미 가설 h'를 더는 보편 가설로 보지 않고 하나의 통계적 가설로 본 셈이나, 비록 이 경우일지라도 베이즈 인수의 값이 1보다 작은 상태에서 그 값이 작아지는 것은 마찬가지다. 따라서 앞서의 관계는 여전히 성립하는 셈이다. 그러므로 베이즈주의에서는 보편 가설 h'에 대해 $P(h'/e)$의 값을 당장 정확히 구해낼 수는 없으나, 일단 h'에 대한 사전 확률값을 주관적으로 제시한 후 경험적 증거 확보에 의해 그 사후 확률값이 증가함을 보일 수만 있다면 그에 의해 해당 가설이 **입증된**(confirmed) 것으로 본다.

물론 이 같은 시각에서 본다면 해당 가설에 대해 부정적 증거가 제시되었다 할지라도 그때의 상황을 사후 확률값이 곧 0이 되는 완전 반증의 경우로도 볼 수 없다. 긍정적인 증거 e가 제시된다 할지라도 곧바로 $P(h'/e)=1$로 보지 않듯, 부정적 증거 $\sim e$가 제시되었다고 할지라도 곧 $P(h'/\sim e)=0$으로 보는 대신 9장 2)절에서의 식 ⑤에서 $P(\sim e/h')$의 값이 $P(\sim e/\sim h')$의 값보다 작은 것으로 보아, $\frac{P(\sim e/\sim h')}{P(\sim e/h')}>1$이 되므로, 그 사후 확률이 원래의 사전 확률보다 작아지게 되고, 이에 따라 부정적인 증거 $\sim e$에 의해 해당 가설이 **반입증된**(disconfirmed) 것으로 볼 따름이다.

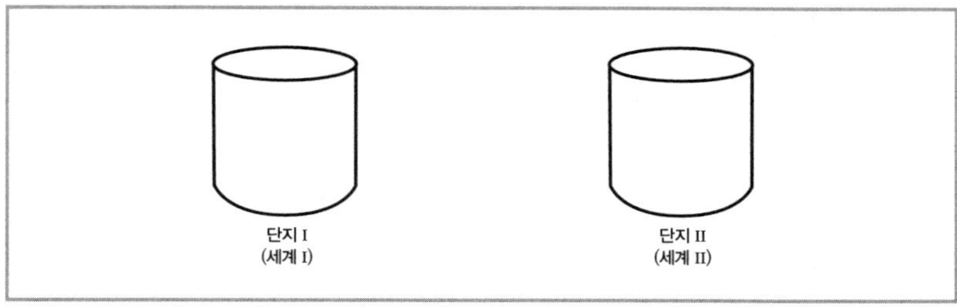

그림 7 단지 또는 세계의 모델.

사전 확률값을 어떻게 계량적으로 정확하게 제시하는지의 문제에 관해 베이즈주의자들이 크게 염려하지 않는 둘째 이유는, 사전 확률이 다소 임의적으로 제시되었다 할지라도 이후 경험적 증거의 누적에 의해 제시되는 사후 확률은 점점 더 어느 한 값으로 수렴한다고 보기 때문이다. 이 점은 한 가지 예로써 좀 더 직관적으로 보여줄 수 있다. 그림 7과 같이 서로 구별하기 어려운 두 개의 단지가 커튼 뒤에 가려져 보이지 않는다고 가정해 보자.

이 단지 각각에는 그 색깔 이외에는 다른 점에서 서로 구별되지 않는 공들이 들어 있는데, 단지 I에는 검은색 공과 흰색 공이 8대 2로, 단지 II에는 그것들이 2대 8의 비로 들어 있다고 해보자. 다른 색의 공들은 전혀 들어 있지 않다. 이제 커튼 뒤에 가려져 있어 어느 것인지 전혀 알 수 없는 상황에서 단지 하나에서 공들을 꺼내 색깔을 확인한 뒤 그것을 다시 원래의 단지로 되돌리는 복원 추출을 반복한다고 해보자. 이렇게 한다면 처음 우리는 자신이 선택한 단지가 I과 II 중 어느 것에 해당하는지 바로 알기 어려울 것이다. 하지만 단지에서 추출한 검은 공의 개수를 거듭 확인한다면 어쩌면 어느 단지를 선택했는지, 나아가 단지 안의 검은색 공과 흰색 공의 비율이 어느 정도인지, 그래서 우리가 선택한 단지에서 공 하나를 꺼낸다면 그것이 검은색일 확률이 얼마인지까지 알아낼 수 있을지 모른다. 이 경우 처음에 우리는 자신이 선택한 단지가 I인지 II인지 정확히 알 수 없으므로 나름의 주관적 신념대로 각각의 단지를 선택할 확률을 (0.5, 0.5) 또는 (0.7, 0.3)과 같은 식으로 정해도 좋다. 하지만 그 어느 쪽으로 정했든 앞서와 같은 시행을 반복하게 된다면 처음에 정한 확률의 영향은 점차 사라지고 표본 추출에 의해 나온 경험적 증거의 영향을 강하게 받게 되며, 마침내는 어느 하나의 값으로 수렴하게 되리라 짐작할 수 있는 것이다.

사실상 베이즈주의자들이 가설과 증거 사이의 상황을 보는 시각도 이와 크게 다르지 않다. 위의 예에서 단지 I과 II는 베이즈주의자들이 마주하고 있는 가능한 세계의 매우 간략한 두 모델로 생각해도 좋다. 우리는 자신이 가설을 제시하고자 하는 세계가 과연 모델 I과 같은지, 아니면 II와 같은지 처음에는 확신할 수 없다. 그 어느 쪽에 해당하는지 알려주는 가장 강력한 근거는 물론 그로부터 추출된 경험적 증거다. 하지만 그와 같은 증거가 추출되기 이전에라도 우리는 해당 증거가 추출될 모델이 어느 쪽인지 나름의 또 다른 근거로써 주관적으로 생각해볼 수 있다(예컨대 위의 단지 사례에서 검은색 공을 기준으로 한다면, 검은색 공의 비율이 더 큰 I의 단지가 보여주는 세계가 더 일양적(一樣的)으로 여겨질지 모른다). 이 경우 만일 그와 같은 근거가 별도로 존재하지 않는다면, 단순히 무차별의 원리에 따라 그 어느 쪽 세계에 해당할지에 관해 동일한 신념도를 가질 수도 있다(심지어는 두 모델 중 어느 쪽에 해당하는지에 관해 동전을 던져 앞면이 나오는 비율로 그 신념도를 정해도 무관하다!). 이러한 신념도야말로 바로 베이즈주의에서 사전 확률에 해당한다.

이렇게 정해지는 사전 확률은 행위자에 따라 다를 수 있으나, 그럼에도 어느 한 단지 또는 두 단지 각각으로부터 추출된 증거들을 기반으로 그 사후 확률들을 구해간다면 우리는 당면한 세계가 궁극적으로 어느 모델에 가까운지를 확률적으로 파악할 수 있다고 베이즈주의자들은 주장한다. 좀 더 구체적으로 위의 단지 사례에서 두 단지 각각으로부터 검은색 공의 비율에 관한 서로 다른 대립 가설을 각기 $h_{0.8}$과 $h_{0.2}$라 하고, 그 가설 각각에 대해 두 행위자 A와 B가 각기 (0.5, 0.5)와 (0.7, 0.3)의 사전 확률값으로 시작했다고 해보자. 물론 이러한 사전 확률의 값은 서로 매우 다르다. 하지만 이제 어느 한 단지에서 세 개의 공을 복원 추출한 경우, 그 모든 것이 검은색 공이었다고 해보자. 물론 이때 그것이 I과 II의 어느 단지에서 추출된 것인지는 당장 알 수 없다. 어쨌든 추출된 공들의 색깔 비를 통해 이제 그 공들이 추출된 단지가 어느 단지인지, 또는 그러한 공들이 나온 세계가 어느 세계인지를 짐작해보려는 것뿐이다. 그렇다면 이제 우리는 앞서의 식 ①에서와 유사하게 각각의 사후 확률을 다음과 같이 구해낼 수 있을 것이다.

$$② \quad P(h_{0.8}/e)=\frac{P(h_{0.8})}{P(h_{0.8})+P(h_{0.2})\dfrac{P(e/h_{0.2})}{P(e/h_{0.8})}}=\frac{0.5}{0.5+0.5\times\dfrac{0.008}{0.512}}=0.98461\cdots\cdots$$

$$P(h_{0.8}/e)=\frac{P(h_{0.8})}{P(h_{0.8})+P(h_{0.2})\dfrac{P(e/h_{0.2})}{P(e/h_{0.8})}}=\frac{0.7}{0.7+0.3\times\dfrac{0.008}{0.512}}=0.99334\cdots\cdots$$

이 식을 보면 사전 확률값에서의 큰 차이에도 불구하고 그 사후 확률값에서는 차이가 매우 줄어들었음을 분명히 확인할 수 있다. 게다가 단지 I에서의 검은색 공의 비율에 들어맞게 제시된 가설 $h_{0.8}$에 대해 더 높은 사전 확률을 부여한 B의 사후 확률값이 A의 그것보다 더 큰 것도 알 수 있다. 9장 2)절에서 질병 D와 관련해 그 사전 확률 $P(D)$가 중요한 역할을 한 사실도 결국 이러한 사정을 잘 보여주는 셈이다.

따라서 만일 위와 같은 단지로 모델화된 우리의 세계가 모두 검은색 공만으로 가득 찼다고 보는 보편 가설 $h_{1.0}$에 대해서도 마찬가지 주장을 펼 수 있다. 예컨대 단지 I에 모두 검은색 공만이 들어 있어 검은색 공의 비율이 1이고, 그와 대립된 단지 II의 경우에는 여전히 그 비율이 0.2라고 해보자. 그렇다면 위의 식 ②에서와 마찬가지 계산법에 따르되, $\frac{P(e/h_{0.2})}{P(e/h_{1.0})}$의 값인 0.008만을 대체해 계산하면 될 것이다. 이 경우 칠면조 예를 더욱 구체화하기 위해 예컨대 처음 사전 확률을 (0.7, 0.3)으로 잡았다면 그 사후 확률을 다음과 같이 구해낼 수 있다.

$$③\ P(h_{1.0}/e)=\frac{P(h_{1.0})}{P(h_{1.0})+P(h_{0.2})\frac{P(e/h_{0.2})}{P(e/h_{1.0})}}=\frac{0.7}{0.7+0.3\times\frac{0.008}{1}}=0.99658\cdots\cdots$$

결국 1의 값은 아니나 어쨌든 매우 높은 확률값이 나왔음을 볼 수 있고, 따라서 칠면조는 비교적 안심을 해도 좋을지 모른다. 음극선의 정체에 관해 나름대로 가설을 제시한 과학자들 역시 이와 유사하게 접근해볼 수 있을 것이다.[64]

하지만 일면 매우 현실적이고 설득력 있어 보이는 베이즈주의적 접근 방식에 대해서도 논란이 없는 것은 아니다. 무엇보다 어떤 가설의 사전 확률값을 주관적으로 부여할 수 있다는 대목은 평가의 객관성을 중시하는 사람들에게는 매우 불편한 부분일 수밖에 없다. 그러한 사전 확률값을 부

---

64 그러므로 베이즈주의자들은 이처럼 계속적으로 제시되는 증거들에 의해 사전 확률을 갱신해가는 일을 자신의 이론 틀 내에서 객관성을 유지하는 중요한 전략으로 본다. 이어지는 논의를 위해서는 11장 3)절 참조.

여하는 데 베이즈주의자들이 크게 염려하지 않는 둘째 이유로서 '사전 확률값의 차이가 증거의 누적에 의해 사후 확률에서 수렴되므로 문제가 되지 않는다는 점'을 들었으나, 이를 증명하기 위해 위에서 예시한 바는 다소 의도적으로 왜곡된 측면이 있다. 왜냐하면 제시된 대립 가설 각각에 대한 사전 확률을 0.5와 0.7로 삼고 검은색 공의 비율도 각기 8/10과 2/10로 큰 차이를 두었으나, 만일 검은색 공의 비율도 6/10과 4/10로 근사(近似)하고, 그 각각에 대한 사전 확률도 0.1과 0.9와 같은 식으로 설정하게 된다면, 처음의 사전 확률이 사후 확률에 미치는 영향은 결코 작다 할 수 없기 때문이다. 물론 이 경우일지라도 사후 확률은 생각보다 빠르게 수렴할 수 있다는 주장이 있으나,[65] 과연 어디까지의 증거로 그것이 수렴한다고 보아야 하는지 객관적 기준이 없는 한 그것은 단지 문제를 뒤로 미루어두는 일일 뿐이다.

따라서 베이즈주의에 대한 비판자들이 보기에 적어도 사전 확률을 사용한다면 그 사전 확률을 적절하게 부여할 만한 별도의 기준이 있어야 하거나, 아니면 사전 확률을 활용하는 베이즈주의의 접근 방식을 버려야만 할 것이다. 만일 사전 확률을 활용하는 경우, 사실상 케인스에서 힌티카에 이르기까지 가설에 대해 적절한 확률을 부여하기 위해 가장 크게 고민한 대목 중 하나가 사전 확률 부여의 문제였고, 이러한 이유로 무차별의 원리가 문제시된 셈이다. 그런데 이제 주관적 확률 부여의 가능성에 근거해 일견 무차별의 원리 문제가 크게 문제시되지 않는 듯해 보이나, 다른 한편으로 보자면 다시금 주요 문제로 대두하는 것이다.

베이즈주의 내에서도 사전 확률을 어떻게 부여할 것인지에 관해 여러

---

65 예컨대 Hawthorne(2008), sec. 4.

가지로 의견이 갈린다. 먼저 확률 해석에 관한 베이즈주의의 기본 관점 중 하나로, 그들에게 필요한 확률은 공통적으로 확률의 기본 공리를 따르는 어떤 행위자의 신념도로 해석할 수 있다는 것이다. 하지만 이와 같은 주장을 넘어 사전 확률을 정하면서 여기에 다시 어떤 조건이 추가될 수 있느냐에 따라 동일한 베이즈주의라 할지라도 여러 갈래로 나누어질 수 있다. 세분된 기준에 따라 좀 더 다양하게 나눌 수 있기는 하나,[66] 현재 논의를 위해 큰 줄기만을 분류하자면 대체로 다음과 같다. 우선 **주관적 베이즈주의**(subjective Bayesianism)는 그중 가장 자유로워, 어떤 행위자가 확률의 기본 공리만 만족시킨다면 행위자는 자신의 신념도로서 0과 1 사이의 어떠한 값이라도 자유롭게 취할 수 있다고 본다. 하지만 위에서와 같은 비판을 의식해 **경험적(또는 경험적 기반의 주관적) 베이즈주의**(empirical/empirically-based subjective Bayesianism)에서는 여기에 덧붙여 행위자의 신념도는 경험적 빈도에 관한 지식과 같은 경험적 지식의 제약도 받을 필요가 있다고 본다. 한편 **객관적 베이즈주의**(objective Bayesianism)에서는 한층 나아가 행위자의 신념도는 경험적 지식에 의해서뿐만 아니라 논리적 지식에 의해서도 제약될 필요가 있다고 본다.[67]

이 갈래 하나하나 들어가는 일은 물론 베이즈주의의 기본 틀을 받아들인 후라면 의미 있을 수 있으나, 베이즈주의 식 접근 방식을 아예 취하지 않으려는 관점에서 본다면 의미 없는 일일 것이다. 그러므로 후자의 관점을 검토해 그것과 베이즈주의의 기본 노선을 비교해 논하는 일을 선행할

---

66 이에 관한 자세한 논의를 위해서는 예컨대 이영의(2005), §III.1 참조.

67 각 베이즈주의의 대표적인 문헌으로 예컨대 다음과 같은 것들을 들 수 있다: de Finetti (1937/1980); Ramsey(1926/1980); Jaynes(2003). 이와 같은 갈래에 관한 자세한 내용을 위해서는 Williamson(2007), §1 참조. 특히 객관적 베이즈주의와 관련한 논의를 위해서는 전영삼(2008) 참조.

필요가 있다. 사실상 이러한 관점에서 베이즈주의에 대한 가장 강력한 라이벌은 전통적으로 빈도주의였다. 따라서 이 책에서의 근본 문제에 대한 빈도주의의 관점을 먼저 살펴보고, 그것과 비교해 베이즈주의를 다시 검토해보자.

10장

빈도주의적 접근 방법

상대 빈도로써 확률의 개념을 규정할 수 있다고 보는 것이 확률 해석에 관한 또 하나의 유력한 관점임은 6장에서 언급한 바 있다. 하지만 이 책에서 다루는 근본 문제에 대한 **빈도주의**(frequentism)의 관점은 단순히 그러한 확률 개념 규정의 문제를 넘어선다. 그것은 귀납적 가설에 대한 어떤 신념도와 같은 것을 아예 부정하고, 오히려 앞으로 제3부에서 본격적으로 다루게 될 가설 채택과 기각의 방법을 통해 우리가 당면한 귀납적 상황을 처리하려 한다. 이러한 빈도주의의 관점은 지금까지 귀납적 지지의 정도를 측정하는 일과 관련해 6장부터 9장까지 이어져온 모든 시도에 대한 가장 근원적인 도전으로 보인다. 만일 빈도주의의 관점에 모든 것을 전복할 만한 무엇이 있다면 지금까지 이 책에서의 시도 역시 근원적으로 뒤바뀌어야만 할지 모른다. 과연 그러할지 논해보자.

1) 객관성 추구와 유의성 검정

귀납 상황처럼 불확실성이 개입될 수밖에 없는 상황을 다루는 데서는 자칫 행위자의 주관적 요소가 들어가기 쉽다. 빈도주의자들은 그와 같은 상황에서도 엄밀한 객관성을 추구할 필요가 있으며, 또한 그것이 가능하다고 본다. 그렇지 않다면 그것은 결국 학문으로서 성립하기 어렵다고 보기 때문이다. 예컨대 빈도주의자들 중 한 사람인 피셔는 다음과 같이 말했다.

> 〔베이즈주의 식으로 베이즈 정리를 써서 어떤 가설에 대해 일정한 확률을 부여하는 추론 방식은〕 수학적으로 제시되는 확률을 어떤 관찰 가능한 빈도로써 측정한 **객관적** 양으로 보는 대신 단지 심리적 경향을 측정하는 것으로 보는 시각으로, 이로부터 나오는 정리들은 과학적 목적을 위해서는 쓸모없는 것들이다.[68]

이처럼 불확실한 상황에서 빈도주의자들은 어떻게 객관성을 확보할 수 있다고 생각할까. 위의 인용문에도 암시되어 있듯, 그와 같은 생각의 요체는 경험적으로 제시되는 대상의 상대 빈도를 통해 그것이 가능하다는 것이다. 경험적으로 제시되는 대상에 관해 상대 빈도를 얻는 데는 행위자들 사이에 불일치가 있을 수 없으며, 이런 상황에서 그들의 어떤 주관성이 자리할 여지가 없다고 보는 것이다. 바로 이 점 때문에 그들의 발상이 '빈도주의'라는 명칭을 얻기도 했다.

---

68 Fisher(1935), p. 6. 강조는 필자.

하지만 이러한 발상에 함축되어 있는 좀 더 심각한 관점은, 바로 위와 같은 생각으로 인해 증거를 **넘어선** 어떤 가설에 대해서는 그 자체로 해당 증거에 기반을 두어 확률 부여를 하기 어렵다고 보는 것이다. 이때 빈도주의자들은 그러한 증거와 가설 사이의 관계를 어떻게 볼 수 있다는 것인가. 이에 대한 답은 이른바 **반증주의**(falsificationism)에 놓여 있다. 즉 문제의 증거가 해당 가설을 어느 정도 지지하는 관계에 있다고 보는 대신, 만일 문제의 증거가 일정 요건을 만족시키면 그것이 곧 해당 가설을 반증할 수 있다고 보는 것이다. 게다가 이때의 반증, 특히 보편 가설에 대한 반증의 과정은 일견 연역적으로 보인다. 그런 까닭에 증거와 가설 사이의 관계에서도 빈도주의자들이 보기에 매우 엄밀한 객관성이 확보될 수 있는 것으로 여겨진다.

물론 이때의 관계가 진정으로 연역적인지, 또는 그 같은 관계를 유지하기 위해 충족시켜야 할 요건이 과연 어떠한 역할을 하는지에 관해서는 검토해야 할 필요성이 있다. 그러나 이를 위해서라도 이상의 기본 발상으로 전개된 빈도주의자들의 이론을 일단 비판 없이 따라가볼 필요가 있다. 특히 이 과정에서 빈도주의적 관점에서는 칠면조 예나 음극선 예들이 어떻게 처리될 수 있는지 별도의 주의를 기울여야 할 것이다. 앞서 논의한 대로, 귀납적 지지의 정도를 주장하는 이론들에서도 이러한 사례들을 일정 한계에서나마 처리할 수 있었기 때문이다.

이제 1장 3)절에서 소개한 피셔의 차 감별 사례로 되돌아가자. 우유가 든 차를 맛본 후 그것이 먼저 차에 우유를 섞은 것인지, 반대로 먼저 우유에 차를 섞은 것인지 알아맞힐 수 있다고 주장하는 여인에 대해 과연 진짜 그녀에게 그러한 능력이 있는지 여부를 알아보는 실험이었다. 피셔는 여덟 잔의 테스트 잔을 제안한 바 있다.

테스트를 위해 우선 여기 마련된 여덟 잔의 차는 우유와 차를 그것에 붓는 순서 외에는 다른 모든 면에서 동일한 것으로 가정한다. 물론 실제에서는 이처럼 완벽하게 만드는 일이 불가능하므로 피셔는 가능한 한 여러 면에서 무작위성을 유지하려 노력했다. 먼저 그 여덟 잔 가운데 무작위적으로 그 반, 즉 네 잔에는 우유를 먼저 넣고 차를 부었으며 나머지 잔들에는 반대의 순서를 취했다. 사실 이러할 때 문제의 여인에게 제시할 수 있는 찻잔의 가능한 조합 수가 가장 커져 그 불확실의 정도가 최대가 되기 때문이다. 그러고는 그렇게 준비한 여덟 잔의 차를 여인에게 동시에 제시하되, 좀 더 중요한 조건으로 여덟 잔의 차는 완전히 무작위적으로 제시한다. 예컨대 그렇게 할 수 있는 방법 중 하나로, 준비한 각각의 잔에 1부터 8까지 번호를 붙이고 난수표를 이용해 그 수에 해당하는 번호의 잔을 제시한다.

만일 이러한 조건에서 문제의 여인이 우유를 먼저 부은 네 잔 모두를 제대로 골라 맞히게 된다면, 그것은 동시에 나머지 네 잔에서 차를 먼저 부은 것을 알아맞힌 것과 동일하므로 우리는 그 여인이 최대 네 잔을 골라 맞히도록 하면 될 것이다. 그렇다면 모두 여덟 잔에서 네 개의 잔을 순서와 관계없이 선택하는 조합은 $\binom{8}{4}=70$이 될 것이다. 따라서 이제 네 개의 잔을 선택해 문제의 여인이 우유를 먼저 부은 잔을 알아맞힐 수 있는 경우와 그렇지 못할 경우를 나누어 가능한 표로 정리하면 표 1과 같다(만일 여인이 그것을 알아맞힌다면 그것은 우유를 먼저 부은 네 개의 잔에서 선택한 경우일 것이며, 만일 맞히지 못한다면 그것은 나머지 네 개의 잔에서 선택한 경우일 것이다. 따라서 어떤 한 시행에서 그 여인이 네 개의 잔에 대해 제대로 맞히는 찻잔의 개수를 r로 두면, 여덟 개의 잔을 두고 그녀가 알아맞히게 되는 가능한 경우들의 수는 $\binom{4}{r}\times\binom{4}{4-r}$로 구할 수 있다).

네 개의 잔 중 여인이 맞힌 잔의 개수	네 개의 잔 중 여인이 맞히지 못한 잔의 개수	네 개의 잔에 대해 여인이 맞히게 되는 가능한 경우들	네 개의 잔에 대해 여인이 맞히지 못하는 가능한 경우들	여덟 개의 잔에 대해 여인이 맞히게 되는 가능한 경우들의 합
4	0	$\binom{4}{4}=1$	$\binom{4}{0}=1$	1×1=1
3	1	$\binom{4}{3}=4$	$\binom{4}{1}=4$	4×4=16
2	2	$\binom{4}{2}=6$	$\binom{4}{2}=6$	6×6=36
1	3	$\binom{4}{1}=4$	$\binom{4}{3}=4$	4×4=16
0	4	$\binom{4}{0}=1$	$\binom{4}{4}=1$	1×1=1
총합				70

표 1 차 감별 테스트의 가능한 경우들.

표 1에 따르면, 여인이 여덟 개의 잔을 모두 알아맞힐 수 있는 경우는 단 하나로, 이때 상대 빈도로서의 확률은 1/70=0.0142……임을 알 수 있다. 매우 적은 확률이다. 이것은 곧 문제의 여인이 진정한 감별 능력 없이 우연하게 맞힐 확률이 매우 작음을 뜻한다. 여인에게 조금 더 여지를 허용해 만일 여덟 개의 잔 중 여섯 잔까지 맞히는 경우를 고려한다면 1/70+16/70=17/70≒0.2428 정도의 확률을 얻을 수 있을 것이다. 그렇다면 과연 어느 정도까지의 확률을 문제의 여인이 진정한 감별 능력을 지닌 것으로 판단하는 한계로 삼을 수 있을까. 빈도주의자들은 여기서 별도의 이론적 근거 없이 우리의 실천적 의지에 따라 0.05(5%) 내지 0.01(1%) 정도로 그 기준을 잡을 수 있다고 간주한다. 이와 같은 확률을 **유의 수준**(level of significance)이라 부른다. 지금의 예에서는 이러한 두 가지 유의 수준 가운데 어느 것을 택하든 그 이하의 확률에 해당하는 경우는 문제의 여인이 여덟 개의 잔 모두를 알아맞히는 경우뿐이다.

따라서 지금의 테스트를 처음 계획하면서 '문제의 여인이 차 감별을 할 수 있는 것은 단지 우연일 뿐이다'(그래서 '그녀에게는 진정으로 차 감별을 할 수 있는 능력이 없다'거나 '그녀가 차 감별을 제대로 하게 될 확률은 1/2이다')라는 가설에서 출발했을 때, 그 가설은 이른바 **귀무 가설**(歸無假說, null hypothesis)이 된다. 그런데 만일 여인이 위에서처럼 여덟 개의 잔 모두를 맞히게 된다면 이것은 실로 5% 내지 1%의 유의 수준에서 그와 같은 가설을 **기각**하게 되는 증거로 볼 수 있다. 어떻게 보면 테스트 시행자에게는 애초부터 기각을 위해 준비된(?) 가설일 뿐이다. 만일 이처럼 기각할 수 없게 된다면 그 귀무 가설은 단지 '아직 기각할 수 없는' 것으로 본다.

이처럼 어떤 우연성을 주장하는 귀무 가설을 미리 설정하고 그러한 설정에서 제시되는 확률 분포를 가정한 후, 실제 제시되는 경험적 증거의 상대 빈도적 확률에 의해 해당 가설의 기각 여부를 가리는 테스트를 **유의성 검정**(test of significance)이라 부른다.

그렇다면 이러한 유의성 검정 방법을 칠면조 예에도 적용할 수 있을까. 이 적용을 위해서는 우선 위의 차 감별 사례에서 테스트용 차들을 제시하는 방식에 대해 좀 더 새로이 생각할 필요가 있다. 위에서는 여덟 잔의 차를 모두 한꺼번에 제시했다. 하지만 그 여덟 개의 잔은 각기 하나씩 차례로 제시할 수도 있다. 이렇게 한다면 각각의 잔에 대해 그것을 제대로 맞히게 되는 확률도 달라지기 마련이다. 지금의 경우에도 우유를 먼저 부은 경우와 그렇지 않은 경우를 꼭 반반씩 준비하되, 이번에는 그러한 잔들이 매우 많거나 무한하다고 가정해보자. 다만 그 잔들의 집합을 모집단으로 하여 그것에서 무작위로 여덟 잔을 하나하나 추출해 그것을 여인에게 차례로 제시한다. 물론 이 경우 그처럼 추출된 잔들은 다시 복원되거나 모집단이 매우 커 모집단 내 잔들의 비율에는 영향을 미치지 않는 것으로 본다. 만일 이러한 조건에서라면 제시된 하나하나의 잔에 대해 여인이 그것을 맞힐 확률은 각각 1/2이고, 이렇게 하여 여덟 개의 잔들에 대해 그것을 맞힐 확률은 이항 분포식을 따르게 될 것이다. 즉 하나씩 제시된 여덟 개의 잔 가운데 제대로 맞힌 잔의 개수를 r이라 하면, 여덟 개의 잔 모두에 대해 맞히거나 맞히지 못할 확률은 $\binom{8}{r}\left(\frac{1}{2}\right)^r\left(\frac{1}{2}\right)^{8-r}$로 제시된다. 이 같은 식에 의해 가능한 모든 경우들의 확률을 정리하면 표 2와 같다.

표에서 보듯, 문제의 여인이 여덟 개의 잔 모두를 알아맞히게 될 확률은 $\binom{8}{8}\left(\frac{1}{2}\right)^8\left(\frac{1}{2}\right)^0 \fallingdotseq 0.0039$다. 매우 작은 확률임을 알 수 있다. 그런데 지금 테스트에서 실제 문제의 여인이 여덟 잔 모두에서 제대로 알아맞혔다고 해 보자! 전체 확률 분포로 볼 때 '매우 있기 어려운 일'이 일어났음을 뜻하는 셈이다. 나아가 이처럼 **실제 나타난 사건만큼 또는 그것보다 더 있기 어려운 사건들이 나타날 경우까지를 모두 고려해봐도** 그 모든 확률이 매우 작

여덟 잔 가운데 맞히는 잔의 개수	경우의 수	확률
0	1	1×0.0039…=0.0039
1	8	8×0.0039…=0.0312
2	28	28×0.0039…=0.1094
3	56	56×0.0039…=0.2187
4	70	70×0.0039…=0.2734
5	56	56×0.0039…=0.2187
6	28	28×0.0039…=0.1094
7	8	8×0.0039…=0.0312
8	1	1×0.0039…=0.0039

표 2 두 번째 차 감별 테스트.

다고 해보자. 그렇다면 우리는 안심하고 문제의 귀무 가설을 기각할 수 있지 않을까? 다시 말해 테스트 결과 실제 나타난 사건을 매우 일어나기 어려운 사건들 가운데 그나마 가장 나타날 확률이 높은 사건으로 보고 그보다 더 작은 확률의 사건들을 한껏(?) 고려해보자는 것이다. 만일 이렇게까지 했는데도 그 전체 확률이 매우 작다면 우리는 제시된 확률 분포에서 안심하고 '매우 있기 어려운 일'이 일어났다고 보고, 그래서 우연성을 주장하는 귀무 가설을 기각해도 좋지 않을까. 지금의 경우 이에 해당하는 확률은 여덟 개의 잔 모두를 알아맞혔을 때와 그 모두를 알아맞히지 못했을 때의 확률의 합인 $\binom{8}{8}\left(\frac{1}{2}\right)^8\left(\frac{1}{2}\right)^0+\binom{8}{0}\left(\frac{1}{2}\right)^0\left(\frac{1}{2}\right)^8 \fallingdotseq 0.0078$로 제시될 것이다. 문제의 여인이 여덟 잔 모두 제대로 알아맞히게 되는 확률은 0.0039인데, 적어도 이와 같거나 그보다 작은 확률의 사건은 그 여인이 한 잔도 제대로 알아맞히지 못하게 되는 경우뿐이기 때문이다.

좀 더 일반적으로는 표 2와 같은 전체 확률 분포상에서 실제 시행의 결과 나타난 사건의 확률과 같거나 또는 그보다 작은 확률들의 합을 그 사건의 **p-값**(p-value)이라 부른다. 방금의 사례처럼 문제의 여인이 실제로 여덟 잔 모두를 제대로 맞히게 된다면 그때의 p-값은 위에서 구한 대로 0.0078……이다. 위의 첫 번째 찻잔 테스트에서라면 준비된 여덟 개의 잔 가운데 어느 네 개를 골라 그중 네 개 모두를 맞히거나, 아니면 그렇게 고른 네 개의 잔 이외의 나머지 네 개의 잔에 대해 모두 그렇게 맞히거나 하는 두 가지 경우 중 하나다. 이 경우 여덟 개의 잔 모두를 맞힌다는 것은 결국 70+70=140가지의 가능한 경우 가운데 꼭 한 가지 경우로서, 이때의 확률은 1/140이다. 따라서 문제의 여인이 실제 여덟 잔을 모두 다 맞힌 매우 드문 사건이 나타나는 경우, 그때의 p-값은 $(1/140)+(1/140)=1/70 \fallingdotseq 0.0142$로, 이는 이미 확인한 바와 동일하다. 여덟 개의 잔 중 여섯 잔까지 알아맞힌 경우 역시 동일한 방식으로 생각하여 그 p-값은 앞서와 마찬가지로 17/70≒0.2428일 것이다.

그러므로 지금의 두 번째 테스트에서도 앞서 첫 번째 테스트에서와 마찬가지로 그 p-값을 5%나 1% 등의 유의 수준과 비교해 해당 귀무 가설에 대한 기각 여부를 결정할 수 있을 것이다. 지금의 예에서라면 0.0078의 확률값은 1%보다 작으므로 '여인이 우연하게 그처럼 맞혔다'는 가설은 물론 기각된다. 그와 같은 가설에서는 매우 있기 어려운 일이 일어났기 때문이다.

이처럼 본다면, 이제 우리의 칠면조가 당면한 사례는 찻잔 사례와 비교해볼 때 첫 번째 테스트 상황보다는 두 번째 테스트 상황과 유사해 보인다. 크리스마스이브 전 3일 동안 칠면조가 매일 아침 마주하게 되는 먹이를 우리는 지금까지 가정상 먹이가 제공되거나 제공되지 않는 많은 날들로부터 하나하나 추출된 증거로 보았기 때문이다. 그러므로 위의 두 번째 찻잔 테스트 방식을 칠면조 사례로 옮겨 적용하면, 3일 모두에서 먹이를 먹게 된 것이므로, 그 확률은 $\binom{3}{3}\left(\frac{1}{2}\right)^3\left(\frac{1}{2}\right)^0=0.125$이고, 이때의 p-값은 $2\times0.125=0.25$다. 이러한 p-값은 유의 수준 1%에서는 물론 5%에서도 '매일 아침 먹이를 먹게 된 것은 우연이다'라는 귀무 가설을 기각하기에 결코 충분하지 않다. 곧 매일 아침 먹이를 먹을 확률이 1/2인 모집단 내에서 어느 3일 동안 계속 먹이를 먹게 되었다 할지라도 그것이 우연일 개연성은 매우 높다. 그러므로 위와 같은 유의성 검정 방식에 따르면, 칠면조가 크리스마스이브 아침에도 먹이를 먹게 되리라는 기대를 갖는 것은 금물이다.

이상과 같이 유의성 검정 방식은 일면 어떠한 주관적 요소 없이 단지 경험적인 상대 빈도에 의해 당면한 귀납적 상황을 매우 객관적으로 처리할 수 있는 것으로 보인다. 하지만 그 배면에 깔린 조건들을 다시 검토해

보면 문제가 간단하지 않음을 알 수 있다. 따라서 이것을 극복하기 위한 개선이 필요하게 되고, 이에 관해 다시 살펴보자.

2) 가설 검정의 오류 문제

유의성 검정 방식이 지닌 문제점을 분명히 드러내기 위해서는 우선 앞서의 설명과 관련해 몇 가지 새 용어를 소개할 필요가 있다. 첫째, 어떤 테스트에서 나타날 모든 가능한 결과들의 집합을 **결과 공간** 또는 **표본 공간**(outcome/sample space)이라 부른다. 예컨대 앞서 두 번째 찻잔 테스트에서라면, 모두 2^8가지의 결과들이 결과 공간을 이루게 된다. 이 같은 결과 하나하나를 요약적으로 보여주는 어떤 수치를 **검정 통계량**(test-statistic)이라 부른다. 앞서의 두 번째 찻잔 테스트에서라면, 여인이 맞힐 수 있는 잔의 개수를 보여주는 r이 이에 해당할 것이다. 나아가 이와 같은 통계량 하나하나에 대한 확률들의 분포를 **표본 분포**(sampling distribution)라 부른다. 표 2가 이것을 보여주고 있는 셈이다.

이처럼 새로운 용어들을 이용할 때 유의성 검정의 방식이 안게 되는 가장 심각한 문제는, 실제 테스트에서 동일한 시행 결과를 얻었다 할지라도 그때 어떠한 검정 통계량을 고려했느냐에 따라 귀무 가설에 대한 평가가 달라질 수 있다는 점이다. 이 점 역시 표 2로 알아볼 수 있다.

앞서 우리는 문제의 여인이 차례로 제시되는 여덟 잔의 차 모두에 대해 제대로 알아맞히는 경우를 살펴보았다. 이제는 단지 일곱 잔에 대해서만 맞혔다고 해보자. 그렇다면 표 2를 참조해볼 때 그 p-값은 0.070임을 알 수 있고, 이렇게 된다면 이때는 1%는 물론 5%의 유의 수준에서도 해당 귀무 가설을 기각하기가 어려움을 알게 된다. 하지만 이제 표에서 여덟 잔 가운데 알아맞히는 잔의 개수가 1인 경우와 2인 경우를 합쳐 단지 하나의 경우로 간주하고, 그때의 확률을 그 1인 경우의 확률과 그 2인 경우의 확률의 합으로 보기로 하자.[69] 즉 여덟 잔 가운데 맞히는 잔의 개수가 1인 경우 또는 2인 경우의 확률을 0.0312+0.1094=0.1406으로 보자는 것이다. 이처럼 새로이 결정된 확률값들을 주는 새로운 검정 통계량을 r'라 해보자. 이 경우 역시 일곱 잔을 제대로 맞혔다고 할 때, 그 p−값은 0.0312+2×0.0039=0.039가 될 것이다. 그런데 만일 이처럼 된다면 유의 수준 1%에서는 아닐지 몰라도, 5% 수준에서는 해당 귀무 가설을 기각하지 않을 수 없게 되는 결과에 이른다! 만일 찻잔 상황에서 이러하다면, 우리의 칠면조 사례나 음극선의 사례에서도 이와 유사한 상황을 배제할 수 없다.

그러면 과연 이 상황에서 우리는 어떤 검정 통계량을 취해야 할까? 이러한 문제에 직면했을 때 빈도주의자들은 새로운 조건들을 추가해 가능한 검정 통계량의 종류를 제약하려 한다. 예컨대 제시한 귀무 가설과 관련한 모든 정보는 남김없이 포함하되, 그와 관련 없는 정보는 전혀 포함하지 않는 '최소 충분 통계량(minimal-sufficient statistic)'과 같은 것이 검정 통계량으로서 적절하다고 주장하는 방식이다. 물론 이러한 전략을 취한다면 어떤 면에서는 위와 같이 비일관적인 결정 상황에 봉착하지 않을지도 모른다. 하지만 이것은 어느 면에서는 제시된 비판에 대한 임시변통적(*ad hoc*) 방어 전략일 뿐만 아니라 그러한 전략을 인정한다 할지라도 여전히 심각한 문제가 남아 있을 수 있다. 그러므로 여기서 계속 그 전략을 따라가는

---

69 이와 같은 비판 전략은 Howson and Urbach(2006), pp. 136~137에서 취한 것이다.

대신, 유의성 검정 방식의 약점을 커버하는 것으로 주장되는 빈도주의자들의 또 다른 방법을 살펴보는 것이 좋을 듯하다.

이러한 새로운 방식의 핵심은 이른바 '오류'의 개념이다. 피셔의 유의성 검정에서 그 핵심은 제시한 귀무 가설을 경험적 증거에 의해 과연 기각할 수 있는지의 여부였다. 하지만 이제 그러한 판단이 어떤 통계량을 염두에 두는지에 따라 궁극적으로 확정될 수 없다 할지라도, 어느 경우든 만일 그 가설이 참임에도 불구하고 잘못 기각하거나, 아니면 그것이 거짓임에도 불구하고 잘못 채택할 오류만을 줄여갈 수 있다면 문제는 해결되지 않을까 하는 발상이 새로운 방식의 핵심이다. 네이먼(J. Neyman)과 피어슨(E. S. Pearson)이 개발한 **가설 검정**(hypothesis testing)의 이론[70]에서는 전자를 **제1종 오류**(type I error), 후자를 **제2종 오류**(type II error)라 부른다. 그렇다면 이와 같은 오류를 어떻게 줄이고, 그에 준해 귀무 가설을 어떻게 기각하거나 채택할 것인지가 새로운 방법론의 요체가 될 것이다. 이를 위해 앞서 베이즈주의를 검토하는 데 활용한 9장 3)절에서의 단지 모델을 다시 활용해 보자.

그 사례에서 우리는 검은색 공과 흰색 공이 각기 8대 2와 2대 8의 비로 들어 있는 두 개의 단지를 고려한 바 있다. 이제 그때와 마찬가지로 문제의 단지들이 커튼 뒤에 가려져 어느 쪽에서 추출했는지 알 수 없는 상태에서 몇 개의 공들로 구성된 표본을 증거로 그것이 어느 단지에서 나온 것인지 추측하려 한다. 즉 제시된 증거를 바탕으로 그것이 추출된 모집단 내에서 검은색 공의 상대 비율이 어떠한지에 대한 가설로 적절한 것이 무엇일지 생각해 보자. 여기서 우리는 모두 여덟 개의 공을 추출하고 그 귀무 가설로 0.2의

70 네이먼-피어슨이 서로 어떻게 협력했으며, 그들의 아이디어가 어떤 것이었는지 역사적 배경에 따라 간략하게 개관한 것으로 Pearson(1966/1970) 참조.

검은색 공의 개수	가설 $h_{0.2}$에서 $\binom{8}{r}\left(\frac{2}{10}\right)^r\left(\frac{8}{10}\right)^{8-r}$	가설 $h_{0.8}$에서 $\binom{8}{r}\left(\frac{8}{10}\right)^r\left(\frac{2}{10}\right)^{8-r}$
0	0.1678	0.0000
1	0.3355	0.0001
2	0.2936	0.0011
3	0.1468	0.0092
4	0.0459	0.0459
5	0.0092	0.1468
6	0.0011	0.2936
7	0.0001	0.3355
8	0.0000	0.1678

표 3 가설 $h_{0.2}$와 $h_{0.8}$에서의 표본 분포.

상대 비율을 주장하는 가설 $h_{0.2}$를 취하고, 그 대립 가설로 0.8의 상대 비율을 주장하는 $h_{0.8}$을 취해보자.[71] 그렇다면 각각의 가설에서 제시되는 표본 분포를 표 3과 같이 제시할 수 있을 것이다.

이 경우 먼저 예컨대 '만일 제시된 표본 내에 검은색 공의 개수가 여섯 개 이상이라면 가설 $h_{0.2}$를 기각한다'는 **의사 결정 규칙** 내지 **기각 규칙**(decision/rejection rule)을 세운다고 해보자. 그렇다면 실제 그와 같은 표본이 제시되는 경우, 문제의 가설이 참임에도 불구하고 그것을 잘못 기각할 확률은 $0.0011+\cdots\cdots+0.0000=0.0012$로 나타나고, 이것은 **제1종 오류의 확률 α**에 해당한다. 이와 달리 이때 문제의 가설이 거짓임에도 불구하고 그것을 잘못 채택할 확률은 $0.0000+\cdots\cdots+0.1468=0.2031$이 되며, 이것이 **제2종 오류의 확률 β**에 해당한다. 만일 두 가설 중 어느 하나를 반드시 채택하는 것으로 본다면, 지금의 확률 β는 결국 $h_{0.2}$를 잘못 채택함으로써, 사실은 $h_{0.8}$이 참임에도 불구하고 그것을 잘못 기각하게 되는 확률에 해당한다.

그런데 이때 제1종 오류의 확률 α는 앞서 유의성 검정에서의 유의 수준과 다르지 않다. 네이먼-피어슨의 가설 검정에서는 이것을 **검정의 크**

---

71 좀 더 현실적인 가설 검정에서는 흔히 잘못 기각하는 경우 심각한 결과가 초래되는 가설을 귀무 가설로 설정하기도 하나 여기서는 관계없다.

기(size)라 부른다. 반면 제2종 오류의 확률 β와 관련해서는 $1-\beta$를 해당 테스트의 **검정력**(power)이라 부른다. 위의 예에서라면 $1-0.2031=0.7969$의 값에 해당한다. 지금의 값을 이처럼 부르는 까닭은, 이 값이 크면 클수록 제시된 표본이 귀무 가설과 대립 가설을 변별할 수 있는 가능성이 더욱 커지기 때문이다. 이 같은 사정은 각 가설에서의 표본 분포 그래프인 그림 8을 보면 직관적으로 좀 더 이해하기 쉽다. 그림을 보면, 가로축에서 검은 공의 개수 6을 가리키는 지점에서 세로로 그은 선 오른쪽으로 가설 $h_{0.2}$와 관련한 그래프에 의해 제시되는 확률이 α를 가리킨다. 그리고 같은 지점에서 왼편으로 가설 $h_{0.8}$과 관련한 그래프에 의해 제시되는 확률이 β를 가리킨다. 따라서 $1-\beta$는 그 오른편으로 가설 $h_{0.8}$과 관련한 그래프에 의해 제시되는 확률을 가리키는 셈이다. 이때 이 값이 커질 수 있는 한 가지 경우는 두 그래프 사이의 간격이 더 벌어질 때인데, 만일 이렇게 된다면 이 표본이 어느 가설에 더 적합한지 쉽게 가릴 수 있을 것이다.

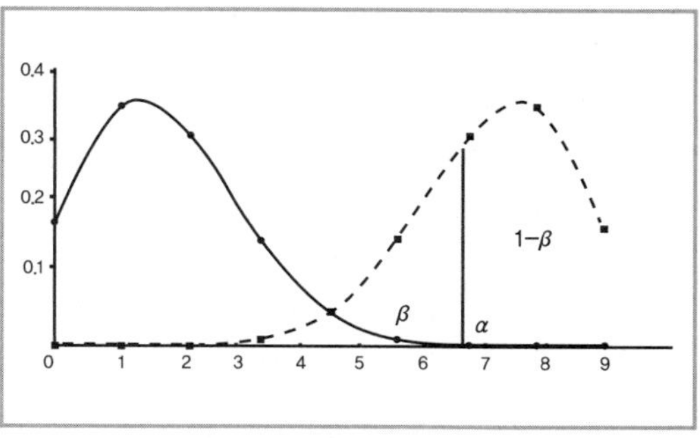

그림 8 가설 $h_{0.2}$와 $h_{0.8}$에서의 표본 분포 그래프.

이와 같이 본다면 이제 빈도주의자들의 목표는 가능한 한 α와 β를 줄이는 방향으로(또는 검정의 크기는 줄이고 검정력은 증가시키는 방향으로) 의사결정 규칙을 정하고, 그 규칙에 비추어 해당 표본이 귀무 가설을 기각할 수 있는지 여부를 결정하는 것으로 요약된다. 하지만 그림 8에서도 직관적으로 드러나듯, α를 줄이면 β가 늘어나고 검정력은 약화됨을 알 수 있다. 이 딜레마를 해결하는 한 방법으로, 빈도주의자들은 α를 먼저 고정한 후 그 상태에서 검정력을 최대화할 수 있는 의사 결정 규칙을 세우는 전략을 제안한다. 위의 예에서 예컨대 α를 0.05로 고정했다고 해보자.[72] 그렇다면 표 3을 참조할 때, 가설 $h_{0.2}$와 관련하여 이와 같은 확률보다 작은 값을 줄 수 있는 경우는 표본 중 검은색 공이 다섯 개 이상인 경우에 해당한다. 이 상태에서 β가 가장 작아질 수 있는 경우, 즉 검정력이 가장 커질 수 있는 경우 역시 표본 중 검은색 공이 다섯 개 이상인 때에 해당한다. 그러므로 이때 우리는 새로이 '만일 제시된 표본 내에 검은색 공의 개수가 다섯 개 이상이라면 가설 $h_{0.2}$를 기각한다'는 규칙을 세울 수 있을 것이다.

만일 이러한 방식으로 세운 규칙을 따른다면, 이제 실제 표본 조사 결과 모두 여덟 개의 공 가운데 다섯 개의 공이 검은색으로 밝혀진 경우 우리는 가설 $h_{0.2}$를 기각하고 가설 $h_{0.8}$을 채택할 수 있을 것이다. 즉 지금과 같은 표본이 제시된 경우 그러한 표본이 나올 만한 단지 속 검은 공의 비율을 0.8로(또는 그러한 표본이 제시될 만한 세계의 상황을 세계 2로) 보는 것이 좋다는 뜻이다. 우리의 칠면조 예나 음극선의 예도 이와 유사한 방식으로 처리할 수 있을 법하다.

하지만 귀납적 상황에 대한 빈도주의자들의 이러한 처리 방식은 언뜻 우리가 지난 9장에 이르기까지 문제 삼아온 귀납적 지지의 정도와는 직접적으로 연관성이 없어 보인다. 유의성 검정이나 가설 검정의 방법 모두에서 그들이 최종적으로 내리는 판단은 귀무 가설이나 대립 가설에 대한 기각이나 채택 여부일 뿐이기 때문이다. 이 점에서 보자면 이것은 이미 우리

---

72 이 값을 정확히 고정하기 위해서는 이른바 '혼합 내지 확률화한 검정(mixed/randomized test)'과 같은 방법을 써야 하지만, 논의와 관련해 원리상 큰 문제가 없으므로 지금과 같은 방식으로 나아간다.

가 다음 제3부에서 다룰 문제를 이미 다루고 있는 셈이며, 어쩌면 귀납의 상황을 두고 지금까지 우리가 문제 삼아온 귀납적 지지 정도 문제를 이미 넘어선 것으로 보인다. 하지만 과연 그러할까? 만일 진정 그러한 것이라면 어쩌면 우리는 귀납의 상황에서 귀납적 지지 정도 문제를 심각하게 고려하지 않아도 좋다는 일종의 도전에 직면하게 되는 셈이다. 이에 대한 여부를 좀 더 자세히 논해보자.

3) 귀납적 지지의 정도와 p-값

물론 네이먼-피어슨의 가설 검정 방법에 등장하는 유의 수준 α나 나아가 β는 그 자체가 가설을 잘못 기각하거나 채택할 오류의 확률을 보여주므로, 그것들이 곧 귀납적 지지의 정도를 보여준다고 보기는 어렵다. 그리하여 그들의 방법에서 확률이 사용된다 할지라도 그것은 단지 문제의 가설들을 기각하는지 혹은 채택하는지에 따라 그들 앞에 놓인 행위 중 어느 것을 선택하느냐의 문제에 기여할 뿐이다. 달리 말해 그들은 귀무 가설이나 대립 가설로 표현된 행위의 선택지들을 놓고 그중 어느 것을 택할 때 오류가 적어지는지에 따라 선택하게 될 뿐이다. 예컨대 로열은 네이먼-피어슨의 방식은 근본적으로 “내가 지금 이러저러한 관찰 결과를 갖고 있는데, 그렇다면 나는 무엇을 해야 하는가?(What should I do, now that I have this observation?)”와 같은 질문에 답을 주는 것뿐이라고 주장했다.[73] 하지

---

73 Royall(1997), p. 4와 ch. 2 참조. 이러한 사정에도 불구하고 네이먼-피어슨의 방법에서 유의 수준을 귀납적 지지의 정도로 볼 경우 나타날 수 있는 문제에 관해서는 Howson and Urbach(2006), pp. 153~160 참조.

만 이것만이 지금 상황에서 우리가 마주하게 되는 유일한 문제는 아니며, 오히려 앞서 피셔가 제시한 유의성 검정의 방법이 또 다른 어려움을 잘 보여준다.

이미 언급한 대로, 유의성 검정에서의 p-값이란, 어떤 경험적 증거가 관찰되었을 때 그것이 나타나기 매우 어려운 사건으로서 그보다 더 나타나기 어려운 사건들을 모두 감안하더라도 그 확률이 매우 작아 어떤 우연성에 관한 귀무 가설을 기각하기 충분하다고 볼 만한 확률을 말한다. 어떤 경험적 증거가 실제 제시된 상태에서 그 유의 수준이 1%일 때에는 기각되지 않던 귀무 가설이 5%일 때는 기각될 수 있다면 그것이 뜻하는 바는 무엇일까. 또는 그러한 경험적 증거에 의해 유의 수준이 5%일 때는 물론 1%일 때에도 충분히 기각될 수 있다면 이것은 무엇을 의미할까? 이에 대해 한 가지 자연스러운 해석은 유의 수준이 **작을수록** 그 유의 수준에 미치지 못하는 어떤 관찰의 확률, 즉 그 수준 이하의 p-값을 갖는 경험적 증거는 귀무 가설을 **더욱 강하게** 의심할 수 있는 근거가 된다고 보는 것이다. 이렇게 본다면 유의 수준이 1%일 때는 귀무 가설을 기각하기에 충분하지 않지만 5%일 때는 기각하기 충분한 경험적 증거는, 5%일 때는 물론이고 1%일 때에도 귀무 가설을 기각하기 충분한 증거에 비해 의심할 수 있는 강도가 약하다고 볼 수 있을지 모른다. 결국 어떤 경험적 증거들이 하나의 귀무 가설을 동일하게 기각할 수 있다 할지라도, 그 증거 각각이 해당 가설에 대해 갖는 영향력은 다르다고 보아야 할 것이다. 이것은 동일 가설에 대해 우리가 서로 다른 증거들을 지닐 수 있다면 반드시 고려하지 않으면 안 될 사항이다. 만일 사정이 이와 같다면 이제 어떤 시행의 관찰 결과가 보여주는 p-값은 결국 문제의 귀무 가설에 반하는(against) 증거의 귀납적 지지 정도로 볼 수 있을지 모른다. 사실상 피셔 자신이나 이후 여러 통계학자들도 p-값에 관해 이러한 견해를 명시적으로 표출했으며, 현대의 많은 통계적 처리에서 네이먼-피어슨의 방법을 쓰면서도 여전히 p-값을 활용하는 이유도 여기서 찾아볼 수 있다.[74] 요컨대 빈도주의자들에게는 가설 기각과 채택 문제가 어느 면 귀납적 지지 정도 문제를 비켜가는 면이 있다 할지라도, 그것은 그와 같은 문제가 전혀 없어도 좋다는 뜻은 결코 아니다. 실천적 행위의 측면에서, 서로 대립하는 가설 중 어쨌든 어느 한쪽을 택해야 하는 상황이면 어쩌면 그 가설을 선택하는 데 단지 오류의 확률을 작게 하는 것만으로도 충분할지 모른다. 그러나 그로써 곧 제시된 증거가 해당 가설에 대해 갖는 귀납적 지지 정도 문제가 완전히 해소되는 것은 아니다. 만일 사정이 이와 같다면 이제 빈도주의의 관점에서 그와 같은 후보로 제안된 p-값이 과연 그 역할을 제대로 해낼 수 있는지 별도로 검토해봐야 한다.

하지만 이러한 검토에서 우선 쉽사리 드러나는 문제점은, 이미 10장 2)절에서 보인 대로, p-값이 그와 관련한 결과 공간에 의해 좌우된다는 점이다. 이것은 단순히 10장 2)절의 예시처럼 이미 제시된 결과 공간을 우리가 임의로 바꿀 수 있다는 데 그치지 않고, 좀 더 심각하게는 아직 경험적 증거로 나타나지 않았지만 어쩌면 있을 수 있는 가능한 경우들에 의해서도 결과 공간이 바뀔 수 있다는 점에서 한층 근원적 난점에 부딪히게 된다. 이러한 난점을 잘 보여주는 것이 가설을 검정하면서 마주치게 되는 이른바 **정지 규칙**(stopping rule)의 문제다.

여기서 말하는 '정지 규칙'이란 증거를 낳는 어떤 시행을 멈추게 되는 조건을 미리 정해놓은 것을 말한다. 이 규칙과 관련해 p-값에서 발생하는

---

74 이와 같은 사정에 관한 자세한 설명은 Royall(1997), ch. 3 참조.

결과 (먹이가 제공된 날수, 먹이가 제공되지 않은 날수)	확률
(3, 0)	0.1250
(3, 1)	0.1875
(3, 2)	0.1875
(3, 3)	0.1562
(3, 4)	0.1172
(3, 5)	0.0820
(3, 6)	0.0547
……	……

표 4 새로운 정지 규칙에 따른, 먹이가 제공되는 날들의 표본 분포.

문제를 크리스마스이브 전 3일 동안 매일 먹이를 먹은 우리의 칠면조로 예시해보자. 이 사례에서 우선 자연스러운 정지 규칙 하나는 '그 3일 동안 과연 칠면조에게 먹이가 제공되는지를 지켜보는 시행을 하고 그 시행을 그친다'는 것일 듯하다. 이 시행 끝에 실제 3일 모두에서 먹이가 제공된 경우, 그러한 정지 규칙에 따른 p-값이 0.25임은 10장 1)절에서 살펴본 대로다. 하지만 문제의 정지 규칙에 대해 유일하게 바로 위에서와 같이 따를 까닭은 없다. 따라서 이제 '꼭 3일 동안 먹이가 제공되는 것이 확인되기만 하면 시행을 그친다'는 정지 규칙을 새로이 세워보자. 미리 3일 동안 시행을 행할 것이라 의도하는 대신, 기한을 미리 정해놓지 않은 상태에서 어쨌든 3일 동안 먹이가 제공된 것이 확인되면 시행을 중단하겠다는 의도다. 이 새로운 규칙에서라면 먹이가 제공되지 않은 날수를 'i'로 나타낼 때, 이제 그 가능한 결과들은 다음과 같을 것이다. (3, 0), (3, 1), ……, (3, i), ……. 이 경우 (3, i)라는 결과는, (2, i) 이후 어느 하루 단 한 번만이라도 먹이를 먹게 되는 날이 있다면 충족될 것이다. 따라서 이때의 표본 분포는 $\binom{i+2}{2}\left(\frac{1}{2}\right)^2\left(\frac{1}{2}\right)^i \times \frac{1}{2}$의 식에 의해 제시될 수 있다. 이를 표로 정리하면 표 4와 같다. 이 경우 역시 실제로 처음 3일 동안 모두 먹이가 제공된 것으로 확인되었다면, 그 p-값은 0.1250 이하의 모든 확률값들을 더한 $0.1250+0.1172+0.0820+0.0547+\cdots\cdots=0.4688$이 될 것이다.

그렇다면 실제 관찰 결과, 동일하게 크리스마스이브 전 3일 동안 모두 먹이가 제공되었음을 알게 되었다 할지라도, 그 p-값은 정지 규칙을 어떻게 정했느냐에 따라 달라지게 되는 셈이다! 이는 10장 1)절 첫머리에서 언급한 대로 피셔가 귀납 상황에서 객관성을 추구한다 할지라도 어쩌면 의도하지 않게 주관성이 개입될 수밖에 없는 측면으로 몰리게 된 것으로 보인다. 왜냐하면 여기서의 정지 규칙이란 결국 그와 관련해 관찰이나 실험을 행하는 시행자의 주관적 의도(intention)를 반영한 것에 불과해 보이기 때문이다. 물론 이 경우 각각의 정지 규칙이 해당 증거가 가설에 대해 어떤 별도의 증거적 관련성이 있음을 따로 보일 수만 있다면,[75] 그때는 그와 관련해 재검토를 해야만 할 것이다. 하지만 적어도 위와 같은 칠면조의 사례에서 그러한 관련성이 무엇인지를 알기란 어렵다.

여기에까지 이르고 보면 우리는 귀납적 지지의 정도 측정에서 **주관성**(subjectivity) 문제가 핵심 문제로 떠오르게 됨을 알게 된다. 귀납적 상황에서 모두 동일하게 경험적 증거에 의해 가설을 평가한다는 점에서 일면 객관성을 보인다 할지라도, 케인스와 제프리스의 전략에 따라 개발된 카르납의 방법은 선택된 언어 체계에 의존하며, 그에 대한 대안으로 제시된 힌티카의 방법 역시 보편 가설에 대한 대안일 뿐 그 자체가 언어 체계에 의존하기는 마찬가지다. 베이즈주의적 방법에서는 사전 확률의 주관성이 뚜렷했고, 빈도주의적 방법에서는 정지 규칙과 관련해 주관성이 숨어 있는 것으로 드러났기 때문이다.

만일 상황이 이와 같다면, 동일한 가설에 대해 같은 경험적 증거에 기반을 두고 평가를 내리더라도 평가자 개인이나 집단의 주관이 어떠한지에 따라 그 결과가 달라지기 마련이다. 이것은 해당 가설 채택이나 기각 이전에

75 정지 규칙과 관련해 문제가 되는 주관성을 이러한 방식으로 해소하려는 전략은 예컨대 Gillies(1990)에서 볼 수 있다.

그 가늠의 정도 자체를 신뢰하기 매우 어렵게 만드는 셈이다. 이러한 문제 상황에서 한 가지 떠오르는 새로운 대안이 있다. '우도'에 의해 문제의 주관성을 피해 온전한 객관성을 확보할 수 있다고 보는 '우도주의'의 견해다. 만일 이 견해대로 나아갈 수 있다면 우리는 어쩌면 귀납적 지지의 정도에 관해 매우 바람직한 한 가지 방법을 얻게 될지 모른다. 과연 그러한지 자세히 논해보자.

11장
확률과 우도

케인스부터 빈도주의에 이르기까지 모두 '우도'를 이용하는데도 불구하고 그것을 별도로 부각하거나 그들 자신의 방법과 구별되는 다른 어떤 방법의 원천이 될 수 있음을 자각하지는 못했다. 하지만 그 모든 방법들에서 문제가 되는 주관성을 벗어날 수 있는 측면을 모색하다 보면 역설적이게도 모두에서 이용되고 있는 '우도'가 유력한 후보로 떠오르게 됨을 알게 된다. 과연 어떤 점에서 그러한지, 또 우도를 통해 정말 바라는 대로 나아갈 수 있는지 이 장에서 논해본다. 논의의 첫 출발점은 어떤 가설에 대한 확률과 우도를 명료하게 구별하는 것이다.

1) 가설의 확률과 우도

동일한 조건부 확률일지라도 그 조건이 고정된 것인지 변화 가능한 것인지에 따라 의미는 크게 달라질 수 있다. 이를 구체화하기 위해 이제 검은색 공과 흰색 공만이 들어 있는 하나의 단지를 생각해보자. 다만 그 공들의 비율에 대해서는 알지 못한다고 가정하자. 이 경우 만일 문제의 단지로부터 복원하며 세 개의 공을 추출한 결과 모두 검은색이라는 사실을 하나의 증거 e로 두고, 단지 내 검은색 공의 비율에 관한 추측을 가설 $h_r(r=0, \cdots\cdots, 1)$로 둔다고 해보자. 그렇다면 증거 e를 조건으로 한 가설 h_r의 조건부 확률 $P(h_r/e)$와, 가설 h_r을 조건으로 한 증거 e의 조건부 확률 $P(e/h_r)$는 그 의미가 크게 다르다. 왜냐하면 전자에서는 조건이 고정된 상태이나, 후자에서는 조건이 변화할 수 있기 때문이다.

이러한 차이가 중요한 까닭은, 전자에서는 그렇게 제시된 확률값들이 실로 확률의 공리들을 만족시키지만 후자에서는 결코 그렇지 않기 때문이다. 예컨대 제시된 가설로서 우리가 관심을 두는 하나가 $h_{0.8}$이라 해보자. 이 경우 물론 $P(h_{0.8}/e)+P(\sim h_{0.8}/e)=1$은 충분히 성립할 수 있다. 하지만 $P(e/h_{0.8})+P(e/\sim h_{0.8})=1$은 성립하지 않는다. 이미 9장 3)절에서 계산해본 대로 $P(e/h_{0.8})=0.512$이며, $\sim h_{0.8}$에 속하는 하나의 가설로서 $h_{0.9}$만을 고려한다 할지라도 $P(e/h_{0.9})=0.729$이므로 $P(e/h_{0.8})+P(e/\sim h_{0.8})>1$이기 때문이다. 따라서 사실상 $P(e/h_r)$은 h_r에서 r이 특정한 하나의 값으로 고정되지 않는 한 '조건부 확률'이라 부를 수도 없으며, 우리가 지금까지 불러온 대로 별도의 명칭을 택해 예컨대 '우도'라 부르는 것이 마땅할 것이다.[76] 다만 가설 h_r에 대한 우도가 이처럼 확률과 개념적으로 구별된다 할지라도 r이 특정한 값, 예컨대 $r=0.8$로 고정되는 한 그 결과는 적어도 h_r을 조건으로 한 조건부 확률에 비례하므로, 비례 상수 k를 이용한다면 문제의 우도는 $kP(e/h_{0.8})$과 같은 식으로 제시할 수 있을 것이다. 이때 편의상 $k=1$로 두

---

76 그러므로 가설 h_r의 우도를 표기할 때, '$P(e/h_r)$'로 쓰는 대신 '$P(e|h_r)$', '$P(e;h_r)$', '$L(h_r/e)$', ……와 같이 표현하기도 한다.

면 우리는 표기상으로는 '$P(e/h_{0.8})$'를 그대로 둔다 할지라도 개념적으로 여전히 이를 '가설 $h_{0.8}$의 우도'로 볼 수 있을 것이다.[77] 그러므로 만일 어떤 가설에 대해 그것의 조건부 확률과 우도를 개념적으로 명백히 구별할 수만 있다면, 이하에서는 우도를 지칭하면서 이와 같은 약속 아래 표기해 나가기로 한다.

그렇다면 가설 h_r의 조건부 확률 $P(h_r/e)$와 우도 $P(e/h_r)$은 서로 완전히 무관할까? 바로 이 대목에서 '그렇지 않음'을 보여주는 것이 결과적으로 '베이즈의 정리'이며, 이러한 정리를 이용하는 데 베이즈주의자들은 우도를 거쳐 조건부 확률에 이르기 위해 문제의 가설들에 관해 다음과 같은 매우 결정적인 발상을 옹호하는 셈이다. 즉 우도에서 조건부 확률로 나아가기 위해서는 가설 h_r 자체의 확률 분포를 별도로 고려해야만 한다는 것이다! 사실상 베이즈주의에서 어떤 가설에 대한 사전 확률이란 이와 같은 확률 분포를 가정했을 때 나올 수 있다. 이 관점에서 보자면, 6장에서 9장까지 살펴본 대로, 무차별의 원리 제시와 같이 사전 확률을 적절히 제시하기 위해 기울인 모든 노력은 결국 그와 같은 확률 분포를 어떻게 가정할 것인지에 관한 것인 셈이다.

하지만 과연 이러한 노력을 계속해야 할 이유는 무엇일까? 베이즈주의에서는 물론 이에 대해 나름의 이유로 그 정당성을 주장하지만, 이른바 **우도주의**(lieklihoodism)에서는 이를 거부한다. 여기서는 먼저 우도주의의 기본 관점을 살펴본 후, 베이즈주의의 그것과 비교해 우리 나름의 관점을 정리해본다.

---

77 사실상 예컨대 $L(h_{0.8}/e)=kP(e/h_{0.8})$과 같은 방식의 규정에 따라 **우도 함수**(likelihood function) $L(h/e)$을 별도로 사용하는 경우도 있으나, 여기서는 방금 언급한 이유에 의해 편의상 그대로 $P(e/h)$를 우도 함수로 보기로 한다. 한편 확률과 우도 사이의 관계, 그리고 이에 근거해 우도를 카르납의 귀납 논리의 관점에서 검토한 논문으로는 전영삼(1992) 참조.

2) 우도주의의 기본 관점

베이즈주의를 염두에 두었을 때, 하나의 주의로서 우도주의가 견지하는 가장 핵심적인 것은 경험적 증거에 대한 철저한 객관성이다. 물론 이와 유사한 관점으로 앞서 살펴본 빈도주의가 있으나, 우도주의자들 편에서 보자면 빈도주의 역시 결과적으로는 그 관점을 제대로 유지할 수 없었던 것으로 보이며, 빈도주의의 이와 같은 측면은 우리가 앞에서 살펴본 대로다.

빈도주의자들의 시각과 유사하게 우도주의자들이 보기에 베이즈주의의 가장 심각한 문제는 가설에 대해 사전 확률을 부여하는 데 따른 주관성의 개입이다. 그렇다면 이미 경험적 증거라는 객관적 증거가 제시되었는데도 불구하고 베이즈주의가 굳이 사전 확률을 고려하는 이유는 무엇일까? 우도주의자들이 보기에 그것은 문제의 가설에 대해 우리가 '신념도'를 고려하기 때문이다. 즉 베이즈주의에서는 단순히 증거와 가설 사이의 관계에만 주목하는 것이 아니라 가설에 대한 우리의 신념도를 기본으로 하여 그와 같은 신념도가 경험적 증거에 의해 어떻게 변화하는지에 주목한다. 이때 그 신념도는 앞서 케인스에게서 살펴본 대로 일정한 확률로써 측정될 수 있다고 보는 것이다. 만일 이러한 발상의 구도로 나아간다면 경험적 증거가 제시되기 이전에라도 필경 해당 가설에 대한 우리의 신념도가 있기 마련이고, 증거가 제시된 이후 신념도 계산을 위해서라도 그 이전의 신념도에 대한 값이 제시되지 않으면 안 되는 구조가 되는 셈이다. 하지만 이제 우도주의에서는 제시된 증거에 의해 가설을 평가하는 데 반드시 이러한 '신념도의 변화'라는 구조에 따를 필요가 없다고 본다. 오히려 경험과 관련해 객관적으로 놓인 증거를 위주로 그것이 어떤 가설에 대해 얼마만큼 더 강하거나 약한 증거가 되는지를 제대로 보여줄 수 있는 것이 곧 우도라 본다.

사실상 베이즈주의에서건 빈도주의에서건 우도 개념 자체에 관해서는 커다란 이견이 없는 것으로 보인다. 일단 경험적으로 증거가 제시되면 그에 대해 일정한 가설에 비추어 우도를 계산하는 일 자체에 주관성이 개입할 여지는 거의 없어 보이기 때문이다. 다만 문제는 그러한 우도로써 과연 가설을 제대로 평가할 수 있느냐의 여부다. 그렇다면 먼저 이러한 우도에 의해 우도주의자들이 어떻게 가설을 평가하는지 살펴보고, 이후 그 적절성을 논해보자.

우도주의자들이 우도에 의해 가설을 평가할 수 있다고 보는 근거가 되는 직관적 원리는 다음 두 가지다.[78]

우도의 법칙(Law of Likelihood): 만일 가설 h_1은 관찰 증거 e에 대해 우도가 $P(e/h_1)$임을 함축하고, 가설 h_2는 증거 e에 대해 우도가 $P(e/h_2)$임을 함축한다면, 관찰 증거 e는 $P(e/h_1) > P(e/h_2)$인 경우 그리고 오직 그 경우에만 h_2보다 h_1을 지지하는 증거가 되며(evidence supporting h_1 over h_2), 이때 우도비 $P(e/h_1)/P(e/h_2)$로써 그 증거의 강도(strength)를 측정할 수 있다.

우도의 원리(Likelihood Principle): 만일 어떤 관찰 증거 e_1과 e_2, 그리고 두 가설 h_1과 h_2의 우도 사이에 $P_1(e_1/h_1)/P_2(e_1/h_2) = P_2(e_2/h_1)/P_2(e_2/h_2)$의 관계가 성립한다면, 증거 e_1과 e_2는 서로 동치의 증거(equivalent evidence)다.

78 Royall(1997), pp. 3, 24~25; 이전에 또한 Hacking(1965), pp. 59, 65 참조. 여기서는 이 책에서의 맥락과 기호에 맞게 재정리했다. 우도의 법칙 중 등장하는 '~일 경우 그리고 오직 그 경우에만(if and only if)'이라는 표현은 하나의 논리적 동치 관계 내지 일정한 정의(定義)를 나타내는 것으로 이해하면 될 것이다.

예컨대 우도의 법칙은 동일한 하나의 증거로써 서로 다른 가설을 평가하는 데 우도가 어떻게 기여하는지, 그리고 우도의 원리는 서로 다른 증거가 어느 때 증거의 측면에서 동치가 될 수 있는지를 우도로 보여줄 수 있음을[79] 주장한다.

이 책에서의 논의와 관련해, 이와 같은 원리들에서 가장 중요한 점은 증거가 가설을 지지하는 정도를 근본적으로 우도에 의해 제시하고 비교할 수 있다고 보는 점이다. 과연 근거는 무엇일까. 위의 원리들 자체는 확률의 공리들에서 도출되는 것은 아니며, 따라서 별도의 합리적 이유를 제시하지 않으면 안 될 것이다. 이에 대해 우도주의자 로열은 다음과 같은 핵심적 발상을 제시한 바 있다.[80] 만일 어떤 **결정론적 상황**에서 가설 h_1은 일정 조건에서 관찰 증거 e가 나타날 것임을 함축하고, 같은 상황 같은 조건에서 가설 h_2는 그와 같은 증거 e가 나타나지 않을 것임을 함축한다고 해보자. 이 경우 실제 관찰 결과 증거 e가 나타났다면, 우리는 '그와 같은 증거가 실로 가설 h_1을 지지하며 가설 h_2를 지지하지는 않는다'라고 말할 수 있지 않겠는가! 그리고 만일 결정론적 상황에서 이렇게 말할 수 있다면, 좀 더 나아가 **확률적 상황**으로도 역시 이 같은 발상을 확대할 수 있지 않겠는가! 그리하여 만일 가설 h_1이 관찰 증거 e가 나타날 확률이 $P(e/h_1)$임을 함축하고, 같은 상황 같은 조건에서 가설 h_2는 그와 같은 증거 e가 나

---

79 우도의 원리에서, $P_1(e_1/h_1)/P_2(e_1/h_2)=P_2(e_2/h_1)/P_2(e_2/h_2)$의 관계가 성립한다는 것은 결국 증거 e_1과 e_2가 서로 동일한 우도 함수를 갖게 됨을 뜻한다. 왜냐하면 각주 77에서 언급한 대로 우도 함수 $L(h/e)$을 $kP(e/h)$로 정의한다면, $P_1(e_1/h_1)/P_2(e_1/h_2)$와 $P_2(e_2/h_1)/P_2(e_2/h_2)$는 각기 상수인 k가 사라진 상태에서, 비록 확률 함수 P_1과 P_2로 표현되기는 했으나, 그것이 결국 동일한 우도 함수임을 보여주기 때문이다. 따라서 우도의 원리란 '동일한 우도 함수를 낳는 증거들은 서로 동치'임을 주장하는 것이라 바꿔 말할 수도 있다.

80 Royall(1997), p. 5.

타날 확률이 $P(e/h_2)$임을 함축한다면, 실제 관찰된 증거 e가 그러한 가설들을 지지한다고 보지 못할 이유는 없을 것이다. 또 그때의 지지 정도가 그와 같은 확률, 즉 우도에 의해 측정될 수 있다고 보지 못할 이유는 없는 것 아닌가! 물론 지금의 경우 $P(e/h_1)=1$이고 $P(e/h_2)=0$이 될 것이며, 이러한 극단적 경우가 아니어도 이와 유사한 생각을 확대해 나아갈 수 있을 것이다.[81]

여기서 우리가 이와 같은 우도주의의 기본 관점을 일단 받아들인다고 해보자. 그렇다면 이 관점에서 칠면조 사례는 어떻게 처리할 수 있을까. 9장 3)절에서 우리는 크리스마스이브 전까지 3일 동안 연속으로 칠면조가 먹이를 먹게 된 것으로 가정한 바 있다. 이것은 경험적으로 확인된 하나의 증거 e에 해당한다. 그렇다면 이제 해당 농장에서 전체적으로 매일 아침 칠면조들에게 먹이가 제공되는 상대 빈도는 어떻게 될까? 그동안 실제적으로 이에 대한 조사가 없었다면 그에 대한 값을 하나의 가설로서 제시할 수밖에 없다. 예컨대 0.8의 상대 빈도를 주장하는 가설 $h_{0.8}$과, 0.2의 상대 빈도를 주장하는 가설 $h_{0.2}$를 고려해보자. 이때의 우도는 각기 $P(e/h_{0.8})=\binom{3}{3}\left(\frac{8}{10}\right)^3\left(\frac{2}{10}\right)^0=0.512$, $P(e/h_{0.2})=\binom{3}{3}\left(\frac{2}{10}\right)^0\left(\frac{8}{10}\right)^3=0.008$이 될 것이다. 따라서 만일 우도의 법칙에 따른다면 증거 e는 가설 $h_{0.2}$에 비해 가설 $h_{0.8}$을 더 지지한다고 보아야만 할 것이다. 이때 그 지지의 정도는 우도비 $P(e/h_{0.8})/P(e/h_{0.2})=64$가 될 것이다. 하지만 우도비 64가 의미하는 바는 정확히 무엇일까.

먼저 주목해야 할 점은, 위의 우도의 법칙에서 주장하는 바는 단 하나의 가설에 대한 것이 아니라는 점이다. 우리가 주목하는 가설이 예컨대 위의

81 로열은 지금의 답 이외에도 이어서 추가적인 답을 제시했지만, 그와 같은 답은 이미 지금의 답을 수용한 상태에서 좀 더 테크니컬하게 방법론적으로 파생적인 이유만을 제시했을 뿐이다.

$h_{0.8}$이라 할 때, 우도의 법칙에서 주장하는 바는 그 하나의 가설에 대한 것이 아니라, 또 다른 가설 $h_{0.2}$와의 비교에 관한 것이다. 따라서 사실 우도의 법칙에서 말하는 대로 문제의 우도비가 해당 '증거의 강도'를 측정해주고 있다 할지라도, 그것은 단지 한 가설이 해당 증거로부터 지지받는 정도를 보여준다기보다 그와 비교되는 또 다른 가설에 비해 그 가설이 증거와 관련해 얼마만큼 더 우월한지를 보여줄 따름이다.

증거에 의한 가설의 지지 정도를 이처럼 **대조적 관점**(contrastive view)에서 바라보게 된다면 자연히 문제의 가설을 또 다른 어떤 가설과 비교하느냐에 따라 그 지지 정도가 달라지기 마련이다. 이 점에서 보자면 우리가 관심을 갖는 가설 이외에 또 다른 어떤 가설을 대조 대상으로 삼는지가 중요해지기 마련이다. 그렇다면 우리는 이 지점에서 위의 예 가설 $h_{0.8}$에 대해 왜 굳이 가설 $h_{0.2}$를 비교했는지 물을 수밖에 없다. 만일 우리가 관심을 두고 있는 가설이 $h_{0.8}$이라면, 그와 비교될 법한 가설로 자연스럽기는 $h_{0.2}$보다 차라리 $\sim h_{0.8}$이기 때문이다. 그렇다면 이 지점에서 이 같은 새 가설의 우도는 어떻게 될까. 앞에서 설명한 대로 $P(e/\sim h_{0.8})=1-P(e/h_{0.8})$은 성립하지 않는다. 따라서 우리는 0과 1 사이의 실수로서 0.8 이외의 모든 수에 대한 가설을 두고 그 우도를 비교해야 할 것이다. 하지만 이것이 가능할까?[82]

좀 더 현실성 있는 대안은 위의 예에서와 같이 가설 $h_{0.8}$과 대조되는 가설로서 특정하게 가설 $h_{0.2}$와 비교하는 것이다. 하지만 왜 굳이 가설 $h_{0.2}$이어야만 할까? 만일 $h_{0.2}$가 특정한 가설이라면 $h_{0.9}$ 역시 그러하기 때문이다. 그렇다면 가설 $h_{0.8}$에 대해 오로지 $h_{0.2}$만을 고려하는 경우, 그 가설들 이외의 모든 가설들은 결국 '모두 함께 몰아' 무시해버린 셈이다. 이처럼 우리가 관심을 두는 가설들에서 제외되기는 했으나 여전히 존재할 수 있는 가설들을 함께 묶어 생각한 가설을 이른바 **포괄적 가설**(catch-all hypothesis)이라 부른다. 하지만 사실상 포괄적 가설에서도 결코 무시할 수 없는 가설들이 포함될 가능성은 얼마든지 열려 있다. 위의 가설 $h_{0.9}$의 경우만 하더라도 예의 증거 e와 관련해 그 우도는 $P(e/h_{0.9})=\binom{3}{3}\left(\frac{9}{10}\right)^3\left(\frac{1}{10}\right)^0=0.729$로서, 이와 대조한다면 오히려 증거 e는 $h_{0.8}$보다 $h_{0.9}$를 더 지지한다고 말해야만 할 것이다.

3) 우도주의 대 베이즈주의

앞의 예에서처럼 두 가지 가설만의 우도를 비교하는 일에 관해, 어쩌면 좀 더 현실적으로 실제 과학 현장에서 문제 되는 것은 바로 그와 같은 상황일 뿐이라는 반론이 제기될 수 있다. 사실상 음극선을 둘러싼 예에서도 그에 관해 실제적으로 제시된 가설은 원리상 가능한 모든 가설이 아니라, 주요하게 파동 가설과 입자 가설이라는 단 두 가지뿐이었다. 1919년 개기일식 때 태양 근처를 지나는 별빛을 관측해 아인슈타인의 일반 상대성 이론을 입증하던 때도 그와 대조되는 가설은 핵심적으로 뉴턴의 이론뿐이었다. 하지만 우리는 다시금 물을 수 있다. 과학 현장에서는 왜 이와 같을까?

원론적인 답변은 과학자들이 그 같은 가설들만을 중시하기 때문이다. 까닭은 여러 가지일 수 있다. 예컨대 그것들이 지금까지 알려진 바로는 가장 예측력이 좋았다거나, 가장 설명력이 우수했다거나, 가장 단순했다거

82 지금의 사례에서라면 어쩌면 상대 빈도 0.8 이외의 수들을 유한하게 생각해 이것이 원리상 불가능하지는 않을 것이라 생각할지도 모른다. 하지만 좀 더 일반적으로 만일 이처럼 가능한 경우들이 유한하지 않고 무한하다면 이를 어떻게 처리할 것인가?

나, 아니면 가장 많은 현상을 설명했다거나 등이다.[83] 물론 여기서 우리가 이 같은 것들을 세세히 다룰 필요는 전혀 없을 것이다. 문제는 귀납적 지지 정도를 문제 삼는 데서도 과연 이러한 사정을 반영할 필요가 있을지, 만일 그러한다면 그것을 어떻게 반영할 수 있는지다.

이에 대해 모두 긍정적인 답을 하는 것이 베이즈주의다. 이를 위한 한 가지 설득력 있는 사례로서,[84] 예컨대 다락방에서 굉장한 소음을 들었다고 해보자. 이러한 경험적 증거에 대해 우도가 큰 가설로 생각할 수 있는 한 가지는 다락방에 그렘린(gremlin, 상상의 악의적인 괴물)이 살고 있다는 것이다. 만일 그렘린의 특성에 근거해본다면, 그러한 것이 존재할 때 다락방에서 문제의 소음이 들릴 우도는 매우 크다. 하지만 그와 같은 그렘림 자체가 존재할 가능성은 거의 없다. 그렇기 때문에 그 우도가 매우 큼에도 불구하고 그와 같은 가설 자체의 확률은 매우 낮을 수밖에 없다. 따라서 어떤 증거와 관련해 가설의 귀납적 지지의 정도를 생각하면서 단순히 그 우도만을 고려한다는 것은 오히려 매우 위험할 수 있다. 베이즈주의에서는 바로 이러한 점을 감안해 증거 이전에 가설 그 자체에 대한 확률 고려가 꼭 필요하다고 보고, 이를 바로 '사전 확률'로 나타낼 수 있다고 본 것이다.

이처럼 본다면 과학자들이 파동 가설과 비교하기 위해 입자 가설만을 고려한다거나, 일반 상대성 이론과 비교하기 위해 뉴턴 이론만을 고려한다는 것은 바로 그와 같은 가설들에 대한 사전 확률을 여타 가설들에 비해 매우 높게 보았다는 것으로 해석할 수 있다. 따라서 베이즈주의자들은 바

---

83 물론 과학자들의 이러한 판단이 잘못될 가능성은 얼마든지 열려 있다. 이러한 면에서 과학자들이 잘못 판단한 사례와 그렇게 될 가능성에 관한 흥미로운 논의를 Stanford(2006)에서 찾아볼 수 있다.

84 Sober(2008), pp. 37~38 참조.

로 이 점에서 해당 가설들의 사전 확률을 도입한다는 것은 매우 온당한 일이라 여긴다.

더욱이 베이즈주의의 관점에서 보았을 때, 단지 우도만으로 과학적 가설들을 비교할 때 발생하는 또 다른 난점은, 많은 경우 서로 비교되는 가설들의 우도가 모두 동일하게 나타난다는 점이다. 우리의 칠면조 예는 이 경우에 해당하지 않지만, 과학의 실제에서는 오히려 이 같은 경우가 더 흔할 수 있다. 예컨대 프톨레마이오스의 천동설과 코페르니쿠스의 지동설은 태양계의 행성 운동을 마찬가지로 함축할 수 있기에, 그 우도가 모두 예컨대 1일 수 있다. 이와 같은 일에서 벗어나는 경우는 예컨대 위의 파동 가설과 입자 가설의 대립, 아인슈타인의 이론과 뉴턴의 이론과 같이 과학 혁명기적 시기에 나타나는 것들뿐이다. 그러므로 베이즈주의에서는 이 난점을 벗어나기 위해서라도 각 가설에 대한 사전 확률 고려는 필수적이라 본다.

그런데도 베이즈주의에서 사전 확률 부여의 주관성 문제가 사라지는 것은 결코 아니다. 사전 확률 부여 자체에서 어떤 객관성을 확보하려는 시도의 난점에 대해서는 이미 언급했으나, 내가 보기에(물론 엄밀한 논증을 위해서는 그 시도 각각에 대해 별도의 검토가 필요하겠으나, 비록 그렇게 하지 않는다 할지라도) 그러한 시도는 일정 부분 한계를 넘어 좀 더 일반적으로 성공하기 어려워 보인다. 왜냐하면 방금 언급한 대로 사전 확률을 부여할 때 고려해야 할 수많은 요인들의 존재, 나아가 그러한 요인들 사이의 가능한 충돌(예컨대 가설의 예측 가능성과 단순성은 서로 충돌할 수 있다) 때문이다. 이 경우 오히려 현실성 있는 해결책은 9장 3)절에서 논한 대로 경험적 증거에 의해 사후 확률을 얻어가는 작업을 계속 이어가 해당 가설의 사전 확률을 갱신(update)하는 일일 듯하다. 즉 가설 h에 대한 최초의 사전 확률을 $P_{old}(h)$라 할 때, 경험적 증거 e가 제시된 상태에서 나타나는 사후 확률

$P_{old}(h/e)$를 다시 새로운 하나의 사전 확률 $P_{new}(h)$로 삼는 일을 계속하는 일이다.[85] 하지만 이른바 **(베이즈의) 조건화**〔(Bayesian) condionalization〕[86]라 부르는 이러한 갱신을 위해 중요한 것이 바로 해당 가설들의 우도들이다. 그러므로 베이즈주의에서는 한편으로 우도에만 의지할 수 없음을 느끼면서도, 동시에 결코 멀어질 수 없음도 알게 된다.

사정이 이와 같다면, 이제 베이즈주의에서 풀어야 할 문제는 과연 그와 같은 확률로 표현되는 새로운 신념도를 어떻게 객관적 우도와 조율하는지다. 베이즈주의에서 인정하는 확률이 궁극적으로 주관적이라 할 때, 위와 같은 갱신을 위해 도입하는 우도가 순수히 객관적인 한 왜 그처럼 객관적인 것을 주관적인 것에 반영해야 하는지라는 근원적 문제가 발생하기 때문이다.

---

85 9장 3)절에서 보인 대로 경험적 증거의 누적에 의해 사후 확률들을 수령한다 할지라도 이로써 곧 지금과 같은 신념도의 갱신이 정당화될 수 있는 것은 아니다. 그러므로 이를 위한 별도의 정당성이 요구되는데, 흔히 9장 2)절에서 언급한 '도박 대장 논증'의 방법이 동원되기도 한다. 예컨대 Rosenkrantz(1981), ch. 3 참조.
한편 반 프라센이나 이어먼은 신념도의 갱신이 합리적으로 이루어지는 방식이 바로 지금과 같은 규칙 추종적인(rule-following) 방식일 필요는 없다고 보았으나〔van Fraassen(1989), ch. 7; Earman(1992), ch. 2 참조〕, 어쨌든 그 때문에 지금 같은 방식의 신념도 갱신 방법이 비합리적인 것으로 배제될 필요는 없으므로 여기서는 일단 베이즈의 조건화 방식을 받아들인다.

86 지금의 경우 우리의 논의에서는 경험적으로 제시되는 증거에 의해 $P_{old}(h/e)$에서 $P_{new}(h)$로 바로 갱신될 수 있는 것으로 본다. 이것은 가설 갱신 시 이미 관찰된 증거는 확실함을, 즉 $P_{new}(e)=1$임을 가정하는 셈이다. 하지만 9장 1)절에서 언급한 대로, 증거 자체의 오류를 감안한다면 이것은 지나치게 강한 원리일 수 있다. 그러므로 제프리는 이를 일반화하여, 즉 $P_{new}(e)\neq 1$로 둔 상태에서, $P_{new}(h)=P_{old}(h/e)\times P_{new}(e)+P_{old}(h/\sim e)\times P_{new}(\sim e)$를 제안한 바 있다. 이를 우리의 논의에서와 같은 **단순(또는 엄격한) 조건화**(simple/strict conditionalization)와 구별하여, **제프리 조건화**(Jefrrey conditionalization)라 부른다〔Jeffrey(1983), ch. 11; 이에 대한 좀 더 진전된 논의를 위해서는 Jeffrey(2004), ch. 3; Park(2009) 참조〕. 하지만 여기서의 논의는 이 차이가 본질적인 것은 아니므로 단순히 엄격한 조건화 방식에 한정한다.

이와 밀접히 관련하여 베이즈주의의 신조가 명확히 표현된 결과의 하나가 9장 2)절에서 소개한 루이스의 '주요 원리'다. 이 원리에 따르면, 어떤 모집단에서 무작위로 하나의 개체를 추출한다 할 때 그에 대한 주관적 확률은 해당 모집단에서 문제의 특성이 보이는 상대 빈도와 동일한 것으로 여겨진다. 따라서 이제 어떤 경험적 증거가 추출될 만한 모집단의 상대 빈도에 대한 가설을 두고 그에 대한 우도를 구하는 경우에도 역시 주요 원리는 우리가 곧 그 가설이 함축하는 상대 빈도와 동일한 신념도를 가져야 한다고 권한다.

만일 별도의 가정이 없는 한, 어떤 경험적 증거 중 나타난 상대 빈도가 r이라 할 때, 우도가 최대가 되는 경우는 바로 그 모집단 내 상대 빈도 역시 r과 동일하다고 보는 가설을 택했을 경우다(앞에서 칠면조와 관련한 증거 e에 대한 우도는 그 가설이 문제의 증거가 보여주는 상대 빈도와 가까울수록 더욱 커지는 것을 볼 수 있다). 따라서 만일 우리가 한층 더 나아가 이와 같은 **최대 우도**(maximum likelihood)를 선호한다면, 주요 원리는 해당 가설에 대해 우리의 신념도 역시 그 최대 우도의 가설이 함축하는 상대 빈도에 일치시킬 필요가 있다고 말한다.

하지만 이것은 어디까지나 하나의 바람이며, 그 표현의 결과일 뿐이다. 8장 3)절에서 지적한 대로 카르납이 자신의 입증도가 상대 빈도에 대한 추정치와 일치하도록 만든 일, 그리하여 자신의 귀납 논리가 이미 당시 널리 활용되던 빈도주의적 통계 이론에 부합될 수 있도록 한 일[87] 역시 이 같은 희망을 반영하는 일이었으나, 과연 왜 그렇게 되어야 하는지 그 정당성을 보여주는 것은 결코 아니었다. 이에 대한 논의에는 근원적으로 빈도주

87 Carnap(1950), §49; chs, VIII~IX 참조.

의와 베이즈주의와의 관계에 대한 재조명이 필요하며, 앞서 카르납의 귀납 논리에 대한 힌티카의 대안을 둘러싼 논란도 여기서 재조명할 수 있다. 이러한 논의는 자세한 설명을 요하므로 아래에서 논해보자.

4) 우도, 베이즈주의, 빈도주의

주관적 신념도가 객관적 상대 빈도에 따라야 함을 보여주는 실마리가 되는 첫 번째는 이른바 **대수(大數)의 법칙**(law of large numbers)이다. 지금 맥락에서 직관적으로 말하자면, 이 법칙이 보여주는 바는 어떤 모집단에서 특성 M을 지닌 개체의 비율이 μ라 할 때 그러한 모집단에서 추출한 표본들에서 특성 M에 관한 (산술) 평균은 바로 μ로 수렴한다는 것이다. 이때 비율 μ는 특성 M이 나타날 때 1, 그렇지 않을 때 0의 값을 갖는 것으로 가정한다면, 바로 특성 M에 대한 기대값(expected value)과 일치하게 된다. 물론 이것이 제대로 성립하기 위해서는 별도의 조건이 더 필요하고, 이 같은 조건을 명시적으로 부가해 대수의 법칙을 좀 더 형식적으로 제시하면 다음과 같다.[88]

---

88 여기서 '확률 변수'란 일정한 확률이 부여되는 값을 지닌 변수, 체계, 또는 양을 말한다. 예컨대 하나의 동전을 던질 때 그 앞면과 뒷면이 나타나는 확률적 사태에 대해 1 또는 0의 값을 부여하는 변수, 체계, 또는 양을 일컫는다. 이러한 확률 변수들이 '서로 독립적이며 동일한 분포를 이룬다'(약칭; i.i.d)는 것은, 그 어느 하나의 변수가 다른 변수들에 확률적으로 종속적이지 않으며, 그 분포 형태가 모두 같다(예컨대 어느 한 확률 분포가 이항 분포의 형태를 취한다면 다른 모든 확률 분포 역시 그러하다)는 뜻이다.
지금과 같은 형태의 대수 법칙은 '약한(weak) 대수 법칙'이며, 이와 관련해 '강한(strong) 대수 법칙'이나 이러한 법칙들에 대한 증명들은 예컨대 "Law of large numbers," Wikipedia 등에서 쉽게 찾아볼 수 있다.

대수의 법칙: 어떤 확률 변수(random variable)들의 무한 계열 X_1, X_2, ……에서 그 각각의 변수들이 서로 독립적이며 동일한 분포를 이루고(independent and identically distributed), 또한 그 각각이 유한한 기대값 μ를 가져 $E(X_1)=E(X_2)=\cdots\cdots=\mu$가 성립한다면, 다음과 같은 표본 평균(sample average)은

$$\overline{X_n}=\frac{1}{n}(X_1+\cdots\cdots+X_n)$$

아래와 같이 기대값 μ에 수렴한다.

$$n\to\infty \text{일 때, } \overline{X_n}\to\mu$$

그러므로 우리의 칠면조 예에서라면, 해당 농장 전체에서 매일 아침 모든 칠면조들에게 먹이를 제공하는 상대 빈도가 0.8이라 할 때, 그로부터 추출된 표본들, 예컨대 연속된 어느 하루, 이틀, 사흘, …… 동안에 먹이가 제공된 횟수들의 평균을 취하면 그 값은 0.8로 수렴한다. 물론 이 경우 다른 특별한 사정이 없는 한 그러한 날들 동안 실제 관찰되는 표본들의 확률 분포는 모두 이항 분포를 따르며 서로 독립적이다. 또한 각각에서 먹이가 제공될 기대값은 0.8이다. 이때의 기대값은 물론 어느 하루 먹이가 제공될 확률과 일치하기도 한다[즉 $1\times p+0\times(1-p)=p=0.8$이다].

이러한 예에서 잘 드러나듯, 대수의 법칙에 따르면 어느 모집단에서 추출한 표본이 보여주는 상대 빈도는 장기적으로 해당 모집단의 상대 빈도를 강력하게 지시해주는 것으로 보인다. 그러므로 아무리 확률에 관해 주관적 관점을 지닌 베이즈주의자라도 해당 모집단의 어떤 상대 빈도에 관

한 가설에 대해 참인 신념도를 얻고자 한다면 해당 표본에 놓인 상대 빈도에 주목하지 않을 수 없다. 또한 표본을 구함으로써 그에 따라 자신의 신념도를 갱신해가야 한다. 베이즈주의에서 이것을 가능하게 하는 것이 베이즈 정리에 포함되어 있는 우도 함수다.

그럼에도 베이즈주의자들로서는 끝내 우도주의자들처럼 우도만으로 가설에 대한 평가를 끝낼 수 없는 나름의 중요한 이유들이 있다. 우선 대수의 법칙에 따라 극한에서 표본의 상대 빈도가 모집단의 그것으로 수렴할지라도 **궁극에서** 확실히 그렇다는 것일 뿐, 그 과정에서 제시되는 표본들의 **실제** 상대 빈도가 곧 모집단의 그것과 일치함을 의미하는 것은 아니다. 따라서 그와 같은 표본들의 상대 빈도에만 의존해 신념도를 갖는 경우, 현실적으로는 매우 비합리적인 경우에 봉착할 수 있다. 예컨대 칠면조 예에서처럼, 사실 모집단의 상대 빈도가 0.8임에도 불구하고 3일 동안 연속으로 모두 먹이가 제공된다면, 해당 표본 내에서 매일의 먹이에 대한 기대값이 0.8임에도 그 표본 평균은 1이 되고 만다! 좀 더 극단적으로 만일 단 하루의 먹이 상황을 관찰하고 그 표본의 상대 빈도에 따르는 경우, 실제로 먹이가 제공되었다면 그 표본 평균 역시 1이다. 그렇다면 우리는 이에 근거해 바로 모집단의 상대 빈도를 1로 믿을 수 있을까? 그리고 만일 모집단의 상대 빈도가 이와 같다면 지금까지의 표본을 넘어선 또 다른 하나의 개체가 문제의 특성 M을 가지리라는 가설에 대한 신념도를 1로 할 수 있겠는가! 사실 7장 3)절의 식 ②의 함수 $c*(h,e)$에서처럼 카르납이 단순히 식 $\frac{s_1}{s}$을 취하지 않고 식 $\frac{s_1+\omega_1}{s+\kappa}$을 취한 이유 중 하나도 바로 이것이었다.[89]

---

89 식 $\frac{s_1}{s}$에 따르기만 하는 단칭 예측 추리를 흔히 **직입률**(直入律; straight rule)이라 부른다. 이것의 문제점에 관해서는 Carnap(1952), §14 참조.

하지만 이제 베이즈주의자들이 단순히 표본의 상대 빈도에만 따르지 않는 훨씬 근원적인 이유가 별도로 있다. 상대 빈도를 중심으로 한 경험적 확률론의 관점에서 본다면 주관적 확률이 매우 자의적으로 보일지 모르나, 반대로 주관적 확률론의 관점에서 본다면 상대 빈도와 같은 것 역시 매우 특정한 제약 조건에서 얻어낼 수 있는 주관적 확률의 일종이라는 것이다. 이러한 점을 잘 보여주는 것이 8장 3)절에서 잠시 언급한 '드 피네티의 표상 정리'다.

주관적 확률론의 관점에서 본다면 어떤 표본에 제시된 결과들의 계열에 대해 부여할 수 있는 확률은 그 계열이 동일하지 않는 한 각기 달라지기 마련이다. 예컨대 9장 3)절에서 예시한 단지 I에서 추출한 표본들에서 검은색 공과 흰색 공이 모두 8대 2의 비로 나타났다 할지라도, 즉 그 상대 빈도가 모두 동일해도 검은색 공과 흰색 공이 추출되는 순서가 다르다면 그것은 서로 다른 계열을 형성하고, 따라서 그에 부여하는 주관적 확률 역시 달라야만 할 것이다. 이러한 식으로 서로 다른 계열에 어떤 식으로 확률을 부여할 것인지는 주관적 확률론의 관점에서는 완전히 열려 있는 문제다. 하지만 상대 빈도를 중시하는 빈도주의의 경험적 확률론에서는 이러한 점을 염두에 두지 않고 오로지 동일한 상대 빈도에만 주목한다. 이 같은 태도를 주관적 확률론자들이라면 어떻게 이해할 수 있을까? 이에 대해 드 피네티는 그 핵심에 이른바 **교환 가능성**(exchangeability)의 요건이 놓여 있다고 본다.

경험적 확률론자들이 표본에 제시된 결과들의 계열에 관해 오로지 그 상대 빈도에만 주목할 경우, 그들은 암묵적으로 그 개개 결과들이 나타나는 순서에는 관여하지 않겠다는 것을 보여주는 듯하다. 그러므로 상대 빈도 자체에 변화가 나타나지 않는 한 개개의 결과들은 순서에 관계없이 교환 가능한 것으로 본다. 이때 드 피네티는 다음과 같은 표상 정리가 성립하는 것으로 본다(여기서는 지금의 맥락에 가장 직접적으로 관련된 형태의 것만을 드 피네티 자신의 예시에 따라 제시한다).

드 피네티의 표상 정리: 예컨대 그 구성 내용을 알 수 없는 어떤 단지에서 복원 추출하여 나타나는 검은색 공의 비율에 주목한다고 해보자(따라서 지금의 추출 과정은 하나의 교환 가능한 사건들이다). 이때 추출된 전체 공의 개수 가운데 검은색 공의 변화하는 비율들을 고려해 그 각각을 p_i라 해보자. 그리고 그 각각에 대해 다시금 어떤 확률 c_i를 부여해보자. 이 경우 그 추출의 어느 한 결과 E가 나타날 확률 $P(E)$는 $P(E)=\sum_i c_i P_i(E)$로 제시되고, 이 역도 성립한다〔여기서 $P_i(E)$는 p_i에 대응하는 확률로서, 지금의 경우 이항 분포의 상황을 보여주고 있으므로, 만일 문제의 단지 내에 실제로 검은색 공의 비율이 ζ라 한다면, 전체 n개의 공 중 r개의 검은색 공이 추출될 경우, $\binom{n}{r}\zeta^r(1-\zeta)^{n-r}$로 제시될 것이다. 또한 $c_i>0$, $\sum_i c_i=1$이다〕.[90]

요컨대 어떤 표본에 제시된 결과의 계열들이 그 순서에서만 차이를 보이고 상대 빈도에서는 모두 동일한 상태라면, 위에 놓인 조건들에서 그 계열들 전체에 대한 우리의 주관적 확률은 문제의 상대 빈도에 의한 일차적 확률 분포에 일정한 이차 확률을 부여하여 나타난 확률 분포로써 대표해 표현해낼 수 있다는 것이다. 따라서 칠면조와 관련한 우리의 확률 분포 예에서도 역시 그 분포가 일차적으로는 이항 분포로 제시되고, 그에 대해 다시 일정한 이차 확률이 부여된 결과로 보아야만 할 것이다.

---

90 de Finetti(1937/1980), p. 101 참조. 단 여기서는 이 책의 맥락에 맞게 좀 더 수정하고 보완하여 제시했다.

만일 주관적 확률과 상대 빈도 사이에 실로 이 같은 관계가 성립한다면, 이제 문제는 그 이차 확률을 과연 어떻게 부여해야만 하는지에 있다. 사실 이러한 이차 확률 부여는 그 자체 어떤 경험적 자료에 기반을 둔 것이 아니므로 완전히 선험적이며 사전적(事前的)일 수밖에 없다. 그러므로 사실상 이차적 확률 부여란 어떤 상대 빈도에 대한 사전 확률 부여 과정과 다르지 않으며, 원리상 어떠한 제약도 있을 수 없다. 이 관점에서 볼 때, 7장 3)절에서 소개한 바 있는 카르납의 λ-체계란 바로 이러한 사전 확률 부여의 자유로운 여러 경우들을 보여주는 사례라 할 것이다. 특히 카르납이 중시한 $c*$ 함수의 경우(즉 $\lambda=\kappa$인 경우), 임의의 한 개체가 κ가지의 특성 가운데 어느 하나를 지닐 확률이 동일하게 $1/\kappa$일 때, 이는 곧 상대 빈도가 동일한 계열 전체에 대해(즉 동일한 구조 기술 각각에 대해) 똑같은 사전 확률을 부여하는 방식을 보여줄 따름이다. 칠면조 사례에서라면 $\kappa=2$이므로, 어느 칠면조가 아침에 먹이를 먹게 되거나 먹지 못할 확률이 각기 1/2로 동일할 때 그것에서 비롯되는 상대 빈도가 동일한 계열 전체에 대해 역시 똑같은 사전 확률을 부여하게 되는 것이다. 이 점에서 보자면 또한 8장 3)절에서 전개한 힌티카와 에슬러 사이의 논란에 관해서도 우리는 근원적으로 힌티카의 관점을 옹호할 수 있을 법하다.

그런데 이때 또 하나 주목할 점은 이상의 결과를 낳는 교환 가능한 확률 변수들은 모두 앞서의 대수 법칙을 충족시키는 확률 변수이기도 하다는 점이다. 예컨대 $c*$ 함수의 경우 임의의 한 개체가 κ가지의 특성 가운데 어느 하나를 가질 확률은 각기 동일하게 $1/\kappa$이므로, 각 개체가 일정한 특성을 지님을 보여주는 확률 변수는 대수의 법칙에 필요한 세 가지 요건을 모두 충족시킴을 쉽사리 확인할 수 있다. 이 점은 우리의 칠면조 예에서도 마찬가지다. 그러므로 베이즈주의의 관점에서 보자면 결국 상대 빈도에 의해 제시되는 객관적, 경험적 확률이란 어디까지나 일정한 조건에서 제시되는 제2차적, 주관적 확률일 뿐이며,[91] 베이즈주의자들은 바로 그때의 조건에서 대수의 법칙에 따라 우도에 맞추어 자신의 신념도를 갱신해감으로써 해당 모집단, 나아가 세계의 참된 모습에 이를 수 있다고 믿는 셈이다.

이상으로 나는 귀납적 비약이 가능하기 위해 우선 하나의 귀납 논증에서 그 전제가 해당 결론을 지지하는 귀납적 지지의 정도를 측정할 수 있어야 함을 주장하고, 제2부를 통해 지금까지 가능한 여러 경우들을 검토해보았다. 그 결과 어느 하나로 일치될 수 있는 절대적 측정의 결과를 얻기란 어려움을 알게 되었다. 예컨대 우리의 칠면조 사례에서 연속 3일 동안 아침에 먹이가 제공되는 경우, 모두 동일하게 그와 같은 사실을 증거로 삼고 '(따라서) 내일 아침에도 역시 먹이가 제공될 것이다'라는 가설에 대해 귀납적 지지의 정도를 문제 삼는다 할지라도, 그렇게 부여되는 정도는 문제의 귀납 논증을 어떤 배경에서 나온 것으로 보느냐에 따라, 즉 그 귀납적 상황을 바라보는 시각에 따라 달라지기 마련이다. 또 이러한 정도의 측정 과정에는 절대 객관적인 요소만이 관여하거나 절대 주관적인 요소만이 개입할 수 없음도 확인했다. 어느 경우이든 좀 더 실제적인 귀납적 상황을 제대로 반영하기 위해서는 객관적 요소와 주관적 요소가 불가피하게 함께 반영될 수밖에 없는 것이다.

동일한 귀납 논증에 대해 이처럼 일치하는 귀납적 지지의 정도를 얻기 어렵다는 사실이 일견 실망스러울지 모른다. 하지만 그 배후에 놓인 배경적 상황이 서로 다르다면 그처럼 귀납적 지지의 정도가 달라지는 것은 오

---

91 위에 있는 드 피네티의 표상 정리에서 만일 c_i가 언제나 동일하게 제시된다면, 확률 $P(E)$는 결국 $P_i(E)$와 일치할 것이다.

히려 합당한 면이 있다고 해야 할 것이다. 또 그러한 정도를 측정하는 과정에 주관적 요소가 개입된다 할지라도 그것은 단순히 자의적인 것인 아니라 불가피한 면을 지니고 있다. 나아가 객관적인 요소와 더불어 세계의 참모습을 찾아가는 방향으로 수렴될 수만 있다면 그 역시 온당한 것이라 해야 할 것이다.

결국 나는 그 주관성에도 불구하고 케인스로에서 베이즈주의에 이르기까지 귀납적 지지의 정도 측정 방식은 **이러한 조건에서라면** 충분히 받아들일 수 있는 것으로 본다.

이제 문제는 그처럼 불일치하는 측정 결과를 놓고 우리가 과연 어떻게 귀납적 상황을 처리해야 하는지다. 이에 대한 가장 자연스러운 답은 우선 그러한 결과를 어떤 절대적 값으로 보는 대신 상대적 값으로 보아 각각의 상황에서 대조적으로 그것을 평가하면 어떤가 하는 것이다. 이 경우 그러한 대조적 평가의 결과는 단순히 측정 결과의 제시로만 그칠 수는 없을 것이다. 왜냐하면 그처럼 상대적인 대조 평가의 결과는 결국 해당 가설 채택이나 기각을 염두에 두지 않는다면 무의미해지기 때문이다.

물론 이때의 채택이나 기각은 극단적으로 해당 가설을 완전히 참으로 인정한다거나 거짓으로 단정 지음을 의미하는 것은 결코 아니다. 그 역시 상대적으로 잠정적일 수밖에 없다. 더욱 중요한 점은 그 채택이나 기각이 단지 결과적인 이야기가 아니라 오히려 귀납적 지지의 정도를 어떻게 측정할 것인지를 방향 지어주는 것이라는 점이다. 즉 우리가 관심을 두고 있는 가설을 어떤 방식으로 채택하거나 기각하는지에 따라 오히려 귀납적 지지의 정도 측정 방식은 달라진다. 이에 대한 내용은 제3부에서 상세히 논해보자.

3

귀납적 결론 채택

제2부를 통해 하나의 귀납 논증에서 그 전제와 결론 사이 이른바 '귀납적 지지의 정도'를 측정할 수 있었다면, 이제 우리는 그것을 과연 해당 결론으로 채택할 수 있는지 여부를 고민하지 않을 수 없다. 물론 양자는 밀접하게 관련되어 있으나, 하나의 문제가 해결되었다 해서 곧 다른 하나의 문제가 자연적으로 해결되는 것은 아니다. 사실상 어떤 귀납적 결론에 대해 그 귀납적 지지의 정도가 제시되었다 할지라도 그것으로써 우리가 곧 문제의 결론을 받아들일 수 있다는 의미는 결코 아니다. 귀납적 비약을 하기 위해서는 최종적으로 해당 결론을 어떠한 의미로든 받아들일 수 있어야만 할 것이다. 하지만 어떤 기준과 원칙으로 그렇게 할 수 있을까. 또한 그러한 기준과 원칙이 정해져 해당 결론을 받아들인다 할 때, '받아들인다'는 것의 의미는 정확히 무엇일까. 제3부에서는 바로 이와 같은 문제들에 대해 탐구해본다.

12장

귀납적 결론 채택과 귀납의 방법론

3장에서 우리는 카르납에 따라 귀납 논리와 귀납의 방법론을 구별하고, 이 책에서 말하는 '귀납 논리'란 귀납적 전제와 결론 사이의 관계에 관한 평가를 가능하게 해주는 일이나 체계를 뜻하는 것으로 규정한 바 있다. 따라서 제2부를 통해 귀납적 지지의 정도를 측정하려 한 모든 시도는 귀납 논리의 작업으로 볼 수 있을 것이다. 하지만 이로써 곧 귀납적 비약이 가능해지는 것은 아니다. 그러한 측정 결과를 바탕으로 결국에는 귀납적 결론 내지 가설을 채택할 수 있어야만 궁극적으로 귀납적 비약이 완성될 것이기 때문이다. 그렇다면 이러한 채택의 문제는 귀납의 논리와는 별도로 구별되는 귀납의 방법론에 속하는 문제일까? 3장에서 우리는 이러한 채택의 문제가 여전히 귀납 논리에 속하는지, 아니면 귀납의 방법론에 속하는지 확정 짓지 못했다. 이 장에서는 이에 대한 나름의 답을 제시하고, 이와 같은 논의가 우리의 근본 문제와 어떻게 관련되는지 살펴보자.

1) 귀납의 방법론 문제로서 가설 채택

3장에서 보인 대로 카르납은 귀납적 결론을 채택하는 문제를 귀납의 방법론에 속하는 것으로 보았다. 핵심적으로 그와 같은 가설 채택의 문제에는 '논리적이지 않은 요소'가 포함되기 때문이라는 것이다. 여기서 그가 말하는 '논리적 요소'란 좁게는 그의 귀납 논리 체계를 따르는 것을 말하나, 우리 식대로 좀 더 넓혀 말하자면 귀납적 지지의 정도를 측정하여 제시하는 일을 말한다. 하지만 카르납이 보기에 가설 채택의 문제는 이보다 범위가 더 넓거나 오히려 이에 미치지 못하는 것으로 여겨진다.

'우리는 언제 귀납적 비약이 가능한가?'라는 근본 문제로 볼 때, 가설 채택의 문제가 귀납 논리에 속하건 귀납의 방법론에 속하건 그것은 어느 경우이든 우리의 관심사가 될 수밖에 없다. 하지만 지금의 문제는 그것이 어디에 속하는지에 따라 그 정당성의 성격이 달라진다는 점이다. 만일 가설 채택의 문제가 순수하게 귀납 논리에 속하는 것이라면, 그 문제의 해법은 순수하게 논리적으로 정당화될 수 있을 것이다. 반면 귀납의 방법론에 속하는 것이라면 그 해법은 논리 외적인 어떤 것에 의해서도 정당화되어야만 할 것이고, 이 경우 우리는 그 논리 외적인 것이 무엇이며, 그것이 과연 해당 해법을 제대로 정당화할지 별도로 논의해야만 할 것이다. 이 점에서 우선 3장에서 간략히 소개한 애친슈타인의 견해가 논의의 출발점이 될 수 있을 듯하다.

애친슈타인은 귀납 논증을 이루는 증거 e와 h 가설 사이에 다음과 같은 관계가 만족된다면 그 h를 채택할 수 있는 것으로 보았다. 따라서 이것은 그에게서 문제의 h를 채택할 수 있는 하나의 기준 내지 규칙이 된다.

① P(h와 e 사이에 설명적 연관성이 존재한다 / $e.b$) > 1/2

애친슈타인이 이러한 기준을 내놓을 수 있었던 근거는 무엇인가. 이를 알아보기 위해서는 우선 위의 기준이 함축하는 부분적 기준 두 가지를 다음과 같이 세분하여 전개할 필요가 있다.

- P(h와 e 사이에 설명적 연관성이 존재한다 / $h.e.b$) > 1/2
- P(h와 e) > 1/2

곧 위의 기준 ①이 성립하기 위해서는 그 부분을 이루는 아래의 두 기준이 함께 성립해야만 한다는 것이다.[1] 그러므로 위의 기준 ①을 정당화하기 위해서는 후자의 기준들을 먼저 정당화할 필요가 있다. 이를 위해 논의에 좀 더 직접적으로 연관된 두 번째 기준부터 검토해보자.

애친슈타인이 위의 두 번째 기준을 제시한 까닭은, 증거 e가 $\sim h$가 아닌 가설 h를 채택할 만한 '좋은 이유(a good reason)'가 되기 위해서는 적어도 지금의 기준이 꼭 필요하다고 보기 때문이다. 만일 이러한 기준이 충족되지 않는다면 증거 e는 가설 h를 채택할 만한 좋은 이유가 될 뿐만 아니라, 동시에 $\sim h$를 채택할 만한 좋은 이유도 될 수 있다고 보기 때문이다. 이것은 우리가 귀납적 지지의 정도를 기본적으로 6장 4)절에서 말한 제프리스의 확률 공리들에 따르는 확률로 보고, 그 확률 크기를 비교함으로써 어느 두 가설 채택을 결정할 경우 필연적으로 발생하는 문제다. 예컨대 $P(h/e) \ngtr 1/2$인 한 경우로서 $P(h/e) = 1/2$이라고 해보자. 그렇다면 $P(\sim h/e) = 1 - P(h/$

1 이에 대한 증명은 Achinstein(2001), pp. 153~155 참조.

$e)=1/2=P(h/e)$이고, 따라서 확률의 크기만으로 볼 때 우리는 e에 의해 h와 $\sim h$ 중 어느 것을 채택해야 할지 알 수 없게 된다. 만일 $P(h/e) \ngtr 1/2$인 또 다른 경우로서 $P(h/e)<1/2$을 고려한다면, 이때는 증거 e가 h보다는 $\sim h$를 채택하는 좋은 이유가 되어야만 할 것이다.

물론 애친슈타인의 이 같은 제안은 가설 채택의 기준 문제에 관한 매우 중요한 제안이므로 과연 이것이 정당화될 수 있는지는 이후 별도의 논의를 요한다. 하지만 지금의 맥락에서는 일단 이러한 애친슈타인의 제안이 정당한 것으로 가정해보자. 만일 이처럼 가정한다면, 두 번째 기준은 단지 e와 h 사이의 관계에서 전자가 후자를 위한 '좋은 이유'가 될 수 있다는 하나의 평가 개념으로부터만 도출되고 있으므로 그 자체 귀납 논리의 영역에 속하는 것으로 볼 수 있을지 모른다.

하지만 앞서의 기준 ①은 단지 두 번째 기준만으로 성립하지 않고, 첫 번째 기준도 함께 필요하다. 왜 첫 번째 기준이 필요하며, 이 기준에 등장하는 '설명적 연관성'이 무엇인지 알기 위해서는 애친슈타인이 스스로 제시하는 다음의 예를 살펴볼 필요가 있다.[2]

미국의 농구 스타로 유명한 마이클 조던(Michael Jordan)을 생각해보자. 만일 그가 피임약을 먹었다는 사실을 경험적 증거 e로 두고, '그가 피임약을 먹어 임신을 하게 되지 않을 것이다'라는 가설을 h로 삼아보자. 우리는 물론 그가 남성이라는 사실을 잘 알고 있으며, 따라서 이것은 지금의 경우 하나의 배경 지식 b를 이루고 있다. 물론 이러한 배경 지식까지를 고려해 문제의 증거와 가설 사이의 확률을 생각한다면 $P(h/e.b)$는 상당히 크겠지만, 만일 배경 지식을 고려하지 않는다면 확률 $P(h/e)$ 역시 상당히 클지라

2 앞의 책, pp. 149~151 참조.

도 그 값은 무의미하다. 왜냐하면 조던이 앞으로 임신을 하지 않게 되리라는 사실은 그가 피임약을 먹었기 때문이 아니라 남성이기 때문이다. 요컨대 위에 제시된 증거 e는 가설 h에 대해 증거로서 무관한 것이다. 이는 가설 h 쪽에서 보자면 그것이 결국 증거 e가 왜 참이 되는지 아무런 설명도 해주지 않음을 뜻한다.

이러한 이유로 애친슈타인은 두 번째 기준이 성립한다 할지라도 증거 e와 가설 h 사이에 어떤 설명 관계가 별도로 성립하지 않는다면 그 가설을 그대로 받아들일 수는 없다고 본다. 그 역시 증거와 가설 사이의 설명 관계는 기본적으로 연역적 도출 관계로 본다.[3] 하지만 이때의 도출은 단지 해당 가설로부터 증거의 방향으로만 이루어지는 것이 아니라, 그 역의 방향으로도, 나아가 문제의 가설과 증거 모두를 도출해낼 수 있는 또 다른 가설에 의해서도 이루어질 수 있다. 따라서 이러한 모든 경우들을 다 허용하여 해당 증거와 가설 사이에 설명 관계가 존재할 때, 그것들 사이에 바로 '설명적 연관성'이 존재한다고 말하는 것이다.

다만 이때도 만일 문제의 설명 관계를 연역적 도출 관계로 한정한다면 확률적이거나 통계적으로 제시되는 증거나 가설 사이에서 설명 관계를 찾기 어려워진다. 그런 탓에 그 설명적 연관성에 대해 좀 더 일반적으로 확률을 고려하고, 두 번째 기준과 유사한 발상으로 그 확률 역시 1/2보다 클 것을 요구한 것이다.

그런데 이제 이 같은 설명에서 잘 드러나듯, 사실 이러한 첫 번째 기준은 우리의 구별에 따르자면 귀납 논리에 속하기보다 명백히 귀납의 방법론에 속하는 셈이다. 왜냐하면 첫 번째 기준은 그 자체 e와 h 사이의 관계

---

3 '설명'에 관한 이러한 시각은 잘 알려져 있듯 헴펠 이후의 많은 과학 철학자들의 시각이다. '설명' 자체에 관한 헴펠의 시각에 관해서는 Hempel(1965/2011), 제2권, 제4부 참조.

에 관한 하나의 평가 개념만으로 도출되는 대신 오히려 두 번째 기준이 충족될 수 있도록 만들어주는 데 기여하는 방법적 요소이기 때문이다. 이것이야말로 3장 2)절에서 '귀납의 방법론에서는 어떤 목적을 위해 어떻게 하면 귀납 논리의 방법들을 가장 잘 적용할 수 있는지에 관해 조언을 준다'고 했던 카르납의 주장에 잘 적용되는 한 경우일 것이다.

이렇게 본다면 위의 기준 ①로 제시된 애친슈타인의 가설 채택의 기준이란 궁극적으로 귀납의 방법론에 속하는 문제로 귀착되는 셈이다. 그리고 애친슈타인의 제안에서 그 방법론적 문제는 그가 말하는 '설명적 연관성'을 어떻게 규정하고 충족시킬 수 있는지의 문제임이 드러난다.

이상의 검토에서 드러나듯, 나는 일반적으로 귀납적 결론의 채택 문제는 귀납의 방법론에 속한다고 본다. 만일 위의 두 번째 기준처럼 그 일부 귀납 논리적 요소를 지니고 있다 할지라도 그 귀납적 결론을 채택하기 위해서는 궁극적으로 그러한 요소가 제대로 충족되고 있는지의 여부를 고려하지 않을 수 없고, 이 과정은 귀납의 방법론에 속할 것이기 때문이다. 만일 가설 채택의 문제 중 어떠한 귀납적 요소도 주장될 수 없는 것이라면 문제는 더욱 귀납의 방법론에 속할 것이다.

그렇다면 다음의 문제는 귀납적 결론의 채택을 위해 우리가 고려해야 할 방법론적 문제들은 어떠한 것이 있으며, 이러한 문제들이 귀납적 지지의 정도 측정과 어떠한 관련이 있는지 탐구하는 일이다. 다음에서는 지금까지 주요하게 거론된 귀납의 방법론적 문제들을 전반적으로 소개하고, 그러한 문제들이 일반적으로 어떻게 귀납적 지지의 정도와 관련되는지를 다루겠다. 이러한 논의를 배경으로 이후 13장부터는 각각을 좀 더 세밀하게 검토할 수 있을 것이다.

2) 귀납의 여러 방법론적 문제

역사상 지금까지 '귀납'을 둘러싼 많은 철학적 연구나 논의에서 '귀납의 방법론'이라는 이름으로 하나의 범주 안에서 체계적으로 그 모든 문제들을 다룬 경우는 거의 눈에 띄지 않는다. 그럼에도 귀납의 방법론에 속하는 여러 문제들은 다방면으로 중요하게 논의되어왔다. 대표적인 한 경우가 1장에서 언급한 '귀납적 가설 구성'의 문제일 것이다. 하지만 이 책의 근본 문제와 관련해 이 문제는 제외되므로 여기서는 '귀납적 가설 채택'과 관련한 방법론적 문제들 가운데 주요한 것만을 개괄적으로 소개한다.

제2부의 논의 중 우리는 이미 매우 근본적인 귀납의 방법론적 문제 두 가지를 언급한 바 있다. 8장 3)절과 11장 4)절에서 언급한 '제1차적 확률에 제2차적 확률을 어떻게 부여할 것인가'의 문제, 9장 1)절에서 언급한 '매거에 의한 귀납과 제거에 의한 귀납 선택 문제'가 그것이다. 특수하게는 빈도주의적 접근 방법과 관련해 10장 3)절에서 언급한 '정지 규칙' 역시 귀납의 방법론 문제로서 이미 언급한 것이다.

3장 2)절에서 언급한 대로 카르납은 주로 귀납 논리에 한정해 탐구를 진행했으나 특별히 관심을 기울인 귀납의 방법론은 이른바 **전체 증거**(total evidence)의 문제였다.[4] 곧 귀납적 지지의 정도를 보여주는 자신의 입증도 $c(h,e)=r$의 값을 구체적인 문제에 적용하기 위해서는 다음과 같은 '전체 증거의 원리(또는 요건)'가 충족되어야 한다고 본 것이다.

4 카르납이 특별히 이 문제에 관심을 기울인 한 가지 이유는, 굿먼(N. Goodman)이 제기한 귀납적 가설의 투사 가능성(projectibility) 문제에 답하기 위한 것으로 보인다〔Carnap (1947/1997) 참조〕.

전체 증거의 원리(또는 요건): 증거 e로써 우리는 어느 시점에 어떤 사람에게 이용 가능한 전체 증거, 즉 그의 관찰 결과에 관한 전체 지식을 취해야만 한다.[5]

여기서 말하는 '전체'는 단순히 해당 시점에서 문제의 사람에게 이용 가능한, '남김 없는 모든' 지식을 뜻하는 것이 아니다. 단지 이미 제시된 증거 e에 더해 귀납적 지지의 정도에 영향을 미칠 수 있는 지식이나 정보를 의미할 따름이다. 따라서 만일 그러한 영향을 미치지 않는 지식이나 정보라면 문제의 사람에게 추가적인 그 무엇이 있다 할지라도 그것은 무관한(irrelevant) 것일 뿐이다. 예컨대 그러한 추가 지식이나 정보 i가 있다 할지라도 카르납의 입증도에서 $c(h,e.i)=c(h,e)$라면 이때의 i는 무관할 뿐이다. 반면 이러한 등식이 성립하지 않는 경우, 문제의 i를 배제하는 일은 e와 h 사이의 귀납적 지지 정도가 일정한 기준을 통과한다 할지라도 결코 h를 채택할 수 없도록 만드는 중요한 요인이 된다.

증거 면에서 볼 때, **다양한 증거**(varied evidence)의 문제나 **오래된 증거**(old evidence)의 문제 모두 뜨거운 논란을 불러일으키는 중요한 방법론적 문제들이다. 사실 동일한 증거 e라 할지라도 그것이 다양한 조건에서 수집된 것인지 여부는 똑같은 가설에 대해서라도 직관적으로 그 귀납적 지지의 정도가 달라질 것으로 예상된다. 그러므로 단순히 형식적인 귀납적 지지의 정도에 근거해 일정한 채택의 기준을 충족시키는 가설이라도 그것을 지지하는 증거가 매우 단순한 조건에서 얻은 것뿐이라면 우리는 그 가설 채택을 망설이지 않을 수 없을 것이다.

---

5 앞의 책, pp. 6~7; Carnap(1950), §45B.

‘오래된 증거’의 문제는 특히 과학의 실제에서 이전의 이론과 경쟁하며 새로운 이론이 하나의 가설로 대두할 때 중요하게 떠오른다. 이와 관련해 널리 알려진 예로, 아인슈타인의 일반 상대성 이론이 그 이전의 뉴턴 이론과 경쟁하며 하나의 새로운 가설로 떠오른 것을 들 수 있다. 이 경우 전자는 후자가 예측하지 못한 새로운 사실, 예컨대 중력이 큰 태양의 근처를 지나는 별빛이 휘리라는 사실을 예측했고, 이것은 실제 입증되어 전자를 채택하는 데 큰 역할을 했다. 하지만 이에 못지않게 많은 과학자들은 아인슈타인의 이론에 대해 그 이전에 이미 알려져 있던 수성의 근일점 이동 사실[6] 역시 그것을 채택하는 데 좋은 증거가 된다고 보았다. 사실 이것은 이미 오래전부터 참으로 알려져온 증거였다. 그렇다면 과연 그처럼 ‘오래된’ 증거 역시 문제의 가설을 채택하는 데 기여할 수 있는 것으로 보아도 좋을까?

귀납적 가설과 관련해서는 그 가설의 **단순성**(simplicity) 문제를 빼놓을 수 없다. 물론 가설의 단순성을 과연 어떠한 기준으로 비교할 수 있는지에 관해서는 논란이 끊이지 않지만,[7] 가설 채택 문제에 관해 가설의 단순성 문제가 영향을 미칠 수 있음도 분명하다. 예컨대 동일한 증거에 대해 똑같은 설명력과 예측력을 지닌 가설들이라도 우리는 그 가운데 좀 더 단순한 가설을 선호할 수 있다. 나아가 이 경우 어쩌면 더 단순한 가설이 그렇지 못한 가설에 비해 귀납적 지지의 정도에서 차이를 낳을 수도 있다. 사실상 8장 3)절에서 다룬 힌티카와 에슬러의 논쟁은 이와 같은 한 단면을 이미 보여주는 셈이다.

---

6 태양 주위를 도는 수성이 태양에 가장 가까이 다가가는 지점을 ‘수성의 근일점(近日點, perihelion)’이라 하며, 이 근일점의 방향이 바뀌고 있는 사실을 말한다.

7 예컨대 Kemeny(1953/2000) 참조. 이러한 논란은 근본적으로 가설의 단순성을 정의 내리기 쉽지 않은 데 기인하는 것으로, Hempel(1966), sec. 4.4 참조.

마지막으로 3장 2)절에서 카르납의 인용문이 잘 보여주듯, 가설 채택 문제에서는 **효용**(utility) 또는 **희망치**(desirability)[8]가 중요한 역할을 하며, 이 문제 역시 귀납의 방법론에 속한다. 왜냐하면 어떤 가설을 채택하는 데는 그것을 지지하는 증거와의 관계뿐만 아니라 그러한 가설을 채택할 때의 행위로 나타날 귀결에 관한 평가 역시 중요한데, 평가 과정 자체는 이미 증거와 가설 사이의 관계를 넘어서기 때문이다.

3) 귀납적 지지 정도에 영향을 미치는 귀납의 방법론

이어지는 장들에서 우리는 귀납적 결론을 채택하는 데 필요한 적절한 기준을 찾으려 노력할 것이다. 이 과정에서 앞서 언급한 여러 귀납의 방법론적 문제들이 어떻게 관여하게 되는지를 구체적으로 살펴보게 될 것이다. 하지만 먼저 강조해야 할 점은, 이때 그와 같은 방법론의 문제들이 제2부에서 다룬 귀납적 지지의 정도에 심각한 영향을 미친다는 점이다. 그러므로 앞으로 보게 되듯 귀납적 결론 채택은 귀납적 지지의 정도에 기반을 두나, 역으로 그러한 귀납적 지지의 정도를 측정하기 위해 동원된 증거와 가설이 어떤 것인지에 따라 귀납의 방법론이 그와 같은 지지의 정도에 영향을 미치기도 한다. 이에 대한 개별적이며 본격적인 논의 이전에 먼저 카르납이 제시한 사례를 통해 단면을 미리 살펴보자.[9]

예컨대 어떤 사람 *X*가 어느 지역 거주 세대에 대한 관찰 결과에 관해 다음과 같이 말한다고 해보자. 즉 '그 지역의 40세대 중 승용차를 보유한 세

8 이것의 의미에 대해서는 아래의 14장 3)절에서 자세히 언급할 것이다.

9 이하의 예는 Carnap (1947/1997), p. 7의 예를 우리의 상황에 맞게 다소 바꾼 것이다.

대는 20세대다.' 그리고 이러한 그의 보고 내용을 증거 e라고 해보자. 그런데 이제 그가 아직 관찰하지 않은 해당 지역 한 세대와 관련해 '그 세대 역시 승용차를 보유하고 있을 것이다'라는 가설 h에 대한 귀납적 지지 정도에 대해 관심을 갖고 있다고 해보자(이때 그는 해당 세대가 문제의 지역 내 거주 세대라는 것 이외에는 아무것도 알지 못하는 것으로 가정하자). 이 경우 일단 귀납적 지지의 정도 결정에 관한 특별한 논란은 차치하고, 단순히 말하자면 그 정도는 대략 1/2이라 말할 수 있을 것이다. 그렇다면 이러한 결과를 그대로 현실에 적용해도 좋을까. 예컨대 만일 X가 이 가설을 두고 내기를 하는 경우, 그러한 지지의 정도를 그대로 이용해도 좋을까? 이때 카르납은 X에게 앞서의 증거 e가 실로 해당 지역 거주 세대에 대한 그 자신의 관찰 결과 모두를 완전히 나타낸 것인지 물을 필요가 있다고 본다. 그런데 이제 이 같은 물음에 대해, 예컨대 X는 사실 모두 400세대를 관찰하기는 했지만 앞서의 40세대 외에는 모두 승용차를 보유하지 않은 것을 확인한 탓에, 나머지 360세대에 관한 부가적 증거 i에 대해 관심을 기울이지 않았다는 대답을 들었다고 해보자. 그렇다면 이 경우 카르납에게는 분명 $c(h,e.i) \neq c(h,e)$이고, 따라서 이때의 귀납적 지지의 정도는 1/2이 아닌 1/20로 되어야 할 것이다.

이것은 물론 우리가 어떤 귀납적 지지의 정도를 실제 적용하는 데 특정하게 왜 '전체 증거의 원리'와 같은 방법론의 한 원리를 고려해야만 하는지를 잘 보여주는 사례다. 하지만 이와 유사한 상황을 우리는 이하에서 다른 방법론들과 관련해서도 마주하게 될 것이다. 위의 예시를 보면 X는 실제 내기와 같은 상황에서 가설 h를 채택할 것인지 말 것인지의 여부에 앞서 증거 e와의 관계에서 귀납적 지지의 정도를 고려하고 있음을 볼 수 있다. 하지만 가설 h를 채택하는 데는 이외에도 문제의 증거가 관련된 별도의 부가 증거를 갖지 않는지의 여부 역시 중요할 수 있다. 그러한 부가 증거의 존재가 귀납적 지지의 정도를 변화시키기 때문이다. 이어서 이러한 상호 관계를 상당히 구체적으로 살펴보게 될 것이다.

13장
피셔에서 네이먼-피어슨으로 : 대조적 관점의 중요성

제2부 10장에서 귀납적 지지의 정도 측정과 관련해 소개한 대로, 귀납적 결론 채택 문제에 가장 직접적으로 관심을 갖고 그것에 답하려 시도한 이들은 무엇보다 빈도주의자들이다. 이미 로열에 따라 지적한 대로, 빈도주의야말로 근본적으로 '내가 지금 이러저러한 관찰 결과를 갖고 있는데, 그렇다면 나는 무엇을 해야 하는가?'라는 질문에 답하려는 시도로 보이기 때문이다.

귀납적 가설 채택 문제와 관련해 이제 이러한 빈도주의적 접근 방식에서 가장 먼저 다루는 것은 피셔의 관점이다. 그의 관점이야말로 귀납적 결론 채택 문제에 관해 빈도주의 내에서 가장 직관적인 원리에 근거한 것으로 보인다. 하지만 여기에는 나름의 심각한 문제가 놓여 있으며, 이에 따라 네이먼-피어슨의 관점과 대비해 검토해볼 필요가 있다. 이 과정에서 '대조적 관점'이 중요하게 떠오르게 될 것이다.

1) 피셔의 반증주의

10장 1)절에서 언급한 대로, 피셔는 근본적으로 반증주의의 관점에 서 있다. 물론 우리가 해당 내용에서는 그의 반증주의를 객관성 확보와 관련해서만 소개했으나, 이제 그의 반증주의는 동시에 귀납적 결론 채택 문제에 대한 답변의 근본이 되기도 한다. 이와 같은 관점에서 그가 자신의 반증주의적 시각을 분명하게 드러낸 다음 구절을 먼저 검토해보자.

> 일반적으로 유의성 검정은 그 귀무 가설로부터 계산된 **가설적** 확률에 근거를 둔 것이다. 이로써 일반적으로 세계의 실제 모습(real world)에 대한 어떤 확률적 명제 부여로 나아가는 대신, 테스트 대상이 되고 있는 가설을 채택하기를 꺼리는(reluctance to the acceptance of the hypotheses they test) 합리적이며 잘 정의된 척도로 나아가게 된다.(강조는 원문)

> 〔…… 이러한 꺼림의〕 배후에는 다음과 같은 논리적 선언(disjunction)의 사고가 깔려 있다. 즉 본래 있기 어려운〔또는 낮은 확률의〕 사건이 나타나거나, 아니면 〔귀무 가설에 따른〕 예측이 검증되지 않으리라는 것이다(Either an intrinsically improbable event will occur, or, the prediction will not be verified).[10]

---

10 각 단락은 차례로 다음에서 인용했다. Fisher(1956), pp. 44, 43. 위의 두 번째 인용 단락의 논리적 선언과 관련해 피셔는 다음과 같이 표현했다. "예외적으로 극히 드문 기회의 일이 일어났거나, **아니면** 문제의 무작위 분포의 이론〔즉 해당 귀무 가설〕이 참이 아니라는 것이다"(*Either* an exceptionally rare chance has occurred, *or* the theory of random distribution is not true).(앞의 책, p. 39, 강조는 원문)

이상의 내용을 적절한 기호를 부여해 다시 정리하면 다음과 같다. 우선 어떤 귀무 가설(h)을 가정했을 때, 그로부터 어느 특이한 사건($\sim e$)이 나타날 확률이 매우 낮은 것으로 계산된다. 그런데 만일 테스트 결과 실제로 그 사건이 발생한 경우, 우리는 아주 드문 사건이 발생했다고 생각하거나 아니면 문제의 귀무 가설이 참이 아니라고 생각할 수밖에 없다.

이 경우 피셔는 '~이거나, 아니면(either ~ or)'이라는 매우 조심스러운 표현을 쓰기는 했으나, 궁극적으로는 '아니면' 이후의 선언지를 택하고자 했을 것이다.[11] 만일 그렇지 않다면 그로서는 결국 유의성 검정을 행할 아무런 이유도 없기 때문이다. 그렇다면 여기에는 사실상 분명하게 다음과 같은 논증이 숨어 있는 셈이다.[12]

$P(\sim e/h)$가 매우 낮다.

$\sim e$가 나타났다.

═══════════════

h는 참이 아니다.

이러한 논증은 소버가 **확률적 후건 부정식**(probabilistic *modus tollens*)이라 부르듯, 어떤 면에서는 9장 1)절에서 소개한 연역적으로 타당한 후건 부정식과 유사하다. 그리고 어쩌면 반증주의자들이 반증의 구조에 기대를 갖는 까닭도 이와 같은 후건 부정식이 타당하다는 사실에 놓여 있는지도 모른다. 실로 후건 부정식으로 제시된 다음과 같은 논증에서라면,

---

11 사실상 피셔는 이전에 좀 더 강하게, 그 드문 사건에 의해 문제의 귀무 가설이 '거짓으로 증명된다(disprove)'거나 또는 그 양자가 '모순된다(contradicted)'는 표현을 쓰기도 했다 〔Howson and Urbach(2006), p. 151에서 재인용〕. 물론 이러한 표현은 그 자체로는 이하의 논의에서 드러나듯 잘못된 것이다.

12 Sober(2008), p. 49. 여기서 가로 겹줄은 지금의 논증이 확률적인 귀납 논증임을 가리킨다.

$$h_2 \Rightarrow e''$$
$$\sim e''$$
$$\overline{\quad\quad\quad}$$
$$\sim h_2$$

실제로 $\sim e''$에 의해 가설 h_2를 명백히 채택할 수 있게 된다. 따라서 연역의 상황에서라면 예컨대 위와 같은 후건 부정식을 어떤 가설에 대한 하나의 '채택 규칙'으로 분명하게 제시할 수 있을 것이다.

그러므로 이제 만일 연역적 상황에서 이처럼 제시되는 합리적 채택 규칙과 유사하게 위의 확률적 후건 부정식의 상황에서도 역시 그에 상응하는 채택 규칙을 찾을 수만 있다면, 우리는 어쩌면 '매우 낮은' 확률값만을 정하면 될지 모른다. 이와 관련해서는 10장 1)절에서 언급한 대로, 어쩌면 그 값으로 0.05 내지 0.01을 제시할 수 있을지 모른다. 물론 이러한 값들에 어떤 이론적 근거가 있는 것은 아니다. 다만 그 값들이 '매우 낮은' 확률값이라는 것을 우리가 인정할 수 있지 않겠느냐는 제안일 따름이다. 따라서 이것은 어디까지나 실천적 문제일 따름이나, 일단 우리가 그것에 관해 합의를 보고 일관되게 여러 가설들을 그것에 따라 채택하거나 기각하며 그 결과를 지켜본다면, 실천적 맥락에서 좀 더 적절한 문제의 '확률값'을 새로이 정할 수 있을지 모른다. 그러므로 우선 이 문제는 실천의 맥락에 맡겨놓자. 하지만 이를 인정한다 할지라도 사실 피셔의 논리에서 발견되는 심각한 문제는 위의 두 논증이 외형적으로만 유사할 뿐 그 실상은 매우 다르다는 점이다.

첫째, 그 외형적 유사성에도 불구하고 확률적 후건 부정식에서는 그 전제가 모두 참일지라도 그 결론이 성립하지 않을 가능성이 얼마든지 열려 있다는 것이다. 이를 보여주는 한 가지로, 소버는 다음과 같은 예를 들었다.[13] 예컨대 가설 h가 서로 독립적인 어떤 관찰 결과 e_1, e_2, ……, e_{1000} 각각에 대해 1보다 작지만 상당히 큰 확률을 부여하는 경우, 그 전체를 증거로 하는 경우에는(즉 그 모두를 연언으로 결합하는 경우에는) 그 확률이 매우 낮아질 수 있다. 하지만 이때의 관찰 결과들은 각기 가설 h를 입증하는 증거로서, 만일 실제 그와 같은 증거들이 나타난다면 그것들은 h를 참이 아닌 것으로 보는 데 기여하기보다 오히려 그 반대로 보아야 할 것이다. 이러한 사정은 실제 과학의 수많은 가설 입증 사례에서도 마찬가지다.

위의 확률적 후건 부정식의 문제를 보여주는 또 다른 실상은 네어먼과 피어슨의 방법과 관련해 살펴보는 것이 좋다.

2) 네어먼–피어슨의 방법과 대조적 관점의 중요성

10장 2)절에서 이미 언급한 대로, 피셔의 유의성 검정 방식은 그것을 위한 검정 통계량을 어떻게 잡는지에 따라 문제의 귀무 가설을 기각하게도 그렇지 못하게도 되는 문제가 있다. 이것은 앞에서 살펴본 그의 확률적 후건 부정식에서 그 전제가 모두 참으로 성립한다 할지라도 과연 어떤 검정 통계량을 사용했는지에 의해 해당 결론이 성립하지 않을 수도 있음을 보여주는 또 다른 실상이다.

사실 피셔의 확률적 후건 부정식에서 이러한 문제가 나타나는 근본 이유는, 그와 같은 식을 적용하는 데 '전체 증거의 원리'와 같은 방법론이 제대로 지켜지지 않기 때문이다.[14] 피셔는 실제 테스트 과정에서 '본래적으로 있기 어려운 사건'의 발생에만 초점을 두어 여타의 사건들에 관한 정보에는

---

13 앞의 책, p. 51.

14 이러한 지적은 소버에게서도 볼 수 있다(앞의 책, p. 53 참조).

관심을 기울이지 못하는 탓에 후자의 정보가 p-값에 실제 영향을 미치는 경우일지라도 그 같은 상황을 제대로 반영하지 못하고 있다. 예컨대 10장 2)절의 예에서 피셔는 문제의 여인이 여덟 잔의 차 모두를 맞히는 경우에만 초점을 맞추었을 뿐, 그 여덟 잔 가운데 맞히는 잔의 개수 1과 2의 경우를 각각 따로 보았는지 하나로 보았는지에 관해서는 관심을 기울이지 못했다. 그러한 탓에 실제 테스트 과정에서 후자와 같이 시행했더라도 그러한 사정을 전혀 반영할 수 없고, 따라서 어떤 과정이 암묵적으로 행해지는지에 따라 해당 귀무 가설에 대한 기각 여부가 자의적으로 바뀌게 되어버리는 것이다.

이러한 문제에 대해 어쩌면 '전체 증거의 원리'를 충족시킬 수 있는 방향으로 유의성 검정 방식을 개선하려고 시도할지도 모른다. 하지만 이 같은 시도는 원리상 불가능한 것은 아닐지 몰라도 실제적으로는 어려워 보인다. 왜냐하면 피셔가 주목하는 사건 이외의 여타 사건들에 관해 실제 나타날 수 있는 정보는 매우 다양하며, 경우에 따라 그 양이 매우 다루기 어려운 정도일 수 있기 때문이다.

네이먼-피어슨의 방식에서라면 어떨까. 10장 2)절에서 언급한 대로, 네이먼-피어슨은 문제의 귀무 가설에 대한 기각 여부 판단이 어떤 통계량을 염두에 두는지에 따라 궁극적으로 확정될 수 없다 할지라도, 어느 경우든 만일 그러한 가설이 참임에도 불구하고 잘못 기각하거나, 아니면 그것이 거짓임에도 불구하고 잘못 채택하게 되는 오류를 줄여가면 되지 않겠냐는 발상으로 나아간 바 있다. 이때 그 귀무 가설이 거짓인 경우 오류 확률을 계산하기 위해 그들은 귀무 가설과 경쟁하는 이른바 '대립 가설'을 함께 고려했다.

그리하여 네이먼-피어슨의 방법에서는 10장 2)절에서 예시와 함께 설명한 대로, 우선 일정한 기각 규칙에 의해 문제의 귀무 가설에 대해 제1종의 오류 확률인 α를 계산한다. 그리고 그와 대립하는 또 다른 가설에 의해 귀무 가설이 거짓임에도 불구하고 그것을 잘못 채택할 확률인 β를, 나아가 이로부터 검정력 $1-\beta$를 계산해낸다. 이 계산 결과에 대해 네이먼-피어슨이 바라는 최선은 α를 고정한 상태에서 그 검정력을 최대로 할 수 있는 기각 규칙을 세우는 것이다. 이러한 규칙에 따를 때, 예컨대 공들이 들어 있는 단지의 예와 관련해 우리는 $\alpha=0.05$로 고정한 상태에서 가설 $h_{0.2}$를 기각하고 가설 $h_{0.8}$을 채택할 수 있었다.

이 같은 방법에서 피셔와 마찬가지로 네이먼-피어슨에서도 그 주요 관심 대상 중 하나는 귀무 가설이다. 하지만 네이먼-피어슨처럼 귀무 가설 이외에 또 다른 가설을 고려해 그 양자를 비교하는 순간, 적어도 피셔의 유의성 검정에서 부딪히는 위의 문제는 사라진다. 단 하나의 가설을 대상으로 하는 경우, 그 가설과 관련해 제시된 증거에서 고려해야 하는 관련 정보가 매우 다양하고, 이에 따라 어떤 정보를 고려하는지에 따라 가설과의 관계가 달라진다. 그러나 그것과 경쟁하는 가설을 함께 고려하는 경우에는 두 가설이 공통의 증거와 대면하는 상황이 똑같게 되므로, 해당 증거에서 아직 고려하지 못한 정보가 있어도 그것이 두 가설 중 어느 한 가설에 대해서만 문제를 일으키지 않는 결과로 나아가는 것이다.

이러한 네이먼-피어슨의 방법은 가설 채택의 한 방법으로서 — 곧 다음 장에서 살펴보게 되듯 — 그 자체로 다시금 나름의 문제를 안게 된다. 그런데도 그 '대조적 관점'만은 가설 채택 문제에서 증거와 관련해 부딪히게 될 수많은 인식적 한계와 상대성을 보완해줄 중요한 방법적 원리로 작동할 수 있으리라 본다. 이를 지지하는 초점들은 이어지는 논의에서 거듭 등장하게 될 것이다.

14장

우도주의와 베이즈주의의 도전

귀납적 결론 채택 문제와 관련해 우리는 앞 장에서 먼저 빈도주의의 제안을 검토해보았다. 그 결과 일단 피셔보다는 네이먼-피어슨의 방법에 동의를 표했고, 후자의 방법에서 대조적 관점이 앞으로 중요한 역할을 하리라 지적했다. 하지만 동일하게 대조적 관점을 취한다 할지라도 네이먼-피어슨의 방법에 대해 새로운 도전이 가능하고, 이러한 도전은 무엇보다 제2부에서 소개한 우도주의와 베이즈주의를 통해 가능하다. 이 장에서는 이러한 도전을 검토해본다.

1) 가설 검정의 방법과 우도의 법칙

13장 2)절에서 우리는 피셔의 방법이 전체 증거의 원리에 어긋나는 면을 지적하고, 적어도 그런 점에서 네이먼-피어슨의 방법은 그것을 벗어날 수 있음을 언급했다. 그런데도 이것이 곧 후자의 방법이 모든 면에서 그 원리를 충족하고 있음을 의미하는 것은 아니다. 이 점은 무엇보다 우도주의의 관점에서 잘 보여줄 수 있다.

이를 알아보기 위해 이제 10장 2)절에서 예시한 가설 검정의 예로 돌아가보자. 그 예에서 우리는 표본 내 검은색 공의 개수가 다섯 개 이상인 경우 가설 $h_{0.2}$를 기각할 수 있었다. 그때 표 3을 참조하면, 사실 실제 표본 중 검은색 공의 개수가 다섯 개 이상일 경우에는 그 각각의 경우 우도 역시 가설 $h_{0.8}$ 쪽이 가설 $h_{0.2}$ 쪽보다 더 큼을 확인할 수 있다. 예컨대 크기 8의 표본 중 검은색 공의 개수가 다섯 개인 경우(e_5), 각각의 가설에 따른 우도의 대소는 다음과 같다. $P(e_5/h_{0.2})=0.0092<P(e_5/h_{0.8})=0.1468$. 그러므로 11장 2)절에서 소개한 우도의 법칙에 따르더라도 이러한 결과는 우도주의자들에게 만족스러울 수 있다. 하지만 만일 제시된 표본 중 검은색 공의 개수가 네 개로 밝혀진 경우라면 어떠할까. 이 경우 네이먼-피어슨의 방법에 따르면, 가설 $h_{0.2}$를 기각할 수 없고, 따라서 가설 $h_{0.8}$에 비해 전자를 선호할 수 있는 결과로 나아가게 된다. 하지만 이 경우 각각의 우도는 0.0459로 동일하고(이 경우는 그림 7에서 바로 두 분포 곡선이 서로 교차하는 때다!), 우도의 법칙에 따른다면 해당 증거(e_4)는 각각의 가설을 마찬가지 정도로 지지하는 것으로 보아야만 할 것이다. 사실 이보다 더 극적인 경우는, 그 기각 규칙에서 요구하는 표본 중 검은 공의 최소 개수가 이처럼 두 분포 곡선이 서로 만나는 때의 표본 중 검은 공의 개수보다 적을 때다. 이 경우는 다음의 사례에서 잘 볼 수 있다.[15]

10장 2)절의 예시와 마찬가지 상황에서 이제 크기 30인 표본을 추출해보자. 이때 귀무 가설을 $h_{0.25}$, 대립 가설을 $h_{0.75}$라고 해보자. 즉 문제의 표

---

15 앞의 책, pp. 60~62; Royall(1997), pp. 16~17 참조.

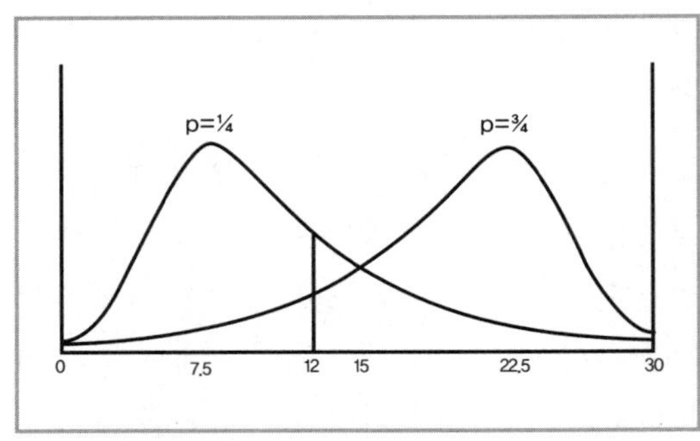

그림 9 가설 $h_{0.25}$와 $h_{0.75}$에서의 표본 분포 그래프.

본이 추출된 단지 내 검은색 공의 비율이 각기 1/4과 3/4임을 주장하는 가설들이다. 이 경우라면 앞서 크기 8일 때와 유사하게 네이먼-피어슨의 방법을 따를 때, 그 표본 중 검은색 공이 열두 개 이상일 때 귀무 가설 $h_{0.25}$를 기각할 수 있다. 하지만 이때는 그림 9가 보여주듯,[16] 각각의 가설 아래 표본 분포 곡선이 만나는 점(즉 가로축으로 15에 해당하는 점)이 그 열두 개를 나타내는 점보다 더 오른쪽에 가 있음을 알 수 있다. 따라서 사실 표본 내 검은 공의 개수가 12, ……, 14개인 경우에는 귀무 가설 $h_{0.25}$의 우도가 그 대립 가설 $h_{0.75}$의 우도보다 더 크게 된다. 그러므로 만일 우도의 법칙에 따른다면, 이 경우들에서는 해당 증거가 대립 가설보다 오히려 귀무 가설을 더 지지하는 것으로 보아야만 한다.

그렇다면 왜 이 같은 불일치가 발생하는 것일까. 우도주의자들은 네이먼-피어슨의 방식에서 가설을 검정하기 위해 제시된 증거에 관해 논리적으로 약한 형태를 취하는 것이 이와 같은 결과를 초래한다고 본다. 즉 만일 크기 30의 표본 내에 정확히 열두 개의 검은 공이 발견된 경우, 그것에 대해 논리적으로 가장 강한 형태의 표현은 그저 '서른 개의 공 중 (정확히) 열두 개의(exactly twelve) 공이 검은색이다'라는 표현일 따름이다. 하지

16 이 그래프는 Sober(2008), p. 61의 그래프를 우리 맥락에 맞게 다소 바꾼 것이다.

만 네이먼-피어슨의 방식에서는 이와 달리 좀 더 약한 '…… 열두 개 이상의(twelve and more) ……'라는 표현을 쓴다. 이것은 그들 방식에서는 귀무 가설을 기각하기 위한 불가피한 조건(만일 문제의 귀무 가설을 기각하려 한다면 적어도 유의해야 할 최대의 확률을 고려해야 한다는 점에서)으로 보일지 모르나, 이것이야말로 증거 내에서 관련 있는 중요한 정보를 제대로 제시하지 않아 전체 증거의 원리를 어기게 된 또 다른 한 측면이다.

그렇다면 네이먼-피어슨의 방법이 지닌 문제와 관련해 우도주의적 관점은 매우 유리한 위치에 서 있는 것으로 보인다. 우도주의적 관점에서라면 과연 어떠한 대안을 내놓을지 다음에서 검토해보자.

2) 우도주의에서 가설 채택

11장 1)절에서 언급한 대로 '우도'는 그 자체로 변화하는 가설들에 의해 계산될 뿐만 아니라, 11장 2)절에서처럼 우도의 법칙 자체가 결정론적 상황에서 확대된 발상대로 서로 비교되는 가설들을 전제로 하므로, 우도주의에서 가설 채택은 기본적으로 대조적 관점에 서 있기 마련이다. 그렇다면 매우 단순하게 생각할 때, 우도주의에서 가설을 채택하는 기준은 각각의 가설과 관련해 단지 좀 더 높은 우도를 갖는 쪽을 택하는 방식으로 정해질지 모른다. 하지만 여기에는 그처럼 간단히 기준을 정할 수 없는 이유가 있다.

예컨대 10장 2)절에서 예시한 여덟 개의 공 가운데 다섯 개의 검은 공이 추출된 사례를 다시 생각해보자. 이 경우 실제 그러한 표본이 추출된 단지의 검은색 공과 흰색 공의 비가 8대 2라고 해보자. 그렇다면 이때 가설

$h_{0.2}$와 $h_{0.8}$의 우도를 비교했을 때, 이미 보인 대로 $P(e_5/h_{0.2}) < P(e_5/h_{0.8})$이므로 우도가 높은 가설 $h_{0.8}$을 채택하는 것은 자연스러워 보인다. 하지만 만일 가설 $h_{0.8}$ 대신 가설 $h_{0.4}$를 $h_{0.2}$와 비교한다고 해보자. 그렇다면 이 경우 $P(e_5/h_{0.2}) < P(e_5/h_{0.4})$이고, 따라서 단순히 우도의 대소 비교만으로 가설을 선택한다면 단지 가설 $h_{0.4}$를 택하는 것으로 끝날지 모른다. 하지만 이것은 그다지 만족스러워 보이지 않는다. 물론 0.4의 비율은 0.2의 비율에 비하면 0.8의 비율에 더 가깝기는 하나, 0.4의 비율이 우리가 택하고자 하는 최선의 비율은 아니기 때문이다.

이러한 점을 고려하기 위해서는 11장 2)절의 '우도의 법칙' 가운데 '우도비 $P(e/h_1)/P(e/h_2)$로써 그 증거의 강도를 측정한다'는 구절에 주목할 필요가 있다. 이 대목이야말로 대조적 관점에서 서로 경쟁하는 가설들의 우도를 비교한다 할지라도, 단순히 그 대소에 주목하는 데서 한 걸음 더 나아가 그 증거의 강도가 문제될 수 있음을 잘 보여주기 때문이다. 이러한 관점에서 우도주의에서는 다음과 같이 가설 채택 문제에 답을 준다.[17]

이제 우도비로써 제시되는 어떤 증거의 강도에 표준을 정하기 위해 먼저 간단한 예시 상황으로 표준 우도비들을 생각해보자. 예컨대 9장 3)절에서의 그림 7에 놓인 단지의 예와 다른 모든 것들은 동일하되 단지 I에는 흰색 공만이 들어 있고, 단지 II에는 흰색 공과 검은색 공이 반반씩 들어 있다고 새로이 가정해보자. 이때 서로 경쟁하는 가설은 각기 $h_{0.0}$과 $h_{0.5}$로 둘 수 있을 것이다. 이제 우리가 어느 단지를 선택했는지 알 수 없는 상황에서 공 하나를 추출해 그 색을 확인하고, 이 같은 방식으로 계속하여 공의 색깔을 확인해나간다고 해보자. 만일 첫 번째 공이 흰색으로 확인된다면

---

17 이하의 사례는 Royall(1997), pp. 11~12 참조.

k	2	4	8	10	16	20	32	50	100	1000
b	1.0	2.0	3.0	3.3	4.0	4.3	5.0	5.6	6.6	10.0

표 5 표준 우도비 예시.

(이를 e_0'이라 하자), 이때의 우도비는 $P(e_0'/h_{0.0})/P(e_0'/h_{0.5})=1/½=2$가 될 것이다. 마찬가지 방식으로 만일 두 번째, 세 번째 공 역시 흰색으로 확인된다면 그 우도비는 각기 $2^2=4$, $2^3=8$이 될 것이다. 따라서 만일 이때의 우도비를 일반적으로 k로, 그리고 연속 확인되는 흰색 공의 개수를 b로 둔다면 $k=2^b$의 식이 성립하고, 이에 따라 앞으로의 참조를 위해 k와 b 사이의 관계를 정리해보면 표 5와 같다(계산을 편리하게 하기 위해서는 방금의 등식 양변에 로그, 예컨대 자연 로그 ln을 적용해 $b=\ln k/\ln 2$의 식을 이용하면 좋을 것이다).

우리의 예시 상황에서 이 표가 의미하는 바는 다음과 같이 설명할 수 있을 것이다. 예컨대 첫 번째 확인한 공이 흰색이라면, 우리는 우도의 법칙에 따라 가설 $h_{0.5}$에 비해 $h_{0.0}$을 선호할 이유를 갖게 된다. 하지만 이것은 계속 이어지는 다른 경우들에 비하면 그다지 충분한 것으로는 보이지 않는다. 예를 들어 연속하여 세 개의 공이 흰색으로 확인되는 경우에 비하면 그러하다. 그렇다면 대체 어느 정도의 강도에서 가설 $h_{0.5}$를 기각하고 가설 $h_{0.0}$을 채택할 수 있을까. 이에 대해 우도주의자 로열은 다음과 같이 답했다.

먼저 일반적으로 어떤 우도비 $P(e/h_2)/P(e/h_1)=L_2/L_1$이 어느 일정한 값 k 이상이면, 그때의 증거는 가설 h_1에 비해 h_2에 대한 '강한 증거(strong evidence)'로 보고, 이에 의해 가설 h_2을 택할 수 있는 것으로 본다. 반대로 그 우도비가 $1/k$ 이하이면, 오히려 그때의 증거는 가설 h_2에 비해 h_1에 대한 강한 증거로 보고, 이에 의해 가설 h_1을 택할 수 있는 것으로 본다.

만일 $1/k < L_2/L_1 < k$라면, 이때의 증거는 그 어느 가설에 대해서든 '약한 증거(weak evidence)'로 보고 계속적 시행으로 표본의 크기를 늘리면 어느 쪽으로든 결정될 수 있으리라 본다. 그렇다면 문제의 k 값을 어떻게 정할까? 네이먼–피어슨의 방법에서 귀무 가설을 기각할 수 있는 α 값을 우리의 합의에 의해 제시할 수 있듯, 로열은 k 값 역시 그와 유사하게 정할 수 있는 것으로 본다. 예컨대 어쩌면 우리는 $k=8$로 둘 수 있는데, 이 경우는 위의 표준 단지에서 흰색 공이 연속으로 세 번 추출된 경우에 해당한다. 따라서 이때는 $h_{0.5}$가 참임에도 그것을 잘못 기각하고 $h_{0.0}$을 채택할 확률이 0.05보다 작아지기 때문이다. 만일 $k=32$로 둔다면 그와 같은 확률은 0.01보다도 작아지게 될 것이다(그렇다고 해서 이때 α와 k의 의미가 동일하다는 것은 결코 아니다. 이러한 의미의 차이에 관해서는 이후 자세히 논하게 될 것이다).

그렇다면 이제 10장 2)절에서 예시한, 여덟 개의 공 가운데 다섯 개의 검은 공이 추출된 사례로 다시 돌아가 이 경우에 방금의 방식을 적용해보자. 이때의 가설 $h_{0.2}$와 $h_{0.8}$의 우도비는 $P(e_5/h_{0.8})/P(e_5/h_{0.2})=L_{0.8}/L_{0.2}=15.96$이므로, $k=8$일 경우에는 가설 $h_{0.8}$을 채택할 수 있으나 $k=32$일 경우에는 그렇게 하기가 어렵게 된다.

이런 점에서 보자면 $k=8$인 경우 크기 8인 표본에서 검은색 공이 다섯 개가 추출되었다는 것은 그것이 추출된 단지가 단지 II에 해당함을 강력히 보여주는 셈이다. 일반적으로는 크기 n의 표본을 추출할 때, $L_{0.8}/L_{0.2} \geq 8$이 되기 위해서는, $L_{0.8}/L_{0.2}=\binom{n}{r}\left(\frac{8}{10}\right)^r\left(\frac{2}{10}\right)^{n-r}/\binom{n}{r}\left(\frac{2}{10}\right)^r\left(\frac{8}{10}\right)^{n-r}=(0.8/0.2)^r(0.2/0.8)^{n-r} \geq 8$이 성립해야 하므로, 이를 정리하면 $r \geq (2n+3)/4$가 성립하게 된다. 따라서 우리의 예에서처럼 $n=8$인 경우에는 그 가운데 검은색 공이 적어도 $r=5$개는 추출되어야 $h_{0.8}$을 채택할 수 있다는 것을 알게 된다.

앞서의 표 3을 참조하면, 이때 $h_{0.2}$가 참인데도 그 $h_{0.8}$을 잘못 채택할 확률이 0.01로서, 0.05보다 더 작음을 알 수 있다. 만일 추출된 표본 내 검은색 공의 개수가 다섯 개에 미치지 못해 그 증거가 $h_{0.8}$을 채택할 만한 강한 증거가 되지 못했다 할지라도(즉 현재 약한 증거일 뿐이라도), 만일 표본의 크기를 늘린다면 그처럼 강한 증거를 얻을 수 있는 기회가 확실하고 빠르게 늘어남은 그림 10과 같은 그래프가 잘 보여준다.[18]

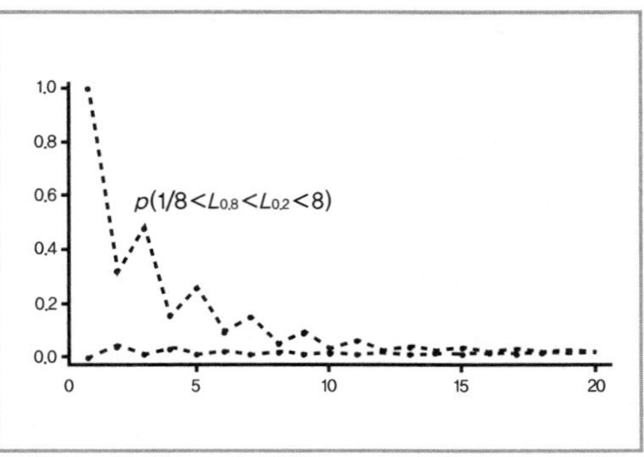

그림 10 각각 강한 증거와 약한 증거일 때, 가설 $h_{0.8}$을 잘못 채택할 확률의 그래프.

이처럼 우도주의 관점에서 나름대로 가설 채택의 문제에 답을 주고 있더라도 이 문제에서도 역시 아직 함께 비교해볼 또 다른 하나의 관점이 남아 있다. 바로 베이즈주의적 관점이다. 왜냐하면 11장 3)절에서 지적한 대로, 우도주의에서처럼 우도를 활용하면서도 베이즈주의에서는 그것만을 활용하는 것에 대해서는 문제를 제기하기 때문이다. 그렇다면 베이즈주의에서는 나름의 관점을 견지하면서 가설 채택 문제에 관해 우도주의와는 다른 해법을 제시할 수 있을까. 만일 베이즈주의에서 그러할 수 있다면, 그 해법은 자연히 빈도주의자들의 그것과도 다시 비교해볼 필요가 있을 것이다. 이러한 문제들에 관해 논해본다.

18 앞의 책, p. 99에서 고쳐 따옴(단 여기서는 우리의 맥락에 맞게 기호를 다소 수정했다).

3) 베이즈주의에서 가설 채택

베이즈 정리에 관한 9장 2)절의 식 ⑤에서 보듯 베이즈주의에서도 우도의 비를 이용하고, 우도주의자들이 말하는 '우도의 원리'를 수용한다. 만일 어느 경쟁 가설들에 대해 동일한 우도의 비를 보이는 증거들이 있다면, 적어도 그 점에서 그것들을 동치의 증거들로 볼 수 있고, 이를 반영해 베이즈의 정리에 활용할 수 있다는 것이다. 그러나 베이즈주의자들이 '우도의 법칙'까지 받아들이는 것은 결코 아니다. 달리 말해 그들은 해당 가설들의 우도에 의해서만 그 가설들을 평가하여 그것을 채택할 것인지의 여부를 결정짓지 않는다. 이러한 점이야말로 빈도주의의 관점에서는 우도주의와 베이즈주의가 유사해 보일지 몰라도 양자가 근본적으로 차이를 보이는 점이다.

이 차이에서 핵심은, 베이즈주의에서는 우도주의에서라면 고려하지 않는 확률 모델(probability model) 자체의 확률 분포까지 고려한다는 점이다. 예컨대 9장 3)절에서 '세계 I'과 '세계 II'를 대신한 '단지 I'과 '단지 II'는 각기 그로부터 추출되는 공의 색깔에 대해 그 불확실한 상황을 일정한 확률 분포로 나타내주는 하나의 '확률 모델'로 볼 수 있다. 물론 지금 같은 방식의 여러 확률 모델들은 확률론이나 통계학에서는 좀 더 일반적으로 이른바 '이항 분포' 또는 **베르누이 분포**(Bernoulli distribution)라 불린다. 이러한 분포에서 구체적인 각 모델의 특징은 그 모델의 다양한 확률값을 결정짓는 매개 변수인 모수(母數, parameter) θ에 의해 나타낼 수 있다. 9장 3)절의 단지 모델에서는 두 단지 각각에서 그 검은색 공의 비율, 즉 0.8과 0.2가 이에 해당한다. 14장 2)절에서 보인 대로, 우도주의에서는 이러한 두 모수를 그대로 인정하고 이를 바탕으로 각각 우도를 계산하고 그것에 기반을 두고 가설을 평가하고 채택했다. 하지만 이제 베이즈주의에서는 그 모비율

0.8, 0.2 각각의 확률 분포를 다시 고려한다. 즉 그 모비율 각각이 나타날 확률이 어떠한지를 고려하는 것이다. 달리 표현하면 커튼으로 가려진 상태에서 우리가 두 단지 가운데 어느 것을 선택하게 될지 그 확률을 고려하자는 요구와 다르지 않다.

문제의 모수는 물론, 지금까지의 가정상 그 자체로 알려져 있는 것이 아니므로 어느 모수의 모델을 우리가 택하게 될지에 관한 확률을 고려하는 것은 일면 일리가 있다. 그러므로 만일 어떤 모수의 모델이 선택되거나 나타날 확률이 매우 낮은 것으로 알려진다면, 그 같은 사정을 반영하는 것이 옳아 보인다. 11장 3)절에서 그렘린의 예를 들어, 우도가 매우 크다 할지라도 그 우도를 낳는 모수 자체의 확률이 매우 낮다면 해당 모수를 주장하는 가설에 대한 귀납적 지지의 정도가 낮아질 것이라는 언급은 이것과 관련 있다.

사실 베이즈주의의 이러한 관점은 가설 평가에서 베이즈 정리를 핵심적으로 사용해야 한다는 주장의 다른 표현이다. 왜냐하면 만일 가설 평가에서 베이즈의 정리를 핵심적으로 사용하게 된다면 가설에 대한 최종 평가의 결과로서 사후 확률은 우도비 이외에도 사전 확률을 필요로 하고, 이 같은 사전 확률이야말로 위에서 말한 모비율에 대한 확률에 해당하기 때문이다.

물론 대부분의 실제 맥락에서는 그와 같은 모비율의 실제 값은 물론이거니와 가정된 모비율에 대한 확률값도 알려진 바가 없기 마련이다. 그것에 대해 객관적으로 짐작할 수 있는 명확한 근거는 오로지 해당 모집단에서 일정한 표본을 추출해 나타나는 경험적 증거일 따름이다. 그러므로 그와 같은 증거 이전에 우리가 생각할 수 있는 문제의 확률로서 사전 확률은 9장 3)절에서 지적한 대로 어디까지나 주관적으로 보일 따름이다. 그럼에도 베이즈주의자들은 어쩌면 조건화 과정을 들어 이 문제를 피해갈 수 있으리라 생각할지 모른다. 그러나 이미 해당 부분에서 언급했듯 그러한 조건화 과정에도 문제가 없는 것은 아니다. 따라서 베이즈주의자들은 나름대로 합리적인 이유나 근거로써 최대한 문제성 없는 사전 확률을 설정하려는 노력을 계속한다. 물론 여전히 남아 있는 문제가 있을 수 있다. 이에 대해서는 이후 관련 부분에서 다시 논하고(16장 3)절), 여기서는 논의의 흐름상 일단 사전 확률의 필요성에 대한 베이즈주의자들의 관점을 그대로 받아들인 상태에서 가설 채택 문제로 나아가보자.

위에서처럼 사전 확률의 필요성에 대한 인식이 확고한 한 가설 채택의 문제에서도 그에 따른 독특한 관점에 따라 나오기 마련이다. 곧 귀납적 지지의 정도만 가지고는 근원적으로 해당 가설에 대한 채택 여부나 그 기준을 설정할 수 없다는 것이다. 왜냐하면 어떤 가설에 대한 평가가 사전 확률에서 시작되어 궁극적으로 사후 확률로써 이루어지는 한, 그러한 사후 확률은 우도비, 즉 베이즈 인수에 의해 계속 갱신되어야 하는 것일 뿐 그 자체 어느 시점에서 해당 가설 채택 여부를 결정지을 수는 없는 까닭이다. 9장 3)절에서 언급한 대로, 이때의 경험적 증거는 해당 가설에 대한 입증 정도를 높이거나 낮출 수 있을 뿐 그 자체로 문제의 가설을 채택하거나 기각할 만한 근거가 되지는 못한다. 결국 애초 출발점인 사전 확률이 확고한 절대적 기준점을 갖고 있지 못하기 때문이다. 이 점에서 보자면 가설 채택 문제에서 베이즈주의의 관점은 빈도주의나 우도주의의 그것과 확연히 구별된다. 동시에 3장 2)절 인용문을 통해 살펴본 대로, 카르납이 그토록 귀납 논리와 가설 채택 문제를 분리해 생각하려 한 까닭도 이 같은 관점의 차이에서 다시금 이해할 수 있을 법하다. 사실 7장에서 다룬 카르납의 초기 귀납 논리도 그 사전 확률을 일정한 언어 체계에 근거해 논리적으로 제시하려 한 것일 뿐, 큰 틀에서 보자면 베이즈주의의 틀에서 벗어나지 않는 셈이다. 그러므로 카르납이 후기에 자신의 귀납 논리를 쉽사리 베이즈주의적으로 전환할 수 있었던 까닭도 바로 여기에 있을 것이며, 카르납 이전의 케인스나 제프리스의 경우도 크게 다르지 않다.

귀납적 지지의 정도만으로는 근원적으로 해당 가설에 대한 채택 여부나 그 기준을 설정할 수 없다고 할 때, 베이즈주의자에게는 또 다른 무엇이 필요할까. 이에 대한 답으로 그들이 제시하는 것이 바로 **효용**이다. 여기서 말하는 '효용'이란 문제의 가설이 참으로 성립한다고 할 때 나타날 사태나 사건에 대해 우리가 '바라는' 정도나 값을 말한다. 이러한 의미로 '효용'을 또한 **희망치**(desirability)라 부른다.[19]

하지만 위와 같은 사태에 대해 인간은 단지 수동적 관점에서 그것의 발생과 미발생에 대해서만 효용을 생각할 필요는 전혀 없다. 그것의 발생과 미발생 어느 경우든 인간은 적절한 **행위**(action)를 선택함으로써 능동적으로 대처할 수 있기 때문이다. 예컨대 내일 비가 내리거나 내리지 않는 것은 일반적으로 인간이 제어할 수 없는 어떤 사태이나, 우리는 그 같은 사태에 대해 예컨대 우산을 준비해 그것에 대처할 수 있다. 따라서 우리가 일반적으로 어떤 효용을 생각할 때, 외적으로 제시되는 어떤 사태에 대해서뿐만 아니라 동시에 그와 같은 사태에 대해 우리가 취할 수 있는 행위에 의해 나타날 **결과**(consequence)에 대한 효용까지 함께 생각하는 것이 더 현실적이다. 이제 칠면조 예로 돌아가 지금의 고려 사항들을 종합해보면, 표 7과

---

19 제프리는 '효용'이라는 용어가 벤담의 쾌락주의와 잘못 연결될 수 있다는 점 때문에 방금 언급한 의미로 '희망치'라는 용어를 사용하지만, 이 또한 영어의 'desirability'라는 말이 'desirable', 즉 '바람직하다'라는 뜻으로 오해받을 염려가 있음을 경계한다. 사실 여기서 말하는 '희망치'란 어떤 행위자가 사실상 무엇인가를 희망하고 있다는 것일 뿐 어떤 규범성을 지니는 것은 아니기 때문이다〔Jeffrey(1983), p. 21〕. 이러한 용어상의 장단점을 감안하여 여기서는 이하 통상 사용되는 '효용'이란 낱말을 사용한다.

	크리스마스이브 아침에 죽임을 당함	크리스마스이브 아침에 먹이를 먹음
크리스마스이브 동트기 전 농장 탈출	죽임을 면하고 자유 획득. 하지만 스스로 먹이를 찾아야 함.	편하게 먹이를 먹을 수 있었는데도, 스스로 먹이를 찾아야 함.
크리스마스이브 아침까지 계속 농장에 머묾	죽임을 당함.	탈출의 긴장에서 벗어나고, 편하게 먹이도 먹음.

표 6 칠면조의 결과 행렬.

	크리스마스이브 아침에 죽임을 당함	크리스마스이브 아침에 먹이를 먹음
크리스마스이브 동트기 전 농장 탈출	100	50
크리스마스이브 아침까지 계속 농장에 머묾	−10,000	80

표 7 칠면조의 효용 행렬.

같은 결과 행렬과 그에 대응한 효용 행렬을 짜볼 수 있을 것이다.

여기서 제시된 효용치는 각 결과에 대한 상대적 비교를 통해 단지 임의로 정해진 것일 따름이다. 따라서 행위자의 바람에 의해 얼마든지 바뀔 수 있으며, 이를 좀 더 정밀하게 정할 수 있는 방법도 있을 수 있으나,[20] 지금의 맥락에서라면 본질적이지 않으므로 일단 이로써 만족하자. 이 상황에서 베이즈주의자들이 가설 평가를 통해 제시할 수 있는 것은 제시된 증거로 볼 때 문제의 가설에 대한 사후 확률이 얼마인가 하는 것뿐이다. 9장 3)절의 예시에서 우리는 크리스마스이브 전 3일 동안 먹이가 과연 제공되는지

20 Ramsey(1926/1980); Jeffrey(1983), ch. 3 참조.

	크리스마스이브 아침에 죽임을 당함	크리스마스이브 아침에 먹이를 먹음
크리스마스이브 동트기 전 농장 탈출	0.0039 (=1−0.9961)	0.9961
크리스마스이브 아침까지 계속 농장에 머묾	0.0039 (=1−0.9961)	0.9961

표 8 칠면조의 (사후) 확률 행렬.

테스트해본 결과, 크리스마스이브 아침에 역시 먹이를 먹게 될 사후 확률로서 0.9961을 얻은 바 있다. 이 결과를 다시 이용한다면 위의 상황에서 베이즈주의자들이 제시할 수 있는 바는 표 8과 같은 (사후) 확률 행렬일 것이다.

이러한 사후 확률이 보여주는 것은 칠면조의 바람이 어떻든 크리스마스이브 아침의 먹이 상황은 불확실한 상태나마 문제의 확률로 표현될 수 있다는 점이다. 이러한 사정은 당연히 칠면조의 궁극적 효용치에 변화를 가져올 수 있다. 베이즈주의자들은 그와 같은 변화는 가능한 각 행위에서 그 **기대 효용**(expected utility)에 의해 제시될 수 있으리라 제안한다. 즉 각각의 행위와 관련해 나타날 수 있는 결과들에 대해 이미 제시된 효용과 확률의 곱을 모두 더한 결과를 말한다. 앞으로 이에 관한 일반화의 가능성을 위해 위의 예에서 각 행위를 차례로 A_1, A_2, 각 사태를 S_1, S_2, 그리고 각 결과에 대한 효용과 확률을 기호화한다면 표 9, 표 10과 같다.

두 행위 각각에 대한 기대 효용은 다음과 같이 구할 수 있다.

$$E(A_1)=d_{11}\times p_{11}+d_{12}\times p_{12}=0.3900+49.8050=50.1950$$

$$E(A_2)=d_{21}\times p_{21}+d_{22}\times p_{22}=-39.0000+79.6880=40.6880$$

	S_1	S_2
A_1	d_{11}	d_{12}
A_2	d_{21}	d_{22}

표 9 칠면조의 기호화된 효용 행렬.

	S_1	S_2
A_1	p_{11}	p_{12}
A_2	p_{21}	p_{22}

표 10 칠면조의 기호화된 (사후) 확률 행렬.

이러한 계산 결과에 따르면, 기대 효용이 큰 쪽은 행위 A_1, 즉 크리스마스이브 동트기 전 농장을 탈출하는 쪽이다. 이때 베이즈주의자들은 이처럼 '기대 효용이 큰 행위를 선택하라'고 말한다(이 점에서 베이즈주의자들 역시 채택의 문제에서는 대조적 관점을 취한다). 이것을 **베이즈의 규칙**(Bayes' rule)이라 부른다. 그들에 따르면 칠면조는 크리스마스이브 동트기 전 농장을 탈출해야 할 것이고, 만일 이렇게 된다면 러셀의 우려와는 달리 칠면조가 죽임을 당하는 일은 없을 것이다!

하지만 이렇게 된다면 베이즈주의자들은 궁극적으로 문제의 귀납적 결론 내지 가설을 채택하기보다 오히려 그와 관련한 어떤 행위를 선택하고, 그 행위를 채택하는 셈이다. 사실상 방금 예에서도 칠면조가 크리스마스이브 동트기 전 농장을 탈출하는 행위를 선택하게 된 것은, 크리스마스이브 아침에 먹이가 제공될 것인지에 관해 그 긍정적 가설의 사후 확률이 부정적 가설의 그것보다 월등히 컸음에도 불구하고 죽임을 당하는 것에 대한 효용이 너무나 부정적으로 컸기 때문에 나타난 결과일 뿐이다. 그러나 순수 과학의 현장에서라면 이러한 방식은 문제가 있어 보인다. 예컨대 1장 2)절의 음극선 실험에서 과학자들이 증거를 통해 채택하고자 하는 것은 궁극적으로 문제의 음극선의 정체에 관한 가설일 것이다.[21] 베이즈주의에서 이 문제를 해결하는 한 방안은 이른바 **인식적 효용**(epistemic

	h_1이 참	h_2가 참
가설 h_1을 채택 (A_1)	1	0
가설 h_1을 기각(h_2를 채택) (A_2)	0	1

표 11 음극선 실험에서의 효용 행렬.

	h_1이 참	h_2가 참
A_1	0.3	0.7
A_2	0.3	0.7

표 12 음극선 실험에서의 확률 행렬.

utility)을 도입하는 것이다. 요컨대 세계에 관한 어떤 정보나 지식에 대한 우리의 인식 결과에 부여되는 효용을 말한다.[22] 그러므로 음극선 실험의 예와 관련해, 파동 가설(h_1)과 입자 가설(h_2) 각각에 대해 문제의 실험에 의한 그 사후 확률이 각기 0.3과 0.7로 제시되었다고 가정할 때, 어쩌면 표 11과 표 12와 같은 방식으로 그 효용 행렬과 확률 행렬을 제시할 수 있을지 모른다.

이 효용 행렬에서 우리는 그 효용의 대소가 해당 확률의 대소에 대응되고 있음을 볼 수 있다. 그러므로 이 경우 사실 각 행위의 기대 효용은 $E(A_1)=0.3$, $E(A_2)=0.7$로, 그 대응 가설의 사후 확률과 동일함을 알 수 있다. 이때 우리가 베이즈의 규칙에 따라 기대 효용이 좀 더 높은 행위 A_1을 선택한다는 것은 곧 사후 확률이 큰 가설 h_2를 채택한다는 것을 뜻한다.

---

21 물론 이에 대해 어쩌면 과학 지식 사회학의 관점에서 해당 과학자들에게도 그러한 진실과 관련된 또 다른 가치, 예컨대 명예, 파벌, 자금 등과 관련된 가치들이 개입될 수 있다고 주장할지 모른다[예컨대 전영삼(2005), 제3부 참조]. 물론 그러할 수도 있다. 하지만 그것을 인정한다 할지라도, 적어도 표면적으로 과학자들이 표방하는 바는 어디까지나 문제의 가설 그 자체와만 관련되어 있는 것이 보통이다.

22 이것을 '인지적 효용(cognitive utility)'이라 부르기도 한다. 이에 대한 자세한 논의를 위해서는 예컨대 Maher(1993/2000), p. 98 참조.

만일 이와 같이 된다면 어쩌면 베이즈주의에서 가설 채택 문제는 사후 확률의 상대적 대소 관계로 해결된다고 생각할지 모른다. 하지만 주의할 점은 이 경우에도 우리가 채택하는 것은 어디까지나 ('채택'하거나 '기각'하는) 하나의 '행위'일 뿐 '가설' 그 자체는 아니라는 점이다. 그러므로 베이즈주의에서 결과적으로 어떤 가설을 채택한다 할지라도 그것은 언제나 효용을 고려한 이른바 **의사 결정**(decision-making)의 한 결과일 뿐이다.

그렇다면 우리는 이 대목에서 오히려 이렇게 물을 수 있다. 가설 채택의 문제와 관련해 베이즈주의에서는 그 문제를 결국 의사 결정의 문제로 전환했다. 지금까지 다른 주의에서는 가설 채택의 문제를 다룰 경우 이러한 방식으로 접근하지 않았다. 하지만 여기서 오히려 다른 주의에서의 방법들까지도 역시 의사 결정의 틀로 재해석해볼 여지는 없을까? 만일 이것이 가능하다면 우리는 어쩌면 가설 채택의 문제와 관련해 여러 주의의 방식들을 좀 더 통합적으로 조명해볼 수 있는 새로운 시각을 가질 수 있을지도 모른다. 이에 관해서는 다음 장에서 논해보자.

15장

의사 결정으로서의 가설 채택 문제

베이즈주의에 의해 촉발되어 과연 '가설 채택 문제에 관해 다른 주의에서도 역시 의사 결정론적으로 접근할 수 있을까?'라고 물었을 때, 가장 쉽게 떠오르는 대상은 무엇보다 가설 검정의 방법이다. 왜냐하면 이미 로열이 명료하게 지적했듯, 가설 검정의 방법이야말로 '내가 지금 이러저러한 관찰 결과를 갖고 있는데, 그렇다면 나는 무엇을 해야 하는가?'라는, 행위의 문제와 직결된 방법으로 여겨지기 때문이다. 그러므로 그 방법에 대해 의사 결정론적 해석이 가능하다면, 그것에 의거해 어쩌면 유의성 검정 방법이나 우도주의의 방법에 관해서도 마찬가지로 해석이 가능할지 모른다.

1) 가설 검정에 대한 의사 결정론적 해석

로열이 가설 검정의 방법이 행위와 관련 있다고 말할 때, 그 '행위'가 어떤 귀무 가설 채택이나 기각의 행위임은 분명해 보인다. 하지만 그러한 방법을 의사 결정론적으로 해석한다고 할 때, 과연 그때의 '효용'과 '확률'은 각기 무엇에 해당하는가?

먼저 가설 검정에서의 '효용'은 오류와 관련해 생각해볼 수 있을 듯하다. 왜냐하면 가설 검정에서 검정자가 피하려는 바가 오류라고 할 때, 그것이야말로 해당 오류에 대해 검정자가 바라는 바를 반영한 것이기 때문이다. 다만 이 경우에는 그 바라는 바가 긍정적이기보다 부정적이므로 이를 하나의 **손실**(loss)이라 보자.[23] 그렇다면 바로 앞의 표 11에서 제시한 효용 행렬에서 우리는 가설 h_1이 참인데도 그것을 기각하는 오류로 인한 손실과, 가설 h_1이 거짓인데도 그것을 채택하는 오류로 인한 손실을 생각해볼 수 있을 것이다. 이러한 제1종 오류와 제2종 오류에 따른 손실을 각기 $L(I)$, $L(II)$로 두어보자. 다만 오류를 범하지 않는 경우에는 손실이나 이득은 없는 것으로 보아 그 효용을 모두 0으로 둘 수 있을 것이다.[24]

다음으로 확률 행렬을 위해 필요한 확률들은 그 행렬의 성격으로 볼 때 각기 가설 h_1이 참일 확률이거나, 가설 h_1이 거짓일(즉 h_2가 참일) 확률일 것이다. 이 같은 확률이 어디까지나 경험적 증거에 의해 제시되는 것으로

---

23 이것은 '비용(cost)'으로 볼 수도 있다. 다만 지금의 손실은 '기회 손실(opportunity loss)'을 의미하는 것으로, 실제 금전적으로는 비용이 발생했을지라도 어떤 사태에서 더 높은 보상(payoff)을 받을 수 없는 한 그때의 손실은 0으로 본다. 따라서 이러한 때의 효용은 모두 0으로, 해당 사태의 다른 귀결에 대한 효용은 그것을 기준으로 적절하게 보정할 수 있다. 이렇게 되면 효용의 행렬이 단순화되는 이점이 있으므로 이하에서는 이와 같은 관점에서 효용 행렬들을 고려하기로 한다. 이에 대한 자세한 논의를 위해서는 Winkler(1972), sec. 5.2 참조.

24 이러한 발상은 앞의 책, p. 418에서 볼 수 있다. 다만 윈클러는 이와 관련해 필요한 확률 행렬에서 제시되는 그 확률이 정확히 어떤 의미인지에 관해서는 충분히 해명하지 않았다. 이하에서는 그 의미를 좀 더 분명히 지적하며 나아간다.

	h_1이 참	h_2가 참
가설 h_1을 채택 (A_1)	0	$L(II)$
가설 h_1을 기각(h_2를 채택) (A_2)	$L(I)$	0

표 13 가설 검정에서의 효용 행렬.

	h_1이 참	h_2가 참
A_1	$p(h_1/e)$	$p(h_2/e)$
A_2	$p(h_1/e)$	$p(h_2/e)$

표 14 가설 검정에서의 확률 행렬.

보는 한, 그것은 $P(h_1/e)$나 $P(h_2/e)$와 같은 확률을 의미할 것이고, 이는 필경 사후 확률에 해당한다. 다만 이 경우 가설 검정 방법에서의 문제는 이에 해당하는 확률을 구하지는 않는다는 것이다. 예컨대 가설 검정에서 제시되는 α는 가설 h_1이 참임에도 불구하고 그것을 잘못 기각하는 오류를 범할 최대 확률을 의미할 뿐이므로 그것이 곧 h_1이 참이 될 확률일 수는 없다. β의 경우에도 이와 유사하다. 그러므로 일단 $P(h_1/e)$나 $P(h_2/e)$와 같은 확률은 그대로 두고, 가설 검정에서 앞서 말한 효용과 확률 행렬을 각기 제시하면 표 13, 표 14와 같다.

따라서 만일 위와 같은 행렬들이 제시된다면, 이때의 기대 효용은 다음과 같을 것이다.

$$E(A_1)=0\times p(h_1/e)+L(II)\times p(h_2/e)=L(II)\times p(h_2/e)$$
$$E(A_2)=L(I)\times p(h_1/e)+0\times p(h_2/e)=L(I)\times p(h_1/e)$$

그런데 이 경우 만약 의사 결정론의 시각에 따라 가설 h_1을 기각하고 h_2를 채택하고자 한다면, $L(II)\times p(h_2/e)<L(I)\times p(h_1/e)$의 부등식이 성립해야 할 것이고, 이를 정리하면 다음과 같다.

$$① \frac{p(h_1/e)}{p(h_2/e)} \times \frac{L(I)}{L(II)} < 1$$

따라서 만일 우리가 위의 식에서 가설 검정의 방법에서 문제 삼고 있지 않는 사후 확률을 제거하고자 한다면, 그것은 $p(h_1/e)=p(h_2/e)$일 때뿐이다. 즉 경쟁하는 두 가설이 공통의 경험적 증거에 비추어 동일한 (사후) 확률을 갖게 되는 경우인데, 이때는 오직 두 가지 종류의 오류로 인한 손실의 비가 1보다 작은지의 여부만이 문제일 따름이다.

하지만 이처럼 사후 확률의 값이 동일하다는 가정도 매우 특수할 뿐 아니라, 근원적으로 위와 같은 사후 확률을 가설 검정의 방법에서는 별도로 고려하지 않는다. 이 점을 돌아볼 때, 위의 식 ①과 같은 상태만으로는 의사 결정을 하기가 쉽지 않다. 그럼에도 만일 6장 5)절에서 고찰한 베이즈 정리의 핵심, 즉 '사후 확률∝사전 확률×우도'의 관계를 이용한다면 여기서 다음과 같은 식이 추가로 가능하다.

$$② \frac{p(h_1/e)}{p(h_2/e)} = \frac{p(h_1)}{p(h_2)} \times \frac{p(e/h_1)}{p(e/h_2)}$$

이 식에 의하면 좀 더 현실성 있는 가정에 의해 가설 검정의 방법을 의사 결정론적으로 해명할 수 있는 가능성이 열리게 된다.

위의 식 ②는 요컨대 문제 되고 있는 사후 확률을 사전 확률의 비와 우도비의 곱으로 대신하고 있는 것이다. 그런데 만일 사전 확률의 비가 1이라고 한다면, 즉 두 경쟁 가설에 대한 사전 확률이 동일하다고 본다면 결국 이때 사후 확률의 비는 우도비와 동일하게 되는 셈이다. 그렇다면 이때의 결과를 위의 식 ①에 대입할 때 다음의 식이 성립한다.

③ $\frac{p(e/h_1)}{p(e/h_2)} < \frac{L(II)}{L(I)}$

이에 의하면 위의 식에서 좌변의 비가 그 값이 일정한 우변의 비보다 작을 때 가설 h_1을 기각하고 h_2를 채택할 수 있을 것이다. 그렇다면 우변의 새로운 손실비를 어떻게 정할 수 있을까.

이것에 관해 가설 검정의 방법에서는 어쩌면 각각의 손실을 직접 계산하는 대신(물론 이것은 쉽지 않을 것이다!) 일반적으로 제1종 오류로 인한 손실이 제2종 오류로 인한 그것보다 큰 것으로 보고(사실은 이러한 관점에서 귀무 가설이 정해지기도 한다!), 먼저 가능한 한 제1종 오류로 인한 손실, 즉 $L(I)$을 작게 한 상태에서 $L(II)$를 최소화하는 전략을 택할 수 있을지 모른다. 이를 위해서는 곧 제1종 오류의 확률을 일정하게 작은 값, 예컨대 0.05나 0.01과 같은 값으로 고정하고(사실 이 값들이야말로 α에 해당한다!), 이에 따라 제2종 오류의 확률(사실 이 값이야말로 β에 해당한다!)을 가능한 한 줄여가는 방식을 택할 수 있을 것이다. 물론 이때 후자의 확률은 표본의 크기를 크게 하면 할수록 작아지므로 우리가 원하는 만큼 그 표본의 크기를 정해 실험에 착수할 수 있을 것이다.

사실상 이와 같은 방식으로 제시되는 가설 검정의 방법은 좀 더 특수하게 이른바 **우도비 검정**(likelihood ration test)이라 불리기도 하지만, 이것은 가설을 검정하는 일반적 방법의 핵심을 잘 보여준다. 그러므로 경쟁 가설에 대한 사전 확률의 값을 동일하게 본다는 점에서 매우 특수하기는 하나 — 그럼에도 경험적 증거에 의한 정보가 아직 제시되지 않은 상태에서 사전 확률을 동일하게 본다는 것이 어느 정도 비현실적이지만 않다면 — 이 가정에 의존한 가설 검정의 방법 역시 베이즈주의에서와 마찬가지로 일종의 의

사 결정 방법에 의해 가설을 채택할 수 있음을 보이게 된 셈이다.

2) 유의성 검정에 대한 의사 결정론적 해석

유의성 검정에서는 '오류'에 관한 용어가 공식적으로 등장하지 않으므로 의사 결정론적 해석과 관련해 일견 가설 검정에 대한 접근 방법을 취하기 어려울지 모른다. 하지만 표면적 용어에 관계없이 일단 검정을 하는 상황 자체를 고찰해본다면, 유의성 검정에서도 역시 가설 검정에서와 유사한 접근이 가능할 법하다.

우선 유의성 검정에서는 두 가지 이상의 경쟁하는 가설들을 고려하는 대신 단 하나의 귀무 가설만을 고려하므로 여기서 취할 수 있는 '행위'란 '(귀무 가설) h_1을 기각한다'와 'h_1을 기각하지 않는다' 두 가지로 생각할 수 있다. 그리고 그 가설과 관련한 사태로서 'h_1이 참'인 경우와 '$\sim h_1$이 참'인 경우를 생각해볼 수 있을 것이다. 이러한 구도에서 유의성 검정 방법에서도 역시 명확히 생각하는 한 가지는, 'h_1이 참임에도 불구하고 그것을 (잘못) 기각할 확률이 매우 작을 때, 그것에 근거해 h_1을 기각할 수 있다'는 것이다. 이 같은 발상이 언뜻 보기에는 연역적 반증의 구조를 지니는 듯하나, 실상 그렇지 않음은 13장 1)절에서 지적했다. 그러므로 이러한 발상의 그럴 법함은 오히려 의사 결정론적 구조에서 찾아보는 게 더 나을 수 있다. 사실 이러한 실마리는 앞서 가설 검정에 관한 의사 결정론적 해석에서 찾아볼 수 있다.

유의성 검정의 주요 발상 중 핵심은 'h_1이 참임에도 불구하고 그것을 (잘못) 기각할 확률이 작아야만 한다'는 것이다. 하지만 왜 작아야만 하는가?

이때 만일 반증 구조를 생각하기 어렵다면 다른 한 가지 가능성은, 역시 가설 검정의 경우에서처럼 바로 그러할 때 '제1종 오류로 인한 손실'을 가능한 한 작게 할 수 있다는 것이다. 물론 유의성 검정에서는 이러한 용어를 쓰지 않지만, 그것과 관계없이 지금 상황에 대해 이 식의 해석이 가능하다는 것이다. 물론 유의성 검정에서는 '제2종 오류'라는 용어도 등장하지 않는다. 하지만 위에서 제시한 상황으로 볼 때, 유의성 검정의 상황에서일지라도 이 같은 오류 가능성을 생각해볼 수 있을 것이다. 다만 그렇다 할지라도 유의성 검정에서 실제로 그러한 오류를 활용하지는 않으므로 가설 검정의 경우에서처럼 제2종 오류로 인한 손실을(그것을 실제적으로 계산 가능하든 그렇지 않든) 적극적으로 고려해서는 안 될 듯하다. 즉 지금의 경우에는 앞의 식 ③에서 그 우변의 분수 $L(II)/L(I)$ 가운데 분자는 고정된 값으로 보자는 것이다. 이렇게 된다면 유의성 검정에서는 오로지 그 분모 값과 관련해서만 그 값을 가능한 한 작게 하고, 이를 위해 결국 제1종 오류의 확률을 작게 하려는 전략을 취하는 것으로 해석할 수 있을 법하다. 따라서 지금까지의 논의를 종합해 유의성 검정 상황을 의사 결정론적으로 보여줄 효용 행렬과 확률 행렬을 제시한다면 각기 표 15, 표 16과 같다〔표에서

	h_1이 참	$\sim h_1$이 참
가설 h_1을 기각하지 않음 (A_1)	0	($L(II)$)
가설 h_1을 기각 (A_2)	$L(I)$	0

표 15 유의성 검정에서의 효용 행렬.

	h_1이 참	$\sim h_1$이 참
A_1	$p(h_1/e)$	$p(\sim h_1/e)$
A_2	$p(h_1/e)$	$p(\sim h_1/e)$

표 16 유의성 검정에서의 확률 행렬.

'($L(II)$)'는 제2종 오류로 인한 손실이 고정되어 있음을 나타낸다].

3) 우도주의적 가설 채택에 대한 의사 결정론적 해석

우도주의의 가설 채택에서도 명시적으로 '오류'라는 용어가 등장하지 않으며, 오류로 인한 손실을 고려해 그 채택 여부가 결정되지도 않는다. 그러나 우리가 두 가지 특별한 가정을 받아들이는 한 그 과정 역시 의사 결정론적으로 해석 가능하다. 앞서의 가설 검정이나 유의성 검정의 경우 경쟁 가설들 사이에서, 또는 귀무 가설과 그것의 부정 사이에서 해당 사전 확률을 동일한 것으로 가정해 의사 결정론적 해석이 가능할 수 있었다. 우도주의의 경우에도 사전 확률을 별도로 고려하지 않으므로 이와 같은 가정은 그대로 유지될 필요가 있다. 하지만 우도주의에서는 오직 우도 비교에 의해서만 가설 채택의 여부가 결정되므로 오류로 인한 손실의 요소를 제거할 방안을 별도로 찾을 필요가 있다. 15장 1)절의 식 ③에서라면 이와 같은 방안은 곧 $L(II)/L(I)=1$로 두는 일일 것이다. 즉 제1종 오류로 인한 손실과 제2종 오류로 인한 손실을 동일하게 두는 것을 말한다. 이것은 그 어느 오류로 인한 손실에 대해서든 무관하게 생각함을 뜻한다. 만일 이러한 추가적 가정을 새로이 받아들인다면 15장 1)절의 식 ②와 ③에 의해 경쟁하는 두 가설에 대한 사후 확률의 비와 우도비는 서로 동일해지고, 결국 식 ③에서 좌변의 우도비 $p(e/h_1)/p(e/h_2)$가 1보다 작은 값으로서 충분히 작다면 우리는 가설 h_1을 기각하고 h_2를 채택할 수 있게 될 것이다. 하지만 이때 그 값은 얼마나 작은 값이어야 할까.

이와 관련해 14장 2)절에서는 1/8의 값을 고려한 바 있다. 그때의 예를 다시 고려해본다면 지금의 맥락에서는 문제의 우도비를 $p(e/h_1)/p(e/h_2)=p(e_5/h_{0.2})/p(e_5/h_{0.8})$로 놓을 수 있을 것이다. 이때 $p(e_5/h_{0.2})/p(e_5/h_{0.8})\leq 1/8$이 된다는 것은 $p(e_5/h_{0.8})/p(e_5/h_{0.2})\geq 8$이 됨을 의미하므로, 지금 상황은 곧 14장 2)절과 마찬가지로 귀착되는 셈이다. 다만 지금의 경우 주목할 점은, 만일 경쟁하는 두 가설 $h_{0.8}$과 $h_{0.2}$가 방금의 조건을 만족시켜 우리가 가설 $h_{0.8}$을 채택한다는 것이 단순히 우도의 법칙에 따른 것이 아니라, 가설 $h_{0.2}$가 참임에도 불구하고 그것을 잘못 기각할 확률이 매우 작다(14장 2)절에서 이미 그것이 0.01임을 확인한 바 있다)는 사실에 근거한 것으로도 볼 수 있다는 점이다. 이것은 사실 귀무 가설 $h_{0.2}$에 대한 제1종 오류의 확률이 매우 작음을 의미하는 것이며, 지금의 경우 이 확률이 작아져야 한다는 요청은 결국 제1종 오류로 인한 손실이 작아야 한다는 위의 요구에서 나온 것으로 해석할 수 있다(물론 위의 요구에 따른다면 이때는 제2종 오류로 인한 손실도 마찬가지 크기로 작아져야만 할 것이다). 이것은 특별한 가정들 아래에서 우도주의에 따른 가설 채택 역시 일종의 의사 결정 과정으로 해석할 수 있음을 보여준다.

16장

가치의 개입, 그래서 무엇이 달라지나?

15장을 통해 우리는 가설 채택에 관한 서로 다른 주의 모두를 공통적으로 의사 결정의 과정으로 볼 수 있음을 알게 되었다. 그러나 결과적으로 그와 같은 주의들이 의사 결정 방식이나 기준에서 서로 차이를 보이지 않는 것은 아니다. 따라서 우리의 다음 과제는 의사 결정론적 관점에서 그러한 차이들을 어떻게 바라보고 이해할 수 있는지 고찰하는 것이다. 이 점에서 주목할 것은 그와 같은 의사 결정의 과정에서 중요한 역할을 하는 것이 '효용'이라는 사실이다. 이전 장들에서 '효용'은 단지 의사 결정의 과정을 보여주기 위해 필요한 한 요소로만 소개했으나, 지금 장에서는 그것에 반영된 행위자의 가치 의식이 가설 채택에 관한 서로 다른 주의를 결정하는 주요소임을 보이고, 그와 같은 요소가 가설 채택 문제에서 과연 정당한 역할을 할 수 있는지 비판적으로 검토해본다.

1) 효용에 반영된 행위자의 가치 의식

가설 채택과 관련해 14장 3)절에서 소개한 베이즈의 규칙은 일견 그 의미가 명백해 보일지 모르나 그 적용은 간단하지 않은 문제를 야기한다. 예컨대 다음 사례를 검토해보자. 어떤 동전 하나를 던져 앞면이 나오면 4만 원을 받고, 뒷면이 나오면 2만 원을 내는 게임을 제안받았다고 해보자. 그리고 그 동전은 별 이상 없이 공정한 것으로, 한 번의 던지기에서 앞면과 뒷면이 나올 확률이 각기 0.5씩이라고 해보자. 지금의 게임을 '게임 I'이라 부르고, 이와 같은 게임에 대해 내가 취할 수 있는 행위는 그 제안을 받아들이거나 아니면 받아들이지 않는 단 두 가지뿐이라고 해보자. 만일 이때의 효용을 단순히 내가 주고받게 될 돈의 액수로만 본다면 표 17, 표 18과 같은 효용 행렬과 확률 행렬을 제시할 수 있을 것이다.

이때의 기대 효용을 계산해 그 크기를 비교해보면 $E(A_1)=10,000>E(A_2)=0$으로, 베이즈의 규칙에 따를 때 행위 A_1을 쉽사리 택할 수 있을 것이다. 하지만 이와 유사하게 다른 모든 것은 지금까지의 게임 I과 동일하나, 다

	동전의 앞면이 나옴	동전의 뒷면이 나옴
게임 I을 받아들임 (A_1)	4만	−2만
게임 I을 받아들이지 않음 (A_2)	0	0

표 17 게임 I 에서의 효용 행렬.

	동전의 앞면이 나옴	동전의 뒷면이 나옴
게임 I을 받아들임 (A_1)	0.5	0.5
게임 I을 받아들이지 않음 (A_2)	0.5	0.5

표 18 게임 I 에서의 확률 행렬.

만 제시되는 돈의 액수만이 각기 4,000만 원과 3,998만 원으로 다른 새로운 '게임 II'를 제안받았다고 해보자. 이 경우 게임 I에서의 효용 행렬에 대해 4만과 −2만 대신 각기 4,000만과 −3,998만을 제시한다면 쉽게 짐작할 수 있는 것처럼, 이 경우에도 역시 $E(A_1)=10,000>E(A_2)=0$으로, 기대 효용의 차와 부등호의 방향은 바뀌지 않았다. 그러므로 베이즈의 규칙을 단순히 적용할 경우 역시 행위 A_1을 따를 수 있을지 모른다.

하지만 과연 이 경우 누구나 위의 게임 II를 쉽사리 받아들일 수 있을까? 왜냐하면 이 새로운 게임에서는 물론 동전의 앞면이 나와 4,000만 원을 받을 수도 있으나, 만에 하나(아니 반반의 경우로!) 동전의 뒷면이 나와 3,998만 원을 잃을 수도 있기 때문이다. 매우 부유하거나 지극히 게임을 즐기는 사람이라면 자신이 잃을지도 모를 2만 원이나 3,998만 원에 대해 크게 개의하지 않을지 모른다. 하지만 이것이 일반적인 일이라 보기는 매우 어려울 것이다. 그러므로 적어도 우리는 이 같은 차이를 설명할 수 있는 '효용'의 또 다른 측면을 더욱 면밀히 고찰할 필요가 있다.

사실 위의 게임 I과 II에 대한 비교가 말해주는 것은 내가 받을 수 있는 **표면적 금액**이 4,000만 원이라 할지라도 그것에 대해 내가 평가하는 **실제적 가치**는 그것과 다를 수 있다는 점이다. 실상 게임 II에서 어떤 이가 그 게임을 받아들이기를 꺼린다면, 이는 그에게 지금 4,000만 원의 가치는 아무 조건 없이 확실하게 4,000만 원을 받을 때의 그것과 차이가 있음을 보여준다. 이 차이의 핵심은 바로 그의 **위험 회피**(risk avoiding)의 성향에 놓여 있다. 만일 게임 II의 조건에도 불구하고 그가 그 게임을 받아들이는 경우라면 그는 오히려 **위험 수용**(risk taking)의 성향을 지닌 사람으로 볼 수 있고, 이 경우 그가 잃을지 모를 3,998만 원은 위험 회피의 성향을 지닌 사람의 그것보다 더 낮은 가치의 것으로 보아야만 할 것이다.

이처럼 세계의 어떤 상태와 행위자의 행위 선택에 의해 나타날 귀결에 대해 그 행위자가 부여하는 효용에는 그의 **가치 의식**(value consciousness)이 반영되어 있다. 예컨대 위의 사례에서 위험 회피 성향이 있는 사람은 4,000만 원이라는 금전적 가치 이상으로 안정성에 더 큰 가치를 두는 셈이며, 위험 수용 성향의 사람은 3,998만 원이라는 금전적 가치 이상으로 모험적 투기에 더 큰 가치를 두는 셈이다. 그러므로 어떤 효용이 나타내는 금전적 측면과 비금전적 측면을 갈라볼 수 있다면, 우리는 그 금전적인 것의 표면적 가치에 대해 실제 그것의 가치를 어떻게 평가하느냐에 따라 위험 회피 성향의 사람과 위험 수용 성향의 사람을 구분해볼 수 있을 것이다. 이에 대한 기법은 의사 결정론에서 이미 제시한 바 있다.[25]

예컨대 위의 게임 I에서 표 17로 나타낸 효용 행렬을 다시 보자. 이 행렬에서 각 귀결에 대한 효용으로 일정한 금액이 제시되어 있기는 하나, 그것은 우리가 관심을 두고 있는 '효용'에서 단지 표면적인 금전적 측면만을 보여주는 것으로 이해할 수 있다. 이렇게 볼 때, 제시된 행렬에서 게임 I을 받아들이지 않는 행위를 취할 경우 그 금액은 모두 0으로 나타나 있으나, 사실 그때 해당 귀결에 대한 행위자의 진정한 평가 결과를 알아보려면 위에서 고찰한 대로 다른 귀결에 대한 금전적 측면을 함께 고려하지 않으면 안 된다. 이를 위해서는 해당 행렬에서 가장 큰 금액과 가장 작은 금액을 염두에 두고, 다시 다음과 같은 게임을 문제의 행위자에게 제안할 필요가 있다.

게임 I': 확실하게 0원을 받음.

게임 I'': 확률 p''로 4만 원을, 확률 $(1-p'')$로 −2만 원을 받음.

---

25 이러한 발상과 용어는 앞의 책, sec. 5.6에서 착상.

이 경우 만일 문제의 행위자가 게임 I'과 게임 I" 어느 쪽에 대해서든 무관하게 생각한다면 그 기대 효용은 같은 것으로 볼 수 있다. 그렇다면 이때의 확률 p''를 문제의 행위자는 무엇으로 생각할까. 이것은 지금의 게임과 관련해서는 행위자 자신의 주관적 판단의 문제이고, 따라서 이때의 확률 역시 온전히 주관적일 따름이다. 만일 이와 같은 주관적 의미로 행위자가 문제의 확률을 제시할 수만 있다면 그에 의해 지금의 두 게임에서 그 기대 효용은 E(게임 I')=E(게임 I")처럼 서로 동일한 것으로 볼 수 있을 것이다. 그러므로 이제 두 게임에서 표면적으로 제시된 각 금액에 대한 진정한 효용을 효용 함수 'U'로 나타내보자. 그렇다면 다음과 같은 식이 성립할 것이다.

① U(0원)×1=U(4만 원)×p''+U(−2만 원)×(1−p'')

이 경우 편의상 해당 효용 행렬에서 최고의 효용을 1로, 최저의 효용을 0으로 보자. 그렇다면 U(0원)=1×p''+0×(1−p'')=p''이 성립하고, 따라서 0원의 효용은 결국 행위자의 주관적 확률 p''에 의해 결정될 것이다.

여기서 만일 행위자가 제시된 표면적 금액을 그대로 자신의 진정한 효용으로 본다면, 위의 식 ①에 따를 때 p''=1/3일 경우 0원의 기대 효용은 그대로 0원이 되어 확실하게 0원을 받는 경우와 차이를 느끼지 않을 것이다. 하지만 이제 문제의 행위자가 확률 p''로서 1/3보다 높게 2/3를 제시했다고 해보자. 이때는 U(0원)=2/3≒0.67이 될 것이고, 이는 표면적 금액 0원보다 그 가치를 높게 보고 있음을 뜻한다. 달리 말하면 다음과 같다. 만일 그에게 확실하게 X원이 제시되는 게임과, 2/3의 확률로 4만 원, 1/3의 확률로 −2만 원이 제시되는 게임이 있다고 하자, 이 경우 그는 그

두 게임 사이에 아무런 차이도 느끼지 않으며, 그 X 값으로 예컨대 −13,000원 정도를 생각할 수 있다는 것이다. 이는 그가 (스스로 생각하기에 위험한) 이러한 게임에 만일 강제되는 경우 응하지 않고 피할 수만 있다면 기꺼이 감당할 금액으로 바로 −13,000원 정도를 생각하고 있음을 뜻한다. 이상의 상황을 그래프로 나타내면 그림 11과 같다.

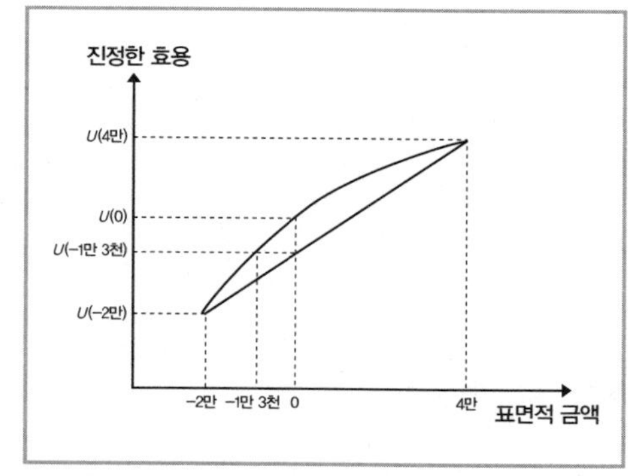

그림 11 위험 회피 성향의 행위자에게서 표면적 금액과 진정한 효용 사이의 관계.

이 그래프에서 굵은 직선으로 표현된 것은 행위자가 표면적 금액에 그대로 비례하는 가치 의식을 갖고 있을 때의 효용을 나타낸다. 반면 그 위에 굵은 곡선으로 표현된 것이 바로 위험 회피 성향의 행위자가 생각하는 효용을 나타낸다. 이 경우 만일 위험 수용 성향의 어떤 행위자가 있다면 그의 진정한 효용을 나타내는 그래프는 굵은 직선 아래로 처진 새로운 형태가 되리라는 점도 쉽게 짐작할 수 있을 것이다. 그러므로 위험 회피적이지도 않고 위험 수용적이지 않은 어떤 사람이 게임 I을 받아들이지 않을 때 해당 귀결의 효용이 표면적 금액 0원에 해당할지라도, 위험 회피 성향을 지닌 행위자에게서 그 진정한 효용은 그보다 훨씬 높게, 적어도 13,000원 이상이라고 보아야만 할 것이다.

그렇다면 이처럼 위험 회피자의 가치 의식을 반영해 게임 I의 효용 행렬을 보정하여 다시 제시한다면 표 19와 같다. 또 이러한 새 행렬과 앞서의 게임 I의 확률 행렬을 고려해 새로이 두 행위 A_1과 A_2에 대한 기

	동전의 앞면이 나옴	동전의 뒷면이 나옴
게임 I을 받아들임 (A_1)	1	0
게임 I을 받아들이지 않음 (A_2)	2/3	2/3

표 19 게임 I 에서의 보정된 효용 행렬.

대 효용을 비교한다면 $E(A_1)=0.5 < E(A_2) \fallingdotseq 0.67$이다. 이때는 오히려 행위 A_2를 취하는 것이 베이즈의 규칙에 부합하는 셈이다.

그런데 만일 문제의 행위자가 이처럼 보정한 효용 행렬에도 불구하고 여전히 행위 A_1을 택하기를 원한다면 어떻게 될까? 이것이 가능한 한 가지 경우는 대응하는 확률 행렬에서 그 확률이 좀 더 커질 때다. 따라서 앞서 표 18로 제시한 확률 행렬에서 '동전의 앞면이 나올' 확률을 0.5(=1/2)로 두는 대신 임의의 p로 두고, 다시 그 기대 효용을 계산해 비교해보자. 이 경우 $E(A_1)=p$이고, $E(A_2)=(2/3)\times p+(2/3)\times(1-p)$이므로, 만일 $E(A_1)>E(A_2)$이길 원한다면 $p>2/3 \fallingdotseq 0.67$이 되어야만 할 것이다. 이는 곧 어떤 행위자의 위험 회피 성향이 강하면 강할수록 그가 게임 I과 같은 상황에 응하기 위해서는 세계의 상태에 관한 확률이 더욱 높아지지 않으면 안 됨을 뜻한다. 나는 행위자의 가치 의식과 세계의 상태에 관한 확률 사이의 이러한 관계야말로 지금까지 소개한 가설 채택에 관한 서로 다른 주의들을 결정하는 주요소라 생각한다. 이에 관해 다시 상론해보자.

2) 행위자의 가치 의식과 가설 채택 기준

행위자의 가치 의식과 가설 채택 문제를 연계 짓기 위해 14장 3)절에서 살펴본 베이즈주의에서의 가설 채택 과정을 앞에서와 같은 게임의 관점에서 새로이 살펴보자. 어떤 가설 h_1이 참 또는 거짓이라 하고, 그 가설을 채택할 것인지 여부를 결정해야 하는 어떤 행위자가 있다면 우리는 이제 그가 해당 가설 채택과 관련해 다음과 같은 게임해 직면한 것으로 재해석할 수 있다.

게임 I': 확실하게 X원을 받음.

게임 I'': 확률 p''로 Y원을, 확률 $(1-p'')$로 Z원을 받음

이 경우 만일 바로 앞에서 보정한 효용 행렬(표 19)처럼 Y원이 1, Z원이 0에 해당한다고 보면, 우리는 표 20과 같이 다시 새로운 효용 행렬을 만들어낼 수 있을 것이다. 그런데 이러한 게임에서라면 문제의 행위자가 위험 회피적이면 회피적일수록 X의 값이 점점 더 커지게 됨을 확인한 바 있다. 즉 그로서는 가설 h_1을 기각하는 데 따른 효용이 점점 더 커지는 것이다. 그리고 이러한 사정에서는 만일 그 위험 회피적인 행위자가 행위 A_2 대신 A_1을 택하기를 원한다면, 즉 가설 h_1을 택하기를 원한다면 그로서는 이에 대응하는 확률, 곧 h_1이 참이 되는 확률이 좀 더 높을 것을 요구할 수밖에 없다는 점도 앞에서 확인한 바 있다.

그렇다면 이 경우 X는 어느 정도까지 높아질 수 있을까. 일단 가능하기로는 1까지 높아질 수 있을 것이다. 하지만 이 경우라면 행위 A_1을 취하고자 할 때, h_1이 참이 되는 확률이 2를 넘어야만 하는데($1\times p>1\times p+1\times(1-p)$에서), 이는 확률로서는 불가능한 일이다. 사실 이러한 경우는 실제적으로도 납득하기 어려

	h_1이 참	h_1이 거짓
가설 h_1을 채택 (A_1)	1	0
가설 h_1을 기각 (A_2)	X	X

표 20 가설 h_1에 대한 보정된 효용 행렬.

운데, h_1이 참이든 거짓이든 그것을 기각할 때 무조건 최고의 효용을 부여하는 일은 아무리 위험 회피자라 할지라도 너무 비현실적이기 때문이다. 이 경우 효용 면에서 한 가지 합리적인 방안은, h_1이 거짓일 때는 그것을 기각하는 데 따른 효용(이때의 효용을 X_2라 두자)을, h_1이 참일 때는 그것을 채택하는 데 따른 효용의 경우와 마찬가지로 최고의 효용인 1을 부여하되, h_1이 참일 경우 그것을 기각하는 데 따른 효용(이때 효용은 X_1이라 두자)은 1에 미치지 못하게 정하는 방안이다. 그렇다면 표 21과 같은 효용 행렬을 얻을 수 있을 것이다.

이제 이러한 효용 행렬을 염두에 두고 이에 대응하는 확률 행렬을 고려해, 가설 h_1을 채택할 때의 기대 효용이 그것을 기각할 때보다 클 때의 조건을 생각해보자. 아래와 같다.

① $p > X_1 \times p + 1 \times (1-p)$
즉 $p > \dfrac{1}{2-X_1}$

이 식에 따르면, X_1이 작을수록 그때 요구되는 확률 p도 점점 작아지게 됨을 알 수 있다. 결국 $X_2=1$로서 그 효용이 최대가 된다 할지라도, X_1의 값이 작아짐에 따라 요구되는 확률 p가 적절한 수준에서 결정되는 셈이다. 이러한 상황에서 가장 극단적인 경우는 $X_1=0$일 때다. 즉 가설 h_1이 참임에도 불구하고 그것을 기각할 때의 효용을, h_1이 거짓일 때 그것을 채택할 때와 마찬가지로 최

	h_1이 참	h_1이 거짓
가설 h_1을 채택 (A_1)	1	0
가설 h_1을 기각 (A_2)	$X_1(<1)$	$X_2(=1)$

표 21 가설 $X_2=1$로 두었을 때의 효용 행렬.

저치인 0으로 두는 경우다. 이 경우야말로 14장 3)절에서 말한 인식적 효용에 의한 가설 채택과 기각의 경우에 해당하는 셈이다. 나아가 이러한 극단적 경우 $X_1=0$이므로 위의 식 ①에 따라 $p>1/2$일 것이고, 이것이야말로 12장 1)절에서 소개한 애친슈타인의 두 번째 조건에 해당한다. 그러므로 이상의 논의에 따르면, 가설 채택의 문제에 관해 베이즈주의자는 위험 회피적 성향의 행위자로 해석 가능하다.

	h_1이 참	h_2가 참
가설 h_1을 채택 (A_1)	1	$L(II)$
가설 h_1을 기각(h_2를 채택) (A_2)	0	1

표 22 가설 검정에서의 진정한 효용 행렬.

그렇다면 빈도주의자의 경우는 어떠할까. 이를 위해 가설 검정에 대한 의사 결정론적 해석에 관한 15장 1)절의 논의로 돌아가보자. 그때의 효용 행렬은 오류로 인한 손실을 중심으로 제시된 것이었다. 이 경우 그 효용이 0으로 제시되었다 할지라도 그것은 오류로 인한 손실보다 큰 값으로 보아야만 할 것이다. 또한 제1종 오류로 인한 손실은 제2종 오류로 인한 손실보다 큰 것으로 간주되었으므로, 행위자의 진정한 효용을 찾기 위해 지금까지의 방식대로 나아간다면 표 13이 보여주는 효용 행렬 대신 새로이 표 22와 같은 효용 행렬을 제시할 수 있을 것이다. 그렇다면 이 경우 제1종 오류로 인한 손실 $L(II)$의 진정한 효용은 어떻게 결정할 수 있을까. 이것은 물론 1보다 클 수 없지만, $L(I)$보다 작은 것으로 간주되었으므로 0보다는 클 것이다. 따라서 만일 이 효용 행렬과 대응하는 확률 행렬을 생각하고 그 기대 효용에 따라 가설 h_1을 채택하면, $1\times p+L(II)\times(1-p)>0\times p+1\times(1-p)$의 관계에 의해 다음 식이 성립하게 될 것이다.

② $p > \frac{1-L(II)}{2-L(II)}$

이러한 경우에는 $L(II)$의 진정한 효용이 0보다 크고 1보다 작은 상태에서 그 값이 커질수록 확률 p의 값이 1/2 미만의 값으로 더욱 작아질 수 있음을 알 수 있다. 따라서 이것은 가설 h_1이 참일 확률이 상당히 작더라도 그 가설을 채택할 수 있음을 보여준다. 물론 이때의 확률이란 가설 h_1에 대한 사후 확률을 의미하나, 15장 1)절에서 논한 대로 가설 h_1과 h_2에 대한 사전 확률을 동일하게 본다면 그곳에서의 식 ③이 성립하므로, 의사 결정론의 관점에서 본 가설 검정의 방식과 배치하지 않는다.

따라서 이와 같은 관점에서 본다면, 가설 검정의 방식에 따라 가설 채택의 문제에 직면한 행위자는 위험 수용적 성향이라고 해석이 가능하다. 나아가 유의성 검정 방식에서의 행위자 역시 그와 같은 식으로 해석이 가능할 것이다. 왜냐하면 15장 2)절에서 논한 대로 이 경우에는 단지 제2종 오류로 인한 손실 $L(II)$가 고정된 값을 지니는 것으로 볼 뿐, 여타의 상황은 방금 보인 가설 검정의 경우와 다를 바가 없기 때문이다.

끝으로 우도주의와 관련해서는 다음과 같이 해석해볼 수 있을 듯하다. 15장 3)절에서 보인 대로 이 경우 가설 채택에서는 $L(II)/L(I)=1$, 즉 제1종 오류와 제2종 오류로 인한 손실을 서로 같은 것으로 본다는 것이 관건이었다. 이러한 관점에 따른다면 우리는 표 23과 같은 효용 행렬 대신 표 24와 같은 또 다른

	h_1이 참	h_2가 거짓
가설 h_1을 채택 (A_1)	1	$L(II)$
가설 h_1을 기각(h_2를 채택) (A_2)	0	1

표 23 가설 검정에서의 진정한 효용 행렬.

효용 행렬을 제시할 수 있다(주의할 점은 이러한 효용 행렬에서 그 두 가지 효용의 값 0들이 $L(II)/L(I)$에 대입될 수 있는 것으로 오해해서는 안 될 것이다! 여기서 손실의 비를 보여주는 식은 단지 두 효용이 동일함을 보여줄 따름이다). 그런데 만일 새로이 제시하는 효용 행렬이 이와 같다면, 결국 앞서 베이즈주의에서 인식적 효용과 관련해 제시한 표 11의 효용 행렬과 동일하게 된다. 따라서 우도주의에 따른 가설 채택 방식을 택하는 행위자를 의사 결정론적 관점에서 재해석하자면 그 역시 베이즈주의자처럼 위험 회피적 성향의 사람으로 볼 수 있을 것이다. 어느 면 베이즈주의와는 크게 달라 보이는 우도주의가 행위자의 가치 의식을 고려한 의사 결정론적 측면에서는 동일하게 취급될 수 있다는 점이 흥미로운 대목이다.

	h_1이 참	h_2가 참
가설 h_1을 채택 (A_1)	1	0
가설 h_1을 기각(h_2를 채택) (A_2)	0	1

표 24 가설 검정에서의 진정한 효용 행렬.

이로써 우리는 표면적으로 드러나는 효용과 그 배면에 숨겨진 행위자의 가치 의식과 결부된 효용이 별도로 존재할 수 있음을 살펴보았다. 그리고 후자는 전자에 영향을 미치되 그와 같은 영향은 우리가 별도의 면밀한 분석을 가하지 않는 한 잘 드러나지 않을 수 있음을 알게 되었다. 그런데 이와 같은 행위자의 의식에 반영된 가치는 단지 이념적인 것으로 머물지 않고 가설 채택과 관련한 실제적 방법론에까지 영향을 미친다. 이제 떠오르는 의문은 그와 같은 영향이 과연 가설 채택 문제에서 나름의 정당성을 지닐 수 있을까 하는 점이다. 이에 관해서는 다음 절에서 논해본다.

3) 확대되는 효용?: 가치 대 객관성

앞에서 행위자의 가치 의식을 문제 삼았을지라도 단순히 그것이 개인의 타고난 성향을 보여주는 것이라면 그것은 우리 관심 밖의 일이다. 문제는 그러한 가치 의식과 관련해 개인의 차원을 넘어 좀 더 일반적인 차원에서 앞의 말미에서 제기한 물음에 답을 줄 수 있는지에 있다.

이러한 시각에서 우선 베이즈주의에 관해 눈에 띄는 점은, 우리가 채택하고자 하는 가설 자체에 대해 일정한 확률을 부여한다는 것이다. 이러한 점은 특히 해당 가설에 사전 확률을 부여한다는 사실에서 뚜렷하다. 이것은 빈도주의에서는 볼 수 없다. 베이즈주의에서 그처럼 나아가는 이유는 형식적으로는 베이즈의 정리에 의해 해당 가설에 대한 사후 확률을 얻기 위함이다. 하지만 사후 확률 역시 가설 자체에 부여하는 새로운 확률일 뿐이다. 그렇다면 베이즈주의에서 끝내 가설에 확률을 부여해야 한다고 보는 근본 이유는 무엇일까.

한 가지 자연스러운 이유는, 어떤 명제가 참인지의 여부가 아직 확실하지 않을 경우 그 불확실의 정도를 해당 명제에 대한 우리 신념의 합리적 정도로 나타내고 그것을 결국 확률로 나타낼 수 있다면, 마찬가지로 어떤 귀납적 가설 역시 그처럼 불확실한 명제로서 그에 대해 확률을 부여하는 것이 마땅하지 않겠느냐는 것이다. 그런데 이러한 식의 확률 부여는 8장 1)절에서 논한 대로, 위험을 안고 있는 논증에 부여하는 것일 뿐이다. 즉 해당 결론의 내용이 전제의 내용을 넘어서면 넘어설수록 그 결론이 참이라고 믿기 어려워지는 논증에 부여하는 확률을 말한다. 따라서 이 같은 상황에 직면한 베이즈주의적 행위자로서는 일단 문제의 위험을 회피하려는 방향으로 나아갈 수밖에 없는 노릇이다.

이 경우 만일 사후 확률의 경우라면 제시된 증거로부터 해당 결론의 내용이 가능한 한 적게 벗어나 그 결론이 참이 아닐 위험이 줄어든다. 따라서 그에 부여되는 확률도 커질 때라야 베이즈주의자는 비로소 해당 결론을 채택하려 할 것이다.

만일 사전 확률의 경우라면 증거가 아직 제시되기 이전이므로 이때는 문제의 결론, 즉 우리가 관심을 두고 있는 가설이 그 자체로 참이 될 가능성이 있는지를 별도로 살펴야 할 것이다. 지금의 경우라면 문제의 가설 이외에 그것과 경쟁이 될 만한 또 다른 가설들을 고려하는 일이 필수적이다. 만일 그러한 경쟁 가설들이 많다고 여겨지면 여겨질수록 문제의 가설이 참이 되리라 믿을 수 있는 정도로서의 확률은 점점 작아지고, 그것을 채택하는 데 따른 위험은 커지게 될 것이다. 이러한 점은 9장 2)절에서 식 ④로 제시한 다음 식으로도 확인 가능하다.

$$① \ P(h_r/e)=\frac{P(h_r)P(e/h_r)}{P(e)}=\frac{P(h_r)P(e/h_r)}{P(h_r)P(e/h_r)+P(\sim h_r)P(e/\sim h_r)}$$

이 경우 사후 확률 $P(h_r/e)$의 값은 해당 가설 외의 가능한 여타 경쟁 가설들에 관한 확률 $P(\sim h_r)$의 값이 클 때 작아지기 마련이므로, 이때 베이즈주의적 행위자는 이 점을 고려해 (가설 h_r에 대해 좀 더 낮은 사전 확률을 부여하는 등으로) 위험 회피적 태도를 취하지 않을 수 없을 것이다.

하지만 이러한 이유 때문에 위험 회피적 태도로 가설 h_r에 대해 사전 확률을 부여하려 할지라도 여타의 모든 가설, 즉 포괄적 가설 $\sim h_r$을 어떻게 처리할 수 있을까. 사실 가설 $\sim h_r$은 해당 증거와 양립 가능한 모든 가설들을 포괄한다. 그리고 이것들을 모두 찾아낸다는 것은 현실적으로나 원

리적으로 불가능하다.[26]

과학 현장에서는 그와 같은 포괄적 가설 모두를 세세하게 문제 삼는 대신, 특정의 몇몇 가설, 흔히는 아주 좁게 두 개의 특정 가설만을 상호 경쟁하는 가설로 삼아 그것을 비교 평가하는 것이 보통이다. 우리가 내내 과학의 중요한 가설 사례로 삼아온, 음극선 실험에 관한 입자 가설과 파동 가설의 대립도 이 중 하나다. 그러므로 칠면조 예에서와 같이 매우 단순한 상황이나 카르납의 초기 귀납 논리에서와 같이 언어 체계에 바탕을 둔 매우 형식적인 경우가 아니라면 문제의 가설에 대해 사전 확률을 정하는 일은 그 자체로 매우 어려워지게 된다. 6장 2)절에서 소개한 대로 문제성 많은 무차별의 원리를 그대로 인정할지라도 그것을 실제적으로 위와 같은 상황에 적용하기란 쉬워 보이지 않는다. 가능한 모든 가설들을 남김 없이 고려할 수는 없기 때문이다.

이러한 문제에 대한 베이즈주의의 한 가지 대안은 새먼(W. C. Salmon)이 제시한 바 있다.[27] 그는 예컨대 두 개의 가설 h_1, h_2만을 고려한다 할지라도 만일 위의 식 ①을 이용해 다음과 같은 사후 확률의 비를 생각한다면 위의 문제가 쉽사리 해소될 수 있으리라 보았다.

$$② \quad \frac{P(h_1/e)}{P(h_2/e)} = \frac{P(h_1) \times P(e/h_1)}{P(h_2) \times P(e/h_2)}$$

왜냐하면 위의 식 ①에서 포괄적 가설의 문제를 안고 있던, 분모에서의 $P(h_r)P(e/h_r)+P(\sim h_r)P(e/\sim h_r)$ 부분이 위의 식 ②에서는 결국 동일한 $P(e)$

26 이에 관해서는 11장 3)절에서 소개한 Stanford(2006) 참조.

27 Salmon(1990/1996), p. 276.

의 값으로 서로 제거되기 때문이다.

만일 이러한 식 ②를 이용한다면 경쟁하는 두 가설 h_1, h_2 그 각각에 대한 사후 확률의 크기를 비교해 간단히 $P(h_1/e)/P(h_2/e)>1$이 되는 경우 가설 h_2에 대해 h_1을 채택할 수 있다는 이점도 있다.

이에 따라 이제 어느 두 가설을 두고 베이즈주의적 행위자가 그 가설 중 하나를 채택하고자 한다면 그는 단지 위의 식 ②의 우변을 계산하면 될 것이다. 만일 두 가설 각각에 대한 우도가 다르다면 그 차이에 따라 우변의 값을 계산하면 될 것이다. 그런데 과학의 실제에서 만일 두 가설 h_1과 h_2가 진정으로 경쟁하는 가설들이라면 각각은 동시에 증거 e를 함축하게 마련이고, 그렇다면 각각의 우도 모두 동일하게 1이 될 것이다. 이 경우 위의 식 ②에서 두 가설에 대한 사후 확률의 비는 결국 그 사전 확률의 비와 동일하게 마련이다. 이것은 경험적 증거를 중시하는 귀납적 상황에서라면 매우 놀라운 결과일 수밖에 없다!

9장 2)절에서 보인 대로 일반적 베이즈주의에서는 가설에 대한 사전 확률이 주관적으로 부여될 수 있다고 주장하기는 하나, 그렇다 해서 그것이 완전히 자의적이어도 좋다는 말은 아니다. 지금의 맥락에서라면 베이즈주의적 행위자가 위험 회피적 태도를 제대로 견지하기 위해서라도 결코 그러해서는 안 될 것이다. 그렇다면 어떻게 해야 할까.

이 대목에서 한 걸음 나아가 쿤(T. S. Kuhn)의 과학관(觀)에 사전 확률의 문제를 결부한 새먼의 견해는 베이즈주의에서 가치의 문제를 좀 더 넓은 맥락으로 확대한 매우 계발적인 것이라 생각한다. 이른바 **정상 과학**(normal science)의 중요성을 널리 보여준 쿤의 과학관을 여기서 자세히 논할 필요는 없을 것이다. 다만 지금 맥락에서 중요한 점은 일정한 패러다임의 지배를 받는 정상 과학의 시기일지라도 쿤은 그때에 등장하는 가설(또는 이론)들을 적어도 다음과 같은 다섯 가지 기준으로 평가할 수 있다고 주장했다는 점이다. 즉 정확성(accuracy), 일관성(consistency), 범위(scope), 단순성(simplicity), 풍부성(fruitfulness)이 그것이다.[28] 물론 이것은 해당 가설에 대한 새 증거가 제시되기 이전일지라도 그 가설을 높이 평가할 수 있는 좋은 기준들이다. 만일 어느 경쟁 가설들이 모두 동일한 증거에 의해 지지를 받을 수 있다 할지라도 이와 같은 기준들에서 높은 평가를 받을 수 있는 가설이 있다면 우리는 그것에 대해 높은 신념도를 부여할 수 있다. 하지만 문제는 그 각각의 기준에 대해 모두가 동의할 수 있는 정확한 규정을 내리기가 (적어도 현재까지) 쉽지 않으며, 앞으로도 그러한 사정은 나아질 것으로 보이지 않는다는 점이다. 하지만 결국은 새로운 패러다임에서 그 기준이 달라질 가능성도 여전히 남아 있다. 그러므로 현실적으로 과학자들이 가설들에 대해 이러한 기준들을 적용할지라도, 그 평가의 결과는 서로 달라지기 마련이다. 만일 이러한 사정이 어쩔 수 없이 엄존한다면, 새먼은 이때 그처럼 서로 다른 평가의 결과를 베이즈주의적 행위자들이 서로 다른 사전 확률로써 표현할 수 있다고 주장한다.

만일 쿤과 새먼의 이러한 견해를 모두 받아들인다면, 결국 베이즈주의적 행위자의 가설 채택에는 경험적 증거 이외에 그 자신의 확대된 가치 의식이 또 다른 중요 역할을 하게 됨을 보게 된다. 만일 쿤이 제시한 다섯 가지 기준들이 절대적 객관성을 지니지 못하고, 또한 여전히 패러다임의 지배를 받을 수밖에 없다면, 그것들은 결국 보편적 규칙이기보다 차라리 상대적 가치로 보아야만 할 것이다. 그렇다면 베이즈주의적 행위자에게 이제 그 행위와 관련한 효용은 금전적이거나 인식적인 데 그치지 않고, 그 폭이

28 쿤의 정상 과학에 관해서는 Kuhn(1970) 참조. 지금의 다섯 가지 기준들에 관해서는 Kuhn (1973/1998), p. 103 참조.

넓어져 사회적, 문화적, 심지어는 교육적 효용으로까지 확대될지 모른다. 오늘날 과학을 **지식 사회학**(sociology of knowledge)의 관점에서 파악하는 일의 중요성을 생각할 때,[29] 이 같은 효용의 확대는 오히려 베이즈주의적 관점의 적절성을 보여준다.

그러나 베이즈주의적 관점의 이러한 적절성은 아직은 지나치게 포괄적이며, 다른 한편 그와 다른 접근 방식을 취하는 빈도주의적 행위자의 경우와 비교해 여전히 그 정당성을 확보할 수 있을지에 대한 계속적인 검토가 필요하다. 이러한 측면에서 베이즈주의적 행위자와는 달리 오히려 위험 수용적 성향을 보이는 빈도주의적 행위자의 태도가 어떻게 정당화될 수 있을지 살펴보는 일은 매우 흥미롭다.

16장 2)절에서 언급한 대로 빈도주의적 행위자의 태도가 위험 수용적이라는 사실은, 좀 더 직관적으로는, 그가 관심을 갖는 가설에 대해 그 가설 아래에서는 나타나기 매우 어려운 증거가 실제 나타나기 전까지 그것을 기각하지 않는 태도에 잘 반영되고 있다고 할 수 있다. 하지만 그가 이 같은 자신감을 갖게 된 원인은 무엇일까. 이에 대한 한 가지 설득력 있는 답변을 메이요(D. G. Mayo)에게서 찾을 수 있다.

메이요에 따르면 이 같은 자신감의 근저에는 해당 가설 이전에 문제의 가설을 **테스트하는 과정** 자체에 대한 높은 **신뢰성**(reliability)이 놓여 있다.[30] 이를 이해하기 위해 10장 1)절의 차 감별 테스트 예로 돌아가보자. 이 예에서 문제의 여인이 준비된 여덟 잔 모두에 대해 제대로 맞히게 된다면 '그녀에게는 진정으로 차 감별을 할 수 있는 능력이 없다'거나 '그녀가 차

---

29 과학을 이해하는 데 지식 사회학적 관점의 중요성에 관해서는 예컨대 Hess(1997) 참조. 효용의 확대 필요성에 관해서는 Thagard(1999), ch. 1 참조.

30 Mayo(1996), pp. 18, 192~194 참조.

감별을 제대로 하게 될 확률은 1/2이다'라는 귀무 가설(h_0)이 기각되는 것으로 보았다. 이렇게 귀무 가설이 기각되는 경우, 유의성 검정 방법을 제시한 피셔는 이에 대한 대립 가설 채택을 직접적으로 고려하지는 않았으나, 13장 2)절에서 강조한 대로 대조적 관점에 따라 우리는 여기서 네이먼-피어슨의 방법에 의해 그 대립 가설을 채택할 수 있는 것으로 보자. 그렇다면 지금의 경우 가설 h_0가 기각될 때, 예컨대 '그녀에게는 진정으로 차 감별을 할 수 있는 능력이 있다'거나 '그녀가 차 감별을 제대로 하게 될 확률은 1/2이 아니다'라는 대립 가설(h')을 채택할 수 있을 것이다. 하지만 이제 우리의 관심사는 가설 h' 채택을 가능하게 해주는 차 감별 테스트 자체다. 물론 이러한 테스트의 결과, 여덟 잔 모두에서 문제의 여인이 제대로 맞혔다는 증거 e에 의해 가설 h'를 채택하게 되었지만, 만일 그러한 증거를 낳는 테스트 자체가 이미 신뢰할 만한 것이 아니라면 어떻게 될까? 분명 그러한 테스트를 거쳐 나온 증거에 대해서도 우리는 신뢰하기 매우 어려울 것이다. 그렇다면 위의 테스트는 과연 신뢰할 만한 것일까?

이에 관해 메이요는 우선 어떤 테스트가 다음과 같은 의미로 **엄격한**(severe) 것이라면 그것은 신뢰할 만하다고 말한다.

> 만일 h'가 거짓이라면 테스트 (또는 테스트 절차) T에서 적어도 e와 같은 정도로 h'와 부합하는 결과가 나올 확률이 매우 낮을 때, 그 테스트 T는 '엄격하다'.[31]

사실상 가설 h'와 관련해 어떤 증거 e가 제시되었다 할지라도 단순히

31 앞의 책, p. 180 참조. 여기서는 지금의 맥락에 맞게 기호와 문구를 다소 바꾸었다.

그 증거가 문제의 가설과 부합한다는 사실만으로 h'를 채택하기 어려운 경우가 있을 수 있다. 포퍼가 그의 반증주의로 돌아서게 된 계기가 된 사례들에서 잘 볼 수 있듯,[32] 특히 이미 증거가 제시된 상태에서 차후 그것에 부합하게 (의도적으로) 가설이 구성된 경우라면 그때의 부합이야말로 오히려 해당 가설을 받아들이기 어렵게 만드는 조건이 되어야 할 것으로 보인다. 그러므로 엄격한 테스트에 관한 위의 규정에서는 오히려 문제의 테스트 과정에서 해당 가설이 거짓일 수 있는 경우를 고려한다. 그리고 그러한 경우까지 허용했음에도 불구하고 제시되는 증거가 해당 가설과 부합하는 결과로 나올 확률이 매우 낮다면 그러한 테스트는 신뢰해도 좋지 않을까 하는 발상으로 나아간다.

이러한 메이요의 관점에서 보았을 때, 네이먼-피어슨의 가설 검정의 방식은 엄격한 테스트 절차를 잘 보여주며, 따라서 신뢰할 만한 테스트로 간주된다. 예컨대 가설 검정의 방식으로 본 위의 차 감별 테스트에서 만일 가설 h'가 거짓이라고 해보자. 그렇다면 가설 h_0가 참이 되고, 이때 문제의 여인이 차 감별을 제대로 할 수 있는 확률이 1/2이라는 가정 아래 테스트 결과들이 나타날 표본 분포를 보여주는 것이 앞서의 표 2였다. 그런데 이러한 분포에서는 문제의 여인이 실제 여덟 잔 모두에 대해 제대로 알아맞히게 되는 증거 e가 나타날 확률이 매우 낮다. 즉 0.0039였다. 이는 달리 표현하자면 가설 h'가 거짓인 경우, 즉 h_0가 참인 경우에는 $1-0.0039=0.9961$의 높은 확률로, 시행하는 대부분의 경우에 그 결과가

32 Popper(1972), pp. 34~35 참조. 예컨대 포퍼는 1919년 무렵 이른바 '개인 심리학(individual psychology)'을 표방하는 아들러(A. Adler)와 함께 일하게 되었는데, 이때 그의 판단에 아들러의 이론에 맞지 않는 것으로 여겨지는 사례를 보고했음에도 불구하고 아들러는 직접 그 대상이 되는 아이를 보지도 않은 채 아무런 어려움 없이 그 사례를 자신의 이론으로 쉽사리 해석하는 것을 보고는 충격을 받았다.

h_0에서 주장하는 확률 1/2에 가까운 것을 보여주기는 하나 그 많은 경우에도 불구하고 결국은 h_0에 배치되는 증거 e가 나타났음을 의미한다. 그러므로 지금의 테스트는 그 엄격성의 정도(severity)가 0.9961에 이르는 상당히 엄격한 것이라 할 수 있다.

빈도주의적 행위자의 관점에서 보자면 이처럼 엄격한 테스트를 견뎌낸 가설이라면 그것을 채택하는 데 주저할 아무런 이유도 없다. 여기서는 포괄적 가설의 문제도 발생하지 않고, 사전 확률 부여 작업도 별도로 필요하지 않다. 이 점은 앞서 언급한 베이즈주의적 방식과는 뚜렷이 대비된다. 베이즈주의적 방식과는 달리 빈도주의에서는 문제의 가설 자체에 확률을 부여하지 않는다. 대신 여기서는 그 가설에 나올 법한 어떤 경험적 결과의 확률적 분포에 주목한다. 그 가설을 '테스트한다'는 것은 그러한 분포를 염두에 두었을 때, 실제 제시된 증거가 그와 같은 분포상에서 말해주는 바가 무엇인지를 살펴보는 일과 다르지 않다. 그런데 만일 이러한 테스트 과정이 매우 신뢰할 만한 것이라면 그 같은 과정을 거쳐 나오게 된 증거가 말해주는 내용을 우리는 신뢰해도 좋지 않을까 하는 발상이 깔려 있다.

만일 발상에 일리가 있다면 가설(특히 과학적 가설)을 채택하는 데 베이즈주의에서와 같은 주관적 요소를 도입할 필요는 전혀 없다고 빈도주의자들은 주장한다. 물론 가설을 평가하는 데 쿤이 제시한 앞서의 다섯 가지 특성들을 고려할 필요는 있으나, 그럼에도 그것이 주관적 사전 확률에 의해 표현될 필요는 전혀 없다고 생각하는 것이다. 오히려 주관적 상태로 머무는 한 그것은 과학의 객관성을 크게 훼손하는 것이라 본다. 따라서 메이요는 어떤 특성을 가진 가설이든 그것이 과학적 객관성을 유지하기 위해서는 결국 그것이 앞서와 같은 의미로 엄격한 테스트 결과에 의해 제시되지 않으면 안 된다고 생각했다.[33]

이러한 문제에 직면해 앞서 새먼은 문제의 사전 확률을 우리가 주목하는 가설과 유사한 '어떤 종류의 가설들이 성공할 빈도에 대한 우리의 최선의 추정치(our best estimate of the frequencies with which certain kinds of hypotheses succeed)'로 볼 것을 제안했다.[34] 하나의 패러다임 아래에 현존하는 여러 가설들 가운데 일정한 특성을 지닌 가설들이 성공할 만한, 즉 그것들에 대한 예측이 경험적 증거와 부합할 만한 빈도를 고려해 그에 맞게 사전 확률을 설정해보려는 의도다. 이는 아마도 문제의 사전 확률을 단지 행위자의 가치 의식에 따른 효용을 반영하는 주관적 측면에 머물게 하는 대신, 나름의 객관성을 찾아보려는 시도일 것이다. 하지만 메이요는 이때의 유사성을 어떻게 결정할 것인지, 또한 해당 빈도를 어떻게 계산할 것인지의 구체적 방법론이 나오기는 매우 어렵다고 여겼다. 오히려 과학자가 관심을 갖는 것은 '어떤 종류의' 가설이기보다 바로 특정의 '이(this)' 가설일 뿐이라고 주장했다.[35] 물론 이렇게 되었을 때, 그녀에 따르면 그 가설에 대한 평가는 엄격한 테스트에 의해 객관적으로 할 수 있을 것이다.

만일 메이요가 옳다면 이제 가설 채택에서 그 가설과 관련한 효용을 여러 가지로 확대하기보다 엄격한 테스트를 통한 객관성 유지가 올바른 방법으로 보인다. 과연 우리가 이러한 결론을 그대로 수용할 수 있을지에 관해서는 다음 장에서 좀 더 본격적으로 논해보자. 여기서는 남아 있는 우도주의의 경우를 살펴보고 마무리하자.

의사 결정론의 관점에서 보자면 우도주의적 행위자 역시 베이즈주의적

---

33 Mayo(1996), p. 119. 물론 헬만과 같은 이는 베이즈주의의 관점에서 '엄격한 테스트'의 개념을 제시했다〔Hellman(1997)〕. 하지만 이영의(2004)의 지적대로 그의 '엄격한 시험' 개념은 메이요에 비해 만족스럽지 못한 것으로 보인다.

34 Salmon(1990/1996), p. 270.

35 Mayo(1996), p. 120.

행위자와 마찬가지로 위험 회피적이라는 점은 앞에서 언급한 대로다. 이 같은 점은 어떻게 보면 이미 앞서 새먼이 제시한 식 ②에도 내포되어 있는지 모른다. 왜냐하면 식 ②에서 가설 h_1과 h_2에 대한 사전 확률이 동일하다면 결국 그 우도의 비는 해당 사후 확률의 비와 같아지기 때문이다. 이렇게 된다면 우도주의와 베이즈주의 사이에 그 수치적 결과 이외에 가설 채택의 방법에서 어떤 근원적 차이를 찾기 어렵게 된다.[36] 물론 우도주의에서 직접 사전 확률을 도입하지는 않으나 단지 대상 가설들에 대한 사전 확률을 동일하게 취급함으로써 베이즈주의와 같은 결과를 낳게 된다면, 우도주의 나름의 차별성을 별도로 확립하지 않는 한 그 자체의 독자적 정당성을 확보하기는 매우 어려울 것이다. 어쨌든 대상 가설 각각에 대해 모두 동일한 사전 확률값을 부여한다면, 우리는 사전 확률에 대해 별도의 신경을 쓰지 않고도 우도주의적 행위자와 같을 수 있다. 이 점은 빈도주의적 행위자가 베이즈주의적 행위자를 비난하는 초점인 주관성 문제를 피할 수 있는 이점을 제공함이 분명하다. 물론 이때 어떻게 대상 가설들에 대해 동일한 사전 확률값을 부여할 수 있는가하는, 새로운 맥락에서 또다시 등장하는 문제성 많은 무차별의 원리에 직면하게 된다. 그러나 아직 우도주의 나름으로 베이즈주의와 차별화될 수 있는 기회를 남겨두고자 한다면 있을 수 있는 이러한 반론에 대해서는 일단 피해가자. 그렇다면 여기서의 심각한 문제는 과연 우도주의에서처럼 사전 확률 부여 문제를 과연 피해가도 좋을까 하는 것이다. 물론 사전 확률 부여에는 주관성 개입이라는 심각한 문제가 놓여 있다. 그러나 위에서 살펴본 대로 베이즈주의에서는 그 나름의 정당성을 갖고 있다. 그러므로 베이주의의 관점에서 보자면 그와 같

36 아닌 게 아니라 소버는 많은 이들이 우도주의를 일종의 베이즈주의로 보고 있음을 지적했다〔Sober(2008), p. 37〕.

은 정당성을 돌아보지 못하는 우도주의적 행위자를 비난하지 않을 수 없을 것이다.[37] 반면 우도주의적 행위자는 빈도주의적 행위자가 갖는 위험 수용적 과감성도 갖기 어렵다. 그 원리에 충실한 한 결국 전자는 후자에서와 같은 엄격한 테스트와 같은 방법을 이용할 수 없기 때문이다. 이 점에서 빈도주의적 행위자는 그 객관성 측면에서도 우도주의적 행위자가 미흡하다고 평가하지 않을 수 없을 것이다.

---

37 11장 3)절에서 그렘린의 예를 들어 베이즈주의의 관점에서 우도주의의 문제점을 지적한 일도 이와 관련될 수 있을 것이다.

17장

경쟁하는 기준들 : 방법론적 문제에 대한 답

지금까지 우리는 가설 채택에 관해 서로 다른 기준들이 경합하는 것을 보았다. 하지만 이러한 경합은 결국 그 배후에 놓인, 크게 베이즈주의와 빈도주의의 두 시각 차이에 기인함을 알았다. 그렇다면 이제 그와 같은 두 시각을 귀납적 상황에서 대두하는 여러 방법론적 문제에 비추어 재평가해 볼 필요가 있다. 왜냐하면 그러한 시각의 차이가 과연 유효한지의 여부는 그러한 방법론적 문제에 대해 각 시각에 따른 기준들이 제대로 답할 수 있는지에 의해 가장 분명하게 드러날 수 있기 때문이다.

1) 정지 규칙의 문제

10장 3)절에서 우리는 네이먼-피어슨의 가설 검정의 방법을 다루면서 이른바 '정지 규칙'의 문제를 언급했다. 이 문제는 증거를 낳는 어떤 시행을 멈추게 되는 조건에 관한 것이되, 어쨌든 가설을 평가하는 데 필요한 경험적 증거를 어떻게 얻었는지에 관한 질문이므로 그 자체가 분명 방법론의 하나다. 여기서는 문제의 정지 규칙이 증거를 얻는 실험자의 '의도'를 반영하는 것이므로, 만일 이러한 규칙에 좌우되는 어떤 방식이 있다면 그것은 결국 주관적 요소를 지닐 수밖에 없다는 의구심을 내비친 바 있다. 이 점에서 베이즈주의는 이 문제를 피해갈 수 있는 반면, 빈도주의는 오히려 그 역시 주관적일 수밖에 없는 것 아닌가 하는 회의에 부딪힐 수 있다. 하지만 그 주의에 관해 앞에서 논한 두 시각 차이를 고려한다면 이 상황은 반전될 수 있다.

베이즈주의에서 가설 검정상의 정지 규칙이 행위자의 '의도'를 반영하기에 주관적이라 지적하는 것은 단지 최종적으로 제시된 증거 자체에만 주목했기 때문이다. 하지만 빈도주의자의 관점에서 보자면 행위자의 그러한 의도는 문제의 증거를 **얻기까지** 이루어지는 **표본 추출**(sampling) 과정에 영향을 미치며, 이러한 영향은 결국 가설 테스트상의 오류에 영향을 미칠 수밖에 없다. 그러므로 빈도주의에 따르면 정지 규칙에 대한 고려는 주관적이기보다 오히려 올바른 가설 평가를 위한 객관적 고려 사항이 된다.

이때 베이즈주의에서 그 최종적 증거 자체에만 주목하게 되는 까닭은 물론 그것이 궁극적으로는 베이즈 정리에 근거하기 때문인데, 그 정리 가운데에서도 특히 '베이즈 인수'가 그 이유를 잘 보여준다. 9장 2)절의 식 ⑤가 보여주듯, 베이즈 정리 중 베이즈 인수 $P(e/{\sim}h_r)/P(e/h_r)$는 만일 그 비의 값이 일정하기만 하다면 해당 가설의 사후 확률값에 아무 변화도 주지 않는다. 그러므로 예컨대 서로 배타적이며 완비적인 가설로 단지 두 가지, 즉 h_1과 h_2만을 고려하고, h_1의 사후 확률 $P(h_1/e)$를 생각한다면, $P(e/h_2)/P(e/h_1)$의 비 값이 불변하는 한 그 사후 확률은 불변이다.

그런데 이제 10장 3)절에서 예시한 대로, 칠면조 예에서 3일 동안 먹이가 제공되는 결과를 관찰하는 데 미리 3일을 정해 그 3일 모두에서 먹이가 제공된 경우와, '꼭 3일 동안 먹이가 제공된 것이 확인되면 시행을 그친다'는 정지 규칙이 제시된 상태에서 3일 모두 먹이가 제공된 경우, 둘 다 **결과적으로는** 3일 모두에서 먹이가 제공된 것으로 나타난다. 이렇게 된다면, 전자의 경우 그 우도 $\binom{3}{3}\left(\frac{1}{2}\right)^3\left(\frac{1}{2}\right)^0$나 후자의 경우 그 우도 $\binom{i+2}{2}\left(\frac{1}{2}\right)^2\left(\frac{1}{2}\right)^i \times\frac{1}{2}$는 사실상 비례 관계에 있음을 볼 수 있다. 왜냐하면 후자의 각 값은 $k\left(\frac{1}{2}\right)^3\left(\frac{1}{2}\right)^0$(단 k는 상수)와 같은 식으로 제시되고, 이는 결국 $\binom{3}{3}\left(\frac{1}{2}\right)^3\left(\frac{1}{2}\right)^0$의 k배에 해당하기 때문이다. 이와 같은 사정은 가설 h_2의 경우에도 마찬가지일 것이다. 따라서 전자에서 제시된 증거를 e_1, 후자 증거를 e_2라 할 때, 두 가설 h_1과 h_2의 우도 사이에는 $P_1(e_1/h_1)/P_2(e_1/h_2)=P_2(e_2/h_1)/P_2(e_2/h_2)$의 관계가 성립하고, 이때 각 증거를 기반으로 하는 두 사후 확률에는 아무런 변화가 없게 되는 것이다. 이때는 증거 e_1과 e_2가 서로 동치인 셈이다. 사실 이것이야말로 11장 2)절에서 말한 우도주의의 '우도 원리'에 해당하며, 지금의 문제에서는 베이즈주의 역시 이 같은 우도의 원리를 충실히 따르고 있음을 볼 수 있다.

하지만 빈도주의의 관점에서 보자면, 이처럼 우도의 원리를 신봉하는 일은 오히려 증거가 지닌 의미를 기만하거나 왜곡하는 일이다. 그 이유를 다음과 같은 예로써 설명해본다. 10장 2)절에서 우리는 검은색 공과 흰색 공이 들어 있는 단지와 관련해 모두 여덟 개의 공을 추출하고, 0.2의 상대 비율을 주장하는 귀무 가설 $h_{0.2}$와 0.8의 상대 비율을 주장하는 대립 가설 $h_{0.8}$을 취하여, '만일 표본 내 검은색 공의 개수가 다섯 개 이상인 경우라면 가설 $h_{0.2}$를 기각한다'는 규칙을 따를 경우, 실제 표본 조사 결과 모두 여덟 개의 공 가운데 다섯 개의 공이 검은색으로 밝혀졌을 때, 가설 $h_{0.2}$를 기각하고 가설 $h_{0.8}$을 채택할 수 있음을 밝혔다. 이것은 유의 수준 α를 0.05로 고정한 경우, 가설 $h_{0.2}$와 관련해 표본 중 검은색 공이 다섯 개 이상일 때 그 가설을 잘못 기각할 확률이 0.05보다도 작을 만큼 아주 작기 때문에 상당한 정도로 안심하고 그것을 기각하는 한편, 상당한 신뢰를 갖고 그 대립 가설을 채택할 수 있음을 뜻한다.

그런데 이제 '여덟 개의 공'이라는 식으로 표본의 크기를 미리 정해놓고 시행을 중단하는 정지 규칙, 즉 '고정된 표본 크기(fixed sample size)'의 정지 규칙 대신 다섯 개의 검은색 공이 나올 때까지 계속해서 표본 추출을 행하는 '선택적(optional)' 정지 규칙에 따라 다섯 개의 검은색 공을 얻었다고 해보자.[38] 이 경우 어느 정지 규칙을 따르더라도 똑같이 모두 여덟 개의 공들 가운데 다섯 개의 검은 공이 추출된 표본을 얻을 수 있으나, 사실 그 양자가 문제의 가설들에 대해 동일한 의미를 지니는지는 의문의 여지가 있다. 만일 후자와 같다면 가설 $h_{0.2}$가 **실로** 참임에도 불구하고 그것을 기각할 가능성은 언제나 열려 있기 때문이다. 그러므로 만일 어떤 실험자가 선택적 정지 규칙에 따라 위와 같은 결과를 얻고 그것에 근거해 가설 $h_{0.2}$를 기각할 수 있다고 주장하면서도, 문제의 정지 규칙을 따랐다는 사실을 밝히지 않는다면 이것이야말로 문제일 수 있다. 이 같은 사정은 물론 검은 공 대신 아침에 제공되는 먹이를 생각한 칠면조 사례에도 유사하게 나타날 수 있다.

빈도주의의 이러한 의견에 대해 베이즈주의에서는 다음과 같은 예로써 그것에 반박한다. 유의 수준을 0.05로 고정한 상태에서, 예컨대 방금의 예에서라면 크기 8의 표본에서 검은색 공이 적어도 다섯 개 나올 때 문제의 귀무 가설을 기각할 수 있었다. 하지만 이제 선택적 정지 규칙을 따르면서

38 정지 규칙에 관한 이와 같은 용어들은 Mayo(1996), p. 341에서 취한 것이다.

표본의 크기를 더 늘려간다고 해보자. 예를 들어 표본의 크기를 10으로 잡아보자. 이 경우에도 10장 2)절의 표 3과 유사한 표를 만들어 확인해보면 쉽게 알 수 있듯, 그 열 개의 공 가운데 다섯 개 이상의 검은 공이 나타난다면 0.05의 유의 수준에서 문제의 귀무 가설을 기각할 수 있다. 이때 두 표본 모두에서 '다섯 개 이상'의 검은 공이 나타난다는 점은 동일해 보일지 모르나 그 의미는 매우 다르다. 왜냐하면 각 표본 내 검은색 공의 비율이 변화했기 때문이다. 전자의 경우에는 5/8≒0.62 이상이었으나, 후자에서는 5/10=0.5 이상인 것이다. 이 같은 비율은 표본의 크기가 늘어날수록 점점 줄어들며 궁극에는 모집단인 단지 내 검은색 공의 원래 비율 0.2로 가까이 다가가게 된다. 바로 이러한 점 때문에 베이즈주의자들은 선택적 정지 규칙과 같은 것에 신경을 쓸 때 오히려 하나의 역설에 이르게 된다고 주장한다.[39] 즉 표본의 크기를 늘려가 문제의 검은색 공의 비율이 실제 모집단 비율에 점점 다가가고 있음에도 불구하고 그와 같은 비율을 주장하는 가설 $h_{0.2}$는 기각해야 하는 역설적 상황에 빠지는 것이다. 일찍이 이러한 점을 지적한 이의 이름을 따 흔히 **린들리의 역설**(Lindley's Paradox)이라 부르기도 하는 이 상황에서, 물론 베이즈주의적 방식에서는 이로부터 벗어나 제시되는 증거가 늘어나면 늘어날수록 가설 $h_{0.2}$에 대한 사후 확률이 점점 더 커지기 마련이다.

하지만 린들리의 역설이 하나의 '역설'로 보이는 것은 단지 베이즈주의의 관점에 서 있을 때뿐이다. 역설이 발생하는 것으로 여겨지는 위의 예에서 진정 문제가 되는 것은 단순히 해당 가설에서 우리가 관심을 두는 검은색 공의 개수가 아니다. 이미 선택적 정지 규칙에 따라 그 가설을 **기각할**

39 Lindley(1957). 또한 Howson and Urbach(2006), pp. 154~156 참조.

마음을 품은 실험자가 진짜 관심을 두는 것은, 크기가 증가하는 표본들 가운데 **적어도 한 번** 그 가설을 기각할 만한 표본이 존재하는지다. 이때의 '성공'과 '실패'는 검은색 공의 출현 여부가 아니라, 문제의 가설을 기각할 만한 표본의 존재 여부다.

이러한 관점에서 '실제의'〔actual; 또는 이를 '총체적(overall)'이라 부르기도 한다〕 유의 수준을 새로이 계산한다면 다음과 같다. 우선 위와 같은 선택적 정지 규칙에 따라 예컨대 '열 개의 공 가운데 다섯 개 이상의 검은 공이 나타나는' 표본에 이르기까지 모두 다섯 번에 걸쳐 표본을 얻게 되었다고 해 보자. 그런데 이렇게 다섯 번 만에 적어도 한 번 마침내 귀무 가설을 기각할 수 있는 표본을 얻게 될 확률은 그 모두에서 그러한 표본을 한 번도 얻지 못할 확률의 여확률(餘確率), 즉 $1-(1-0.05)^5=1-(0.95)^5 \fallingdotseq 0.23$이다. 따라서 이처럼 될 수 있는 실제 유의 수준은 이미 0.05보다 크므로, 위의 시행 결과로써 문제의 귀무 가설을 기각할 수는 없게 된다! 더욱이 만일 시행을 정지할 때까지 얻게 되는 표본의 개수가 좀 더 늘어나 모두 열 개에 이르게 된다면 이때의 유의 수준은 $1-(0.95)^{10} \fallingdotseq 0.41$로서, 다섯 개의 표본을 얻었을 때에 비해 훨씬 커짐을 알 수 있다. 사실상 이처럼 나아가 그처럼 얻게 되는 표본의 개수가 무한하게 된다면 그 유의 수준은 1이 되어버릴 것이다. 이것은 선택적 정지 규칙에 따라 표면적으로는 문제의 귀무 가설을 기각할 수 있는 것처럼 보일지라도 실제로는 그러할 수 없음을 잘 보여준다. 또한 만일 진정 '정직한' 실험자라면 자신이 얻은 결과가 어떤 식으로 얻은 것인지를 제대로 밝혀야만 할 것이다.

2) 가설 채택의 역치 문제

14장 3)절에서 우리는 베이즈주의에서 가설 채택을 하는 것은 궁극적으로 의사 결정론적 방법에 따른 것이라 설명했다. 하지만 만일 인식적 효용만을 고려한다면 그때의 가설 채택이 단지 해당 가설에 대한 사후 확률만을 고려해 이루어질 수 있음도 언급했다. 이 경우에도 한 가지 해결해야 할 문제가 남아 있다. 바로 12장 1)절에서 본격적으로 소개한 애친슈타인의 견해다. 귀납 방법론의 한 원리 중 부분적 요소로서 그는 그와 같은 사후 확률이 1/2을 넘어야 한다는 주장을 폈으나, 과연 이것이 정당화될 수 있는지의 여부는 그대로 남겨둔 바 있다. 여기서 이 문제를 논해보자.

베이즈주의에서건 빈도주의에서건 증거와 가설 사이의 관계에 관해 어떠한 의미로든 그 측정치를 두고 해당 가설을 채택할 수 있는 일정한 기준이 존재하는지의 여부, 또 존재한다면 그것은 무엇인지의 문제를 이제 **가설 채택의 역치 문제**라 부르자. 베이즈주의에서라면 이러한 문제에서 무엇보다 애친슈타인의 견해를 다루지 않을 수 없을 것이다.

만일 사후 확률이 1/2을 넘어야 한다는 주장이 인식적 효용 이외의 별도의 효용까지를 고려한 의사 결정 과정을 염두에 둔 것이라면, 그것은 결코 가설 채택에 충분한(sufficient) 조건으로 보이지는 않는다. 왜냐하면 사후 확률이 1/2을 넘는다 할지라도 그것과 결부된 여러 효용치들이 매우 작다면, 그때의 기대 효용은 사후 확률이 1/2을 넘지 못하는 경우보다 작아질 수 있기 때문이다. 하지만 인식적 효용만을 고려한다면 사후 확률이 1/2을 넘는 가설은 그렇지 못한 가설과 비교해 채택하기 충분해 보인다.[40]

---

40 마허는 이러한 경우일지라도 지금의 조건이 결코 충분할 수 없다고 주장했다〔Maher (1993/2000), pp. 91~93〕. 하지만 그가 든 예는 연속적 확률 분포의 경우에 한정되어 있을 뿐이다.

그렇다면 역시 인식적 효용에만 한정할 때, 애친슈타인이 제시한 조건은 가설 채택에 꼭 필요하기도(necessary) 한 것일까? 이에 관해서라면 좀 더 일반적으로는 회의적으로 보인다. 예컨대 어떤 가설 h가 여러 요소적 가설 h_1, h_2, ……, h_n 등으로 구성되어 있다고 해보자. 이 경우 만일 우리가 그 요소 가설들 각각에 대해 1/2이 넘는 사후 확률을 부여할 수 있다고 할지라도 그 가설들의 연언, 즉 h_1, h_2, …… ,h_n의 사후 확률은 (각각이 1보다 작고 독립적이라 할 때) 1/2을 넘지 못할 수 있다. 그런데 만일 우리가 요소 가설 각각이 1/2을 넘어 그것을 애친슈타인의 기준에 따라 채택할 수 있다면, 이로부터 그 논리적 귀결인 연언 h_1, h_2, …… ,h_n, 곧 문제의 가설 h 역시 채택할 수 있을 법하다. 하지만 방금 확인한 대로 이는 1/2에 미치지 못하므로 역시 그의 기준에 따르면 문제의 가설 h를 채택할 수 없게 된다! 하지만 이 같은 결과는 일상생활이나 과학의 실제를 둘러볼 때 우리의 많은 가설 채택 방식에 부합해 보이지 않는다. 예컨대 일상에서 우리는 주변의 여러 사소한 사실들, 예를 들어 '정원에 나무가 있다', '날이 맑다' 등에 대해 1/2이 넘는 확률로써 확신을 하며, 그 모든 것의 연언에 대해서도 비슷한 확신을 한다. 그러나 위와 같은 방식에 따르면 그 연언 결과에 관해서는 우리가 그것을 채택할 수 없는 상태에 이르게 된다.[41] 과학의 실제에서도, 예컨대 어느 이론이 새로 제시될 때에는 그것이 아직 모두 면에서 받아들여지기는 어렵다 할지라도, 어느 특정한 면에 대한 신뢰를 바탕으로 앞으로의 전개를 기대하며 해당 이론을 1/2보다 낮은 사후 확률 상태에서라도 채택 가능하기도 하다. 사실 과학 혁명기의 많은 새 이론들이 이 같은 과정을 밟아왔다.

---

41 이러한 예는 마허에게서 가져온 것이다(앞의 책, p. 95).

더군다나 동일한 증거에 대해 서로 경쟁하는 가설들이 단 두 가지만이 아니라 그 이상이라면 그중 어느 한 가설 h_1에 대해 그 부정 $\sim h_1$은 사실 $h_2 \lor h_3 \lor \cdots\cdots \lor h_n$에 해당하고, 이때 이와 같은 가설들이 서로 독립적이라면 가설 h_1에 대한 사후 확률은 근본적으로 1/2을 넘지 않을 것이다. 이것으로 본다면 베이즈주의적 방식으로는 궁극적으로 어떤 가설을 채택할 절대적 역치란 없는 것으로 보인다. 단지 의사 결정론적 관점에서 가설들 사이를 비교함으로써 상대적으로만 정해질 수 있을 따름이다.

이러한 베이즈주의에서와는 달리 빈도주의에서는 일견 가설 채택의 역치가 분명히 제시되는 것으로 보인다. 예컨대 5%나 1% 등의 유의 수준이 그러하다. 이것의 의미에 대해서는 10장과 15장에서 논했다. 요약하자면 확률적으로 그 수치는 어떤 가설 h에 대해 그것이 참임에도 불구하고 그것을 잘못 기각할 확률을 의미한다. 하지만 그것이 해당 가설을 기각하는 기준으로 쓰일 때라면 그것은 문제의 가설을 잘못 기각할 위험의 정도를 뜻한다. 그러므로 h를 기각할 확률이 해당 유의 수준보다 작다면 그와 같은 유의 수준이 작으면 작을수록 h를 잘못 기각할 위험성은 오히려 줄어든다. 따라서 유의 수준을 작게 하여 이 같은 위험성을 적게 한다는 것은 곧 문제의 가설을 우리가 그만큼 중요하게 취급한다는 것을 의미한다.

하지만 이러한 중요성에 대한 판단은 그 자체 어떤 논리적 귀결은 결코 아니다. 단지 논리 외적인 우리의 어떤 실천적 판단의 결과일 뿐이다. 10장 1)절의 사례에서 칠면조는 유의 수준 1%에서는 물론 5%에서도 '매일 아침 먹이를 먹게 된 것은 우연이다'라는 귀무 가설을 기각하기에 결코 충분하지 않았다. 이 경우 만일 그 칠면조가 지금의 가설을 자신에게 중요한 것으로 여기지 않는다면 그로서는 유의 수준을 더 크게 하여 그 가설이 기각되지 않도록 할 수 있을 것이다. 하지만 제시된 상황으로 보아 칠면조에게 그 가설은 목숨이 달린 매우 중요한 가설이다. 따라서 칠면조는 오히려 5%는커녕 1%의 유의 수준도 결코 만족스럽게 생각하지 않을 듯하다. 그러므로 빈도주의에서 역치로서의 유의 수준은 이 같은 의미로 결코 절대적일 수 없다. 그럼에도 만일 실천적 판단에 의해 유의 수준을 확정짓게 된다면 그것은 분명 하나의 역치로 작용할 수 있다. 빈도주의적 방식에서 흔히 사용하는 5%나 1%의 유의 수준은 이러한 의미로서의 역치다. 위에서 언급한 베이즈주의와는 다른 상황이다.

베이즈주의와 빈도주의에서의 각 방식이 역치 문제에서 이처럼 차이를 보이는 까닭은 다음과 같이 볼 수 있다. 베이즈주의적 방식에서는 증거와 가설 사이에서 베이즈 정리에 따른 사후 확률값 부여가 핵심인데, 이 경우 해당 가설의 사후 확률은 계속적으로 제시되는 증거와 사전 확률값의 변화에 따라 역시 **계속** 변화하기 마련이다. 그러므로 어느 시점에서 경쟁 가설과의 비교를 통한 상대적 채택 방식 이외에는 고정된 역치를 찾기 어렵다. 애친슈타인이 제시한 1/2의 역치 문제도 위에서 논한 대로 이 면에서는 예외가 아닌 것으로 보인다. 이와는 달리 빈도주의적 방식에서는 증거를 얻기 **이전에** 이미 해당 증거를 얻는 과정으로서 문제의 테스트가 지닌 엄격성의 정도를 유의 수준 자체가 규정해줄 수 있으므로 비록 그와 같은 유의 수준 제시가 실천적 판단에 의한 것이라 하더라도 일단 그러한 판단이 내려지기만 한다면 고정된 역치 제시가 가능하다. 달리 말해 우리의 실천적 기준으로 볼 때 '신뢰할 만하다'고 볼 수 있을 정도의 테스트 과정을 미리 설정해놓고, 제시되는 증거가 과연 그 과정을 통과하는지 여부를 보는 상황이므로, 그 '신뢰할 만하다'고 보는 정도가 별도로 고정되어 제시될 수 있다는 것이다.

3) 오래된 증거의 문제

베이즈주의와 빈도주의의 차이를 보여주는 또 다른 주요한 방법론적 문제는 '오래된 증거의 문제'다. 글리무어에 의해 처음 이 문제가 제기되었을 때,[42] 이는 베이즈주의의 난점을 지적하기 위한 것이었다. 예컨대 'e'라는 증거가 그것을 설명해줄 수 있는 가설 h가 제시되기 **이전에 이미 참으로 알려져 있는** 경우를 생각해보자. 이 경우 가설 h는 e를 논리적으로 함축하므로 그 우도가 $p(e/h)=1$일 뿐만 아니라, 그 증거의 확률 역시 1이 된다. 그렇다면 아래에서처럼 베이즈 정리를 사용해 얻는 h의 사후 확률은 문제의 증거 e에 의해 증가하지 않고, 따라서 같은 의미로 '오래된' 증거 e는 베이즈주의적 방식에서 제대로 된 증거의 역할을 하지 못하게 된다는 것이다.

$$P(h/e)=P(h)\times P(e/h)/P(e)=P(h)$$

이러한 사실이 난점이 되는 까닭은, 과학의 실제에서라면 실로 위와 같은 의미로 '오래된 증거'일지라도 그것은 해당 가설에 대해 훌륭하게 증거의 역할을 해내는 것으로 보이기 때문이다. 그 유명한 사례로 거론되고 있는 것이 수성의 근일점 이동이다. 여기서 말하는 '근일점(近日點)'이란 수성이 태양 둘레를 도는 궤도상에서 태양에 가장 가까이 다가가게 되는 지점을 말하는데, 이미 19세기 중반부터 그 지점이 변한다는 사실이 잘 알려져 있었다. 이러한 사실을 두고 뉴턴 역학에서는 그것을 제대로 설명할 수 없었다. 하지만 이후 제시된 아인슈타인의 일반 상대성 이론에서는 중력의

42 Glymour(1980).

장(field)에 의해 이것을 설명할 수 있었고, 이로써 수성의 근일점 이동은 아인슈타인의 이론과 관련해 비록 하나의 오래된 증거였지만, 그럼에도 그의 이론을 강하게 입증하는 데 부족함이 없는 하나의 사례로 인정받았다.

베이즈주의 진영에서 이와 같은 문제를 해결하는 전략은 여러 가지이나,[43] 그 궁극적인 귀결은 결국 문제의 증거가 나타내는 확률이 사실은 1이 아니라 1보다 작은 값임을 보여주는 것으로 보인다. 달리 말해 문제의 증거는 진정하게 '오래되었다'기보다 어느 의미로든 사실은 '새로운(new)' 증거일 수 있다는 것이다. 이것은 베이즈 정리를 사용해 증가된 사후 확률을 얻고자 하는 한 불가피한 귀결로 보인다.

이와는 달리 그러한 전략 없이도 빈도주의에서는 문제의 오래된 증거가 증거로서 제대로 작동할 수 있는 이유를 매우 자연스럽게 해명해준다. 예컨대 메이요가 든 다음과 같은 예를 보자.[44] 대학의 어느 한 과목을 신청해 수강하고 있는 학생들의 입학 성적에 관한 가설을 생각해보자. 학생들의 입학 성적에 관한 가설을 예컨대 해당 성적들의 평균으로 보면, 이때의 가설은 물론 이미 참으로 확인된 각 학생들의 성적(이는 증거 e에 해당)을 모두 합해 해당 학생들의 수로 나눈 값(예를 들어 1121점)으로 제시될 것이다(이를 가설 'h_{1121}'이라 해보자). 이 경우 가설 h_{1121}은 위에서 논한 대로 '오래된 증거'에서 나온 것이기는 하나, 그 가설은 그와 같은 증거에 의해 가장 엄격한 테스트를 통과한 것이다. 왜냐하면 이때는 만일 h_{1121}이 거짓이라면 어쩌면 또 다른 가설에 의해 그 e가 나타날 확률이 0이기 때문이다. 따라서 지금의 경우 그 엄격성의 정도는 $1-0=1$이다.

---

43 예컨대 Garber(1983); van Fraassen(1988). 또한 이에 대한 논의를 위해서는 여영서(2003) 참조.

44 Mayo(1996), p. 271. 여기서는 해당 사례를 우리의 실정에 맞게 다소 수정했다.

물론 이것은 매우 극단적 사례이나, 그 요점은 비록 오래된 증거라 할지라도 그것이 만일 어떤 가설에 관해 엄격한 테스트에 의해 제시될 수 있다면 하나의 증거로서 제대로 작동할 수 있다는 점이다. 수성의 근일점 이동에 관한 사례에도 이를 적용하면 다음과 같다. 메이요가 보기에[45] 이 사례에서 가장 주목할 바는, 근일점의 이동에 관해 아인슈타인의 이론은 그에 대한 설명이 가능했던 반면, 당시 유력한 뉴턴의 이론은 그러하지 못했다는 점이다. 사실은 만일 아인슈타인의 이론이 거짓이라면 수성의 근일점 이동에 관한 증거가 나타날 확률이 매우 낮음을 의미하고, 동시에 그때의 증거가 비록 오래된 것일지라도 엄격성의 정도가 상당히 높은 테스트의 증거였음을 보여준다. 그러므로 세간(世間)에서라면 어쩌면 1920년대에 아인슈타인의 이론에 따라 태양 근처를 지나는 별빛 선이 중력장에 의해 휘게 되리라는 예측이 멋지게 들어맞았다는 사실이 그 이론을 더욱 받아들일 만한 것으로 만들었을지 모른다. 그러나 과학사의 실상을 들여다보면[46] 그보다는 수성의 근일점 이동에 관해 아인슈타인 이론이 제대로 설명할 수 있었다는 사실이 그 이론을 받아들일 만한 더욱 강력한 근거가 되었다. 왜냐하면 후자와 달리 전자에서는 적어도 당시 아인슈타인의 이론 이외에 또 다른 가설들이 존재할 수 있는 가능성을 해당 증거가 배제할 수 있는지 여부가 아직 불분명했기 때문이다. 요컨대 당시에는 아인슈타인 이론이 거짓일 경우 별빛이 휜다는 사실에 관한 증거가 나타날 확률이 작은지의 여부가 아직 확인되지 않은 탓에, 해당 증거가 엄격한 테스트 결과라 보기 어려운 상황인 것이었다.

오래된 증거의 문제에 관해 빈도주의가 해당 증거를 어떤 의미로든 '새

45 앞의 책, p. 288.

46 예컨대 Brush(1989) 참조.

로운' 증거로 해석하려 시도하는 대신, 오래된 증거 그 자체로 인정할 수 있는 까닭은 무엇일까? 여기서는 그 증거가 오래되었는지의 여부가 문제가 아니라, 단지 그것이 엄격한 테스트 과정을 거친 증거인지가 중요하기 때문이다.

4) 여타의 문제

지금까지 우리는 주요한 세 가지 방법론적 문제에서 베이즈주의와 빈도주의의 답변을 검토해보았다. 그 결과 양자는 각각 상이한 답을 내놓은 것을 확인한 셈인데, 이는 궁극적으로 증거와 가설 사이의 관계에서 그것을 바라보는 측면 자체가 상이하기 때문이다. 이러한 상이함은 여타의 방법론적 문제들에서도 마찬가지로 나타난다.

12장에서 우리는 '전체 증거'의 문제를 거론했다. 이미 제시된 증거 e에 더해 만일 귀납적 지지의 정도에 영향을 미칠 수 있는 별도 지식이나 정보가 있다면 모두 함께 고려하지 않으면 안 된다는 것이었다. 하지만 베이즈주의와 빈도주의의 근본적 차이를 고려해본다면, 사실 이러한 전체 증거에 대한 요구는 베이즈주의에서만 문제 될 뿐 빈도주의에서는 문제 되지 않는다. 왜냐하면 후자에서는 엄격한 테스트상에서 증거 e가 말해주는 것이 무엇인지 살펴보는 것으로 충분하기 때문이다. 물론 후자에서는 앞서 말한 대로 정지 규칙을 분명하게 밝히는 일이 필요하나, 이와 같은 요구는 전체 증거를 요구하는 것과는 같지 않다. 왜냐하면 정지 규칙을 밝히는 일은 증거 e를 어떠한 의도에서 얻었는지를 밝히는 것이라면, 전체 증거에 대한 요구는 증거 e 이외에 (만일 그것이 필요하다면) 또 다른 필요 증거 e'를 제시하라는 것이기 때문이다.

여기서 살펴볼 또 다른 문제는 귀납적 가설의 투사 가능성이다. 굿먼이 처음 제기해 **굿먼의 새로운 귀납의 수수께끼**(Goodman's New Riddle of Induction) 또는 **굿먼의 역설**(Goodman's Paradox)이라고도 불리는 이 문제는, 그가 고안한 독특한 한 술어에 의해 귀납의 새로운 문제가 발생함을 보여준다.[47] 예컨대 보석의 한 종류인 에메랄드의 색깔과 관련해 '초랑색(grue)'이라는 술어를 다음과 같이 규정한다고 해보자. 만일 어떤 대상이 2050년까지는 초록색(green)이나 그 이후에는 파랑색(blue)을 띠는 경우, 그것은 '초랑색'이다. 이 경우 '모든 에메랄드는 초록색이다'라는 가설 h_1과, '모든 에메랄드는 초랑색이다'라는 가설 h_2를 서로 비교한다 해보자. 그리고 지금까지 우리가 관찰해 얻은 모든 에메랄드가 초록색인 것으로 확인되었고, 이를 증거 e라 해보자. 그렇다면 2050년 이전에 증거 e는 두 가설 모두를 동일한 정도로 입증하는 것으로 볼 수 있다. 하지만 2050년 이후라면 증거 e는 가설 h_1뿐만 아니라, 사실적으로 '모든 에메랄드는 파랑색이다'와 같은 가설(이를 가설 h_2'라 하자)을 동일하게 입증하는 것으로 보인다. 결국 동일한 증거가 서로 양립 불가능한 가설을 같은 정도로 입증하게 되는 역설에 빠지는 것이다. 이렇게 되면 지금까지 동일한 증거를 바탕으로 미래 어느 가설이 지시하는 방향에 맞추어 관찰 결과를 투사할 수 있을지 가늠하기 어렵게 된다.

이러한 문제에 관해 역시 베이즈주의적 관점에서 여러 방식으로 해결을 시도한 바 있다.[48] 12장 2)절에서 언급한 대로 카르납이 전제 증거의 요건을 강조한 까닭 중 하나도 이 같은 이유 때문이었다. 즉 그는 '2050년'과

---

47 Goodman(1965), ch. Ⅲ.

48 Elgin(1997 ed.) 참조.

같은, 시간에 관한 정보가 전체 증거의 하나로 빠짐없이 추가된다면 위와 같은 역설은 해결될 수 있으리라 본 것이다. 하지만 여기서도 이러한 시도의 타당성 여부와 관계없이 빈도주의에서라면 애초 지금의 방법론적 문제가 문제 되지 않는 이유가 있다.

빈도주의자 메이요에 따르면, 증거와 가설 사이의 관계에서 중요한 점은 해당 증거가 문제의 가설을 얼마만큼 엄격하게 테스트하는 과정에서 나온 것인지다. 이 점에서 본다면 에메랄드와 관련한 두 가설 h_1과 h_2는 증거 e에 의한 입증도에서는 서로 동일할지 모르나 테스트의 엄격성에서는 차이가 있다.[49] 즉 각각의 가설이 거짓일 때 그 가설에 반하는 관찰 결과가 나타날 빈도가 높으면 높을수록(그리하여 그와 같은 관찰 결과에서 증거 e가 나타날 확률이 작으면 작을수록) 그러한 관찰 결과를 낳는 테스트의 엄격성은 강하다고 할 수 있다. 그런데 이제 가설 h_1이 거짓일 때는 에메랄드 색깔이 초록색이 아니기만 하다면 언제든(즉 2050년 이전이든 이후든) 그것이 해당 가설에 반하는 결과가 될 수 있는 반면, 가설 h_2가 거짓일 때는 에메랄드의 색깔이 초록색이 아닐 경우뿐만 아니라 또한 파랑색이 아닌 경우여야 언제든 그것이 해당 가설에 반하는 결과가 될 수 있다. 달리 말해 전자가 후자에 비해 테스트의 엄격성이 좀 더 강한 것이다. 그러므로 입증도가 동일한 경우, 이 같은 엄격성을 기준으로 가설을 택한다면 가설 h_1을 택할 수밖에 없다.

베이즈주의적 방식과 빈도주의적 방식의 차이에서 이와 유사한 상황은 이른바 **까마귀의 역설**(Ravens Paradox)과 같은 방법론적 문제에서도 마

---

49 메이요는 Mayo(1996), ch. 6에서 지금과 같은 취지로 굿먼의 역설과 아래에서 언급할 까마귀의 역설이 해결될 수 있으리라 간략히 언급했으나, 그 구체적인 논의는 펼치지 않았다. 여기서는 앞서 소개한 그녀의 이론에 따라 그 구체적인 사례로써 논의를 전개한다.

찬가지로 나타난다. 헴펠에 의해 처음 명료하게 제시되어, **헴펠의 역설**(Hempel's Paradox)이라고도 불리는[50] 이 문제는 간략히 다음과 같다. 예컨대 2장 2)절에서 제시한 대로, 까마귀에 관한 귀납적 일반화 결과로서 다음과 같은 경험 법칙 *l*이 제시되었다고 해보자. 즉 '모든 까마귀는 검다'는 것이다. 이 법칙을 뒷받침하는 증거로서 우리는 보통 지금까지 발견된 많은 까마귀들이 검었다는 관찰 결과를 들 수 있을 것이다. 그런데 이와 같은 법칙 *l*을 만일 술어 논리적으로 기호화해 '$(x)(R_x \supset B_x)$'와 같이 나타내는 경우, 이는 대우(對偶) 관계에 의해 다음(*l'*)과 논리적 동치다. $(x)(\sim B_x \supset \sim R_x)$. 그렇다면 여기서 일견 역설적인 입증의 문제가 발생한다. 왜냐하면 만일 *l'*에 대해서라면, 예를 들어 '검지 않은 흰 손수건이 까마귀가 아니다'라는 사실 역시 증거로 사용될 수 있는데, 이와 같은 사실이 과연 그와 논리적 동치인 법칙 *l*을 제대로 지지하는 증거가 될 수 있는지는 매우 의문스럽기 때문이다.

이러한 역설에 관해서도 베이즈주의적 관점에서 여러 시도가 있어왔다.[51] 하지만 그 성공 여부와 관계없이 역시 빈도주의적 관점에서는 이것이 별 문제가 되지 않을 수 있다. 예컨대 법칙 *l*이 거짓인 경우, 그 법칙에 반하는 관찰 결과들은 '까마귀로서 검지 않은 것들'이 될 것이다. 반면 법칙 *l'*이 거짓인 경우, 그 법칙에 반하는 관찰 결과들은 '검지 않은 것으로서 까마귀인 것들'이 될 것이다. 그런데 우리가 아는 한 이 세상에는 까마귀보다 검지 않은 것들이 훨씬 더 많다. 그러므로 만일 법칙 *l*이 거짓이어서 실제 대부분의 까마귀들이 검지 않은 경우, 까마귀들 사이에 검지 않은 것을 발견하게 될 빈도는 검지 않은 것들 사이에 까마귀를 발견하게 될 빈도에 비

---

50 Hempel(1965/2011), 제1장 참조.

51 예컨대 Vranas(2004)와 그곳에서의 관련 문헌 참조.

해 훨씬 클 것이다. 곧 전자에서 테스트의 엄격성이 후자에서의 그것에 비해 훨씬 더 강한 것이다. 이러한 관점에서 본다면 우리는 두 법칙이 비록 논리적 동치라 할지라도 법칙 l을 택할 합리적인 근거를 갖게 된다.

'다양한 증거의 문제'에서도 빈도주의는 베이즈주의에 비해 훨씬 더 자연스럽게 그것을 처리할 수 있다. 예컨대 같은 까마귀 관찰 증거라 할지라도 그 증거가 어느 한 지역에서만 수집된 것이라면 그것은 여러 다양한 지역에서 수집된 증거에 비해 다양성이 훨씬 떨어지며, 이에 따라 전자는 후자에 비해 앞서의 가설 l을 지지하는 정도가 떨어질 것으로 예상된다. 하지만 베이즈주의에서라면 이와 같은 예상을 충분히 해명할 수 있을까. 베이즈주의에서 이에 대한 한 가지 대답은 증거들 사이의 유사성(similarity)에 의존하는 것이다. 즉 다양한 증거일수록 그 요소 증거들 사이의 유사성 정도가 낮아지는데, 이와 같은 관계를 이용한다면 아래와 같은 베이즈 정리의 변형에 의해 그 해명이 가능하다는 것이다.[52]

$$① \; P(h/E) = \frac{P(h)P(E/h)}{P(E)} = \frac{P(h)}{P(e_1)P(e_2/e_1)\cdots\cdots P(e_k/e_1e_2\cdots\cdots e_{k-1})}$$

여기서 E는 k개의 증거 집합 $\{e_1, e_2, \cdots\cdots, e_k\}$를 말하며, 이때 가설 h가 그 증거들을 논리적으로 함축한다고 가정하면 $P(E/h)=1$이다. 따라서 이로부터 6장 5)절의 식 ③에 의해 위와 같은 전개식을 얻을 수 있다. 지금의 경우 사후 확률 $P(h/E)$는 그 우변 식에서 해당 분모의 값, 즉 $P(e_1)\ P(e_2/e_1)\cdots\cdots P(e_k/e_1e_2\cdots\cdots e_{k-1})$의 값이 작아질수록 커지는데, 이 값이 작아진다

52 예컨대 Wayne(1995) 참조.

는 것은 곧 e_1, e_2, ……, e_k가 서로 그 유사성 정도가 낮아 이전의 증거가 새로운 증거를 지지하는 정도가 낮음을 의미한다. 하지만 이러한 관계는 근본적으로 요소 증거들 사이의 유사성 정도를 다음과 같이 정의하는 데 근거할 따름이다.

$$② \ S(e_1, e_2) =_{df} \frac{P(e_2/e_1)}{P(e_2)}$$

즉 증거 e_1이 이미 제시된 상태에서 증거 e_2의 확률이 단지 e_2만의 확률보다 크면 클수록 그 두 증거 e_1과 e_2 사이의 유사성은 크다고 할 수 있다는 것이다. 그러나 문제의 관계가 근본적으로 이와 같은 정의에 근거하는 한, 이처럼 정의를 내릴 수 있는 별도의 근거나 이유를 제시하지 않는다면 결국 순환 논리에 빠지게 된다. 물론 이것을 증거의 다양성에 관한 우리의 직관에 따른 것이라고 본다면 순환은 피할 수 있을지 모르나, 이러한 식의 대처는 다양한 증거가 그렇지 않은 증거에 비해 **왜** 더 좋은지의 문제에 대한 해명으로는 적합하지 않다.

이와 같은 어려움에 대한 한 가지 베이즈주의적인 답변은, 그 자체 여전히 만족스럽지 못한 부분을 안고 있기는 하나[53] 바로 그러한 '왜'의 물음에 대해 중요한 시사점을 던져주며, 지금의 문제에서 오히려 베이즈주의보다 빈도주의가 유리함을 보여준다. 그 새로운 답변의 핵심 아이디어란 '다양한 증거는 그렇지 못한 증거에 비해 경쟁 가설들을 좀 더 효과적으로 제거할 수 있다'는 것이다.[54] 달리 말해 전자는 후자에 비해 그를 둘러싼 경쟁

53 이러한 문제에 대한 좀 더 자세한 논의를 위해서는 천현득(2008); 전영삼(2011) 참조.

54 예컨대 Horwich(1982), p. 118 참조.

가설들의 범위를 좁힐 수 있는 능력이 더 뛰어나다는 것이다. 베이즈주의에서는 이런 관계를 우도를 이용해 보여주지만, 여기서는 이 자체가 중요한 것은 아니므로 상세한 논의는 더 이상 필요 없을 듯하다. 다만 그것의 성공 여부와는 무관하게 여기서도 역시 빈도주의에서는 이를 다음과 같이 쉽사리 해명할 수 있는 길이 열려 있다. 곧 다양한 증거일수록 그와 관련한 가설을 테스트하는 엄격성의 정도를 높여줄 수 있다는 것이다. 해당 가설이 거짓인 경우, 그러한 증거가 문제의 가설에 반할 빈도는 더욱 높아지기 때문이다. 예컨대 만일 '모든 까마귀는 검다'는 가설이 거짓이라면, 우리나라의 까마귀만을 관찰할 때보다 세계 여러 지역 까마귀를 관찰할 때 해당 가설에 반하는 결과를 얻을 확률이 더욱 높아질 것이다.

가설의 단순성 문제 역시 베이즈주의와 빈도주의 모두에서 관심을 가질 수 있는 문제이나, 이에 대한 답 역시 전자보다 후자에서 자연스럽다. 물론 어떤 가설이 진정으로 단순한 가설인지에 답하기란 매우 어렵다. 동일한 가설일지라도 그것을 어느 면에서 바라보는지에 따라 그 단순성 정도가 달라질 수 있기 때문이다.[55] 여기서는 이 문제가 초점이 아니므로 몇 가지 사례로써 가설의 단순성 문제에 대한 베이즈주의와 빈도주의의 근본적 차이점을 밝혀보자.

8장 3)절에서 에슬러는 힌티카가 좀 더 높은 확률을 부여한 보편 가설은 사실상 상대적으로 단순한 가설임을 지적했다. 이 같은 지적에 대해 힌티카 자신은 또 다른 관점에서 그처럼 확률을 부여할 수 있는 것으로 주장하지만, 에슬러는 베이즈주의적 방식에서 어떤 가설의 단순성을 어떻게 보는지 한 가지 예증을 하는 것으로 볼 수도 있다. 에슬러가 볼 때 지금까지

55 12장 2)절 각주 7 참조.

제시된 증거 중에 나타난 속성들만 미래에도 나타날 것이라 주장하는 보편 가설이야말로 그렇지 않은 보편 가설, 즉 그 이상의 또 다른 속성에 대해서까지 언급하는 보편 가설에 비해 단순하며, 이에 관해서는 물론 베이즈주의적 확률로써 후자에 비해 전자에 높은 확률을 부여할 수 있다는 것이다. 이것은 물론 출발 지점은 다르나 앞서 고려한 귀납적 가설의 투사 가능성 문제와 놀라운 유사성을 갖는다. 예컨대 '2050년'이라는 시점을 '지금' 시점으로 바꾼다면 지금까지 관찰된 속성과는 다른 속성이 지금 이후 미래에 새로이 가설에서 언급된다는 점이 유사한 것이다. 다만 투사 가능성 문제의 사례에서는 미래에 관찰될 속성이 지금까지와는 다른 속성일 뿐이었으나, 힌티카의 사례에서는 미래에 관찰될 속성에 지금까지 관찰된 속성을 포함해 다른 여러 속성들이 함께 고려되고 있다. 하지만 이 같은 차이는 가설의 단순성 문제에 관한 베이즈주의와 빈도주의의 차이를 보여주는 데 큰 문제를 야기하지 않는다. 중요한 점은 미래에 관찰될 속성으로 고려되는 것들이 지금까지 관찰된 속성에 비해 다양하면 다양할수록 그렇지 않은 가설에 비해 덜 단순하며, 바로 이러한 때 후자에 비해 전자에 대해 더욱 엄격한 테스트가 가능하다는 점이다. 빈도주의에서는 단순한 가설을 선호하는 이유를 이 점에서 찾을 수 있으며, 그 근거는 가설의 투사 가능성에 관한 앞서의 근거와 마찬가지다.

이상의 논의로 볼 때, 귀납의 방법론적 문제들에 관해 베이즈주의와 빈도주의 각각이 나름대로 원천적으로 답을 줄 수 없는 것은 아님을 알았다.[56] 그러나 분명한 점은 그 대처 방식이 근본적으로 다르며, 이에 따라

---

56 빈도주의, 특히 메이요의 그것에 대해 좀 더 최근에 이어지는, 베이즈주의의 도전과 그에 대한 응답은 Mayo and Spanos(2010 eds.)에서 볼 수 있다.

그 **대처의 용이함**에도 차이가 날 수 있다는 점이다. 나는 두 방식에서 이처럼 되는 까닭은, 귀납의 상황을 두고 **그것을 바라보는 측면**에서 양자가 서로 다르기 때문이라고 생각한다. 하지만 그 서로 다른 측면은 정확히 무엇이며, 그래서 그 양자가 우리의 근본 문제인 귀납적 비약에 대해 말해주는 것은 무엇일까? 이에 관해서는 이어지는 제4부에서 본격적으로 다루어보기로 한다.

4

귀납적 비약의 순간

제2부와 제3부를 통해 우리는 하나의 귀납 논증에서 그 전제와 결론 사이의 이른바 '귀납적 지지의 정도'를 어떻게 측정하는지, 또한 그것을 바탕으로 귀납 논증의 결론에 해당하는 가설을 어떻게 채택할 수 있는지 살펴보았다. 그 결과 두 문제에 대한 답은 근원적으로 베이즈주의적 방식과 빈도주의적 방식에 의해 갈릴 수 있음을 알았다. 그렇다면 그와 같은 두 방식은 우리의 근본 문제인 귀납적 비약과 관련해 서로 충돌하는 것일까, 보완하는 것일까? 만일 충돌하는 것이라면 우리는 어느 것을 선택해야 할까? 만일 서로 보완하는 것이라면 그것은 단지 편의적인 것일까, 아니면 필연적인 것일까? 최종적으로 이러한 문제에 답할 수 있다면 우리는 진정 '귀납적 비약의 순간'에 이를 수 있는 조건들을 말할 수 있을 것이다. 제4부에서는 이와 같은 답을 찾으려는 시도를 펼치고, 그로부터 얻은 성과를 종합해 문제의 조건들을 제시한다. 그러한 조건들의 목록이야말로 '귀납, 우리는 언제 비약할 수 있는가?' 라는 물음에 대해 '우리는 이러한 때 비약할 수 있다!' 라는 답이 될 것이다. 우리의 이 같은 결론에도 불구하고 귀납적 비약에 관해 회의하고 부정하는 매우 강력한 반론들이 존재해왔다. 지금까지 우리는 문제의 조건들을 찾는 데 치중했기에 반론들에 대해 제대로 고려하지 못했다. 하지만 우리가 제시한 조건들이 유효하기 위해서는 근본적으로 이러한 반론에 적절히 대답하지 않을 수 없을 것이다. 지금까지 귀납적 비약에 대해 가장 강력한 반론자로 여겨지는 흄과 포퍼의 견해에 답을 함으로써 우리가 얻은 결론을 완결해보기로 한다.

18장

귀납적 상황에서 두 가지 학습의 길

귀납적 상황에 접근하는 방식이 크게 베이즈주의적인 것과 빈도주의적인 것으로 나누어진다고 할 때, 그 차이를 보는 방식은 여러 가지일 수 있다. 예컨대 우리는 앞서 베이즈주의에서라면 증거를 기반으로 가설에 대해 확률을 부여하는 반면, 빈도주의에서는 제시된 가설을 테스트하는 과정에서 해당 증거가 나타날 확률을 고려한다는 식으로 양자의 차이를 설명했다. 하지만 근본적으로 양자는 왜 이러한 차이를 보이는 것일까. 이 장에서는 귀납적 상황에서 우리가 경험으로부터 무엇을 배우는 학습의 길에 두 가지가 가능함을 보임으로써 그에 답한다. 이러한 답은 문제의 두 접근 방식이 근본적으로 서로 충돌하기보다 각기 다른 측면에서 필요하며 양립 가능함을 보여준다.

1) 경험 학습의 원리

6장과 7장에 걸쳐 제프리스와 카르납이 '경험 학습의 원리'를 말할 때 그 핵심은, 우리는 어떤 가설에 대한 신념을 갖고자 할 때 경험에서 무엇을 배울 수 있다는 것이다. 이때의 '경험'은 물론 구체적인 경험적 증거를 뜻한다. 하지만 '우리가 경험에서 배운다'는 것은 정확히 어떤 의미일까. 달리 말해 '경험이 우리에게 가르쳐주는 것'은 정확히 무엇일까. 그것은 그 경험적 증거를 이루는 대상들 각각이 문제의 가설에 부합한다(fit with)는 사실이다. 여기서 '부합한다'는 말은 그 대상 각각이 문제의 가설에서 말하는 대상과 동일한 종류이며, 그 각각이 문제의 가설에서 말하는 속성을 지닌다는 의미다. 예컨대 '모든 까마귀는 검다'라거나 '내일 관찰하게 될 까마귀는 검다'라는 가설에 대해 지금까지 우리의 경험적 증거를 이루는 대상 각각은 까마귀라는 종류로서 동일하며, 검은색이라는 속성을 지니고 있다. 이러한 때 문제의 가설을 믿는 사람의 관점에서 보자면 그것은 각각 하나의 **성공**(success)인 셈이다.

물론 이러한 성공은 많은 경우 일정한 비율의 형태로 제시된다. 예컨대 검은색과 흰색 공들이 들어 있는 단지 전체에서 검은색 공의 비율을 말하는 가설에 대해서라면, 그 단지로부터 무작위 복원 추출한 표본 내에서 그 가설에서 말하는 비율이나 (일정한 조건에 따라) 그와 가까운 비율의 검은색 공이 발견되었다면 그 역시 '성공'인 셈이다. 이러한 의미의 성공은 9장에서 말한 베이즈주의적 논의에서 흔히 볼 수 있는 것들이다. 사실 바로 위에서 예시한 까마귀의 색깔에 관한 '성공'의 경우, 그것은 비율 1이 되는 매우 특수한 경우이므로 좀 더 일반적으로는 지금 언급하는 비율로서의 성공을 의미하는 것으로 볼 수 있을 듯하다.

귀납적 상황에서 '경험에서 배운다'고 할 때, 이처럼 성공의 관점에서 그 학습 효과를 기대한다면 그 효과의 정도를 표현하기 가장 좋은 수학적 도구 가운데 하나는 케인스, 제프리스, 카르납 식의 논리적 확률이거나, 아니면 베이즈주의 식의 주관적 확률이다. 왜냐하면 만일 위의 의미로 어떤 경험의 결과 '성공'이 아닌 '실패'를 맞이할지라도 일단 **성공에서 배운 바를 중시하는** 사람들은 그 학습 결과를 바로 폐기하기보다 그 폐기에 어느 정도 유보적 관점을 취할 것이며, 이러한 관점을 수학적으로 잘 보여주는 것이 위의 확률들이기 때문이다.

이 같은 의미의 확률은 물론 높을수록 좋다. 경험적 증거에 나타난 성공에서 배운다는 관점에 서면 그때의 귀납 논증은 8장 1)절에서 말한 대로 근본적으로 '위험을 안고 있는 논증'이다. 즉 증거의 내용을 넘어선 내용을 지닌 가설이 제시된다면 계속되는 경험적 증거에서 성공의 결과를 얻지 못할 가능성은 늘 열려 있기 마련이다. 그렇게 된다면 그러한 가능성은 적으면 적을수록 좋으며, 이것은 위에서 말한 의미의 확률이 크면 클수록 좋다는 의미이기 때문이다. 하지만 이러한 확률은 어느 때 커질 수 있을까?

가장 근원적으로는 가설 내용이 전제 내용에서 크게 벗어나지 않을수록 그 확률은 커지기 마련이다. 사실상 카르납이 그림 4와 같이 상태 기술들의 집합 사이의 포함 관계를 통해 보여주고자 한 것이 이것이다. 그렇다면 좀 더 구체적으로 어떤 가설이 내용 면에서 그 증거의 내용에서 크게 벗어나지 않을까?

먼저 가설에서 문제 삼는 대상들이 증거에서 확인된 대상들보다 더 많지 않을수록 그러하다. 상대적으로 말해 만일 가설에서 문제 삼는 대상들의 수가 고정되어 있다고 가정하면 증거에서 확인된 대상들의 수가 많을수록 그러하다. 또 다른 경우로는 가설에서 문제 삼는 속성들의 종류가 증거에 나타난 그것들의 종류보다 적을수록 그러하다. 사실상 케인스에서 카르납에 이르기까지 전자를 고려하며, 힌티카는 후자를 고려하는 셈이다. 특히 속성과 관련한 두 번째 경우에는, 문제의 조건이 충족된다는 가정 아래, 만일 가능한 모든 속성들이 미리 알려져 있다면 경험적 증거 중 실제 나타난 속성들이 많으면 많을수록 해당 확률이 높아진다. 왜냐하면 나타날 가능성이 있는 모든 속성들 가운데 이미 많은 것들이 실제 나타났고, 또한 그것이 가설에 반영되어 있다면 아직 나타나지 않은 속성들이 나타날 가능성은 그만큼 줄어들기 때문이다. 따라서 가설에서 말하는 속성 이외의 속성이 새로 나타날 가능성은 줄어들게 된다. 이것을 고려한 것이 카르납의 '상대적 술어폭'이었다.

이러한 면에서 보자면 16장 2)절에서 언급한 대로 베이즈주의자들이 가설 채택에서 위험 회피적 성향을 띠게 된다는 사실 역시 자연스럽게 이해 가능하다. 결국 방금 언급한 조건들이 충분히 충족되지 않는 한 위험을 안게 되는 정도는 그만큼 커지므로, 베이즈주의자들에게 예컨대 금전으로 제시되는 효용에서 그 실제 효용은 표면적 금액보다 언제나 저평가되기 마련이다. 그러므로 이 같은 위험 회피 성향에서 보자면 가설 채택에서의 관건은 문제의 확률을 높이는 일이다. 하지만 얼마만큼 높여야 할까.

앞서 애친슈타인은 그 확률이 1/2보다 커야 한다는 기준을 제시했으나 17장 2)절 논의를 통해 우리는 그것을 필요 조건으로 받아들이기 어렵다는 사실을 알았다. 그럼에도 그러한 논의는 베이즈주의에서 가설 채택 시 대조적 관점이 중요함을 잘 드러내준다. 사실상 애친슈타인이 1/2이라는 역치를 제시했을 때도 그것은 문제의 가설 h와 그와 대립하는 가설 $\sim h$와의 비교를 통해서였다. 이 점은 베이즈주의자들이 베이즈 정리를 통해 가설을 평가할 경우에도 근본적으로 견지한 점이다. 다만 애친슈타인의 그러한 역치가 유지될 수 없는 것이라면 우리는 베이즈주의에서 가설 채택은 궁극적으로 문제의 가설에 대한 확률을 그와 경쟁하는 또 다른 가설의 확률과 상대적으로 비교함으로써만 이루어질 수 있다고 결론 내렸다.

2) 오류로부터의 학습

앞의 논의를 통해 우리는 귀납적 상황에서 베이즈주의는 근본적으로 **성공으로부터의 학습**(learning from success) 가능성에 주목해 그 이론들을 전개했음을 알았다. 하지만 동일한 귀납적 상황일지라도 배울 수 있는 방법이 오직 그것에만 한정되는 것은 결코 아니다. **오류로부터의 학습**(learning from error) 가능성도 열려 있기 때문이다. 사실상 메이요와 같은 이가 엄격한 테스트에 관한 자신의 이론이 바로 그러한 학습에 관한 것임을 명시했듯,[1] 이러한 학습의 측면은 바로 빈도주의에서 주목한다.

오류로부터 배우기 위해서는 먼저 오류의 대상이 있어야만 한다. 빈도주의에서 그것은 바로 가설이다. 더불어 그것이 오류임을 밝혀줄 수 있는 그 무엇도 필요하다. 빈도주의에서 그것은 경험적 증거다. 물론 이것이 오류임을 밝혀줄 수 있는 그 무엇이 되기 위해서는 증거 그 자체가 오류가 없거나, 있다 할지라도 그것을 어떻게 처리할 것인지에 관한 합의가 있어야 한다. 다만 이와 같은 인식적 문제는 이 책의 목적상 범위를 벗어나는 것이므로 여기서는 다루지 않는다.[2] 그렇다면 이제 이러한 조건에서 '오류

1 Mayo(1996), ch. 1 참조.

2 11장 3)절 각주 86에서 소개한 '제프리의 조건화'는 베이즈주의에서 지금과 같은 문제를 고려하기 위한 이론으로 볼 수 있다. 빈도주의에서 이 같은 문제는 이른바 '실험 오차

로부터 배운다'는 것은 무슨 의미일까.

예컨대 우리의 칠면조 예를 다시 떠올려보자. 지금까지 아침마다 먹이가 제공되었다는 사실에 근거해 그러므로 '모든 날 아침에 먹이가 제공될 것이다'라는 가설을 취한 경우, 결과적 이야기지만 크리스마스이브에 죽임을 당한 것으로 보아 문제의 가설은 거짓이다. 따라서 문제의 가설이 거짓임에도 불구하고 칠면조가 그 가설을 채택한다면 오류를 범하게 될 것이다. 그러나 이때 칠면조에게 필요한 것은 결과적으로 자신이 오류를 범했다는 사실을 뒤늦게 알게 되는 것이 아니라, **그 이전에 미리** 자신이 오류를 범할 수도 있음을 아는 일이다. 하지만 어떻게 그럴 수 있을까?

빈도주의자들은 이때 가설들의 표본 분포를 고려한다. 먼저 그 칠면조는 자신이 처한 것이 하나의 귀납적 상황임을 인식할 필요가 있다. 즉 지금까지 아침마다 먹이가 제공되었다는 사실에 관한 전제로부터, 그래서 미래에도 언제나 그러하리라는 결론이 필연적으로 참일 수는 없다는 인식이다. 그렇다면 칠면조로서는 아침마다 먹이를 먹게 되는 상대 빈도를 1로 보기보다 그보다 낮은 0.2나 0.8 등으로 보아야 할 것이다(만일 아침마다 먹이가 제공되는 것이 단지 우연일 뿐이라면 어쩌면 그 빈도를 0.5로 볼 수 있을지도 모른다). 그리하여 칠면조가 (매우 절망적으로) 예컨대 '아침마다 먹이를 먹게 되는 상대 빈도는 0.2다'라는 가설 $h_{0.2}$를 취하게 되었다고 해보자. 이 경우 이와 같은 가설로부터 고려할 수 있는 표본 분포는 10장 2)절에서 이미 제시한 표 3의 식으로 보여줄 수 있다. 이때 그 대립 가설 역시 유사하게 $h_{0.8}$로 잡고 유의 수준 α를 0.05로 잡는 경우, 칠면조가 여덟 번의 아침에서 모두 다섯 번 이상 먹이를 먹게 된다면 가설 $h_{0.2}$를 기각하고 가설 $h_{0.8}$을 채택할

(experimental error)'라는 이름 아래 다룬다. 이와 관련해서는 예컨대 Taylor(1997) 참조.

수 있게 된다.

만일 처음의 가설 $h_{0.2}$가 사실상 참임에도 불구하고 그것을 기각하게 된다면 오류가 발생한다. 하지만 그와 같은 오류를 범할 확률은 0.05로 매우 작다. 그러므로 여덟 번의 아침에서 모두 다섯 번 이상 먹이를 먹게 되었다는 경험적 증거 e로부터 가설 $h_{0.2}$를 기각하고 가설 $h_{0.8}$를 채택하는 일은, 그때 범할 수 있는 오류의 확률이 매우 작다는 것을 우리가 알고 있다는 데 근거한다.

이것을 테스트의 관점에서 다시 보자면, 만일 $h_{0.8}$이 거짓이라면 그 가설과 부합하게 여덟 번의 아침에서 모두 다섯 번 이상 먹이를 먹게 되었다는 경험적 증거 e가 나타날 확률은 0.05로 매우 작다. 달리 말해 만일 $h_{0.8}$이 거짓이라면 $1-0.05=0.95=95\%$의 경우에서 그 가설에 반하는 경험적 결과가 나와야만 하나, 실제로는 증거 e가 나타났다는 것이다. 이것은 그와 같은 경험적 증거를 얻는 과정이나 절차 자체가 상당히 '엄격함'을 뜻한다. 따라서 이처럼 엄격한 테스트 시행 결과 가설 $h_{0.2}$를 기각하고 가설 $h_{0.8}$을 채택할 수 있었다면 이것은 처음에 가설 $h_{0.2}$를 세운 것이 잘못(fault)임을 알고, 그로써 가설 $h_{0.8}$을 채택하는 데 일정한 범위 내에서 오류가 없음을 뜻한다. 만일 그와 같은 테스트 결과 가설 $h_{0.2}$를 기각할 수 없었다면 역시 그것을 채택하는 데 일정한 범위 내에서 오류가 없음을 뜻한다. 이것이 '오류로부터의 학습'이다.

16장 2)절에서 논한 대로 빈도주의적 행위자가 위험 수용적이라는 사실도 이와 같은 '오류로부터의 학습'이라는 측면에서 새로이 해명할 수 있다. 만일 오류로부터 학습하기를 원하는 어떤 빈도주의적 행위자가 있다면, 그는 가능한 한 위의 사례에서 보여준 잘못을 범할 수 있는 방식으로 가설을 제시해야만 제대로 배울 수 있을 것이다. 그렇다고 물론 잘못 그 자체를 지향할 수는 없다. 달리 말해 무조건 잘못을 범할 수 있는 가설을 제시해서는 안 된다는 의미다. 이러한 식의 가설 제시는 무의미한 일이다. 이때의 핵심은 가능한 한 잘못을 범할 수 있는 방식이되 동시에 그때의 오류 확률이 매우 낮도록 가설을 제시해야만 한다는 점이다. 이것을 가능하게 하는 것이 메이요 식의 '엄격한' 테스트다.

만일 위에서 말한 가설 $h_{0.2}$와 $h_{0.8}$에 관한 것이라면 칠면조가 예컨대 크리스마스이브 전 3일 동안 아침 먹이만 확인해서는 엄격한 테스트가 될 수 없다. 적어도 8일 동안 아침 먹이를 확인해야 할 것이다.

이상과 같은 의미로 '엄격한 테스트' 요건만 갖추어진다면 귀납적 상황에서 어떤 가설을 제시하는 데 빈도주의적 행위자는 자신의 가설이 내용적으로 증거 내용을 크게 벗어난다 할지라도 그 자체로 염려할 필요는 없다. 오히려 엄격한 테스트를 거쳐 그 가설이 잘못임을 알게 될 때 새로이 배워 잘못된 것으로 여겨지지 않는 또 다른 가설로 나아갈 수 있다. 이 점은 앞에서 '성공으로부터의 학습' 방식을 택한 베이즈주의와는 핵심적으로 다르다.

3) 두 가지 학습의 길

만일 귀납적 상황에서 우리가 앞서와 같이 성공이나 오류 두 가지 길을 통해 학습할 수 있다면, 언뜻 그 결과는 애초 서로 양립 가능할 것으로 보인다. 서로 다른 길을 통해 얻는 결과라면 그 결과 자체가 자연히 서로 다르다고 생각할 수 있기 때문이다. 하지만 문제는 그처럼 간단하지 않다. 예컨대 동일한 경험적 증거, 동일한 가설이 제공될 경우, 그것에 대해 성공으로부터의 학습 관점에서 보는지, 아니면 오류로부터의 학습 관점에서 보는지에 따라 그 평가 결과는 달라질 수 있기 때문이다. 이 중 어떤 관점에 서는지에 따라 우리는 이미 평가자의 자세가 위험 회피적인지, 아니면 위험 수용적인지 여부가 달라짐을 알고 있다. 그러므로 문제의 가설을 채택할 것인지의 여부도 달라질 수 있다. 만일 이렇게 된다면 동일한 증거, 동일한 가설을 놓고 어떤 학습 결과를 중시하는지에 따라 의견 충돌이 불가피하다. 실로 이 같은 충돌을 보여주는 대표적인 사례가 17장 1)절에서 소개한 린들리의 역설 상황이다.

앞서 소개한 가설 $h_{0.2}$를 우리가 관심을 두고 있는 가설이라고 해보자. 17장 1)절에서 문제 삼았듯, 이 경우 만일 선택적 정지 규칙을 택한다면 크기 8의 표본에서나 크기 10의 표본에서나 검은색 공이 다섯 개 이상이기만 하다면 빈도주의에서는 문제의 가설을 기각할 수 있다고 본다. 하지만 이 경우 각 표본 내 검은색 공의 비율은 표본의 크기가 커질수록 모집단 내 검은색 공의 비율인 0.2에 가까이 다가가게 된다. 그러므로 베이즈주의적 관점에서 보자면 오히려 가설 $h_{0.2}$를 채택해야만 할 것으로 보인다. 따라서 동일한 증거, 동일한 가설을 놓고 우리가 무엇으로부터 학습했는지에 따라 그 결과가 달라지게 되는 것이다.

하지만 이미 지적한 대로 빈도주의자들은 '실제의' 또는 '총체적' 유의 수준을 고려한다면 이때 문제의 가설은 기각할 필요가 없다고 대응한 바 있다. 이러한 사실은 지금 우리에게 매우 중요한 시사점을 준다. 왜냐하면 단순히 일차적으로 보면 동일한 귀납적 상황에서 베이즈주의와 빈도주의가 서로 충돌하는 듯하나, 결과적으로는 베이즈주의에서 정당하게 보이는 것을 빈도주의에서도 정당하게 수용할 수 있는 여지가 있음을 지금 사례가 잘 보여주기 때문이다.

마찬가지 관점으로 볼 때, 역으로 빈도주의에서 정당하게 보이는 것을 베이즈주의에서도 정당하게 수용할 수 있을 법한 사례가 존재한다. 역시 17장 1)절에서 정지 규칙과 관련해 보인 대로 베이즈주의에서는 정지 규칙이 행위자의 '의도'를 반영하기에 주관적이라 지적하며, 그와 같은 정지 규칙에 영향을 받는 빈도주의적 방법을 비판한다. 하지만 빈도주의 관점에서 보자면 행위자의 그러한 의도는 문제의 증거를 얻기까지 행하는 표본 추출 과정에 영향을 미친다. 바로 그와 같은 영향이 결국 가설 테스트상의 오류에까지 영향을 미칠 수밖에 없다. 그러므로 빈도주의에 따르면 정지 규칙에 대한 고려는 주관적인 사항이기보다 오히려 올바른 가설 평가를 위한 객관적인 사항이 된다.

물론 정지 규칙 가운데에는 매우 주관적으로 보이는 것들이 없지 않다. 예컨대 증거를 얻는 과정에서 관찰자나 실험자가 점심 식사를 하기 위해 임의로 활동을 중단한다면 이는 매우 자의적이라 볼 수 있다. 하지만 빈도주의에서 정지 규칙의 중요성을 강조한다 할지라도 내가 아는 한 이러한 식의 정지 규칙마저 고려해야 한다는 생각을 가진 사람은 거의 없다. 반대로 아무리 베이즈주의자라도 17장 1)절에서 보인 사례와 같은 표본 추출상의 중대한 차이에 눈을 감기는 어려울 것이다. 사실상 정지 규칙을 둘러싸고 베이즈주의자가 빈도주의를 비판할 경우 대개 위에서와 같은 매우 자의적 사례를 들기도 한다.[3] 물론 어느 경우가 자의적이며, 어느 경우가 그렇지 않은지 그 명확한 기준을 정하기란 쉽지 않다. 그럼에도 빈도주의에서 베이즈주의의 정당한 면을 수용할 수 있듯, 베이즈주의에서도 역시 빈도주의의 정당할 면을 수용할 여지는 얼마든지 있다고 생각한다.

물론 위와 같은 두 사례가 처음에 충돌하는 것으로 보이는 베이즈주의

3 예컨대 Howson and Urbach(2006), pp. 158, 250 참조.

와 빈도주의적 판단이 결국 서로 수용하는 방향으로 나아가리라는 일반적 희망을 보장하는 것은 결코 아니다. 그럼에도 이러한 상황이, 동일한 귀납적 상황에서 서로 다른 두 가지 학습의 길이 가능하며, **각자의 길에서 정당하게 내리는 판단**을 다른 쪽에서도 수용할 수 있다는 가능성까지 원천 봉쇄하는 것도 결코 아니다. 그 같은 가능성이 실제 어떻게 구현될지는 위의 사례들처럼 앞으로 베이즈주의와 빈도주의가 적용되는 구체적 상황에서 각기 다양하게 나타나겠지만, 가장 원론적으로는 다음과 같이 말할 수 있다.

우선 제시된 가설을 평가하기 위해 증거를 수집하는 과정은 빈도주의적 접근 방식이 정당하게 적용될 수 있는 영역이다. 17장 1)절에서 살펴본 대로, 결과적으로 동일하게 놓인 증거라 할지라도 그것이 수집되는 과정이 상이하다면 그것은 동일한 증거의 효력을 갖는다고 보기 어렵다. 물론 이 같은 영역에 대해 베이즈주의적 접근 방식으로 처리하려는 시도가 없었던 것은 아니다. 하지만 아직까지 그러한 시도는 대부분 불만족스러우며, 과연 그러한 시도 자체가 가능한 것인지에 대한 근본적 의구심도 없지 않다.[4] 제시된 가설 채택에 문제가 없으려면 적어도 문제의 가설을 평가하는데 사용하는 증거 수집 과정 자체가 신뢰할 만해야 하며, 이를 위해서는 빈도주의에서의 '오류' 개념이 적절한 역할을 할 수 있다. 요컨대 해당 가설을 기각하거나 채택하면서 오류가 적도록 증거 수집 과정을 마련해야만 한다는 것이다. 이 과정이야말로 앞에서 말한 '오류로부터의 학습'을 가능하게 한다.

이처럼 위에서 말한 과정이 제대로 충족된다면, 이제 우리는 그 과정에서 결과가 되는 증거에 의해 해당 가설을 기각하거나 기각할 수 없는 두

---

4 이러한 의구심에 관해서는 전영삼(2011) 참조.

경우에 이르게 된다. 먼저 기각이 되지 않는 경우부터 고려해보자. 이처럼 기각이 되지 않았더라도 그로써 곧 문제의 증거로부터 우리가 배울 수 있는 모든 것이 끝난 것은 아니다. 17장 1)절의 '린들리 역설'과 관련한 사례에서 잘 드러났듯, '실제의' 또는 '총체적' 유의 수준에서 문제의 가설이 거듭 기각되지 않는다면 그때 나타나는 증거들은 해당 가설에 대해 새로운 정보를 줄 수 있다. 즉 그 증거들은 해당 가설을 더욱 잘 지지하는 것으로 볼 수 있다. 이것이 '성공으로부터의 학습' 과정이다.

사실상 귀납적 상황에서 어떤 증거에 의해 문제의 가설이 기각되지 않았더라도 그것이 곧 증거에 의한 가설 증명을 뜻하는 것은 결코 아니다. 단지 해당 증거가 빈도주의적 의미로 '오류'를 범하지 않으리라 여길 만한 일정 범위 내에서 문제의 가설을 기각할 만하지 못했음을 뜻할 뿐이다. 그러므로 이 상황에서 문제의 가설에 대한 신뢰도를 높이기 위해서는 거듭 증거 수집을 할 필요가 있고, 만일 그러한 상황에서도 매번 기각이 되지 않는다면 이때는 베이즈주의 식 접근 방법을 동원해야 할 것이다.

한편 문제의 가설에 대해 기각을 한 경우라면 어떨까. 이 경우라면 일단 오류로부터의 학습이 크게 된 셈이나, 그렇더라도 성공으로부터의 학습이 되지 않는 것도 결코 아니다. 왜냐하면 문제의 가설이 기각될 때, 그것과 대립되는 가설이 새로이 채택될 수 있으며, 이때 그 대립 가설에 대해 다시금 위에서 말한 성공으로서의 학습 과정이 뒤따를 수 있기 때문이다.

동일한 귀납적 상황에서 가능한 이 같은 두 갈래 길은 단순히 어느 주의냐에 따라 갈릴 수 있는 문제가 아니다. 왜냐하면 문제의 귀납적 상황에서 제대로 신뢰할 만한 가설을 채택하기 위해서는 다음 두 가지 사항을 함께 고려해야만 하기 때문이다. 첫째, 해당 가설이 제시된 증거와 제대로 부합되는지의 여부. 둘째, 해당 가설과 대립하는 대안과 경쟁 가설 역시 제시된 증거와 부합하는지의 여부다. 전자에 대해서는 긍정적 답이 나와야 하고, 후자에 대해서는 부정적 답이 나와야 한다. 후자의 경우, 만일 대안 가설 역시 제시된 증거와 부합한다면 비록 전자에서 긍정적이라 할지라도 우리가 관심을 두고 있는 가설에 대한 신뢰도는 떨어질 수밖에 없다.

바로 후자를 위해 '오류로부터의 학습'이라는 길이 필수적이다. 비교되고 있는 가설들에 대해 엄격한 테스트를 하면 할수록 후자의 문제에서 좀 더 믿을 만한 답이 제시될 것이기 때문이다. 동시에 전자를 위해 '성공으로부터의 학습'이라는 길이 필수적이다. 일단 제시된 증거가 문제의 가설과 부합한다 할지라도 여러 요소에 의해 그 부합의 정도는 달라질 수 있다. 이 경우 근본적으로는 해당 가설 내용이 증거의 내용에서 크게 벗어나지 않아야만 한다. 이 점이야말로 '성공으로부터의 학습'이라는 길이 '오류로부터의 학습'이라는 길에 적절히 제약을 가할 수 있는 중요한 점이다.

이상의 지적이, 물론 두 갈래 길에서 현재까지 이야기된 구체적 기법을 통해 제시되는 판단에 서로 엇갈리는 점이 전혀 없음을 뜻하는 것은 결코 아니다. 예컨대 9장 2)절의 식 ④로 제시한 베이즈의 정리를 두고, 논의를 간단히 하기 위해, 여기서 문제 되고 있는 가능한 가설들을 단지 위에서 살펴본 가설 $h_{0.2}$와 $h_{0.8}$뿐이라고 해보자. 그렇다면 다음과 같은 식이 성립할 것이다.

$$P(h_{0.2}/e)=\frac{P(h_{0.2})P(e/h_{0.2})}{P(e)}=\frac{P(h_{0.2})P(e/h_{0.2})}{P(h_{0.2})P(e/h_{0.2})+P(h_{0.8})P(e/h_{0.8})}$$

이 경우 $P(h_{0.2})$나 $P(h_{0.8})$과 같은 사전 확률로 인해 일반적으로는 사후 확률 $P(h_{0.2}/e)$의 값이 가설 $h_{0.2}$에서 증거 e가 나타날 확률에 비례하는 우도 $P(e/h_{0.2})$와 언제나 같은 방향으로 나타날 까닭은 전혀 없다.

그럼에도 만일 $P(h_{0.2})$와 $P(h_{0.8})$의 사전 확률이 동일하다면 일반적으로 그 방향은 같아질 수 있다. 예컨대 칠면조가 여덟 번의 아침에서 모두 다섯 번 이상 먹이를 먹게 된다는 경험적 증거 e가 제시되었을 경우, 가설 $h_{0.2}$에서 그 같은 증거가 나타날 확률은 0.05로 매우 낮다. 따라서 우리가 그 가설을 기각하더라도 사실상 거의 오류를 범하지 않는다고 보듯, 이때 사후 확률 $P(h_{0.2}/e)$ 역시 0.05 정도로 매우 낮게 부여할 수 있다. 이러한 까닭은 위의 식에서 $P(h_{0.2})=P(h_{0.8})$이라면, $P(h_{0.2}/e)$가 곧 $P(e/h_{0.2})$에 비례하게 되므로 쉽사리 확인할 수 있다.

사실상 베이즈주의에서는 사후 확률이 경험적 증거에 비추어 크게 상이한 결과를 낳는 일을 막기 위해 사전 확률을 적절히 정할 수 있는 방법을 개발하고 있다. 예컨대 문제의 가설에 관해 사전 정보가 전혀 없는 경우라면, 위에서처럼 가능한 대안 가설 모두에 대해 동일한 사전 확률값을 부여함으로써 그 사후 확률이 우도에 비례하도록 만들려고 한다. **베이즈주의 통계학**(Bayesian statistics)에서는 이와 같은 사전 확률을 **확산적(비정보적, 모호한, 일양한, 평탄한) 사전 확률**(diffuse/uninformative/vague/uniform/flat *prior* probability)이라 부른다. 이것은 단순히 문제성 많은 무차별의 원리를 따르는 것이 아니라, 좀 더 객관적인 사후 확률을 얻기 위한 베이즈주의의 새로운 전략이다.

물론 경험적 증거가 제시되고, 그리하여 거듭 이전의 사전 확률로부터 새로운 사후 확률을 얻어 나아가는 과정에 있다면, 그때 제시되는 사전 확률이 단순히 이처럼 확산적일 필요는 없을 것이다. 이 경우에는 이미 제시한 경험적 증거에 의해 얻은 사후 확률들이 존재하므로 사전 확률을 정할 때 사전 확률과 우도의 곱이 예상되는 사후 확률과 동일한 분포의 족(family)에 속할 수 있도록 결정해주면 된다. 그럼으로써 계산이 용이해질 뿐만 아니라, 사후 확률이 경험적 증거에 좀 더 근거할 수 있도록 만들어줄 수 있다. 예컨대 문제의 경험적 증거를 낳는 과정이 이항 분포를 보여준다는 사실이 확인된다면, 그에 맞추어 사후 확률과 사전 확률이 동일한 분포의 족에 속하도록 사전 확률 함수를 정해주는 것이다. 지금의 경우라면 예컨대 그와 같은 분포에 해당하는 것이 이른바 **베타 분포**(Beta distribution)다. 베이즈주의 통계학에서는 이러한 방식으로 사전 확률 함수가 우도와 관련되어 있을 때, 그 사전 확률을 **자연적 켤레 사전 확률**(natural conjugate *prior* probability)이라 부른다. 여기서 '자연적 켤레'라는 말은 해당 확률 함수가 모두 우도와 관련되어 있음을 뜻한다.

이 책의 목적상 여기서 이를 자세히 논할 필요는 없을 것이다. 그러나 이 같은 전략의 결과 중 하나로 다음과 같은 사실은 특기할 만하다. 베이즈주의 통계학에서 확산적 사전 확률 함수에 해당하는 것이 결국 7장 3)절에서 제시한 카르납의 $c*$ 함수에 해당하고, 일반적으로 대칭적인 자연적 켤레 사전 확률 함수가 카르납의 λ-체계 내 각 함수에 해당한다는 점이다.[5] 이러한 사실은 동일한 귀납 상황에서 학습의 길이 달라 어느 순간 그 구체적인 기법들을 통해 제시되는 판단에서 서로 엇갈리는 점이 있다 할지라도, 각자의 정당성을 서로 인정할 수만 있다면 그것을 기법상으로 극복할 수 있음을 가르쳐준다. 이것은 앞으로 열려 있는 문제다.

---

5 Glaister(2002), sec. 2; 특히 사후 확률 분포와 우도 함수의 관계에 관해서는 Tanner(1996) 참조.

19장

귀납적 학습의 정도 측정과 가설 채택 문제 사이의 관계

동일한 귀납적 상황에 대해 우리는 두 가지 학습의 길이 가능하고, 또한 그 두 길 모두 살릴 필요가 있음을 알았다. 그렇다면 이제 우리는 귀납적 비약을 위해 단지 귀납적 지지의 정도만을 측정해서는 안 될 것이다. 이 장에서는 우선 문제의 두 학습 과정과 관련해 좀 더 포괄적으로 '귀납적 학습의 정도' 측정이 필요함을 제안한다.

물론 그렇다 할지라도 이와 같은 정도 측정에 이어 귀납적 가설 채택의 문제가 결코 사라지는 것은 아니다. 오히려 지금의 경우에는 단지 귀납적 지지의 정도와 가설 채택 사이보다 가설 채택의 문제가 귀납적 학습의 정도 문제에 더 직접적으로 영향을 미치게 된다.

그런데 이미 언급한 대로 가설 채택 문제는 넓게 보아 귀납의 방법론 영역에 속한다. 우리는 앞서 여러 대목에서 귀납의 방법론이 어떻게 귀납적 지지의 정도 측정에 영향을 미칠 수 있는지를 단편적으로 언급해왔다. 이제 그것을 좀 더 원리적 관점에서 종합 해명하고, 나아가 귀납적 학습의 정도 측정과 귀납적 방법론의 관계를 밝혀본다. 이러한 관계가 밝혀지면 귀납 방법론의 한 가지 문제인 가설 채택 문제와 귀납적 학습의 정도 측정 문제 사이의 상호 관계도 해명할 수 있을 것이다. 이러한 해명으로써 '귀납적 비약을 언제 할 수 있는가?'에 관한 나름의 준비를 완료하고, 이에 따라 그 물음에 대한 최종적 답을 제시할 수 있을 것이다.

1) 귀납적 학습의 정도 측정과 귀납의 방법론

만일 동일한 귀납적 상황에서 두 가지 방식으로 학습이 가능하다면, 그 증거와 가설 사이의 관계를 평가하는 데 굳이 귀납적 지지 정도에 한정할 필요는 없으며, 또한 그러해서도 안 될 것이다. 이처럼 두 가지 방식으로 귀납적 학습이 가능하다는 점을 감안해 나는 이제 하나의 귀납적 상황에서 두 가지 학습 방법에 의해 측정할 수 있는 학습의 양을 **귀납적 학습의 정도**(degree of inductive learning)라 부를 것을 제안한다. 그렇다면 그러한 학습의 정도에 의해 해당 가설 채택이나 기각도 할 수 있을 것이다.

이처럼 서로 다른 과정을 통합해 하나의 개념으로 나아갈 때의 어려움은, 물론 서로 다른 방식으로 학습된 내용을 어떻게 하나의 정도로 통합할 수 있는가 하는 점이다. 18장 3)절의 논의를 고려할 때, 이것에 대한 한 가지 대안은 다음과 같다. 먼저 제시된 가설을 평가하기 위해 증거를 수집하는 과정에서 오류로부터의 학습을 한다. 즉 미리 일정한 유의 수준을 정하고 그것에 따라 엄격한 테스트를 할 수 있는 조건에서 증거를 수집해 그 결과로부터 학습하는 것이다. 이 경우 유의 수준이 작으면 작을수록 테스트의 엄격성은 커지므로, 이 같은 엄격성의 정도를 바로 이 단계에서 1차적인 귀납적 학습의 정도로 볼 수 있을 것이다.

만일 이 단계에서 해당 가설이 기각된다면, 기각된 가설이 아닌 그 대안 가설에 대해 학습의 정도가 부여되는 것으로 본다. 만일 이때 해당 가설이 기각되지 않는다면 물론 그 가설에 대해 학습의 정도를 부여하면 될 것이다.

이처럼 대안 가설이든 해당 가설이든 그것이 기각되지 않고 일단 채택된다 할지라도 우리는 그로써 곧 문제의 가설이 채택된 것으로 보아서는 안 된다. 그에 대해 우리는 다시금 성공으로부터의 학습을 할 수 있기 때문이다. 그러므로 나는 여기서 첫 단계로 이루어진 채택을 **채택 1**(acceptance 1)이라 부르겠다.

두 번째 단계에서 이루어지는 성공으로부터의 학습은 예컨대 베이즈주의적 방식으로 진행된다. 구체적으로는, 예를 들어 입증 사례의 수가 증가할수록, 그리고 해당 가설이 좀 더 단순하거나 제시된 증거에 비해 내용적으로 좀 더 적게 벗어날수록 사후 확률을 커지게 하는 것이다. 이 경우 문제가 될 수 있는 사전 확률 부여 문제는 18장 3)절에서 언급한 베이즈주의적 통계 기법으로 처리할 수 있을 것이다. 이 기법은 귀납적 상황에서 이루어지는 학습을 통합적으로 보려는 나의 시도와도 잘 조화된다.

이처럼 두 번째 단계에서 이루어지는 학습을 통해 서로 대립하는 가설들의 사후 확률이나 그 기대 효용을 비교한다면, 베이즈주의 식으로 다시금 해당 가설에 대한 채택을 할 수 있을 것이다. 이때의 채택을 나는 **채택 2**(acceptance 2)라 부르겠다.

물론 채택 2의 단계에서 대립하는 여러 가설들을 비교하기 위해서는 이미 채택 1의 단계에서 그처럼 복수의 가설들을 채택해야만 할 것이다. 만일 채택 1 단계에서 복수의 가설들을 채택하지 않는다면, 이때는(물론 다른 일반적인 경우에는 앞서의 논의대로 동의할 수 없으나) 불가분 애친슈타인의 제안처럼 문제의 가설에 대한 사후 확률이 1/2을 넘는 경우 문제의 가설을 채택해야만 할 것이다.

어느 경우이든 이와 같은 두 번째 단계에서 이루어지는 학습 정도는 베이즈주의 식 사후 확률이나 기대 효용으로 측정할 수 있을 법하다. 이렇게 본다면 제1단계와 제2단계를 거쳐 이루어지는 학습의 총정도는 각 단계에서 측정된 학습 정도에 대한 단순한 합이나 곱, 또는 가중치를 둔 합 등으로 적절히 얻어낼 수 있을 것이다.

물론 여기서 나는 이와 관련한 테크니컬한 모든 것을 다 말하려는 것은 아니다. 이러한 측면은 만일 여기서 내가 제안한 바에 따라 연구가 된다면 앞으로 좀 더 세부적으로 적절히 개발되어야만 할 사항일 것이다.

만일 이와 같은 제안에 따른다면, 이제 그러한 학습의 정도 측정에 귀납의 방법론이 영향을 미친다는 사실은 본질적인 것이 된다. 왜냐하면 결과적으로 동일한 증거와 가설이 제시되었다 할지라도, 그것에 대해 지금 어느 단계에서 학습의 정도가 측정되고 있는지에 따라 그 값은 달라지기 때문이다. 이러할 때 그 단계를 구별하는 것은 결국 어떠한 방식으로 증거를 제시하는지나, 아니면 어떠한 가설을 제시해야 좀 더 높은 사후 확률을 얻는지에 관한 신조, 예컨대 빈도주의나 베이즈주의와 같은 신조에 따른 방법론일 때뿐이다. 17장에서 살펴본 대로, 여러 귀납의 방법론이 문제 되는 것도 결국 베이즈주의와 빈도주의 양쪽에 균등히 관련되기보다 경우에 따라 각기 어느 한쪽에 더 큰 문제가 된다는 사실도 역시 지금 사정을 잘 반영하는 셈이다.

역으로 동일한 귀납적 상황에서 무엇을 측정하려는지는 곧 그와 같은 측정을 위해 적합한 방법이 무엇인지를 결정하게 된다. 동일하게 '귀납적 학습의 정도' 측정이라 할지라도 그 가운데 '오류로부터의 학습 정도'를 측정하기를 원한다면 적절한 방법이 요구되기 마련이다. 예컨대 가설 채택의 역치로서 유의 수준 설정, 증거의 힘에 영향을 미치는 정지 규칙에 대한 고려 등이 그것이다. 반면 만일 '성공으로부터의 학습 정도'를 측정하기를 원한다면 역시 나름의 적절한 방법이 요구된다. 예컨대 사후 확률에 영향을 미치는 전체 증거의 원리에 대한 고려, 기대 효용 비교를 위한 효용 결정 등이 그것이다.

이상으로 볼 때 귀납적 학습의 정도 측정과 귀납의 방법론은 서로 분리된 것이라기보다 이미 서로를 전제하거나 함축하고 있는 상호 불가분적인 것으로 볼 필요가 있다. 따라서 좀 더 특정하게 귀납적 학습의 정도 측정과 가설 채택의 상호 관계 역시 이 같은 관계 속에서 살펴볼 수 있다. 귀납적 학습의 정도를 측정하거나 그와 관련해 귀납의 방법론을 문제 삼는 것도 결국에는 가설 채택을 위한 것이기 때문이다. 이에 관해서는 다음에서 상세히 논해보자.

2) 귀납적 학습의 정도 측정과 가설 채택

귀납적 학습의 정도 측정과 가설 채택 문제 사이에 상호 불가분성이 있다는 점은 앞에서도 암시되었다. 여기서는 그 관계를 좀 더 구체적으로 살펴보자.

만일 하나의 귀납적 상황에서 귀납적 학습의 정도를 측정한다면, 무엇보다 미리 유의 수준을 정해놓을 필요가 있다. 이것은 그 자체 논리적인 것이 아니며, 가설 채택을 위한 방법론적 문제일 뿐이다. 그런데 이와 같은 유의 수준을 작게 하면 할수록 그와 관련해 증거 수집을 행하는 테스트 과정은 엄격해지므로 그에 따라 귀납적 학습의 정도도 커지게 된다. 이것은 가설 채택 기준(좀 더 분명히 말하자면 '채택 1'의 기준)을 어떻게 정하는지로도 귀납적 학습 정도가 달라질 수 있음을 의미한다. 구체적으로 보면 18장 2)절에서 보았듯, 만일 유의 수준을 0.05로 잡았다면 가설 $h_{0.2}$, $h_{0.8}$과 관련해 크리스마스이브 전 3일 동안의 아침 먹이만 확인해서는 애초 그 학습의 정도를 제대로 측정할 수조차 없다. 적어도 8일 동안의 아침 먹이를 확인해야만 그것이 측정 가능할 것이다. 또한 이렇게 되었을 때야 비로소 그 학습의 정도를 예컨대 0.95로 잡을 수 있을 뿐이다.

이러한 관점에서 보자면, 3장 2)절에서 소개한 대로 카르납이 이른바 '채택의 규칙', 즉 여기서 우리가 말하는 가설 채택의 기준을 귀납 논리와 별도로 논의해야만 한다고 주장한 것도 이미 성공으로부터의 학습에만 치중한 결과다. 만일 위에서처럼 '오류로부터의 학습'이라는 관점에서 가설 채택의 기준을 세웠다면, 그것이 학습의 논리로서 (좀 더 넓은 의미의) 귀납 논리와 결코 무관할 수 없기 때문이다.

나아가 만일 해당 절에서 카르납이 예시한 '채택의 규칙'이 적용된 사례들을 '성공으로부터의 학습'이라는 관점에서 보더라도 그것이 문제의 학습 정도를 측정하는 데 결코 무관하다고 할 수 없다. 예컨대 그의 첫 번째 예에서 카르납은 '효용'이 개입되어야 채택의 규칙이 완전히 적용될 수 있다고 말하지만, 그가 생각하는 좁은 의미의 귀납 논리에서 제시되는 $c(h,e)$ 값 비교가 왜 문제 되는지는 '인식적 효용'과 같은 일종의 효용을 전제하지 않고는 이해하기 어렵다. 또한 두 번째 예에서 카르납은 문제의 채택 규칙이 단지 '두 가지 **행위** a_1과 a_2 가운데 하나를 선택'(강조는 필자)하도록 하는 규칙일 뿐이기에 '이때는 e를 기반으로 H_1이든 H_2든 어느 쪽으로든 합당한 신뢰도로 예측할 수 없'고, 그래서 그가 생각하는 귀납 논리에 비해 오히려 부족한 점이 있다고 주장한다. 그러나 이러한 규칙 자체가 카르납이 말하는 귀납 논리, 즉 우리가 말하는 성공으로부터의 학습 정도 측정을 전제하지 않고는 이해할 수 없다.

그러므로 이상으로 보자면 '성공으로부터의 학습' 과정에서 예컨대 사후 확률로써 그 학습의 정도를 측정한다는 사실 자체가 이미 가설 채택의 기준으로서 효용을 감안한 기대 효용 비교 내지 이에 근거한 행위 비교를 전제하는 셈이다. 물론 역으로 그 같은 가설 채택의 기준을 세울 때에는 이미 사후 확률과 같은 측정 도구를 염두에 두고 있었을 것이다.

나아가 16장 2)절에서의 논의대로, 가설 채택 기준은 그 자체가 그러한 기준을 채택한 행위자의 위험 수용적이거나 아니면 위험 회피적인 성향을 보여준다. 우리는 그와 같은 성향이 이미 효용들 사이의 관계에 의해 어떻게 그것에 대응하는 적절한 확률 관계로 나타나는지 살펴보았다. 물론 이때의 확률 관계란 경우에 따라 각기 단지 베이즈주의적 사후 확률일 뿐만 아니라 빈도주의적 확률임도 알고 있다. 그러므로 결국 어떤 가설 채택의 기준을 설정하는지에 따라 그 자체 어떠한 확률 관계를 설정하는지 결정되고, 그로써 귀납적 학습의 측정 방식이 달라지게 되는 것이다.

3) 귀납, 우리는 이럴 때 비약할 수 있다!

지난 장에서 우리는 귀납적 학습의 정도 측정과 가설 채택의 문제에 서로 불가분성이 있다는 것까지 밝혔다. 이제 우리는 지금까지의 많은 논의를 종합해 정말 어느 때 '귀납적 비약'을 할 수 있는지 대답할 수 있는 자리에 서게 되었다. 우선 가장 일반적이며 원론적인 답을 제시하고, 그 각각에 대응해 지금까지 중심적 예로 삼은 러셀의 칠면조를 위해 좀 더 구체적인 답을 제시한다.

일반적이며 원론적인 답

① 우리가 생각하는 '귀납적 비약'이란 **이미 제시된** 귀납적 가설을 경험적 증거의 의해 채택함을 뜻한다. 따라서 우리가 생각하는 '귀납적 비약'은 제시된 증거로부터 어떤 가설을 세우거나 제시하는 일을 뜻하지 않는다. 그러나 제시된 증거로부터 어떠한 가설이든 임의로 세우거나 제시할 수 있는 것은 아니라는 점에서 우리가 생각하는 '귀납적 비약'이 이러한 의미의 '귀납적 비약'과 무관한 것은 아니다. 그러므로 이미 제시된 가설일지라도 그것은 자의적으로 세워지는 대신, 이미 아래에서 말하는 두 가지 종류의 학습을 염두에 두고 세워질 때 의미 있게 채택되거나 기각될 수 있다.

② '귀납적 가설 채택'이라는 의미로 '귀납적 비약'을 생각할 때, 그러한 채택을 하기 위해서는 다음의 두 가지 작업이 필요하다.

- 귀납적 학습의 정도를 측정.
- 측정된 정도에 의거, 일정한 기준에 의해 해당 가설이나 대안 가설을 기각 또는 채택.

③ 이 중 귀납적 학습의 정도 측정은 다음 두 가지 측면에서 순차적으로 할 수 있다.

- 오류로부터의 학습 정도 측정.

- 성공으로부터의 학습 정도 측정.

④ '오류로부터의 학습 정도의 측정'은 가설 기각과 채택의 기준 설정과 함께 한다. 그러한 기준은 빈도주의 식이라면 미리 정해진 유의 수준에 해당한다. 예컨대 0.05 또는 0.01에 해당한다. 이 같은 유의 수준은 실천적 맥락에서 해당 가설의 중요성에 비추어 합의로 결정된다.

이러한 기준이 정해지면, 이 기준을 충족시킬 수 있도록 증거가 수집되어야 한다. 즉 해당 가설과 관련해 임의로 증거를 수집하는 것이 아니라, 해당 가설에 대한 엄격성이 유지될 수 있도록 증거 수집을 해야만 한다. 이러한 엄격성 정도는 문제의 유의 수준이 작으면 작을수록 커진다.

⑤ 만일 이러한 엄격성이 유지된 상태에서 테스트를 한 결과, 설정된 유의 수준보다 작은 확률로 증거들이 나타났다면, 그와 같은 증거가 오류를 야기하기는 어렵다고 보고, 그것에 의해 해당 가설을 기각하고 대안 가설을 채택한다. 만일 그처럼 해당 가설을 기각할 수 없다면 기각되지 않은 그 가설을 채택한다. 단 이때의 채택은 단지 첫 단계에서의 채택으로서, '채택 1'에 해당할 뿐이다. 이때 '오류로부터의 학습 정도'는 예컨대 해당 가설 기각이나 대안 가설 채택 시 설정된 엄격성의 정도로 볼 수 있다.

이로써 '오류로부터의 학습 정도' 측정을 하게 되고, 그에 따른 가설 채택 1이 완료된다.

⑥ 채택 1에 따른 가설은 다시 '성공으로부터의 학습' 관점에서 다음과 같은 원리에 따라 그 정도를 측정할 필요가 있다. 가장 원론적으로는 해당 가설의 내용이 가능한 한 제시된 증거의 내용에서 크게 벗어나지 않을수록

그 정도는 높아진다. 이러할 수 있는 방법은 크게 다음의 두 가지다.

- 제시된 증거에서 가설과 부합하는(또는 그것을 입증하는) 개체들의 수가 증가할수록 그 정도는 높아진다.
- 제시된 증거에서 나타난 특성이나 속성 이외의 또 다른 특성이나 속성을 해당 가설에서 적게 주장하면 주장할수록 그 정도는 높아진다(이와 관련해 해당 가설에서 실현 가능한 특성이나 속성의 수가 애초부터 적으면 적을수록 그 정도는 높아진다).

⑦ 이상의 원리에 따라 측정되는 '성공으로부터 학습' 정도는 좀 더 일반적으로는 예컨대 베이즈주의 식의 사후 확률로 제시될 수 있다. 이때 사후 확률 계산에 필요한 사전 확률 부여는 예컨대 베이즈주의 통계학의 기법에 따라 우도 함수를 고려하도록 한다.

⑧ 이렇게 제시된 '성공으로부터의 학습'의 정도에 인식적 효용, 그리고 여타의 여러 효용을 고려해 기대 효용을 계산할 수 있다. 만일 인식적 효용 외의 여타 효용을 고려하는 일이 불필요한 경우는 '성공으로부터의 학습' 정도 자체가 인식적 효용에 대응하는 것으로 볼 수 있다.

⑨ 만일 '오류로부터의 학습' 정도에 동일한 경쟁 가설들이 있다면, 사후 확률과 여러 효용을 이용한 기대 효용이 상대적으로 좀 더 큰 가설을 채택할 수 있다. 만일 그러한 효용이 단지 인식적 효용에 한정되는 경우라면 그 사후 확률이 상대적으로 좀 더 큰 가설을 채택할 수 있다. 이 경우 만일 경쟁하는 가설을 생각하기 어렵다면 문제의 가설에서 그 사후 확률이 1/2을

초과할 때 그 가설을 채택할 수 있다. 이상의 '채택'은 모두 '채택 2'에 해당하며, 문제의 가설에 대한 최종적 채택이 된다.

⑩ 위의 '채택 2'의 과정에서 한층 일반적으로는 '오류로부터의 학습' 정도와 '성공으로부터의 학습' 정도가 경쟁 가설들 사이에 서로 다른 경우들이 있을 수 있다. 이 경우 각각의 정도를 모두 고려해야 하는데, 이렇게 할 수 있는 방법들은 앞으로 상황에 맞게 개발되어야만 할 것이다. 여기서는 가장 간단한 방법 중 하나로, 잠정적으로 단순히 두 종류의 정도를 단순합산하는 방식을 취한다.

러셀의 칠면조를 위한 구체적인 답

① 칠면조 사례에서 '귀납적 비약'이란, 농장에서 아침에 제공되는 먹이에 관해 **이미 제시된** 귀납적 가설을 경험적 증거에 의해 채택함을 뜻한다. 여기서는 이와 같은 가설에 한정해 예시한다. 따라서 그가 생각하는 '귀납적 비약'은 제시된 증거로부터 위와 같은 어떤 가설을 새로이 세우거나 제시하는 일을 뜻하지 않는다. 그럼에도 위의 증거로부터 어떠한 가설이든 임의로 세우거나 제시하는 것은 아니라는 점에서 그가 생각하는 '귀납적 비약'이 이 같은 의미의 '귀납적 비약'과 무관한 것은 아니다.

그러므로 칠면조가 세울 수 있는 가설은 다음과 같다. 아직 본격적인 테스트를 하기 전이지만, 7장 3)절에서 예시한 것처럼, 칠면조가 '내일(즉 크리스마스이브에)도 아침에 먹이가 제공될 것이다'와 같은 가설을 세우게 된 것은 적어도 그 이전 연속 3일 동안 아침에 먹이가 제공된 사실을 기반으로 한 것이다. 이때 만일 카르납의 $c*$ 함수에 따른다면, $c*(h,e)=(3+1)/$

(3+2)=4/5=0.8과 같이 계산될 것이다. 또한 만일 '매일 아침 먹이가 제공될 것이다'와 같은 식의 보편적 가설로 제시되는 경우라면, 힌티카 식으로 8장 2)절의 식 ⑨에서 $n=3$을 가정해 $P(C_\omega/e) \cong 0.7$의 값을 얻을 것이다(이때 우리가 주목할 점은, 러셀의 칠면조는 3일 동안 연속으로 아침에 먹이가 제공되었다 할지라도 매일의 아침에서 반드시, 즉 그 입증도가 1이 되는 상태로 가설을 세워서는 안 된다는 점이다. 이러한 까닭은 '성공으로부터의 학습' 원리에 따라 우리가 이미 언급한 바다).

따라서 이와 같은 값들에 근거해 테스트 가능한 가설들을 구성한다면, 예컨대 농장에서 아침에 제공되는 먹이 전체의 모집단에서 '그 모비율이 0.8(또는 0.7)이다'와 같은 식의 가설을 제시할 수 있을 것이다. 여기서는 '그 모비율이 0.8이다'라는 가설 $h_{0.8}$을 예시 가설로 생각해본다.

② 칠면조가 이제 위와 같은 의미로 '귀납적 비약'을 이루기 위해서는 다음 두 가지 작업이 필요하다.

- 지금까지 실제로 제공된 아침의 먹이로부터 배울 수 있는 바에 의해 귀납적 학습의 정도를 측정.
- 그 측정된 정도에 의거하여 일정한 기준에 의해 위의 가설이나 그에 대한 대안 가설을 기각 또는 채택.

③ 이때 우리의 칠면조는 그와 같은 귀납적 학습의 정도 측정에 다음과 같은 두 가지가 가능함을 알고, 이것을 순차적으로 적용할 준비를 한다.

- 오류로부터의 학습 정도 측정.

• 성공으로부터의 학습 정도 측정.

④ 먼저 '오류로부터의 학습 정도 측정'은 가설 기각과 채택의 기준 설정과 함께 이루어진다. 그러므로 이제 위의 ①에서 정한 가설 $h_{0.8}$에 대해 유의 수준 0.05에서 테스트를 행하기로 하고(물론 유의 수준을 0.01로 정하면 테스트의 엄격성은 더 높아지지만, 여기서는 앞의 논의와의 연계성을 위해 이처럼 정한다) 예시상 이와 경쟁하는 대립 가설로 $h_{0.2}$를 생각해보자. 그렇다면 10장 2)절에서 살펴본 대로, 먼저 이와 같은 테스트를 엄격히 하기 위해 필요한 표본의 크기를 결정할 수 있다. 앞서 ①에서는 단지 3일 동안의 아침 먹이 결과만을 두고 가설을 세웠으나, 이에 대해 엄격한 테스트를 하기 위해서는 적어도 여덟 번의 아침 먹이에 대한 관찰을 하지 않으면 안 된다.

⑤ 이처럼 엄격성이 유지된 상태에서 테스트를 한 결과, 이제 그 여덟 번 가운데 다섯 번 이상 아침에 먹이가 제공된다면, 가설 $h_{0.2}$는 기각되고 가설 $h_{0.8}$이 채택될 수 있다. 칠면조 예에서는, 10장 2)절에서 보인 대로, 그 여덟 번 가운데 모두 아침에 먹이가 제공되므로, 가설 $h_{0.8}$이 채택될 수 있다. 이때 오류로부터의 학습 정도는 예컨대 $1-0.05=0.95$다. 이로써 '오류로부터의 학습 정도 측정'을 하게 되고, 가설 $h_{0.8}$의 채택 1이 완료된다.

⑥ 채택 1에 의해 채택된 가설 $h_{0.8}$은 다시 '성공으로부터의 학습'의 관점에서 다음과 같은 원리에 따라 그 정도를 측정할 필요가 있다.

• 제시된 증거에서 가설과 부합하는(또는 그것을 입증하는) 개체들의 수가 증가하면 할수록 그 정도는 높아진다. 따라서 만일 여덟 번의 아침뿐 아

니라 그 이상의 날들 아침에서 먹이가 제공된다는 것이 확인된다면, 그만큼 '성공으로부터의 학습' 정도는 높아진다. 예컨대 여덟 번이 아니라 열 번의 아침에 모두 먹이가 제공된다는 것이 확인된다면, $c*(h,e)=(10+1)/(10+2)=11/12\fallingdotseq 0.92$로, 이는 세 번일 때의 0.8, 여덟 번일 때의 0.9보다 높다. 만일 가설 $h_{0.8}$에 대한 채택 1에 문제가 없다면 이러한 값들은 적어도 0.8과 큰 차이를 보이지 않을 것으로 예상된다.

• 제시된 증거에 나타난 특성이나 속성 이외의 또 다른 특성이나 속성을 해당 가설에서 적게 주장하면 할수록 그 정도는 더 높아진다. 특정하게는 해당 가설에서 실현 가능한 특성이나 속성의 수가 애초부터 적으면 적을수록 그 정도는 높아진다. 따라서 '아침에 먹이가 제공된다'는 원초 술어 한 개 대신, 예컨대 '그동안과 다른 특별한 아침 먹이가 제공된다'와 같은 원초 술어가 하나 더 추가될 때 그 학습의 정도는 처음에 비해 더 낮다. 7장 3)절에서 보인 대로, 위에서와 같이 열 번의 아침 먹이를 가정한 경우, 전자에서는 $c*(h,e)\fallingdotseq 0.92$인 반면, 후자에서는 $c*(h,e)=(10+2)/(10+4)=12/14\fallingdotseq 0.86$이다. 힌티카 식으로 보더라도 8장 2)절의 식 ⑦에 따라 어느 하나의 개체가 보일 가능성이 있는 속성의 개수 ω가 작을수록 $P(C_\omega/e)$ 값이 커지므로, 후자의 경우 이 값은 0.7보다 작게 될 것이다.

⑦ 이상의 원리에 따라 측정되는 '성공으로부터 학습' 정도는 좀 더 일반적으로는 예컨대 베이즈주의 식의 사후 확률로 제시될 수 있다. 예를 들어 카르납의 $c*$ 함수는 베이즈주의 통계학에서라면 확산적 사전 확률 함수에 해당하는 것으로 볼 수 있다. 그러므로 만일 가설 $h_{0.8}$의 사후 확률을 대립가설 $h_{0.2}$와 비교해 모두 열 번의 아침에 먹이가 제공된 것으로 확인되었다

면, 그 사후 확률은 다음과 같이 구할 수 있을 것이다.

$$P(h_{0.8}/e) = \frac{P(h_{0.8})}{P(h_{0.8}) + P(h_{0.2})\dfrac{P(e/h_{0.2})}{P(e/h_{0.8})}} = \frac{0.5}{0.5 + 0.5 \times \dfrac{0.0000}{0.1074}} = 0.9999\cdots\cdots$$

⑧ 이렇게 제시된 '성공으로부터의 학습' 정도에 인식적 효용과 여타 효용을 고려해 기대 효용을 계산할 수 있다. 따라서 인식적 효용 이외에 여타의 효용까지 고려하여 14장 3)절의 표 7과 같은 효용 행렬을 제시하면 다음과 같다.

	크리스마스이브 아침에 죽임을 당함	크리스마스이브 아침에 먹이를 먹음
크리스마스이브 동트기 전 농장 탈출	100	50
크리스마스이브 아침까지 계속 농장에 머묾	−10,000	80

이러한 효용 행렬에서는, $P(h_{0.8}/e) = 0.9999\cdots\cdots$일 경우, 가능한 각 행위의 기대 효용을 다음과 같이 계산할 수 있다.

$$E(A_1) = d_{11} \times p_{11} + d_{12} \times p_{12} = 0.00 + 49.995 = 49.995$$
$$E(A_2) = d_{21} \times p_{21} + d_{22} \times p_{22} = -0.1 + 79.992 = 79.892$$

만일 인식적 효용 이외의 여타 효용을 고려하는 일이 불필요한 경우라면,

'성공으로부터의 학습' 정도 자체가 인식적 효용에 대응하는 것으로 볼 수 있으므로, 위의 예에서 그 기대 효용은 각각 0.00001, 0.9999로 볼 수 있다.

⑨ 만일 '오류로부터의 학습' 정도가 동일한 경쟁 가설들이 있다면, 사후 확률과 여러 효용을 이용한 기대 효용이 상대적으로 큰 가설을 채택할 수 있다. 칠면조 예에서 가설 $h_{0.8}$은 앞서 살펴본 대로 0.05의 유의 수준에서 기각되지 않고 채택되었다. 하지만 10장 2)절에서 가설 $h_{0.8}$에 대해서와 유사하게 또 다른 가설 $h_{0.7}$이나 $h_{0.9}$에 대해서도 엄격한 테스트를 시행한다면, 가설 $h_{0.7}$이나 $h_{0.9}$ 역시 기각되지 않고 채택됨을 알 수 있다. 따라서 이 같은 것들은 모두 '오류로부터의 학습' 정도에서 동일한 경쟁 가설들이다. 그러므로 이러한 가설들에 대해서는 다시금 '성공으로부터의 학습' 정도를 고려하지 않으면 안 된다. 예컨대 앞서와 같이 여덟 번을 넘어 열 번의 아침에 먹이가 제공된 것을 확인했다면, 가설 $h_{0.7}$의 사후 확률은 다음과 같이 계산할 수 있다.

$$P(h_{0.7}/e)=\frac{P(h_{0.8})}{P(h_{0.7})+P(h_{0.2})\dfrac{P(e/h_{0.2})}{P(e/h_{0.7})}}=\frac{0.5}{0.5+0.5\times\dfrac{0.0000}{0.0282}}=0.9996\cdots\cdots$$

이러한 사후 확률은 $h_{0.9}$에서는 좀 더 커지리라 예상할 수 있다. 따라서 만일 효용으로서 단지 인식적 효용만에 한정한다면, 그 사후 확률이 상대적으로 큰 가설인 $h_{0.9}$를 채택할 수 있을 것이다. 이 경우 만일 경쟁하는 가설을 생각하기 어렵다면, 단순히 문제의 가설에 대한 사후 확률이 1/2을 초과할 때 그 가설을 채택할 수 있을 것이다. 이러한 '채택'은 '채택 2'에 해당하며, 이것은 우리가 관심을 두고 있는 가설에 대한 최종적 채택이 된다.

⑩ 위의 '채택 2'의 과정에서 좀 더 일반적으로는 '오류로부터의 학습' 정도와 '성공으로부터의 학습' 정도가 경쟁 가설들 사이에서 서로 다른 경우가 있을 수 있다. 하지만 지금의 예시에서는 '오류로부터의 학습' 정도를 모두 0.95로 동일하게 취급했다. 따라서 매우 단순한 계산법에 따라 이러한 정도와 '성공으로부터의 학습' 정도를 합산하면, 예컨대 가설 $h_{0.9}$에 대한 귀납적 학습의 정도는 0.95+0.9999……=1.9499……로서, 이것은 가설 $h_{0.7}$의 그것, 즉 0.95+0.9996……=1.9496……보다 높음을 확인할 수 있다.

4) 결론과 주의

이상의 결과로 볼 때, 우리의 칠면조는 순수하게 인식적 관점에서라면 위의 ⑩번의 계산 결과에 따라 가설 $h_{0.9}$를 '채택 2' 하는 순간 귀납적 비약을 하게 되는 것이며, 이로써 크리스마스이브 아침까지 계속 농장에 머물기로 결정할 수 있다. 이때 러셀은 '그래서 결국 크리스마스이브 아침에 그 칠면조는 죽임을 당하게 되는 것 아니냐?'는 (조롱 섞인?) 회의의 태도를 견지할 것으로 보인다. 그러나 지금까지의 논의에서 드러나듯 이때 러셀이 인식하지 못했거나 아니면 일부러 외면한 중요한 점들이 있다.

첫째, 칠면조는 무엇보다 자신이 크리스마스이브 아침에 죽임을 당할 수도 있다는 점을 전혀 모르지는 않는다는 점이다. 이것은 '성공으로부터의 학습' 관점에서 가설을 세울 때 이미 예견할 수 있는 점이다. '아침에 먹이가 제공된다'는 것과 마찬가지로, 칠면조의 언어 체계나 개념 체계에는 '아침에 먹이가 제공되지 않는다'라는 술어나 속성이 존재할 수 있으며, 어쩌면 '아침에 먹이가 늦어질 수도 있다'라는 술어나 속성의 존재까지도 가능하다. 만일 이것이 가능하다면 칠면조가 단순히 아무 생각 없이 크리스마스이브 아침에 느닷없이 죽임을 당하는 일은 없을 것이다.

둘째, 만일 이러한 식의 가설 수립이 가능하다면, '크리스마스이브 아침에도 (명백히) 먹이가 제공될 것이다'라는 가설 대신, '크리스마스이브 아침에도 (0.8의 사후 확률이나 모비율로) 먹이가 제공될 것이다'와 같은 가설을 세울 수 있을 것이고, 이와 경쟁하는 대안 가설들을 수립하는 것도 가능하다. 그렇다면 이 같은 가설들을 서로 기각하거나 채택하기 위한 엄격한 테스트 시행을 준비하고, 이 과정에서 크리스마스이브 아침에 먹이가 제공되는지 아니면 죽임을 당하게 되는지 예년의 경험 자료도 동원할 수 있다.

그림 12 비약.

그러므로 이러한 모든 것을 고려했을 때, 칠면조가 그래도 크리스마스이브 아침까지 농장에 남아 있기로 결정했을 때는 적어도 그 아침에 그가 죽임을 당하지 않을 수 있는 가능성도 여전히 열려 있음이 드러난다. 칠면조가 처한 상황이 반드시, 러셀이 극적으로 보여주고 있듯, 크리스마스이브 아침에 죽임을 당해야만 하는 상황은 아닌 것이다.

셋째, 이 모든 것에도 불구하고 칠면조가 정말 크리스마스이브 아침에 죽임을 당할 수도 있다는 사실에 대해 불안을 느낀다면, 칠면조로서는 러셀이 예견한 대로 아무 대책 없이 그대로 그날 아침 죽음을 맞이할 필요는 전혀 없다. 왜냐하면 칠면조가 그날 아침 죽임을 당할 수도 있다는 것을 알고 있는 한, 그리고 죽임을 당하는 것에 대해 크게 불안을 느끼고 있다면, 칠면조는 효용 행렬에서 크리스마스이브 아침에 죽임을 당한다는 결과에 대해 $-\infty$의 효용을 두어, 결국 농장을 탈출하는 행위에 관한 기대 효용을 높이고, 이에 따라 그 행위를 감행할 수도 있기 때문이다. 그저 아무 생각 없이 크리마스이브 아침에 느닷없이 죽임을 당하는 것은 우리의 칠면조 이야기가 아닌, 귀납적 비약에 대해 아무것도 모르는 어느 바보스러운 칠면조의 이야기일 따름이다!

20장

흄과 포퍼에 대한 답변

우리는 '귀납적 비약이 가능하고, 또 언제 그러한 비약을 할 수 있는가'에 대해 답을 했으나, 귀납 추론의 정당성에 관해서는 여러 비판들이 있어 왔다. 그중 선명하고 강력한 것으로 여겨지는 것들이 근대의 흄(D. Hume, 1711~1776)과 현대의 포퍼(K. R. Popper, 1902~1994)가 제기한 비판이다. 그러므로 귀납적 비약에 관해 지난 장에서와 같은 결론을 내렸어도 그들의 비판에 적절히 답하지 않는다면 우리만의 주장으로 그칠 수 있다. 본 장에서는 그들의 비판에 대해 지금까지 전개한 논의에 입각해 그 답변을 제시한다. 그리고 이 같은 답변에 근거해, 내가 제안한 '귀납적 학습'이 과연 어떻게 '정당한 귀납적 비약'에 기여할 수 있는지를 제시한다.

1) 흄의 회의에 대한 답변

이미 철학사에 귀납 회의론자로서 뚜렷이 이름을 남긴 흄이야말로 우리의 칠면조에 대해 러셀이 그토록 비관적으로 묘사를 하게 된 배경이 된 인물이다. 18세기의 흄 이전에도 물론 오랫동안 오늘 우리와 마찬가지로 사람들은 실제로 귀납 추론을 행해왔다. 하지만 문제는 과연 그것이 정당화될 수 있는 논증인가 하는 점이었다. 이 점이 의미하는 것이 무엇일까?

우선 사람들이 정당화된 논증으로 보는 연역 논증부터 살펴보자. 2장 1)절에서 논한 대로, 올바른 연역 논증에서는 그 결론의 내용이 전제의 내용에 완전히 포함되며, 따라서 그 전제가 모두 참이라면 결론 역시 반드시 참이게 된다. 그러므로 이와 같은 연역 논증이 '정당하다(justified)'는 것은, 만일 그 전제들이 모두 참이라면 해당 논증의 방식에 따를 때 결론의 참 역시 보증된다는 의미다. 이러한 보증은 물론 올바른 연역 논증의 규정으로 볼 때 당연한 것으로 여겨진다. 그러므로 연역 논증에 대해서는 별도의 정당화 문제가 발생하지 않는 것으로 보인다.

귀납 논증 역시 위와 같은 연역 논증에서의 의미대로 정당화될 수 있을까. 이에 대해 흄은 먼저 다음과 같이 인식론적으로 접근해 그것에 대해 회의적 결론에 도달했다.[6]

흄은 우리 인간의 이성이나 탐구의 대상은 오직 두 가지 종류일 뿐이라고 생각했다. 즉 관념들 사이의 관계(relations of ideas)와 사실의 문제(matters of fact)다. 기하학이나 대수와 같은 학문은 전자에 관한 탐구에, 경험 과학은 후자에 관한 탐구에 목표를 두고 있다. 이때 관념들 사이의 관계는 단순히 사고의 조작에 의해 발견될 수 있으나, 사실의 문제는 경험에 의하지 않고는 발견될 수 없다. 그런데 후자의 경우 직접 관찰에 의한 경험도 있으나, 많은 경우는 귀납 추론에 의한 경험에 기반을 둔다. 문제

---

6 이하 소개하는 흄의 이론은 Hume(1777/1975) 중 첫 번째 책의 특히 제4절("Sceptical Doubts concerning the Operations of the Understanding")에 따른 것이다. 이에 대한 체계적이고 요령 있는 분석은 Millican(1996), Part I에서 볼 수 있다.

는 바로 후자다.

이 경우 사람들은 이미 관찰된 사실로부터 아직 관찰되지 않은 사실을 추론하게 된다. 예컨대 2장 2)절에서 예시한 대로, 이미 관찰된 까마귀들이 검다는 사실로부터 아직 관찰되지 않은 까마귀를 포함한 모든 까마귀, 또는 그 일부에 관한 사실을 추론하는 것이다. 하지만 그와 같은 추론이 과연 정당화될 수 있을까? 흄 이전의 사람들은 대부분 실제 귀납 추론을 행하면서도 그것에 대해 흄처럼 이러한 식으로 정당성 문제를 본격적으로 제기하지 않았다.[7] 하지만 흄처럼 철저하게 경험주의적 관점에 서게 된다면 필히 부딪히게 되는 문제 중 하나가 귀납 추론의 정당성 문제일 것이다.

이러한 문제에 관해 흄은 문제의 귀납 추론이 정당화될 수 있으려면 '아직 관찰되지 않은 사실들 역시 이미 관찰된 사실과 닮았다(resemble)'는 가정이 성립해야만 한다고 지적했다. 이와 같은 가정의 성립 근거는 무엇일까?

흄은 먼저 만일 이러한 가정이 성립할 수 있는 어떤 가능성이 있다면 무엇보다 인과 관계에서 찾아질 수 있으리라 본다. 왜냐하면 이미 관찰된 것을 넘어 아직 관찰되지 않은 것에 관해서도 전자에 대해서처럼 말할 수 있는 경우는 관찰된 것에서 인과 관계가 인정될 때뿐이라 보기 때문이다. 예컨대 이미 관찰된 까마귀와 그 검은색 사이에 어떤 인과 관계가 인정된다면, 아직 관찰되지 않은 까마귀에 대해서도 그렇게 말할 수 있다고 보는 것이다. 하지만 **제시된 관찰 내용에만** 한정해볼 때, 이러한 인과 관계는

7 물론 흄 이후에도 19세기에 이르기까지 대부분의 사람들은 귀납 추론의 정당성을 심각하게 문제 삼지 않았다. 이와 같이 된 이유에 관해 로던은 19세기에 이르기까지 유럽에서는 일정한 귀납의 방법에 따를 경우 귀납 추론의 결론에는 아무런 의문이나 불확실성의 요소가 없는 것으로 여겨왔음을 지적했다. 그러므로 이때까지는 귀납 추론에 대해 확률을 적용하려는 시도도 바라기 어려웠을 것이다〔Laudan(1981), pp. 192~193 참조〕.

발견되지 않는다. 예컨대 단순히 우리가 까마귀에 대해 갖고 있는 관념과 검은색에 대해 갖고 있는 관념을 비교해볼 때, 그 각각이 원인과 결과의 관념을 이룰 만한 어떠한 연계성도 보이지 않는다는 것이다. 그것은 서로 완전히 구별되는 두 관념일 뿐이다.

이제 남은 가능성은 이미 관찰된 것에서 여러 차례 함께 나타난 속성들이 앞으로 관찰될 것에서도 여전히 나타나리라 기대하는 것뿐이다. 예컨대 과거 관찰한 사례들에서 '까마귀'와 '검은색' 속성이 여러 차례 함께 나타났듯, 미래의 사례들에서도 역시 그러하리라 기대하는 것이다. 그런데 이것은 과거와 미래라는 시간의 흐름 속에서 자연이 일양(一樣)하기를 기대하는 일과 다르지 않다. 이른바 **자연의 일양성 원리**(Uniformity Principle of Nature)에 대한 기대다. 이 경우 만일 문제의 두 속성이 단지 병존하는 것으로 보는 대신, 나아가 그 속성들 가운데 어느 하나가 '원인', 다른 하나가 '결과'이기를 바란다면 우리는 지금의 원리를 '과거와 미래에서 서로 유사한 원인들은 역시 그와 유사한 결과들을 계속 유발할 것이다'라는 식으로 바꾸어 표현할 수 있다. 그렇다면 이러한 원리는 어디에 근거할까?

흄은 이와 같은 원리는 결코 우리의 이성에 근거할 수 없다고 본다. 왜냐하면 우리의 이성에서 '원인'으로 여기고자 하는 어떤 속성을 떠올리더라도 그 '결과'로서 떠올릴 수 있는 속성은 얼마든지 여러 가지가 가능하기 때문이다. 예컨대 우리의 머릿속에서 까마귀라는 속성을 하나의 '원인'으로 떠올린다 할지라도 검은색이라는 속성만이 유일하게 그 '결과'로 떠오르는 것은 아니기 때문이다. 흰색, 노란색 등도 우리의 머릿속에 떠올리지 못할 아무런 이유가 없다. 그러므로 문제의 원리가 근거할 수 있는 마지막 가능성은 우리의 경험 자체에 놓여 있다.

하지만 우리의 관찰에서 앞서 지적한 대로 그 인과 관계 분석이 부정적이라면, 문제의 원리가 우리의 경험상에서 근거할 수 있는 것은 오로지 까마귀에 관한 예와 유사한 형식의 여러 귀납 논증들의 사례일 뿐이다. 곧 지금까지 여러 차례 관찰에서 그 경우마다 당시 과거 사례와 당시 미래 사례들이 일양하게 나타났듯, 지금으로부터 미래에도 역시 언제나 그러하리라 논증하는 것이다. 하지만 이 논증은 순환 논증일 뿐이다. 정작 우리가 내리려는 결론을 이미 그 전제에서 사용하고 있는 논점 선취의 오류(fallacy of begging the question)다.

그러므로 흄은 귀납 논증은 앞서의 의미대로 '정당화'될 수 없으며, 그런데도 우리가 그와 같은 논증을 행한다면, 그것은 단지 일종의 개인적 습관(habit)이나 사회적 관습(custom)일 뿐이라고 결론지었다.

귀납 논증에 관한 흄의 회의는 오늘날 철학자들뿐만 아니라 어느 면으로는 이제 일반인들 역시 쉽게 품을 수 있는 의구심에 대한 철저한 분석이다. 귀납 논증에서 그 전제들이 모두 참이라 할지라도 과연 그 결론이 참이라는 것을 어떻게 보장할 수 있겠는가! 하지만 우리는 흄의 회의에 관한 위의 최종적 결론부터 다시 물어보자.

흄이 보기에 정당성 없는 귀납 논증을 당시나 오늘날의 사람들은 실제로 행하고 있다. 그것을 흄은 단지 사람들의 습관이나 관습의 결과일 뿐이라고 보았다. 하지만 그것이 비록 습관의 산물이라 할지라도 모든 귀납 논증에서 그러한 습관이 형성되는 것은 아니다. 예컨대 까마귀의 경우에는 그것을 검은색이라는 속성과 연계하는 습관이 잘 형성되었다고 볼 수 있을지 모르나, 자동차의 경우에는 그 같은 속성과 연계하는 습관이 잘 형성되지 않는다. 그렇다면 이 차이는 어디에서 기인할까.

이러한 차이의 관점에서 보자면, 이제 귀납 논증의 정당성을 문제 삼기 위해 과연 흄처럼 자연의 일양성 원리와 같은 것을 전제할 필요가 있을까

하는 의문이 든다. 우선 앞서 언급한 대로 '제대로 된 연역 논증에서 만일 그 전제들이 모두 참이라면, 해당 논증 방식에 따를 때 결론의 참 역시 보증된다'고 할 경우, 그것은 해당 결론이 참이 아닌 상태에서 필히 참인 상태로 바뀌게 된다는 의미는 아니다. 어떤 명제의 참이나 거짓이 또 다른 명제에 의해 비로소 결정되는 것은 아니기 때문이다. 그러므로 그 구절이 의미하는 바는 단지 그러한 논증에서라면 해당 결론이 참이라는 **신념**을 우리가 **확실하게** 가질 수 있다는 것일 따름이다. 하지만 해당 결론이 진실로 참일지라도 우리는 그것이 참이라는 **신념을 확실하게 갖지 못할 수도 있다**. 이것은 하나의 명제로서 해당 결론이 제시하는 사태의 사실적 문제가 아니라, 그것에 대한 우리의 신념 문제다. 사실 연역 논증이건 귀납 논증이건 '그 결론의 참에 관한 보증' 문제는 이 같은 신념의 문제다.

물론 이러한 논증들에서 그 신념은 자의적으로 갖게 되는 것이 아니라, 해당 결론과 전제 사이 내용의 포함 관계에 의해 가질 수 있다. 그리하여 실로 그 결론이 참이라 할지라도 그 포함 관계가 어떠한지에 따라 해당 결론에 대한 우리의 신념은 확실할 수도, 불확실할 수도 있다. 우리가 귀납 논증을 행하면서 '그 전제들이 모두 참이라 할지라도 과연 그 결론 역시 참이라 보장할 수 있을까?'라는 의구심을 갖는 것은 해당 결론이 실로 참이 아니라는 선언이 아니라, 그것이 참이라는 신념을 우리가 확실하게 가질 수 없다는 의미일 따름이다. 6장, 7장에 걸쳐 소개한 케인스, 제프리스, 카르납 등이 모두 이와 같은 발상에 기초했다.

그러나 그러한 신념이 해당 결론과 전제 사이 내용의 포함 관계에 근거할 이유는 무엇일까. 그 근거는 8장에서 보여준 카르납의 그림 6을 통해 쉽사리 보여줄 수 있다. 즉 그 결론 내용이 전제 내용에 완전히 포함되지 않고 단지 부분적으로만 포함된다 할지라도 그렇게 포함되는 부분이 있기만 하다면, 전제에서 이미 참으로 확인된 내용이 결론에서도 역시 참임을 보증할 수 있다. 다만 그 결론의 내용 중 그 같은 포함 부분을 넘어선 부분의 참만이 보증될 수 없을 뿐이다. 앞서 귀납적 결론에 대해 사람들이 그것이 참이라는 신념을 확실하게 가질 수 없었던 것은 이러한 부분의 존재 때문이다. 그러므로 케인스 등의 사람들은 해당 결론에서 이미 참임이 보증된 내용의 정도에 의해 그 결론의 참에 대한 우리의 신념도를 제시할 수 있다고 본 것이다. 자연히 이러한 신념도는 문제의 포함 정도가 클수록 커지기 마련이다.

그런데 이와 유사한 관계를 잘 보여주는 것이 바로 수학적 조건부 확률이다. 예컨대 어느 면이든 나타날 확률이 동일한 하나의 주사위를 던진다 할 때, 아무런 조건도 제시되지 않은 상태에서 '6'의 눈이 나올 확률은 수학적 확률로 볼 때 1/6이다. 하지만 만일 그처럼 주사위를 던질 경우, 짝수의 눈만이 나올 수밖에 없다는 새로운 조건이 놓인다면, 그 조건에서 '6'의 눈이 나올 확률은 1/3로 훨씬 커지게 된다. 왜 이처럼 확률이 커지는 것일까? 그 까닭은 아무런 조건 없이 '6'의 눈이 나오게 되는 것은 '1'부터 '6'까지 가능한 눈 여섯 가지 중 하나에 해당하지만, 이미 짝수의 눈만이 나온다는 것이 참이라고 할 때 그 '6'의 눈이 나온다는 것은 '2', '4', '6'의 가능한 눈 세 가지 중 하나일 따름이기 때문이다. 그러므로 똑같이 "'6'의 눈이 나온다'는 결론이라도, '짝수의 눈만이 나온다'는 참인 조건에 의해 그 결론의 내용에 이미 참인 부분이 확인된다면, 아직 그렇게 참임을 확인할 수 없는 부분은 줄어들고 이에 따라 해당 결론의 확률은 커지게 된다. 따라서 케인스 등이 앞서와 같은 자신들의 발상을 이러한 조건부 확률과 연계한 일도 매우 자연스러운 방법이다.[8]

물론 이 같은 확률적 발상에는 한 가지 난관이 숨어 있다. 문제의 결론이 참으로 나타날 수 있는 확률 분포에 대한 가정이다. 바로 위의 주사위 예에서 확률이 1/6에서 1/3로 커지는 데는 해당 주사위 어느 면이든 그것이 나타날 확률이 동일하다는 가정이 숨어 있었다. 만일 이러한 가정과는 달리, 예컨대 문제의 주사위에서 '6'의 눈이 나올 확률이 애초부터 매우 작거나 아예 0이라면 아무리 짝수의 눈만이 나올 수밖에 없다는 조건을 제시하더라도 그 확률이 크게 증가할 수는 없다. 이러한 점은 이미 베이즈 정리에 숨어 있으며, 카르납이 λ-체계를 제시했을 때나 베이즈주의자들이 사전 확률의 문제를 고민했을 때 정면으로 부딪힌 문제다.

물론 이미 그 확률 분포에 대해 잘 알고 있는 어떤 모집단으로부터 그 일부의 개체로 구성된 표본으로 추론해 나아가는 '직접 추리'의 경우에는 이 같은 난관에 부딪힐 필요가 없다(이러한 용어들에 관해서는 2장 2)절 참조). 그러므로 예컨대 그 모집단에서 어떤 속성에 관한 비율이 p임을 이미 알고 있는 경우, 그로부터 무작위로 추출된 표본에서 해당 속성의 비율 역시 그에 가까우리라는 추론은 11장 4)절에서 보인 대수의 법칙에 따라 수학적으로 정당화될 수 있다. 하지만 제시된 표본으로부터 그 확률 분포를 알 수 없는 모집단으로, 또는 그 모집단 내 또 다른 표본으로의 역추리나 예측 추리와 같은 경우에는 이러한 법칙이 성립하지 않는다.[9] 하지만 귀납적으로 좀 더 중요한 것은 지금과 같은 경우들이다. 따라서 흄의 회

8 이와 같은 관점에서 단지 실천 추론에 의해 귀납을 정당화하려는 이병덕(2009)의 견해에 반론을 제시한 나의 논문으로는 전영삼(2010) 참조. 이러한 나의 반론에 대한 재반론은 좀 더 최근 이병덕(2012)의 논문에서 볼 수 있다.

9 스토브는 대수의 법칙에 의거해 귀납 추론이 정당화될 수 있음을 보여주려 시도한 바 있다〔Stove(1986), sec. VI〕. 하지만 밀리컨의 지적대로 대수의 법칙은 근본적으로 귀납적이지 않다. 그러한 법칙을 역추리나 예측 추리와 같은 귀납적인 것에 적용하기 위해서는 불가분 사전 확률과 같은 것이 필요할 것으로 보인다〔Millican(1996), sec. 10. 2 참조〕.

의에 대한 우리의 답에서 중요한 난점의 하나는 바로 사전 확률 부여 문제다.

이미 지적한 대로 사전 확률 부여 문제는 그 자의성에서 논란이 많다. 그러나 18장 3)절에서 논한 대로, 베이즈주의 통계학에서 그러하듯 사전 확률 함수를 우도에 근거하게 함으로써 어느 정도 객관성을 확보할 수 있는 여지가 있다. 물론 우도가 이러한 역할을 제대로 해내기 위해서는 우리가 관심을 두고 있는 가설을 테스트하기 위한 증거 자체가 신뢰할 만한 것이어야 할 것이다. 이와 같은 문제에 대해서는 귀납적 비약에 관해 또 다른 비판을 가한 포퍼에 답하는 과정에서 다시금 답변할 수 있을 것이다.

2) 포퍼의 비판에 대한 답변

포퍼는 흄을 지지하여 귀납 추론이 정당화될 수 없을 뿐만 아니라, 그러한 추론 자체가 불필요하며, 나아가 그 같은 추론 시도가 과학 탐구에서는 오히려 해가 된다고 주장했다. 귀납 추론에 관해 흄이 주장하는 바에 대해서는 바로 앞에서 소개하고 답변했으므로 여기서는 나머지 두 가지에 대해서만 포퍼의 관점을 소개하고, 그것에 답해보자.

우리가 분명 제시된 증거의 내용을 넘어선 가설을 제시하기도 하나, 포퍼는 그와 같은 양자가 반드시 귀납 논증을 구성할 필요는 없다고 보았다. 대신 그는 문제의 양자를 **추측과 반박**(conjectures and refutations)의 관계로 볼 것을 제안했다. 즉 어떠한 가설이든 증거와 무관하게 자유롭게 구성할 수 있으며, 그것에 대한 증거는 단지 해당 가설을 반박하는 역할을 할 따름이다. 가설과 증거가 만일 이와 같은 관계에 놓이게 된다면, 문제의 가설은 제시된 증거가 그 가설에 대한 반증 사례가 될 경우, 후건 긍정식에 의해 거짓으로 판명 되고(9장 1)절 참조), 그 자체 채택할 수 없게 된다. 이때 사용하는 후건 긍정식은 물론 타당한 연역 논증의 하나일 뿐이므로, 가설과 증거의 관계를 평가하면서 귀납 논증에 의존할 필요는 전혀 없다.

그러므로 포퍼는 가설을 구성하는 데 '그것이 반증 가능하나, 아직 반증되지 않았다(falsifiable but not yet falsified)'는 점을 중시했다. '반증 가능하다'는 점은 해당 가설에 대한 증거와 관련해 후건 긍정식을 적용하기 위해서는 반드시 필요한 부분이다. 만일 어떤 가설이 이처럼 될 수 없다면 그것은 경험적 의미를 갖지 못하는 것으로 본다. 그러므로 만일 이러한 시각에서 보자면 문제의 가설은 일단 반증 가능하면 할수록 좋다. 예컨대 다음과 같은 네 가지 가설을 살펴보자.[10]

h_1: 모든 천체의 궤도는 원형이다.

h_2: 모든 행성의 궤도는 원형이다.

h_3: 모든 천체의 궤도는 타원형이다.

h_4: 모든 행성의 궤도는 타원형이다.

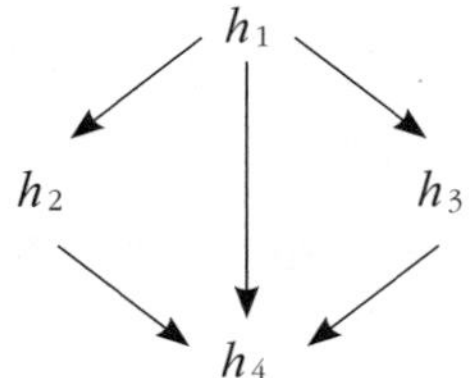

가설 h_1에서 h_2 방향으로 나아갈 때는 보편성의 정도(degree of universality)가 줄어들고, 가설 h_1에서 h_3 방향으로 나아갈 때는 정밀성의 정도(degree of precision)가 줄어든다. 가설 h_4에서는 그 양 방향이 모두 줄어든 것을 알 수 있다. 그런데 이 경우 만약 네 가지 가설 각각이 어떤 경

10 Popper(1968), p. 122에서 변형.

험적 증거 e에 의해 반증될 수 있다면, 그 가능성이 가장 높은 것은 가설 h_1이다. 동시에 이 가설은 내용적으로 가장 풍부하여, 곧 그 내용이 가장 크다. 이 외의 다른 가설들이 지닌 내용은 모두 이에 포함될 수 있기 때문이다. 이처럼 해당 가설의 내용이 크면 클수록 그것의 반증 가능성도 커지며, 그것이 과학적 지식의 성장에 기여할 수 있는 가능성도 그만큼 증대하는 것으로 여겨진다.

하지만 아무리 반증 가능성이 크다 할지라도 그 가설이 증거에 의해 반증된다면 기각해야 한다고 포퍼는 주장한다. 후건 부정식이라는 타당한 연역 논증에 따르면, 그때의 가설은 거짓으로 판명 나기 때문이다.

포퍼의 이러한 시각은 단순히 귀납의 정당화 문제를 해소할 수 있다는 관점에서만 형성된 것은 아니다. 그가 보기에 만일 증거와 가설 사이의 관계를 귀납 논증의 관점에서 보게 된다면, 해당 가설에서 이미 제시된 증거 내용을 포함해 그것을 설명할 수 있는 부분과 더불어, 그를 넘어선 어떤 부분에서 아무런 경험적 내용도 갖지 않는, 예컨대 논리적 명제들을 첨가해 새로운 가설을 구성했다 해도 그것이 제대로 된 과학적 가설이라 보기는 어렵다는 것이다. 아주 간략한 예를 들어보자. 증거 e를 포함해 단순히 논리적으로 참인 명제 $p \vee \sim p$를 결합해 $e.(p \vee \sim p)$와 같은 가설을 만들었다고 해보자. 이러한 가설로부터는 분명 증거 e가 도출될 수 있으므로 아주 사소하게 그 증거를 설명할 수 있다고 주장할 수 있다. 그뿐만 아니라 그 증거가 문제의 가설을 귀납적으로 지지한다고 말할 수도 있다. 하지만 이 가설은 제시된 증거가 지닌 경험적 내용 이상의 것을 지니지 못한 탓에 가설로는 그 자체 공허할 뿐 아니라, 만일 논리적으로 구성할 수 있는 부분을 조작한다면 어떠한 식으로든 증거에 부합하여 참이 될 가설들을 임의로 만들어낼 수 있게 된다. 포퍼는 이러한 식의 가설이야말로 과학적으로 사이비한(pseudo) 것이며, 예컨대 아들러(A. Adler)의 심리 이론이 이와 같다고 주장했다.[11] 물론 이러한 가설은 그 자체가 반증 불가능하며, 이 때문에 위에서 소개한 반증 구조에 따르지 않는 귀납 추론은 오히려 과학 탐구에 해가 된다고 본 것이다.

이처럼 극단적인 경우가 아니라도 단순히 귀납적 지지의 관점에서 가설을 평가하게 된다면, 문제의 가설은 그 내용에서 관련 증거의 내용을 가능한 한 크게 넘지 않을수록 높은 지지를 받게 되므로 결국 포퍼는 문제의 가설은 과학적 지식의 증대에도 기여하지 못한다고 주장했다.[12] 그가 보기에 케인스, 제프리스, 카르납 등은 결국 나름의 확률 장치로써 그러한 지지의 정도를 정량화하려는 시도를 펼치므로 그와 같은 시도 또한 과학적 탐구 활동에 대한 해명으로는 방향을 잘못 잡은 것으로 보았다.

이 책에서 귀납 논증에 관해 내가 주장하려는 바는, 포퍼의 주장을 수용한 면이 없지는 않다. 바로 어떤 가설에 대해 우리는 제시된 증거를 '테스트' 관점에서 바라보아야만 한다는 점이다. 이미 17장 4)절에서 굿먼의 새로운 귀납의 수수께끼와 관련해 언급한 대로, 어떤 증거가 문제의 가설에 잘 부합한다 할지라도 그러할 수 있는 가설들은 원리상 무한하게 열려 있다. 그러므로 해당 증거가 문제의 가설을 귀납적으로 지지한다 해도 그것이 여타 가설들을 배제하는 증거가 되지 못한다면 그 증거는 충분히 신뢰할 수 없다. 해당 증거가 바로 후자와 같은 역할을 해내기 위해서는 그 증거를 획득할 때 이미 가설 테스트 관점에서 문제의 작업을 해야만 한다. 포퍼는 이 같은 작업이 반증 가능한 가설을 구성함으로써 가능하다고 보았다. 어떤 가설이 그처럼 반증 가능하게 구성될 경우, 만일 그 가설이 거

11 Popper(1972), pp. 34~35 참조. 또한 16장 3)절 각주 32 참조.

12 Popper(1979), pp. 17~21 참조.

짓이라면 해당 가설은 반증될 것으로 기대되기 때문이다. 따라서 이러한 기대가 높아지려면 문제의 가설은 좀 더 반증 가능하게 구성되면 될수록 좋다.

하지만 우리의 관점에서 포퍼의 주장에 수용 가능한 일면이 있다고 할지라도 그의 모든 주장을 다 받아들일 수 있는 것은 아니다. 무엇보다 증거와 가설 사이의 관계를 모두 반증 가능성과 반증의 관계로 처리할 수는 없다. 우선 우리가 관심을 갖고 있는 가설이 진정으로 참이라면, 그 가설은 궁극적으로 반증되지 않는다. 그렇다면 이는 어떤 가설이 지금까지 반증되지 않았기 때문에 그것이 참으로 채택될 수 있다는 의미일까? 이러한 문제 의식은 포퍼 역시 분명히 갖고 있었다. 그는 이와 같은 상황에서 그렇게 반증되지 않은 가설은 적어도 그때까지는 거짓으로 판정되지 않은 것으로 **확인된**〔또는 거짓이 아닌 것으로 '용인된'(corroborated)〕 것으로 보고, 그러한 확인이 거듭될수록 문제의 가설은 참에 가까워질 수 있다고 보았다. 그러나 피상적으로 그럴 듯해 보여도 엄밀히 따져보면, 문제의 가설이 점점 참에 가까워진다는 주장은 일반적으로 사실이 아닌 것으로 알려져 있다.[13]

더군다나 만일 그처럼 확인된 가설을 잠정적으로 받아들여 미래 사건에 대해 예측하거나 응용하는 순간, 우리는 그 가설을 단지 포퍼의 의미대로 '확인'된 것으로 처리할 수만은 없게 된다. 포퍼는 만일 위에서처럼 어떤 가설이 반증되지 않아 그것이 확인되면 그것은 단지 '과거에' 그 가설이 그처럼 반증되지 않았음을 보여줄 뿐 거기에 어떤 '귀납적 지지' 개념이 개입될 필요는 없다고 보았다. 하지만 그처럼 반증되지 않았다는 보고(報告)에

13 예컨대 Newton-Smith(1981), pp. 57~59 참조.

그치지 않고 그때의 가설을 '미래의' 사건에 적용하려면, 방금 지적한 대로 문제의 가설이 점점 참에 가까워진다는 주장이 참이 아닌 한 과연 그 가설을 신뢰하여 미래에 적용할 수 있는 근거는 무엇일까? 예컨대 새먼은 바로 이러한 순간 '귀납적 지지'의 개념이 필수적이라 주장했다.[14]

이러한 관점에서 본다면 앞서 행성이나 천체의 궤도에 관한 포퍼의 예에서도 우리는 달리 보아야만 한다. 예컨대 만일 우리가 실제 관찰한 것이 태양계 내 행성 궤도뿐이라고 해보자. 우리가 알고 있는 대로 그 궤도들은 모두 타원형이다. 그렇다면 이러한 증거에 의해 가설 h_4는 반증되지 않는다. 동시에 그 증거만으로는 h_3도 반증되지 않는다. 왜냐하면 모든 행성은 동시에 천체이기 때문이다. 하지만 우리가 아직 관찰하지 않은, 또 다른 행성 아닌 어떤 천체에 대해 만일 가설들을 적용하려 한다면 우리는 어떤 가설을 선호할 수 있을까? 단순히 반증 가능성에 의거해본다면 가설 h_3을 선호해야 할 것이다. 하지만 과연 그러한 천체에 대해서도 해당 궤도가 타원형이라고 볼 수 있을까. 이때는 오히려 행성의 궤도에 대해서만 그것이 타원형이라고 예측하는 것이 더 근거 있는 것 아닐까.

이와 유사하게 만일 앞서의 증거에 의해 가설 h_4가 반증되지 않는다면 h_2 역시 반증되지 않는다. 원형 역시 타원형의 일종이기 때문이다. 하지만 우리가 아직 관찰하지 않은 어떤 또 다른 행성에 대해 이 같은 가설들을 적용한다고 해보자. 단순히 반증 가능성에 의거하면 가설 h_2를 선호해야 할 것이다. 하지만 과연 그러한 행성에 대해서도 그 궤도가 원형이라고 볼 수 있을까. 이때는 그것이 원형 아닌 타원형이라고 예측하는 것이 더 근거 있는 것 아닐까. 이처럼 우리가 경험적으로 얻게 된 증거에 의해

14 Salmon(1981/1998).

반증 가능하기는 하나 적어도 어느 시점까지 반증되지 않는 가설은 사실상 얼마든지 구성 가능하다. 그러나 그러한 가설을 실제 미래의 한 대상에 적용할 경우에는 귀납적으로 더 지지를 받는 가설을 선호하지 않을 수 없다.

다른 한편 증거와 가설 사이의 관계를 모두 반증 가능성과 반증의 관계로 처리할 수 없는 또 다른 이유는, 위와 같은 보편 가설이 아닌 확률적이거나 통계적 가설인 경우 이미 9장 1)절에서 지적한 대로 후건 부정식과 같은 연역적 논증이 적용되지 않기 때문이다. 하지만 일상생활이나 학문의 영역에서 확률적이거나 통계적인 가설은 흔히 등장하기도 한다. 앞서 우리가 예시로 활용한 가설 $h_{0.2}$나 $h_{0.8}$ 등도 이러한 종류의 것이다. 물론 이 같은 가설과 어떤 증거 사이에 연역적인 반증과 비슷한 경우가 발생하기는 한다. 예컨대 가설 $h_{0.2}$와 관련해 증거에서 나타난 비율이 0.8 정도로 나타나게 된다면 네이먼-피어슨의 방식으로는 가설 $h_{0.2}$를 기각하게 된다. 그렇다 할지라도 이것은 결코 연역적 반증에 해당하지 않는다. 문제의 가설과 증거는 논리적으로 모순이 아니기 때문이다.

물론 이때 증거와 가설 사이의 관계가 곧 귀납적 지지의 관계인 것도 아니다. 이미 메이요의 논증에 따라 충분히 언급한 대로, 이 경우 중요한 점은 문제의 증거가 해당 가설을 제대로 테스트하기 충분하다는 점이다. 만일 이처럼 어떤 가설을 테스트하기 충분한 증거가 제시된다면 그러한 증거에 의해 문제의 가설이 기각될 경우, 그 기각의 이유는 해당 가설이 반증되었기 때문이 아니라, 우리가 합의로 정한 기준에서 볼 때 오류를 범할 가능성이 매우 낮기 때문이다. 반면 문제의 가설이 기각되지 않는다면, 그것은 해당 증거가 문제의 가설을 기각하기 충분하지 않다는 것일 뿐 그로써 전자가 후자를 귀납적으로 지지하기 때문은 아니다. 귀납적 지지 문제는 오히려 이후 발생하는 것으로 보아야만 한다. 그러므로 나는 이때 그 가설 채택을 단지 '채택 1'로서만 보았다.

어쨌든 이처럼 가설을 테스트하기 위해 증거를 수집하는 과정이라면 그것은 엄격하면 엄격할수록 좋다. 하지만 어떻게 이처럼 엄격해질 수 있을까. 포퍼는 이 점에서도 우리와 달라진다. 그는 반증 가능성과 반증의 관점에서 이 문제에 접근하는 탓에 제시되는 가설이 대담(bold)하거나 참신(novel)할수록 그것에 대한 테스트가 엄격해질 수 있다고 보았다. 여기서 '대담하다'는 것은 위에서 예시한 대로 그 보편성 정도와 정밀성 정도가 높음을 뜻한다. 반면 '참신하다'는 것은 그 가설에서 주장하는 바가 이미 경험된 것을 많이 넘어섬을 뜻한다. 따라서 포퍼에게는 해당 가설이 이미 경험된 것을 설명하기보다 새로운 사실을 예측하면 할수록 그것은 좀 더 참신한 것이 된다. 앞서 지적한 대로 이것은 포퍼가 사이비 과학적 가설을 걸러내는 기준이 된다. 하지만 우리가 동의하는 메이요의 관점에 따르자면, 가설이 단지 그 자체로 대담하거나 참신한 것만으로는 문제가 있다. 위에서 논한 대로 가설은 무한정 반증 가능하기보다 증거에 비추어 어느 정도 귀납적 지지를 받을 수 있는 가설이지 않으면 안 된다. 무작정 대담하기만 해서는 문제가 있다. 동시에 가설은 그 참신성에 의해서만 엄격하게 테스트될 수 있는 것도 아니다. 17장 3)절에서 '오래된 증거의 문제'를 두고 논한 대로, 가설은 포퍼의 의미처럼 참신하지 않은 상태로도 얼마든지 엄격하게 테스트될 수 있다. 이와 관련해 베이즈주의에서는 오히려 포퍼의 관점에 동의한 면이 있으나, 메이요의 관점에서 본다면 반드시 그러할 필요도 없으며, 그래서도 안 된다. 이러한 메이요의 관점은 '가설은 무한정 반증 가능하기보다 증거에 비추어 어느 정도 귀납적 지지를 받을 수 있는 가설이지 않으면 안 된다'는 나의 관점과도 잘 부합한다.

3) 귀납적 학습에 대한 옹호

흄과 포퍼의 회의와 비판에 대해 답변했다 할지라도 이 책을 통해 내가 결론적으로 제안한 이른바 '귀납적 학습'에 대해 회의와 비판이 있을 수 있다. 크게 두 가지 방향으로 예상된다. 하나는 그 '학습'에 과연 공통적으로 '귀납'의 요소가 존재하는가. 다른 하나는 그와 같은 '학습'이 과연 '정당화 문제'에 답이 될 수 있는지다. 앞에서 제시한 나름의 답변을 바탕으로 이에 답하며 이 책을 마무리하고자 한다.

여기서 말하는 '학습' 가운데 '성공으로부터의 학습'이 귀납적이라는 점은 상대적으로 분명하다. 곧 성공적 증거와 가설 사이의 부분적인 내용의 포함 관계에 기초해, 전자가 후자를 (부분적일지라도) 지지한다고 보는 것이다. 하지만 '오류로부터의 학습'에 관해서는 좀 더 상세한 답변이 필요하다. 왜냐하면 만일 여기서의 '오류'를 자칫 포퍼 식 '반증'으로 생각한다면 그 자체로 쉽사리 귀납적 요소를 찾기 어렵기 때문이다. 포퍼 식의 '반증'으로 생각하지 않는다 해도 우리가 동의하는 메이요 식의 '오류'에서 그 귀납적 요소가 무엇인지에 관해서는 아직 충분히 명시하지 않았다. 전자에 관해서는 이미 앞에서 논의했으므로 여기서는 후자와 관련해 해명하는 것으로 충분할 듯하다.

메이요 역시 이 문제를 해명하기 위해 자신 이전의 철학자 퍼스(C. S. Peirce, 1839~1914)를 끌어들였다.[15] 그녀가 보기에 퍼스는 이미 그 자신이 당시에 '개념주의자(conceptualist)'라 부른 다른 많은 베이즈주의자들과는 달리 귀납을 매우 독특하게 생각했다. 물론 그 베이즈주의자들은 '성공으

---

15 Mayo(1996), ch. 12.

로부터의 학습' 방식을 따랐다. 하지만 퍼스는 진정으로 객관적 과학 탐구를 하기 위해서는 그러한 식의 귀납 대신 새로운 의미의 귀납이 필요하다고 보았다. 메이요의 해명에 따르면 그 새로운 의미의 귀납이란 곧 (메이요 자신이 주장하는) 가설에 대한 엄격한 테스트와 다르지 않다. 다만 이것이 여전히 '귀납적'일 수 있는 이유는 다음과 같다.

지금까지 우리가 논한 '엄격한 테스트' 방식에 따르면, 만일 어떤 가설이 그와 같은 테스트의 결과 기각될 수밖에 없다면, 우리는 물론 일정한 오류의 확률 내에서 그 가설이 거짓인 것으로 간주할 수 있다. 하지만 만일 그러한 테스트 결과 그 가설을 기각할 수 없다면, 이것은 단순히 일정한 오류의 확률 내에서 그 가설을 채택할 수 있게 되었다는 의미로 그치지 않는다. 그것이 '엄격한 테스트'를 거쳤다는 점에서 **'만일 그 가설이 거짓이었다면 그것은 그와 같은 테스트에서 실로 거짓으로 판명이 났어야 하지만, 그렇게 판명 나지 않았다'**는 점이 중요하다. 왜냐하면 이와 같은 테스트에서라면 **'문제의 가설 이외에, 해당 증거에 부합하기는 하지만 그 엄격성이 덜한 테스트에 놓일 다른 대안 가설들은 제거되는 결과'**에 이르기 때문이다. 만일 문제의 가설이 실로 거짓이었더라면 그러한 대안 가설 중 어느 하나가 참이었을 것이다. 하지만 문제의 가설이 거짓이라는 것을 찾아내려는 시도, 즉 해당 테스트에서 그것이 결국 거짓임을 밝혀내지 못했다면 다른 대안 가설이 참일 수 있는 개연성은 사라지고, 문제의 가설이 실로 참일 개연성이 높아지기 마련이다. 예를 들어 논리학에 대한 어떤 시험이 매우 어려워, 예컨대 90점이라는 기준을 통과하기 어렵게 되어 있음에도 불구하고 어떤 학생이 그 기준을 넘어섰다면, 그 결과는 곧 '그 학생의 논리학 지식이 상당하다'는 가설에 부합한다. 나아가 (시험이 매우 쉬워 그 학생이 결과적으로 90점 이상의 점수를 얻었다 할지라도 여전히 유효할) '그 학생의 논리학 지식은 보통이다'와 같은 가설들은 배제되는 것이다.

따라서 퍼스나 메이요 식의 엄격한 테스트에서 중요한 점은, 그 테스트에 의해 우리가 관심을 갖는 가설 이외의 대안 가설들은 배제되고, 그렇게 다른 가설들이 배제되는 만큼 우리가 관심을 갖는 문제의 가설이 거짓이 아닐 것이라는 개연성은 높아지리라는 것이다. 또한 바로 이 점이야말로 그들에게서 엄격한 테스트가 귀납과 연결되는 지점이다. 메이요가 인용한 퍼스의 다음과 같은 대목은 이러한 연결점을 잘 요약해 보여준다.

> 우리가 어떤 가설을 채택하는 경우, 그것은 단지 그 가설이 이미 관찰된 사실들을 설명할 수 있기 때문만이 아니라, 또한 그와 대립하는 가설(contrary hypothesis)이 아마도 그 관찰된 결과와는 다른 결과로 나아갔으리라 여겨지기 때문이다. 그러므로 우리가 귀납을 행할 경우, 그것은 단지 해당 표본 내 어떤 속성들의 분포를 설명할 수 있기 때문만이 아니라, 또한 어떤 또 다른 규칙〔즉 어떤 또 다른 가설〕이라면 아마도 그것과는 다른 표본으로 나아갔으리라 여겨지기 때문이기도 하다.[16]

결국 퍼스나 메이요의 엄격한 테스트에서 그 귀납성은 테스트 과정이나 절차에 연원한다. 그 과정이나 절차에서 기각되지 않은 어떤 가설이 있다면, 그것에 대한 신뢰(reliability)에 의거해 해당 가설을 신뢰할 수 있다는 것이다. 곧 문제의 과정이나 절차가 해당 가설을 지지하는 셈이다. 이때 그 가설에 부여된 신뢰란, 해당 가설이 거짓이기 어려우며 또한 그것과 경쟁하는 다른 가설이 그것 대신 참이기 어렵다는 사실에 대한 것이다. 그리

16 C. S. Peirce, *Collected Papers*, Vols. 1~6(Cambridge: Harvard Univ. Press, 1931~1935), 2.628. 여기서는 Mayo(1996), p. 424에서 재인용.

고 이러한 어려움은 매우 작은 오류의 확률에 의해 정량화되어 나타난다. 따라서 이때 제시되는 '증거' 역시 베이즈주의에서처럼 그 자체가 독립적으로 가설을 지지하는 것이기보다, 단지 테스트의 결과를 나타내주는 하나의 징표라 보는 것이 합당할 듯하다.

이제 내가 말하는 '학습'이라는 것이 과연 '정당화의 문제'에 대한 답이 될 수 있는지의 문제로 시선을 돌려보자. 이것이 문제 되는 까닭은, '학습'이라 할 때 흔히 단지 심리적 과정으로 여겨지기도 하기 때문이다. 만일 그것이 단순히 심리적 과정일 뿐이라면 그것은 그 자체로는 정당화의 문제이기보다 사실의 문제일 것이다. 따라서 이와 같은 과정의 관점에서라면 20장 1)절에서 소개한 흄의 '습관'이야말로 이에 해당하는 좋은 사례가 될 것이다. 하지만 우리의 관심사는 사실의 문제가 아니라 정당화의 문제다.

그러므로 역시 '학습'의 문제에 관심을 보인 포퍼는 적어도 몇 가지 종류의 학습을 소개하며, 자신의 반증 구도에 의한 **시행 후 오류 제거**(trial and error-elimination) 과정은 사실적 학습의 과정인 동시에 논리적으로도 정당화될 수 있는 학습 과정이라 주장했다.[17] 반면 귀납에 의한 학습에 대해서는 '습관'을 인정하는 흄의 견해에 대해서조차 그것이 잘못이라 비판했다. 왜냐하면 흄이 보기에 정당화될 수는 없으나 그럼에도 사람들이 실제로 행하는 과정은 사실상 귀납의 과정이 아니라 시행 후 오류 제거 과정이기 때문이다.

하지만 여러 곳에서 포퍼는 '귀납'을 단지 특칭적 전제에서 보편적 결론을 이끌어내 새로운 지식을 얻는 과정 그 자체로 보았으며, 귀납을 옹호하는 사람들이 바로 그러한 과정 자체가 정당화될 수 있다고 주장하는 것

---

17 Popper(1974), p. 38.

으로 보았다.[18] 하지만 전자는 우리가 이미 귀납의 방법론에 해당하는 문제로 보고 여기서 문제 삼지 않았으며, 후자의 경우 여기서 그러한 식으로 귀납을 정당화하려고 시도하지도 않았다. 우리는 여기서 **이미 제시된** 가설을 증거에 의해 어떻게 평가하고, 어떻게 채택하거나 기각할 수 있는지를 문제 삼았을 뿐이다.

위의 언급으로 볼 때, 학습과 관련한 포퍼의 근본 의도는 일견 사람들이 자연스럽고 아주 빈번하게 행하는 지식 획득(acquisition of knowledge)이란 일종의 학습 과정이되, 그것은 그가 보기에 정당화될 수 없는 '귀납'에 의해 이루어지는 것이 아니라(그럼에도 많은 사람들이 그러하다고 잘못 생각하고 있기는 하지만), 자신이 생각하는 별도의 정당화될 수 있는 방법에 의해 이루어지고 있음을 보여주려는 것으로 보인다.

이제 나는 내가 말하는 '학습' 역시 지식 획득의 과정이라 보고, 이 역시 심리적으로 사실일 뿐만 아니라 논리적으로도 정당화될 수 있다고 본다. 다만 그것이 정당화되는 근거는 포퍼와는 다르며, 그것이 어떻게 다른지는 지금까지 줄곧 말해왔다.

---

18 예컨대 Popper(1979), ch. 1 참조.

참고 문헌

권창은(1996), 「아리스토텔레스에 있어서 추론으로서의 귀납」, 『논리와 진리』, 여훈근 외 지음(서울: 철학과현실사), 211~223쪽.

김광수(2007), 『논리와 비판적 사고』(서울: 철학과현실사, 쇄신판).

여영서(2003), 「베이즈주의와 오래된 증거의 문제」, 《논리 연구》, 제6집 제2호, 한국논리학회, 135~158쪽.

_____(2010), 「입증의 정도를 어떻게 측정할 것인가?」, 《과학 철학》, 제13권 제2호, 한국과학철학회, 41~69쪽.

유홍준(2002), 『완당 평전』(서울: 학고재).

이병덕(2009), 「실천 추론에 의한 귀납의 정당화」, 《논리 연구》, 제12권 제2호, 한국논리학회, 59~88쪽.

_____(2012), 「귀납의 문제에 관한 실천 추론의 중요성: 전영삼 박사의 비판에 대한 반론」, 《과학 철학》, 제15권 제1호, 한국과학철학회, 55~78쪽.

이영의(2005), 「베이즈의 베이즈주의」, 《철학 연구》, 제68집, 철학연구회, 309~331쪽.

_____(2004), 「헬만과 메이요의 엄격한 시험 개념」, 《과학 철학》, 제7권 제1호, 한국과학철학회, 109~128쪽.

이초식(2000), 「귀납 논리와 20세기 한국의 논리 교육」, 『귀납 논리와 과학 철학』, 이초식 외 지음(서울: 철학과현실사), 188~217쪽.

전영삼(1984), 「R. Carnap의 歸納 論理 論究」, 고려대학교 대학원 철학과 석사 학위 논문.

_____(1989), 「정보량의 측정과 카르납의 역추리」, 《철학 연구》, 제14집, 고려대학교 철학회, 85~105쪽.

_____(1992), 「우도(尤度) 개념의 논리적 분석: 카르납의 귀납 논리를 기반으로」, 고려대학교 대학원 철학과 박사 학위 논문.
_____(2005), 『다시 과학에게 묻는다: 과학을 보는 눈』(서울: 아카넷).
_____(2008), 「객관적 베이즈주의에서 인과의 언어 의존성 문제와 과학에서의 이론 변화: 윌리엄슨에 대한 한 반론」, 《과학 철학》, 제11권 제1호, 한국과학철학회, 35~57쪽.
_____(2010), 「"실천 추론에 의한 귀납의 정당화" 시도의 공허성: 이병덕 교수의 견해에 관한 한 반론」, 《과학 철학》, 제13권 제2호, 한국과학철학회, 13~40쪽.
_____(2011), 「베이즈주의: 귀납 논리와 귀납 방법론의 역할 관계로부터 살펴보기」, 《과학 철학》, 제14권 제2호, 한국과학철학회, 45~76쪽.
천현득(2008), 「베이즈주의는 다양한 증거의 문제를 해결했는가?」, 《과학 철학》, 제11권 제2호, 한국과학철학회, 121~145쪽.
허영만(2007), 「식객 - 92화 잔치국수(4)」, 《동아일보》, 2007년 7월 30일자, A25면.

Achinstein, P.(2001), *The Book of Evidence*(New York: Oxford Univ. Press).
Bacon, F.(1620), *Novum Organum*, 『신기관: 자연의 해석과 인간의 자연 지배에 관한 잠언』, 진석용 옮김(파주: 한길사, 2001).
Bar-Hillel, Y.(1974), "Popper's Theory of Corroboration", *The Philosophy of Karl Popper*, ed. by P. A. Schilpp(La Salle: Open Court), pp. 332~348.
Bar-Hillel, Y. & R. Carnap(1964), "An outline of a theory of semantic information", Y. Bar-Hillel, *Language and Information: Selected Essays on Their Theory and Application*(Reading: Addison-Wesley), ch. 15.
Brush, S.(1989), "Prediction and Theory Evaluation: The Case of Light Bending", *Science* 246, pp. 1124~1129.
Carnap, R.(1928), *Der logische Aufbau der Welt*, English trans., *The Logical Structure of the World (and Pseudoproblems in Philosophy)*(London: Routledge & Kegan Paul, 1967).
_____(1947), "On the Application of Inductive Logic", *Nelson Goodman's New*

Riddle of Induction, ed. by C. Z. Elgin(New York: Garland, 1997, reprinted), pp. 1~15.

_____(1950), *Logical Foundations of Probability*(London: Routledge & Kegan Paul).

_____(1952), *The Continuum of Inductive Methods*(Chicago: The Univ. of Chicago Press).

_____(1963), "Replies and Systematic Expositions", *The Philosophy of Rudolf Carnap*, ed. by P. A. Schilpp(La Salle: Open Court), pp. 859~1013.

_____(1966), *An Introduction to the Philosophy of Science*, ed. by M. Gardner(New York: Dover, 1995).

_____(1968), "Induction by Enumeration and Induction by Elimination (with Discussion)", *The Problem of Inductive Logic*, Carnap's discussion, in J. Hintikka, ed. by I. Lakatos(Amsterdam: North-Holland), (pp. 191~231), pp. 218~220.

_____(1971a), "Inductive Logic and Rational Decisions", *Studies in Inductive Logic and Probability*, Vol. I, eds. by R. Carnap & R. C. Jeffrey(Berkeley: Univ. of California Press), pp. 5~31.

_____(1971b), "A Basic System of Inductive Logic, Part I", *Studies in Inductive Logic and Probability*, Vol. I, eds. R. Carnap & R. C. Jeffrey, ibid., pp. 33~165.

_____(1975), "Notes on Probability and Induction", *Rudolf Carnap, Logical Empiricist: Materials and Perspectives*, ed. by J. Hintikka(Dordrecht: D. Reidel), pp. 293~324.

_____(1980), "A Basic System of Inductive Logic, Part Ⅱ", *Studies in Inductive Logic and Probability*, Vol. Ⅱ, ed. by R. C. Jeffrey(Berkeley: Univ. of California Press), pp. 7~155.

de Finetti, B.(1937), "La prévision: ses lois logiques, ses sources subjectives", English trans., "Foresight: Its Logical Laws, Its Subjective Sources",

Studies in Subjective Probability, eds. by H. E. Kyburg & H. E. Smokler(Huntington: Robert E. Krieger, 1980, 2nd ed.), pp. 53~118.

Earman, J.(1992), *Bayes or Bust: A Critical Examination of Bayesian Confirmation Theory*(Cambridge: The MIT Press).

Elgin, C. Z.(1997 ed.), *Nelson Goodman's New Riddle of Induction*(New York: Garland).

Essler, W. K.(1975), "Hintikka versus Carnap", *Rudolf Carnap, Logical Empiricist: Materials and Perspectives*, ed. by J. Hintikka(Dordrecht: D. Reidel), pp. 365~369.

Fisher, R. A.(1935), *The Design of Experiments*(Edinburgh: Oliver & Boyd).

______(1956a), "Mathematics of a Lady Tasting Tea", *The World of Mathematics*, Vol. III, ed. by J. R. Newman(New York: Simon & Schuster), pp. 1512~1521.

______(1956b), *Statistical Methods and Scientific Inference*(New York: Hafner).

Frege, G.(1918~1919), "Der Gedanke: eine logische Untersuchung", English trans., "The Thought: A Logical Inquiry", *Mind* LXV, 1956, pp. 289~311.

Friedman, N. & J. Y. Halpern(1995), "Plausibility Measures: A User's Guide", *Proc. Eleventh Conference on Uncertainty in Artificial Intelligence*(*UAI '95*), pp. 175~184.

Fitelson, B.(1999), "The Plurality of Bayesian Measure of Confirmation and the Problem of Measure Sensitivity", *Philosophy of Science* 66, pp. S362~378.

Garber, D.(1983), "Old Evidence and Logical Omniscience in Bayesian Confirmation Theory," *Testing Scientific Theories*, ed. by J. Earman (Minneapolis: Univ. of Minnesota Press), pp. 99~131.

Gillies(1990), "Bayesianism versus Falsificationism. A Review Article of Colin Howson and Peter Urbach(1989): *Scientific Reasoning: the Bayesian Approach*", *Ratio* III, pp. 82~98.

______(1996), *Artificial Intelligence and Scientific Method*(Oxford: Oxford Univ.

Press).

_____(2000), *Philosophical Theories of Probability*(London: Routledge).

Glaister, S.(2002), "Inductive Logic", *A Companion to Philosophical Logic*, ed. by D. Jacquette(Malden: Blackwell), ch. 35.

Glymour, C.(1980), *Theory and Evidence*(Princeton: Princeton Univ. Press).

Goodman, N.(1965), *Fact, Fiction, and Forecast*(Indianapolis: The Bobbs-Merrill. 2nd ed.).

Hacking, I.(2001), *An Introduction to Probability and Inductive Logic*(Cambridge: Cambridge Univ. Press).

Halpern, J. Y.(2003), *Reasoning about Uncertainty*(Cambridge: The MIT Press).

Harman, G.(1965), "The Inference to the Best Explanation", *The Philosophical Review* 74, pp. 88~95.

Hart, H. L. A. & T. Honoré(1985), *Causation in the Law*(Oxford: Clarendon, 2nd ed.).

Hawthorne, J.(2008), "Inductive Logic", *Stanford Encyclopedia of Philosophy*.

Hempel, C. G.(1965), *Aspects of Scientific Explanation and Other Essays in the Philosophy of Science*, 『과학적 설명의 여러 측면, 그리고 과학 철학에 관한 다른 논문들』, 전영삼 외 옮김(파주: 나남, 2011).

_____(1966), *Philosophy of Natural Science*(Englewood Cliffs: Prentice-Hall).

Hess, D. J.(1997), *Science Studies: An Advanced Introduction*(New York: New York Univ. Press).

Hintikka, J.(1965), "Towards a Theory of Inductive Generalization", *Readings in the Philosophy of Science*, ed. by B. A. Brody(Englewood Cliffs: Prentice-Hall, 1970, reprinted), pp. 497~510.

_____(1968), "Induction by Enumeration and Induction by Elimination (with Discussion)", *The Problem of Inductive Logic*, ed. by. Lakatos (Amsterdam: North-Holland), pp. 191~231.

_____(1975), "Carnap and Essler versus Inductive Generalization", *Rudolf*

Carnap, Logical Empiricist: Materials and Perspectives(Dordrecht: D. Reidel), pp. 371~380.

Hintikka, J. & R. Hilpinen(1966), "Knowledge, Acceptance, and Inductive Logic", *Aspects of Inductive Logic*, eds. by J. Hintikka & P. Suppes(Amsterdam: North-Holland), pp. 1~20.

Horwich, P.(1982), *Probability and Evidence*(Cambridge: Cambridge Univ. Press).

Howson, C. & P. Urbach(2006), *Scientific Reasoning: The Bayesian Approach*(Chicago: Open Court, 3rd ed.).

Hellman, G.(1997), "Bayes and Beyond", *Philosophy of Science* 64, pp. 191~221.

Hoyningen-Huene, P.(1987), "Context of Discovery and Context of Justification", *Studies in History and Philosophy of Science* 18, pp. 501~515.

Hume, D.(1777), *Enquiries concerning Human Understanding and concerning the Principles of Morals*, ed. by L. A. Selby-Bigge and rev. by P. H. Nidditch(Oxford: Clarendon, 1975, 3rd ed.).

Jaynes, E. T.(2003), *Probability Theory: The Logic of Science*(Cambridge: Cambridge Univ. Press).

Jeffrey, R. C.(1967), *Formal Logic: Its Scope and Limits*(New York: McGraw-Hill).

______(1983), *The Logic of Decision*(Chicago: Univ. of Chicago Press, 2nd ed.).

______(2004), *Subjective Probability: The Real Thing*(Cambridge: Cambridge Univ. Press).

Jeffreys, H.(1961), *Theory of Probability*(Oxford: Oxford Univ. Press, 3rd ed.).

Kemeny, J. G.(1953), "The Use of Simplicity in Induction", *Bayesianism and Non-Inductive Methods*, ed. by L. Sklar(New York: Garland, 2000), pp. 271~288.

Keynes, J. M.(1921), *A Treatise on Probability*(London: Macmillan, 1957).

Kwon, Chang-un(1985), "Aristotle's Epagoge: Gnosiological and Ontological Bases for the Inductive Synorasis", 《철학 연구》 제9집(고려대 철학연구소),

285~304쪽.

Kuhn, T.(1970), *The Structure of Scientific Revolutions*(Chicago: Univ. of Chicago Press, 2nd ed.).

_____(1973), "Objectivity, Value Judgment and Theory Choice", *Philosophy of Science: The Central Issues*, eds. by M. Curd & J. A. Cover(New York: W. W. Norton, 1998), pp. 102~118.

Kyburg, Jr., H. E. & C. M. Teng(2001), *Uncertain Inference*(Cambridge: Cambridge Univ. Press).

Laudan, L.(1981), *Science and Hypothesis: Historical Essays on Scientific Methodology*(Dordrecht: D. Reidel).

"Law of large numbers, *Wikipedia*.

Lemmon, E. J.(1966), "Sentences, Statements and Propositions", *Readings in the Philosophy of Language*, eds. by J. F. Rosenberg & C. Travis(Englewood Cliffs: Prentice-Hall, 1971), pp. 233~250.

Lewis, D.(1980), "A Subjectivist's Guide to Objective Chance", *Philosophical Papers*, Vol. Ⅱ(Oxford: Oxford Univ. Press, 1986), pp. 83~113.

Lindley, D. V.(1957), "A Statistical Paradox", *Biometrika* 44, pp. 187~192.

Lipton, P.(2001), "Is Explanation A Guide to Inference?: A Reply to Wesley C. Salmon", *Explanation: Theoretical Approaches and Applications*, eds. by G. Hon & S. S. Rakover(Dordrecht: Kluwer), pp. 93~120.

Maher, P.(1993), "The Concept of Acceptance", *Bayesian and Non-Inductive Methods*, ed. by L. Sklar(New York: Garland, 2000, partially reprinted), pp. 86~117.

Mayo, D. G.(1996), *Error and the Growth of Experimental Knowledge*(Chicago: The Univ. of Chicago Press).

Mayo, D. G. & A. Spanos(2010 eds.), *Error and Inference: Recent Exchanges on Experimental Reasoning, Reliability, and the Objectivity and Rationality of Science*(Cambridge: Cambridge Univ. Press).

Michalski, R. S. et al.(1983 eds.), *Machine Learning: An Artificial Intelligence Approach*(Palo Alto: Tioga).

Mill, J. S.(1843), *A System of Logic: Ratiocinative and Inductive*, ed. by J. M. Robson(ondon: Routledge, 1974).

Millican, P. J. R.(1996), "Hume, Induction and Probability", Ph. D. dissertation, Department of Philosophy, The Univ. of Leeds.

Nagel, E.(1963), "Carnap's Theory of Induction", *The Philosophy of Rudolf Carnap*, ed. by P. A. Schilpp(La Salle, Ill.: The Open Court), pp. 785~825.

Newton-Smith, W. H.(1981), *The Rationality of Science*(Boston: Routledge and Kegan Paul).

Park, Ilho(2009), "Probability all the way down the roots: Studies on Probability Kinematics", Doctoral dissertation, Department of Philosophy, Korea Univ..

Pearson, E. S.(1966), "The Neyman-Pearson Story: 1926~34: Historical sidelights on an episode in Anglo-Polish collaboration", *Studies in the History of Statistics and Probability*, Vol. I, eds. by E. S. Pearson & M. Kendall(London: Charles Griffin, 1970), pp. 455~477.

Popper, K. R.(1968), *The Logic of Scientific Discovery*(New York: Harper & Row).

_____(1972), *Conjectures and Refutations: The Growth of Scientific Knowledge*(London: Routledge and Kegan Paul, 4th ed.).

_____(1974), "Intellectual Autobiography", *The Philosophy of Karl Popper*, ed. by P. A. Schilpp(La Salle: The Open Court), Bk. I, Part I.

_____(1979), *Objective Knowledge: An Evolutionary Approach*(Oxford: Clarendon, rev. ed.).

Reichenbach, H.(1938), *Experience and Prediction: An Analysis of the Foundations and the Structure of Knowledge*(Chicago: Univ. of Chicago

Press).

Ramsey, F. P. "Truth and Probability(1926)", *Studies in Subjective Probability*, eds. by H. E. Kyburg & Smokler(Huntington: Robert E. Krieger, 1980, 2nd ed.), pp. 23~52.

_____(1931), *The Foundations of Mathematics and Other Logical Essays*, ed. by R. B. Braithwaite(New: The Humanities Press, 1950).

Rosenkrantz, R. D.(1981), *Foundations and Applications of Inductive Probability* (Atascadero, Ca.: Ridgeview).

Royall, R.(1997), *Statistical Evidence: A likelihood paradigm*(Boca Raton: Chapman & Hall).

Russell, B.(1912), *Problems of Philosophy*, 『哲學이란 무엇인가』, 황문수 옮김(서울: 문예출판사, 1977).

Salmon, W. C.(1967), *The Foundations of Scientific Inference*(Pittsburgh: Univ. of Pittsburgh Press).

_____(1981), "Rational Prediction", *Philosophy of Science: The Central Issues*, eds. by M. Curd & J. A. Cover(New York: W. W. Norton, 1998), pp. 433~444.

_____(1990), "Rationality and Objectivity in Science or Tom Kuhn Meets Tom Bayes", *The Philosophy of Science*, ed. by D. Papineau(Oxford: Oxford Univ. Press, 1996), pp. 256~289.

Savage, L. J.(1954), *The Foundations of Statistics*(New York: John Wiley).

Seiffert, H.(1969), *Einführung in die Wissenschaftstheorie*, Band I, 『學의 방법론 입문』 I, 전영삼 옮김(서울: 교보문고, 1992).

Sober, E.(2008), *Evidence and Evolution: The Logic behind the Science* (Cambridge: Cambridge Univ. Press).

"Some Prominent Approaches to the Representation of Uncertain Inferences" (Supplement to "Inductive Logic"), *Stanford Encyclopedia of Philosophy*.

Stanford, K.(2006), *Exceeding Our Grasp: Science, History, and the Problem of*

Unconceived Alternatives(Oxford: Oxford Univ. Press).

Stove, D. C.(1973), *Probability and Hume's Inductive Scepticism*(London: Oxford Univ. Press).

_____(1986), *The Rationality of Induction*(Oxford: Clarendon).

Tanner, M. A.(1996), *Tools for Statistical Inference: Methods for the Exploration of Posterior Distributions and Likelihood Functions*(New York: Springer, 3rd ed.).

Taylor, J. R.(1997), *An Introduction to Error Analysis: The Study of Uncertainties in Physical Measurements*(Sausalito, Cal.: University Science Books, 2nd ed.).

Thagard, P.(1999), *How Scientists Explain Disease*(Princeton: Princeton Univ. Press).

van Fraassen, B. C.(1988), "The Problem of Old Evidence", *Philosophical Analysis: A Defence by Example*, ed. by D. F. Austin(Dordrecht: Kluwer Academic), pp. 153~165.

_____(1989), *Laws and Symmetry*(Oxford: Clarendon).

Vranas, P. B. M.(2004), "Hempel's Raven Paradox: A Lacuna in the Standard Bayesian Solution", *British Journal for the Philosophy of Science* 55, pp. 545~560.

Wayne, A.(1995), "Bayesianism and Diverse Evidence", *Philosophy of Science* 62, pp. 111~121.

Williamson,, J.(2007), "Motivating Objective Bayesianism: From Empirical Constraint to Objective Probabilities", *Probability and Inference: Essays in Honor of Henry E. Kyburg Jr.*, eds. by W. L. Harper & G. R. Wheeler(London: College Publications), pp. 155~183.

Winkler, R. L.(1972), *An Introduction to Bayesian Inference and Decision*(New York: Holt, Rinehart and Winston).

Wood, J. T.(2005), *Gendered Lives: Communication, Gender and Culture*(6th ed.), 『젠더에 갇힌 삶: 젠더, 문화 그리고 커뮤니케이션』, 한희정 옮김(서울: 커뮤니케이션북스, 2006).

http://creation.com/the-lawgiver-is-the-biblical-creator-god.

http://en.wikipedia.org/wiki/Analogy.

http://cafe.daum.net/clfauswhchlrh/5Yyk/2?docid=1Lc6K|5Yyk|2|20100825220733.

찾아보기

지은이 **전영삼**

고려대학교 철학과를 나와 같은 학교 대학원에서 철학 박사 학위를 받았다. 연세대학교, 카이스트, 고려대학교에서 연구원과 연구 교수를 역임했으며, 현재 고려대학교 철학과 강사와 어린이철학교육연구소 연구개발실장으로 재직하고 있다.
지은 책으로 『다시 과학에게 묻는다』가 있고, 옮긴 책으로 『과학의 구조』, 『논리학』, 『學의 방법론 입문』, 『과학적 설명의 여러 측면』(공역) 등이 있으며, 주요 논문으로 「총체적 입증도, 입증도의 증가, 그리고 귀납의 방법론」, 「베이즈주의: 귀납 논리와 귀납 방법론의 역할 관계로부터 살펴보기」, 「괴델 이후의 힐베르트와 카르납: 체계 상대성 문제를 중심으로」 등이 있다.

한국연구재단 오늘의 한국 지성 3

귀납, 우리는 언제 비약할 수 있는가

1판 1쇄 찍음 2013년 1월 20일
1판 2쇄 펴냄 2014년 9월 25일

지은이 | 전영삼
펴낸이 | 김정호
펴낸곳 | 아카넷

출판 등록 2000년 1월 24일(제2-3009호)
100-802 서울시 중구 남대문로5가 526번지 대우재단빌딩 16층
전화 | 02-6366-0511
팩스 | 02-6366-0515
www.acanet.co.kr

Printed in Seoul, Korea.

ISBN 978-89-5733-265-8(94170)
ISBN 978-89-5733-226-9(세트)